本书得到国家自然科学基金项目“环京津冀北贫困带土地利用变化及其优化利用调控研究”(课题号:41171088)资助。

环京津贫困带土地利用变化及其优化调控研究

许月卿　等著

中国农业大学出版社
·北京·

内容简介

土地利用变化与优化利用调控的综合研究是当前学术前沿。环京津贫困带是京津冀的生态屏障、供水水源地，也是中国东部沿海地区贫困程度最严重的地区之一。随着京津冀一体化进程的推进，该区域土地资源供需矛盾将进一步加剧，迫切需要研究这个特殊地域内土地利用变化及其优化调控。这是该区域摆脱贫困、实现区域可持续发展急需研究的实践问题和科学问题，也是实现京津冀区域协调发展最为紧迫的任务之一。

本书着眼于京津冀一体化发展背景，通过整合区域社会经济和环境变化的时间尺度和历史背景，综合集成农户问卷调查、GIS和遥感技术、空间统计学、系统动力学、Logistic、CLUE-S等方法技术和模型，系统研究该区域的土地利用变化格局和演进态势，剖析京津冀一体化进程中土地利用变化的内在驱动及其外在因素作用机制，模拟预测未来土地利用结构与空间格局，评估土地利用变化的生态效应，探讨退耕还林还草政策对农户生计及土地利用的影响，提出京津冀区域经济协调发展背景下土地优化利用调控的途径和对策，为环京津贫困带土地资源可持续利用和经济社会可持续发展科学决策提供依据。

本书可供资源、环境、地理等领域的高等院校师生、科研院所研究人员、政府部门管理和技术人员参考。

图书在版编目(CIP)数据

环京津贫困带土地利用变化及其优化调控研究.许月卿等著.—北京：中国农业大学出版社，2015.12

ISBN 978-7-5655-1446-3

Ⅰ.①环…　Ⅱ.①许…　Ⅲ.①贫困区-土地利用-研究-河北省　Ⅳ.①F321.1

中国版本图书馆 CIP 数据核字(2015)第 286294 号

书　名　环京津贫困带土地利用变化及其优化调控研究
作　者　许月卿　等著

策划编辑　潘晓丽　　**责任编辑**　王艳欣
封面设计　郑　川　　**责任校对**　王晓凤
出版发行　中国农业大学出版社
社　址　北京市海淀区圆明园西路 2 号　　**邮政编码**　100193
电　话　发行部 010-62818525,8625　　读者服务部 010-62732336
编辑部 010-62732617,2618　　出　版　部 010-62733440
网　址　http://www.cau.edu.cn/caup　　**e-mail** cbsszs @ cau.edu.cn
经　销　新华书店
印　刷　涿州市星河印刷有限公司
版　次　2015 年 12 月第 1 版　2015 年 12 月第 1 次印刷
规　格　787×1092　16 开本　18.25 印张　450 千字　彩插 6
定　价　65.00 元

图书如有质量问题本社发行部负责调换

著 者 名 单

（按姓氏拼音排序）

李艳华　刘　超　孙丕苓　田　媛

王　姣　许月卿　赵菲菲

前　言

土地利用变化是全球变化最直接、最重要的原因和表现，是全球变化研究的热点领域。开展典型区域案例研究，注重热点地区和脆弱地区，系统研究土地系统变化的原因和性质、土地系统变化的后果以及土地可持续性的综合分析和模拟是土地变化科学研究的重要方向和内容。环京津贫困带生态环境脆弱而敏感，是土地变化科学最为关注的热点地区。环京津贫困带是指环绕北京、天津以北的河北境内连片的贫困人口集中地区，包括河北省张家口市和承德市所辖区县以及保定市所辖的贫困县。这里生态环境脆弱而敏感，河湖断流、土地沙化、草场退化、沙尘暴频发，土地利用粗放，人地矛盾突出，经济发展水平低下，是全国特大城市周边贫困程度最严重的地区。同时，该区域地处京津上风向和上水源，是京津的生态屏障、供水水源地，与京津存在着密切的资源环境和发展关系。随着京津冀一体化进程的加快，该区域迎来了前所未有的发展机遇，将成为京津产业梯度转移和功能分散的重要承接地，其城市化和工业化进程将加速，不同产业和部门之间用地竞争将日益突出，土地利用将发生剧烈变化，迫切需要认识这个特殊地域内土地利用变化过程及其驱动机制、土地利用变化生态效应以及未来土地优化利用情景模拟与预测，以在实现自身可持续发展的同时促进京津冀区域统筹发展。

2012年国家自然科学基金项目“环京津冀北贫困带土地利用变化及其优化利用调控研究”(课题号:41171088)获批并开始执行，本书为该项目的部分研究成果，由许月卿负责项目方案设计、实施和关键环节研究及本书的总体设计与统稿，内容包括三篇。第一篇为土地利用变化及其情景模拟。本篇分别以环京津贫困带、冀北张家口市和张北县为研究区，将地理信息系统(GIS)、遥感(RS)技术与Logistic模型、系统动力学模型和CLUE-S模型相结合，系统地分析了研究区近20多年来土地利用动态变化过程和特征，剖析了土地利用变化的内在驱动及其外在因素作用机制，模拟预测了未来土地利用结构及空间格局。其中第二章环京津贫困带土地利用变化及其地形梯度效应主要由孙丕苓完成；第三章张家口市土地利用变化及其情景模拟主要由田媛完成；第四章张北县土地利用变化及其情景模拟主要由李艳华完成。第二篇为土地利用变化的生态效应及其优化调控研究。本篇以张家口市为例，借鉴以往生态系统服务及土地生态安全评价相关研究成果，评估了张家口市不同时期生态系统服务价值，探讨土地利用变化对生态系统服务价值的影响；评价了张家口市土地生态安全程度及其动态变化趋势，针对不同生态功能区提出土地优化调控途径和对策。其中第二章张家口市土地利用变化的生态系统服务价值响应主要由刘超完成；第三章张家口市土地生态安全评价及其优化调控主要由赵菲菲完成。第三篇为退耕还林还草政策对农户生计及土地利用的影响。本篇以典型县张北县为例，基于农户调研数据，建立了农户生计状况评价指标体系，评估了退耕还林还草政策对农户生计的影响，探讨了退耕还林还草政策对农户土地利用产生的影响。本篇内容主要由王姣完成。通过上述研究，试图为区域土地可持续利用和区域统筹发展决策提供一些科学依据，并为全球土地研究计划提供典型区域案例，丰富土地利用变化科学研究的内容和应用范围。

项目课题组调研过程中，张家口市人民政府及相关部门、张北县人民政府及相关部门给予了大力支持与帮助，并提供了相关数据和资料，使本研究工作顺利完成。在此，表示衷心的感谢。

本书写作过程中，中国农业大学刘佳硕士帮助排版、整理资料，在此致谢。

许月卿

2015 年 11 月

目　录

绪　论

第一章　研究背景及意义……………………………………………………………… 1
第二章　研究区域及概况……………………………………………………………… 4
　第一节　研究区域………………………………………………………………………… 4
　第二节　自然概况………………………………………………………………………… 6
　第三节　社会经济概况…………………………………………………………………… 9
第三章　研究内容、数据与方法…………………………………………………………… 11
　第一节　研究内容 ……………………………………………………………………… 11
　第二节　数据来源与处理 ……………………………………………………………… 12
　第三节　研究方法 ……………………………………………………………………… 13

第一篇　土地利用变化及其情景模拟

第一章　引言 …………………………………………………………………………… 15
　第一节　研究意义 ……………………………………………………………………… 15
　第二节　研究进展 ……………………………………………………………………… 16
第二章　环京津贫困带土地利用变化及其地形梯度效应 ……………………………… 22
　第一节　研究内容、数据来源与方法……………………………………………………… 22
　第二节　土地利用变化及其地形梯度效应 ……………………………………………… 25
　第三节　讨论 …………………………………………………………………………… 33
　第四节　结论 …………………………………………………………………………… 35
第三章　张家口市土地利用变化及其情景模拟 ………………………………………… 36
　第一节　研究内容、数据来源与方法……………………………………………………… 36
　第二节　Logistic 回归模型 …………………………………………………………… 39
　第三节　土地利用变化时空演变 ………………………………………………………… 41
　第四节　土地利用变化驱动机制 ………………………………………………………… 51
　第五节　土地利用变化情景模拟 ………………………………………………………… 57
　第六节　土地可持续利用政策建议 ……………………………………………………… 75
　第七节　结论与讨论 …………………………………………………………………… 76
第四章　张北县土地利用变化及其情景模拟 …………………………………………… 78
　第一节　研究内容、数据来源与方法……………………………………………………… 78
　第二节　系统动力学模型 ……………………………………………………………… 83
　第三节　CLUE-S 模型 ………………………………………………………………… 84

第四节 土地利用变化时空演变 …… 87
第五节 土地利用变化驱动机制 …… 98
第六节 区域发展与土地利用功能识别与定位 …… 107
第七节 土地利用结构系统动力学情景模拟 …… 111
第八节 土地利用空间格局 CLUE-S 模型模拟 …… 128
第九节 结论与讨论 …… 135

第二篇 土地利用变化的生态效应及其优化调控

第一章 引言 …… 137
第一节 研究意义 …… 137
第二节 研究进展 …… 138
第二章 张家口市土地利用变化的生态系统服务价值响应 …… 144
第一节 研究内容、数据来源与方法 …… 144
第二节 土地生态系统服务价值评估 …… 145
第三节 土地利用变化的生态系统服务价值响应 …… 149
第四节 土地利用变化与生态系统服务价值的关系 …… 157
第五节 结论与讨论 …… 158
第三章 张家口市土地生态安全评价及其优化调控 …… 160
第一节 研究内容、数据来源与方法 …… 160
第二节 土地生态安全评价指标体系的构建 …… 163
第三节 张家口市土地生态安全评价 …… 184
第四节 张家口市土地利用优化调控 …… 193
第五节 结论与讨论 …… 199

第三篇 退耕还林还草政策对农户生计及土地利用的影响

第一章 引言 …… 201
第一节 研究意义 …… 201
第二节 研究进展 …… 202
第二章 退耕还林还草政策对农户生计及土地利用的影响 …… 207
第一节 研究内容、数据来源与方法 …… 207
第二节 农户对退耕还林还草政策的态度与响应 …… 210
第三节 退耕还林还草政策对农户生计的影响 …… 217
第四节 农户生计资产对土地利用决策的影响机理 …… 231
第五节 退耕还林还草政策对农户土地利用的影响 …… 235
第六节 政策建议 …… 250
第七节 结论与讨论 …… 251
参考文献 …… 253
附录 …… 276

绪　　论

第一章　研究背景及意义

我国正处于工业化、城市化迅速发展的重要时期，也是走向国际贸易一体化及建立和谐社会的关键时期，而土地资源供给的稀缺性与社会需求的增长性之间的矛盾日益加剧，特别是土地资源利用不合理造成的土地退化与污染等环境问题日益突出，成为制约中国经济社会可持续发展的主要瓶颈(刘彦随和郑伟元，2008)。因此，着眼于全面、协调与可持续发展的战略高度，揭示工业化、城市化快速发展过程中土地利用的变化趋势和特征，认识土地利用与经济社会发展的关系，实现土地资源的合理利用和优化布局，对缓解人地矛盾、改善生态环境和保障经济社会的持续、协调、健康发展无疑具有重要的科学价值和战略意义，这也是贯彻落实科学发展观和"五个统筹"战略思想的重要途径。

土地利用变化与优化利用调控的综合研究是当前科学研究的国际前沿。土地利用变化是全球变化最直接、最重要的原因和表现，也是为制定全球变化适应策略提供依据的合适切入点，因此成为全球变化研究的热点领域。继 2005 年国际地圈-生物圈计划(IGBP)和全球环境变化人文因素计划(IHDP)的核心计划"土地利用/土地覆被变化"(Land-Use and Land-Cover Change，LUCC)任务完成之后，全球土地研究计划(Global Land Project，GLP)成为新一轮 IGBP 与 IHDP 研究计划的核心。全球土地研究计划(GLP)指出新时期土地利用/覆被变化研究的主题应该集中在三个方面，即土地系统动力学(主题 1)、土地系统变化的后果(主题 2)以及土地可持续性的整合分析和模拟(主题 3)，并开展典型区域案例研究，注重快速变化区和生态脆弱地区(许月卿等，2008)。环京津贫困带正是土地利用变化科学最为关注的热点地区，其核心问题是土地利用变化及其优化利用调控。

"环京津贫困带"概念最早由 2005 年河北省政府与亚洲开发银行合作的《河北省经济发展战略研究》提出，涉及河北省与北京接壤的 32 个贫困县、272 万贫困人口，其中京津以北连片的贫困县(区)21 个(即张家口市和承德市构成的"环京津冀北贫困带")，京津以南不连片的贫困县 11 个(亚洲开发银行和河北省财政厅，2005)。《河北省经济发展战略研究》指出"环京津贫困带"与最贫困的"三西地区"(定西、陇西、西海固)处于同一水平，有的指标甚至比"三西地区"更低，是全国生态安全保证程度最低和特大城市周边贫困程度、城乡差别最严重的地区，同时也是省贫困和生态问题造成的政治影响最大最敏感的地区，其贫困和生态问题的双重存在事关整个区域现代化和生态安全全局，具有重大的经济和政治影响(亚洲开发银行和河北省财政厅，2005)。这里生态环境非常脆弱，土壤风蚀沙化和水土流失严重，自然灾害频发，土地利用粗放，人地矛盾突出，加上历史、社会、经济的诸因素影响，使这里经济发展水平低下，与京津存在巨大的经济发展落差。据河北省扶贫办公室数据统计，2009 年，环京津贫困地区 24 县的农民人均收入、人均 GDP、县均地方财政收入仅为京津远郊区县的 1/3、1/4 和 1/10(经济参考报,2010 年 8 月 9 日)。同时,环京津冀北贫困带地处京津上风向和上水源,是京津冀的生态屏障、供水水源地,担负着减少风沙、提供清洁水源的责任,与京津存在着密切的资源环境和发展关系。在《全国生态功能区规划》中,张家口市和承德市被列入"京津水源地水源涵养重要区"和"阴山北麓—浑善达克沙地防风固沙重要地"(环境保护部和中国科学院,2008)。北京地区 81%的用水和天津地区 93%的用水来自于河北。据承德市水务局数据显示,源于承德市潮河上游之水的密云水库平均每年向北京供水 11.3 亿 m^3,即北京市民每喝四杯水中,就有来自承德的一杯水。近年来,承德每年为北京直接提供绿色蔬菜近 100 万 t,肉类 30 万 t,七八月份北京市场上的反季节蔬菜约有 1/3 来自承德。然而,在环京津冀北贫困带,适应人类合理开发利用的土地不足总土地面积的 30%。在人口和经济发展的压力下,长期的超强开发和垦殖,导致严重的土地退化,使得生存环境更为恶劣,从而陷入"生态脆弱—人口贫困—掠夺土地—生态更脆弱"的恶性循环,并直接威胁到京津冀地区的生态安全,影响到首都社会安全和京津冀区域经济的协调发展。

环京津贫困带的形成原因有历史因素、现实因素、自然因素和人为因素。"环京津贫困带"概念的提出引起了社会广泛关注,契合了国家"十一五"计划中关于区域规划发展的思路。2006 年,中国社科院、北京市社科院联合发布《中国区域发展蓝皮书》指出,"欧洲的城市"与"非洲的农村"同时出现在半径 100 km 首都周边,在世界上也是极为少见的。党的十六届五中全会《建议》明确提出:建立健全区域内的市场机制、互动机制和合作机制,促进京津冀区域协调发展,加强和谐社会建设。"十一五"期间,国家发改委启动了"京津冀都市圈区域规划"编制工作,2010 年上交国务院,期间召开了京津冀区域经济发展战略研讨会,达成加强区域合作的"廊坊共识",极大地推动了京津冀一体化进程。2011 年 3 月,国家"十二五"规划纲要发布,提出"打造首都经济圈"。环京津贫困带也成为近年来中国"两会"和国家领导人关注的焦点,建立区域协调机制,以城市资源反哺贫困带的呼声越来越高。2010 年 3 月 14 日,在十一届全国人大三次会议闭幕式上,温家宝总理答中外记者问时指出"环京津贫困带存在"、"上海和北京的发展不能代表整个中国……"。2013 年 5 月 14 日至 15 日,中共中央总书记、国家主席习近平在天津考察工作时,对京津冀一体化发展寄予厚望,指出要积极推进京津冀区域合作,促进优势互补、共赢发展。2013 年 12 月 10 日至 13 日,中央经济工作会议、中央城镇化工作会议在京召开,将城镇化建设、促进区域协调发展等提到了前所未有的高度,京津冀一体化进一步提速。环京津冀北贫困带迎来了前所未有的发展机遇,将成为京津产业梯度转移和功能分散的重要承接地,其城市化和工业化进程将加速,各业用地需求将增加,土地资源供需矛盾将进一步加剧,迫切需要认识这个特殊地域内土地利用变化过程、驱动机制以及未来土地优化利用情景。

目前,不少学者围绕环京津贫困带成因及解决之道等方面进行了大量研究。主要体现京津冀区域发展战略及模式(汪海,2007;朱洪兴等,2009;孟祥林,2009)、京津冀经济发展差异与区域协调发展机制(钟茂初和潘丽青,2007;张亚明和王帅,2008;曾珍香等,2008;武剑和杨爱婷,2010)、京津冀都市圈农业发展(马同斌等,2008;刘玉等,2010)、环京津贫困带生态环境问题与生态补偿机制(刘桂环等,2006;邹秀萍等,2009;孙景亮,2010;刘雅爱等,2013;杨立强等,2014)等诸多方面。此外,还有些学者针对冀北贫困带的生态旅游(程旭,2007;宋玉华和尹继生,2009)、土地利用与环境退化(盛学斌等,2004;王茜等,2006;王卫等,2006;代士良,2009;李敏和马礼,2010;田媛等,2012;孙丕苓等,2014)等问题进行了研究,并取得了系列性成果。然而，环京津贫困带面临的许多问题，都与土地利用及其变化有着内在的、必然的联系。而目前着眼于京津冀一体化发展背景，系统地进行环京津贫困带土地利用变化及其优化调控的研究较少见。

有鉴于此，着眼于京津冀经济一体化发展背景，认识和理解环京津贫困带这一特殊地域内土地利用变化过程及其驱动机制，模拟和预测该区域土地利用优化情景，评估土地利用变化的生态效应，探讨退耕还林还草政策对该区域农户及土地利用产生的影响，提出京津冀区域经济协调发展背景下土地利用优化调控的途径和对策，具有重要的理论和现实意义。这是环京津贫困带摆脱贫困、实现区域可持续发展急需研究的实践问题和科学问题，也是实现京津冀区域协调发展最为紧迫的任务之一。

第二章　研究区域及概况

第一节　研究区域

环京津贫困带涉及河北省与北京接壤的32个贫困县、272万贫困人口。其中京津以北的冀北地区的贫困县集中连片且与京津存在较大发展落差，并与京津存在很强的资源环境和发展关系，包括张家口市和承德市的全部区县，成为亚洲银行技术援助项目“河北省经济发展战略研究(2005年)”关注的焦点，并划定京津以北连片的张家口、承德两市所属全部县区和保定的易县、涞水、涞源共计24个县(区)为环京津贫困带。由于特殊的军事地理位置，长期以来张家口市发展缓慢，直到1995年张家口市正式对外开放，其经济建设和改革开放进入新阶段。同时，张家口市是京津地区重要水源地，在阻挡西北风沙、保证京津生态安全方面处于重要的战略位置。因此本研究由面到点进行研究区域选择，即分别以环京津贫困带、冀北贫困带中的张家口市以及张家口市内的坝头第一县张北县为典型区域(图2-1、图2-2、图2-3)，开展土地利用变化及其优化调控研究，以期为研究区土地资源可持续利用及京津冀区域协调发展提供决策依据。

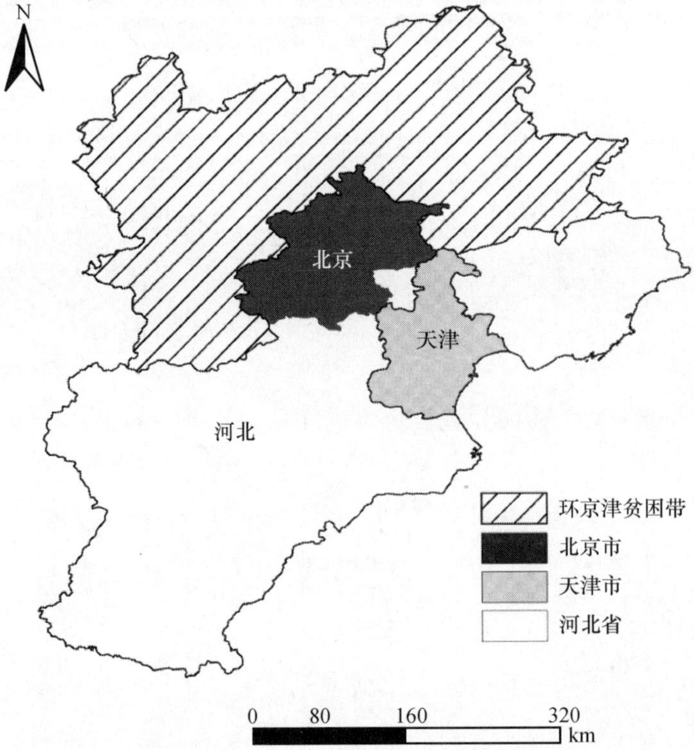

图2-1　环京津贫困带位置示意图

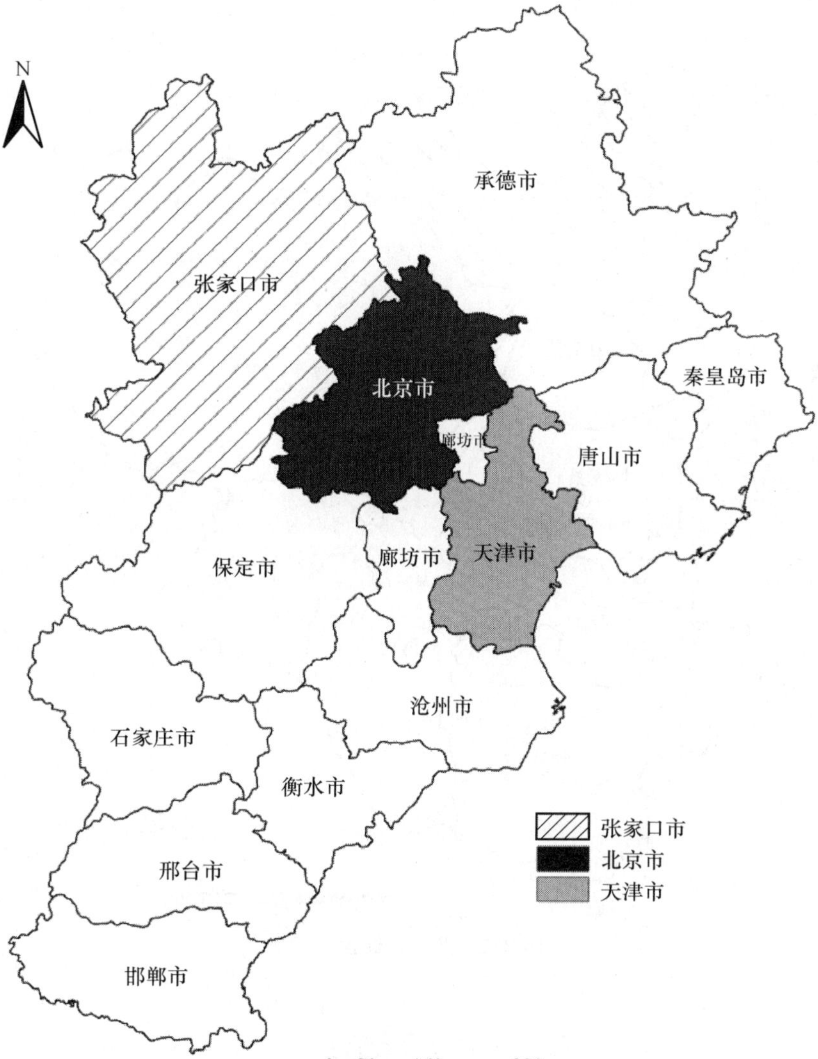

图 2-2　张家口市位置示意图

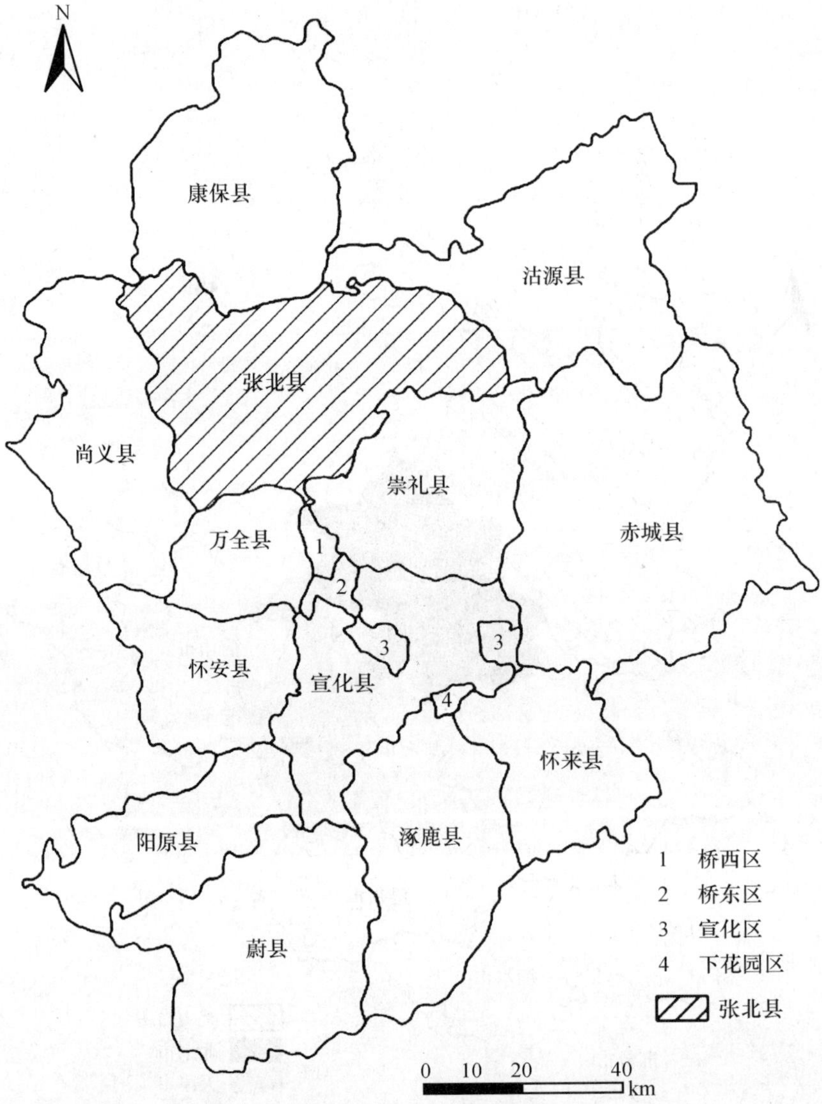

图 2-3 张北县位置示意图

第二节 自然概况

一、环京津贫困带

环京津贫困带位于河北省北部与京津接壤地区，包括河北省张家口市和承德市所辖的所有区县、保定市所辖的贫困县。该区域与京津两大城市存在较强的资源环境和发展关系且在空间上集中连片。环京津贫困带自然条件恶劣，干旱缺水，灾害频繁。其中，坝上高寒区地处内蒙古高原的南缘，海拔 1 100～1 500 m，年均气温仅为 1.4℃，无霜期 90～100 天，年均降水量仅 350 mm，年均大风日多达 65 天，草原沙化现象严重。燕山和太行山区呈现八山一水一分田的地貌特征，水土流失严重，生态环境脆弱，农业生产效益低下。年均降水量从东南向西北递减，即从承德市的兴隆、宽城等县的年均 600～800 mm 减少到西北部张家口市的康保、尚义等县的不足年均 400 mm。

二、张家口市

张家口市位于河北省西北部，介于东经 113°50′～116°30′，北纬 39°30′～42°10′之间。地处京、冀、晋、内蒙古四省、直辖市（自治区）交界处，东邻北京市，西接大同市，南连华北腹地，北与内蒙古自治区交界，是沟通中原与北疆、连接东部与西部的重要纽带。全市南北长 289.2 km，东西宽 216.2 km，总面积 3.68 万 km^2。张家口市辖 4 区（桥东区、桥西区、宣化区、下花园区），13 县（宣化县、张北县、康保县、沽源县、尚义县、蔚县、阳原县、怀安县、万全县、怀来县、涿鹿县、赤城县、崇礼县），209 个乡镇，4 194 个行政村。目前全市高速公路通车里程达 808 km，境内有京张、宣大、丹拉、张石 4 条高速公路、4 条国道以及 15 条省道；铁路通车里程 623 km，境内有京包、大秦、丰沙、沙蔚 4 条铁路。

1. 地质地貌

张家口市地势西北高、东南低，以阴山山脉大马群山分水岭为界，划分为坝上、坝下两大部分，形成两个截然不同的地貌单元。坝上高原区包括沽源、康保、尚义和张北 4 县，属内蒙古高原的南缘，占张家口总面积的 1/3，海拔一般在 1 300 m 以上，地势南高北低，冈梁、湖泊、滩地相间分布，呈现典型的波状高原景观，高原南缘一带，有垅状山脉分布，地势略高，海拔在 1 500 m以上。坝上高原分布了两大水系，大部分河流属于内陆河水系，较大河流有安固里河、葫芦河等，属滦河水系的有闪电河，并有湖淖 70 多处；坝下山间盆地地势西北高，东南低，山峦起伏，沟谷纵横，海拔高度为 1 000～2 000 m，主要山峰有小五台山、大海坨山等。群山之间有较大的山间盆地呈串珠状排列，盆地内有河流通过，两岸分布有肥沃的耕地。坝下洋河、桑干河、清水河属永定河水系，横贯全市东西，汇入官厅水库；黑河、白河属潮白河水系，汇入密云水库。河流径流量年内分配不均匀，6～9 月径流量占年径流量的 50%～70%，季节性河流占 75%以上。河流径流形成了坝下河谷盆地，呈串珠状排列，主要分布于中部地区，海拔高度一般在 400～1 000 m，地势较低，主要有：柴沟堡—宣化、涿鹿—怀来、蔚县—阳原盆地。

全市现有省级以上自然保护区 3 处（小五台自然保护区、大海坨自然保护区、泥河湾遗址群自然保护区）、国家级森林公园 1 处（黄羊山森林公园）、省级森林公园 16 处、省级风景名胜区 1 个。

2. 气候

张家口属于温带暖温与寒温过渡带的东亚半干旱大陆性季风气候。其气候特点是：一年四季分明，冬季寒冷而漫长；春季干燥多风沙；夏季炎热短促降水集中；秋季晴朗冷暖适中。年均降水量 350 mm 左右，80%集中在 6～9 月，年均气温 6℃左右，无霜期 80～150 天，年日照时数 2 700～3 000 h。年八级以上大风日数一般在 30 天左右，平均风速 4.5 m/s，最大风速 24 m/s。年平均扬尘日数 15～23 天，沙尘暴日数平均为 3.3 天，最多为 11 天，是风沙危害比较严重的地区。

坝上地区昼夜温差大，光资源和风能资源丰富，无霜期长，热量充足，雨热同季。坝上地区为寒温区，年平均气温为 1～4℃，因地势高，暖湿空气经军都山和坝头的两次阻挡，水汽来源不丰富，降水量较少，年降水量为 330～400 mm。坝下属于凉温区，年平均气温 6～10℃，降水量的分布趋势和局部地形差异有关，地域间差异很大。山区降水较多，年降水量在 400～

500 mm。

3. 土壤、植被

全市土壤主要分为8个土纲16个土类38个亚类，主要有棕壤、栗钙土、栗褐土、褐土、灌淤土、草甸土、水稻土和风砂土。植被分为坝上高原植被和坝下山地丘陵植被两大区系。北部坝上的地带性植被属温带草原，呈明显的区域变化，营造有大面积的农田防护林。坝下山地丘陵地区，植被的差异性明显，海拔由高到低依次分布有亚高山草甸带、以云杉和落叶松为主的针叶林带、针阔叶混交林和落叶阔叶林带。山地下部植被保留不多，多生长半旱生灌草丛植被。冀西北山间盆地区广泛分布着干旱灌木草原，盆地和谷地底部是广阔的农耕地区，自然植被较少。

三、张北县

张北县位于河北省西北部，地理位置处于东经114°10′～115°27′，北纬40°57′～41°34′之间，东与沽源县接壤，西与尚义县相邻，北依康保县和内蒙古商都县，南与万全县和崇礼县毗连。地处我国北方农牧交错带中段、内蒙古高原东南缘的坝上地区，是离京津地区最近的高原地区。县城距张家口市区45 km，距北京225 km，207国道、张化、张沽等六条国省干线和张石高速公路于此聚集辐射，构成了以县城为枢纽、北连南接的交通运输网络。全县土地总面积4 185 km^2，辖18个乡镇、366个行政村、1 167个自然村。

1. 地形

张北县地形呈高原丘陵景观，海拔较高但地势起伏小，平均海拔1 400～1 600 m。地貌类型大致分为东南坝头区、西部丘陵区和中部平原区三个类型，南部“坝头”海拔1 600～1 800 m，境内桦皮岭海拔2 128 m，为县域海拔最高点，被誉为“坝头”群峰之首。县域盆地广泛分布，盆地中部低洼处形成湖泊，当地称之为“淖”，全县约有30个淖。

2. 气候

张北县全境地处坝上高寒区，属中温带大陆性季风气候，年降水量300 mm左右，年平均气温2.6℃。张北县是河北省日照条件最好的县之一，年平均日照时数2 897.8 h，全年活动积温2 448℃，年平均7级以上大风日数30天左右。全年无霜期90～110天，光照充足，雨热同季，昼夜温差大，干旱、多风、少雨、无霜期短是主要的气候特征。由于常年受蒙古高压控制，且地势开阔平坦，风速稳定，冬春两季节多大风天气，土壤风蚀严重，植被盖度低的地方经常形成沙暴。气候和地貌的综合作用，形成了以草原为主体的脆弱生态系统。

3. 水文

张北县地表水资源不丰富，灌溉农田及生活用水都依赖地下水的开采。张北县共有25条河流，总长度793 km，较长的河流有13条，除盘常河以外，均属内陆河流域。最长的内陆河为安固里河，总长22.7 km。在南部和东部地区有一些小型集水盆地，将水排入盐湖中，最终排入安固里淖。宽谷下部或河谷地带，地下水埋藏很浅，埋深一般在2～30 m，全县地下水总储量为3.46亿 m^3/年。地下水的矿化度受地下水交替循环条件的控制，从地下水补给区向经流区、排泄区，矿化度由低到高。

4. 自然资源

张北县物华天宝，地下资源极为丰富。目前已发现和探明的有金、银、铅、锌、大理石、煤等35种矿产资源。其中，铅锌矿目前已探明5个矿带，仅3号矿带储量达3 383万t，含金、银、铅、锌，均属中高品位，开发前景十分广阔。张北县野生植物种类繁多，其中药用植物达76种，药性优良，产量丰厚。“坝上口蘑”是张北县独具特色的土特产品，被外国专家推荐为十大健康食品之一，年提供量可达 300 t。

第三节 社会经济概况

一、环京津贫困带

2010 年，环京津贫困带地区生产总值达到 1 374.05 亿元，其中第一产业实现产值 299.89 亿元，第二产业产值为 605.38 亿元，第三产业产值为 468.77 亿元，三大产业生产总值之比为 22∶44∶34，与全省 16∶53∶31 相比，工业发展相对滞后。全社会固定资产投资总额为 1 770.09亿元，占全省的 18.95%，社会消费品零售总额为 402.72 亿元，占全省的 9.19%，城乡居民储蓄存款年末余额达到 960.47 亿元，占全省的 10.67%。农村居民人均纯收入的县均值为 3 890.38 元，相当于河北省平均水平的 65.30%。通过近年国家政策的扶持，环京津贫困带的农民收入水平虽然有所改善，但在河北省 136 个县区内仍然处于落后状态。

二、张家口市

1. 城市发展

张家口市隶属军事要地，由于战略原因，直到 1995 年才开始实行改革开放，在河北省属于经济相对落后地区。张家口市位于京津地区西北方，是京津平原地区的生态屏障、供水水源地和生态涵养区，担负着保护京津地区生态安全的重要任务。官厅水库 96%的水源来源于境内洋河、桑干河流域，密云水库 46%的水源来源于境内潮白河流域。地区资源环境与社会经济发展的矛盾突出，严重制约了社会经济发展。在京津冀一体化发展背景下，张家口市的城市功能定位为生态功能建设区；区域功能定位为连接京津冀都市经济圈和晋冀内蒙古外长城经济圈的物流功能中心区、重要能源基地；产业功能定位为都市圈经济功能拓展区，是京津等大城市产业转移基地、高技术成果转化基地、优质农产品加工供应基地、劳务输出基地和休闲旅游基地。近年来，地区明确提出“4+3”产业规划，以旅游服务、新型能源、食品加工、装备制造为四大支柱产业，积极培育现代物流业、电子信息业、矿产品精深加工业。当前张家口市正处于加快发展的关键时期，把握“把劣势转化为优势，把优势发挥到极致的理念”，打造“京冀晋蒙交界区域中心城市”。

2. 社会经济

2010 年，张家口市的国民生产总值达到 966.42 亿元，其中第一、二、三产业分别实现增加值 152.94 亿元、415.18 亿元、398.30 亿元，人均生产总值达到 22 518 元。全社会固定资产投资总额累计完成 903.67 亿元，同比增长 37.4%。人民生活水平不断提高，城市居民的人均可支配收入为 14 649 元，比上年增长 10.6%，其中工资性收入、经营性收入、财产性收入、转移性收入分别达到 8 661 元、310 元、302 元、6 380 元。农村居民人均纯收入为 4 119 元，同比增长 15.7%。

张家口市总人口约有 435 万，其中农业人口约 147 万，非农业人口约 288 万。随着社会保障体系的健全完善，参加基本养老保险的人数有 67.20 万，比上一年增长了 6.0%，参加基本医疗保险的人数有 62.95 万，同比增长 6.3%。城市居民与农村居民享受最低生活保障人数分别达到 13.51 万和 33.13 万。同时，城乡居民住房条件逐步改善，城市居民和农村居民的人均住房建筑面积分别为26.27 m^2、21.68 m^2，比上年分别增加了0.62 m^2、0.2 m^2。

3. 农业发展

2010年，全市农林牧渔业总产值为272.33亿元。其中，除林业产值为5.88亿元，同比下降了19.6%以外，农业、畜牧业、渔业及农林牧渔服务业产值均实现同比增加，其产值分别为127.38亿元、129.61亿元、1.28亿元及8.19亿元。蔬菜种植面积和产量都得到了提高，种植面积达到134.75万亩(1 hm^2=15亩)，比上年增长8.9%，蔬菜总产量达到533.66万t，比上年增长11.7%。水果总产量为64.82万t，比上年增长9.5%，其中园林水果总产量为48.72万t。粮食总产量为135.27万t，比上年增加了53.95万t。

三、张北县

1. 人口

张北县是张家口市人口最多的县之一，1990年总人口为36.93万人，人口密度为88.24人/km^2。随着社会经济的发展，张北县人口数量持续增加，2010年总人口增加到38.43万人，人口密度增加到99.48人/km^2。1990—2010年人口增加1.5万人。城镇化进程的加快促进县域人口由农业人口向非农业人口转变，1990年张北县非农业人口为2.56万人，2010年非农业人口增加到7.09万人，1990—2010年间非农业人口增加了4.53万人。与此同时，城镇化水平也不断提高，由1990年的7.09%上升到2010年的22.6%，上升了15.51%。

2. 经济总量及社会福利

2010年，全县地区生产总值为50.1亿元，同比增长16.5%，人均生产总值为17 095元，GDP年均增长率为12.6%。地方财政收入为6亿元，比2009年翻了一番。全县固定资产投资完成130.3亿元，城镇固定资产投资完成115亿元。农村居民人均纯收入达到3 620元，年均增长13.2%。城镇居民人均可支配收入达到12 500元，年均增长10.5%。实现社会消费品零售总额14亿元，年均增长17.4%。城镇企业职工基本养老保险覆盖率达到70%，城镇职工失业保险覆盖率达到60%，城镇职工基本医疗保险覆盖率达到75%，新型农村合作医疗覆盖率达到100%，农民参加合作医疗率达到95.85%。全县主要经济指标全面提速进位，综合竞争实力显著增强。

3. 产业结构

张北县地处农牧交错带，气候条件恶劣，土壤贫瘠，水土流失严重，生态环境脆弱。为了更好更快融入京津冀都市圈的同时，保护当地生态环境，国家从2000年以来一直致力于张北县产业结构的调整及优化，目的是使原本以种植业为主的农业生产向种植业、畜牧业以及第二、三产业发展，由单一粮食经营向粮食、经济作物、饲料多元化结构转变，由数量扩张型向质量效益型转变。加快二、三产业结构升级，减少经济增长对生态环境的压力。

2010年张北县第一、二、三产业产值分别为15.45亿元、21.22亿元、13.13亿元，各自所占比重之比为31∶43∶26，同比增长分别为8%、27.4%、14.6%。无论是从产业产值比重还是年增长率来说，张北县近几年第二产业获得了较快发展，第三产业发展速度也与日俱增，而第一产业产值比重逐渐降低，发展速度也逐渐减慢，正由农业大县向经济强县的历史性跨越迈进。

第三章　研究内容、数据与方法

第一节　研究内容

本书研究内容包括以下三篇：

第一篇：土地利用变化及其情景模拟。包括四章内容，其中：

第一章为引言。阐述了在京津冀一体化发展背景下，研究生态环境脆弱而敏感的环京津贫困带的土地利用变化过程及驱动机制，以及其未来土地利用结构及空间格局优化模拟，对实现京津冀区域土地利用优化调控、区域协调发展战略的制定以及土地资源可持续利用具有重要研究意义；回顾了LUCC（土地利用/土地覆被变化）状况、LUCC监测技术、LUCC驱动力、LUCC情景模拟以及土地资源优化配置等方面的研究进展。

第二章为环京津贫困带土地利用变化及其地形梯度效应研究。利用环京津贫困带1985年、1995年、2000年和2010年Landsat TM影像，借助GIS技术，分析1985—2010年土地利用结构变化特征；运用地学图谱分析法，从地形起伏度、坡度变率、地形位角度，系统分析环京津贫困带土地利用变化的地形梯度特征及分异效应，探讨土地利用变化的地形梯度效应及其成因。

第三章为张家口市土地利用变化及其情景模拟。基于张家口市1989年、2000年、2010年三期土地利用现状图，在GIS技术支持下，运用土地利用动态度、土地利用转置矩阵等方法模型，系统分析张家口市1989—2010年间土地利用时空变化特征及其演进态势；结合区域背景、实地调研以及土地利用/覆被变化分析结果，剖析张家口市土地利用变化的内外部驱动因素，建立基于Logistic回归的土地利用变化驱动力空间计量模型，定量解释土地利用变化的驱动力，模拟预测2020年土地利用空间变化趋势；根据以上研究结果，对张家口市土地可持续利用提出政策建议。

第四章为张北县土地利用变化及其情景模拟。利用张北县1989年、1995年、2000年和2010年TM遥感影像数据，系统分析张北县1989—2010年土地利用变化的时空过程；以2000—2010年土地利用变更数据和社会经济数据为基础数据，采用主成分分析和典型相关分析，剖析土地利用变化的驱动机制；结合张北县资源环境、地理区位、社会经济发展等条件，进行京津冀一体化下张北县域发展与土地利用功能识别和定位；构建土地利用系统动力学模型与CLUE-S模型，模拟不同社会经济发展情景下土地利用数量结构与空间格局。

第二篇：土地利用变化的生态效应及其优化调控。包括三章内容，其中：

第一章为引言。阐述了张家口市作为典型生态环境脆弱区，土地生态环境问题日益突出，研究土地利用变化及其带来的生态效应对张家口市土地资源可持续利用和生态环境保护具有参考价值；回顾了LUCC生态效应状况、LUCC环境要素效应、LUCC综合生态效应及生态功能区等方面的研究进展。

第二章为张家口市土地利用变化的生态系统服务价值响应。基于张家口市1989年、2000年与2010年三期土地利用现状数据，借助GIS技术与RS技术，借鉴Costanza和谢高地等提出的生态系统服务价值评估方法，计算张家口市不同时期生态系统服务价值量，运用动态度模型、相对变化率等方法，从土地生态系统服务价值的时空演变特征来进行土地利用变化的生态系统服务价值响应分析，探讨土地利用变化对生态系统服务价值的影响，为区域生态环境管理及土地可持续利用提供参考。

第三章为张家口市土地生态安全评价及其优化调控。利用张家口市有关调查资料和统计数据，分析其土地生态环境问题，并在此基础上，以张家口市14个行政区县为评价单元，从土地自然基础状况，土地利用状况，土地污染、退化状况，土地生态建设状况，土地景观格局状况及土地社会经济状况六个方面建立张家口市土地生态安全评价指标体系，采用综合指数法分析其土地生态状况的动态变化趋势及时空差异；基于土地生态安全评价的结果，结合张家口市地形地貌、土地利用方式及生态环境问题，划分出土地生态功能分区，并提出相应的土地优化调控方向。

第三篇：退耕还林还草政策对农户生计及土地利用的影响。包括两章内容，其中：

第一章为引言。阐述了张北县地处农牧交错带，退耕还林还草政策的实施与农户生计、土地利用及生态环境密切相关，分析农户参与退耕还林还草政策的态度和行为特征，以及退耕还林还草政策对农户生计和土地利用状况的影响，对科学实施退耕还林还草政策、改善民生及促进农村可持续发展有重要的现实意义；回顾了国内外退耕还林还草政策概况、国内外退耕还林还草政策等方面的研究进展。

第二章为退耕还林还草政策对农户生计及土地利用的影响。以张家口市张北县作为研究区，基于文献查阅、资料收集及农户调查数据，采取定性分析、统计分析和计量分析相结合的方式，辨识农户参与退耕还林还草政策的态度和行为特征；根据英国国际发展署(DFID)的可持续生计(SLF)框架，从人力资产、自然资产、物质资产、社会资产、金融资产五个方面，建立生计状况评价指标体系，分析退耕农户和非退耕农户在生计资产存量上的差异；从耕地结构、投入产出、耕地利用效率(数据包络模型DEA)三个角度研究退耕还林还草政策对退耕农户土地利用情况的影响，揭示局地尺度"宏观政策—生计变化—土地利用变化"的动态响应过程。在前文研究的基础上，分析退耕还林还草政策中出现的生计及土地利用相关问题，并提出相关政策建议。

第二节　数据来源与处理

研究数据主要包括社会经济统计数据，降水、地貌、土壤、DEM等自然环境背景数据，道路、河流、DEM等空间数据，土地利用/覆被数据，农户调查数据等。

一、社会经济数据

社会经济数据主要包括张家口市国民生产总值、全社会固定资产投资、人口、人口密度、农民人均纯收入等，主要来源于统计年鉴《张家口60年》、《张家口经济年鉴(1993—2010年)》及《张家口市环境质量报告书(2006—2010年)》；张北县GDP、农业人口、粮食播种面积、粮食总产量、农机总动力等社会经济统计数据，主要来源于《张家口经济年鉴(2000—2010年)》、《张北县土地志》、《张家口土地利用总体规划(2006—2020年)》、《张北县"十二五"规划》、《张北县林业规划》以及2000—2010年张家口土地利用变更调查成果等。

二、自然环境数据

自然环境数据包括降水、地貌、土壤、DEM等数据，其中降雨量来源于《张家口经济年鉴(1993—2010年)》，土壤数据来源于中科院资源环境科学数据中心中国1∶100万土壤数据库。环京津贫困带DEM来源于ASTER GDEM高程数据，空间分辨率为30 m；张家口市1∶25万DEM(90 m×90 m)数据来源于国家基础地理信息中心，并由此生成研究区高程、坡度、坡向数据；河流、公路、水库水面、村庄、建制镇等空间图层均从相应的成果图件中提取。

三、土地利用/覆被数据

土地利用/覆被数据，主要包括环京津贫困带1985年、1995年、2000年和2010年的Landsat TM影像，张家口市1989年、2000年和2010年30 m分辨率的Landsat TM遥感影像，以及张北县1989年、1995年、2000年及2010年4期TM影像数据，影像空间分辨率为30 m×30 m，运用监督分类与人机交互式解译的方法进行信息提取，由“环京津冀北贫困带土地利用变化及其优化利用调控研究”课题组解译得到研究区域不同时期土地利用/覆被数据。

四、农户调查数据

课题组分别于2011年11月、2013年3月、2014年8月对研究区进行实地调研和农户调查，获得研究区相关资源、环境、社会、经济及土地利用等方面相关数据。退耕还林还草政策对农户生计及土地利用影响调查采取分层随机抽样法，共发放398份问卷，整理过程中剔除无效问卷6份，最终共获取有效问卷392份，涉及人口1173人，问卷有效率为98.5%。调查农户中有退耕户273户，占总有效样本农户的69.6%；非退耕户119户，占总有效样本农户的30.4%。

第三节 研究方法

采用文献查阅、问卷调查、GIS和RS技术、模型模拟及数理统计与空间统计学等技术方法研究土地利用变化及其优化调控。

文献查阅：通过文献检索，收集国内外土地利用变化及其优化调控的相关文献资料。在大量阅读国内外相关文献的基础上，对文献进行系统分析、认真梳理、归纳总结，形成文献综述，为本研究提供依据及方向。

问卷调查：在选定指标的基础上，对于统计资料中部分未涉及或者缺失的数据(如农户退耕意愿等)，利用设计好的调查问卷及调研提纲，深入到研究区进行细致调研，并通过座谈等方式与各个部门相关负责人进行深入交流，为本研究提供定量和定性数据及信息。

GIS和RS技术：结合RS/GIS技术，运用人机交互判读及实地调研验证的方法对遥感影像进行解译及验证，得到研究区不同时期土地利用覆被图，并提取河流、公路、村庄等空间图层数据。以ArcGIS9.3软件为平台，建立空间数据库，利用GIS的空间叠置分析、缓冲区分析、空间数据的集合分析和查询等功能，分析土地利用变化的动态过程及规律及其与自然、人口、交通、经济等要素间的空间分布关系。

模型模拟：Logistic回归模型用来对多因素影响的事件进行概率预测，是一种非线性回归模型。系统动力学模型(SD)是将系统构成为结构、功能的因果关系模型，以结构—功能模拟为特点，利用反馈、控制和调节原理进一步设计系统的反馈回路，最后根据历史数据、实践经验和系统内在的机制关系建立计算机仿真模型并借助于此定量研究非线性的复杂系统问题。CLUE-S 模型以土地利用变化经验理解为基础，对各土地利用类型与自然、经济、社会因素之间的关系进行定量研究，总结出特定的变化规律来模拟区域土地利用空间变化。运用 Logistic 回归模型计算土地利用空间分布驱动因素的回归系数及概率；应用 SD 与 CLUE-S 模型对研究区域在不同社会经济发展情景下的土地利用数量结构和空间格局进行模拟预测。

数理统计与空间统计学方法：运用数理统计方法，如主成分分析和典型相关等回归分析方法，分析土地利用变化与经济社会驱动因子之间的相关性以及其驱动力；运用动态度模型、相对变化率等方法，进行土地利用变化的生态系统服务价值响应分析。采用空间统计学方法，如地学信息图谱，结合分布指数和土地利用变化强度，分析土地利用变化地形梯度特征；运用土地生态安全综合指数，对张家口市土地生态安全进行动态评价。

本书总的结构框架见图 3-1。

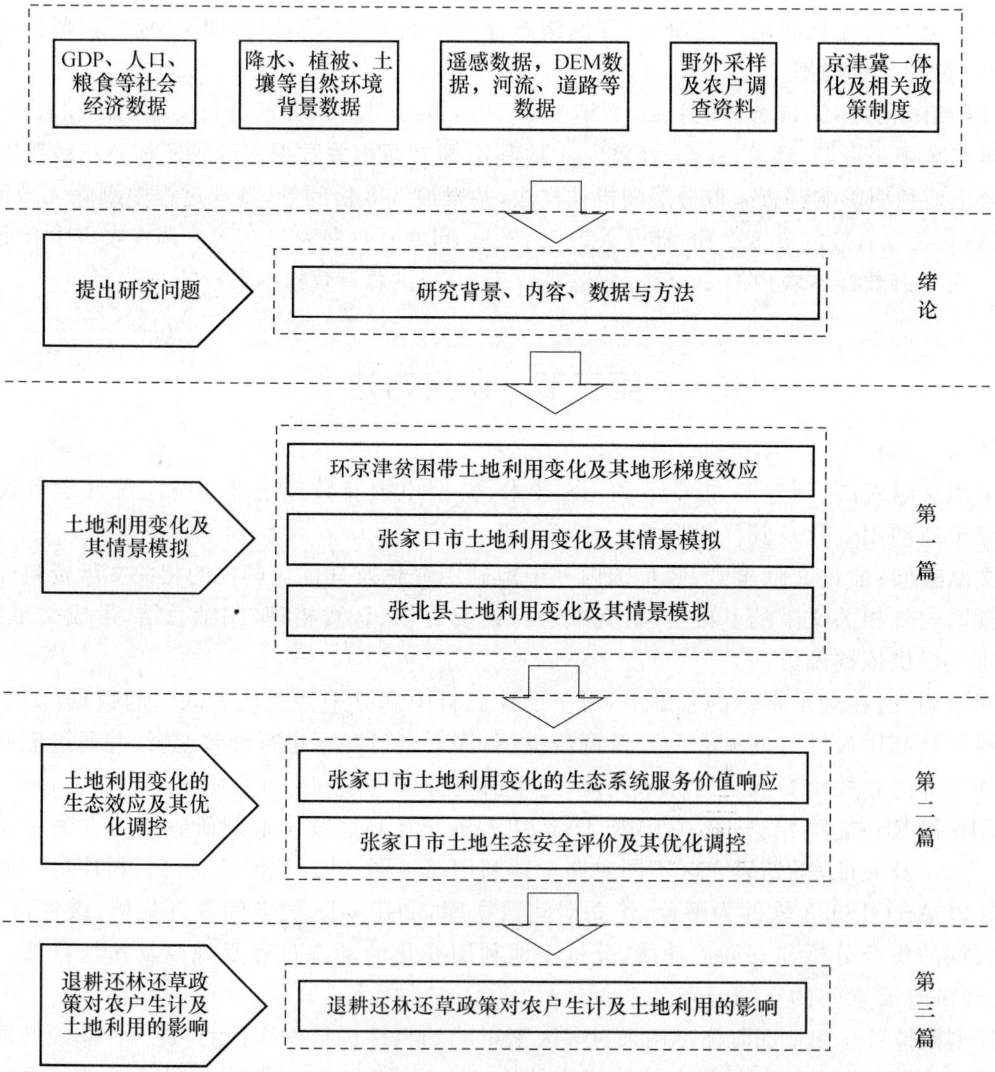

图 3-1 研究结构框架图

第一篇　土地利用变化及其情景模拟

第一章　引　　言

第一节　研究意义

自1995年国际地圈-生物圈计划(IGBP)与全球环境变化人文因素计划(IHDP)联合提出“土地利用/土地覆被变化”(Land-Use and Land-Cover Change,LUCC)研究计划以来,LUCC研究一直是全球变化及可持续发展研究的热点问题(Turner,1994)。土地利用变化是由人类活动如农业、林业等所引起的土地覆被的物理变化,通常与人口增长、市场发展、技术革命、制度改革以及相关区域发展政策有紧密联系,会对经济增长、收入水平以及自然资源如生物多样性、生态系统、水、土壤产生多方面影响;同时这些自然、社会、经济因素变化又会反馈于土地利用系统,造成土地利用变化。作为表征人类活动行为对地球陆地表面自然生态系统影响最直接的信号,土地利用变化是人类社会经济活动行为与自然生态过程交互和连接的纽带(Mooney *et al*.,2013),对其驱动力的研究可揭示土地利用变化的原因和状况,并为土地利用变化模拟奠定基础。土地利用变化情景模拟研究预测未来土地利用变化的趋势,反过来又进一步加深了对土地利用变化机制的理解。因此,对这个复杂时空变化机制的深入研究有利于决策者在不同尺度水平上设计实施政策干预,以阻碍土地利用变化带来的负面影响,保证土地利用可持续(黄秋昊等,2005)。由此可见,土地利用变化及其驱动力以及土地利用变化情景模拟研究已成为土地变化科学研究的重要内容。其中,对生态脆弱区、大城市边缘区以及经济快速发展区等典型区域案例的研究,是土地变化科学研究关注的热点。

环京津贫困带生态环境脆弱而敏感,是土地利用变化的敏感区,也是全球环境响应比较突出的区域。在京津冀一体化发展背景下,环京津冀北贫困带将面临前所未有的发展机遇,不同产业用地需求均会增加,土地资源供需矛盾进一步加剧,急需研究其土地利用变化过程及驱动机制,优化模拟未来土地利用结构及空间格局,以期为实现区域土地利用优化调控、京津冀区域协调发展战略的制定以及土地资源可持续利用提供决策依据。

第二节 研究进展

一、LUCC 状况

土地利用与土地覆被作为地球表层系统中最突出的景观标志(史培军,1997),既是全球环境变化的重要原因,也是其重要表现(Turner *et al.*, 1994),还是可持续性的关键问题。自1990 年起,国际地圈-生物圈计划(IGBP)和全球环境变化人文因素计划(IHDP)积极筹划跨自然和人文两学科的综合研究计划(许月卿等,2008)。1993 年国际科学联合会与国际社会科学联合会联合成立了土地利用/土地覆被变化核心项目计划委员会。联合国环境署(UNEP)亚太地区环境评价计划于 1994 年启动了“土地覆被评价和模拟”(LCAM)项目,旨在调查东南亚地区土地覆被的现状和变化,确定这种变化的热点地区,为区域可持续发展决策服务。1995年 IGBP 和 IHDP 联合提出“土地利用/土地覆被变化”(LUCC)研究计划(Turner II *et al.*, 1995),使土地利用变化研究成为全球环境变化研究的前沿和热点领域,并受到许多国际组织和国家的关注和响应(李秀彬,1996;史培军等,2000a),如国际应用系统分析研究所(IIASA)的“欧洲和北亚土地利用/土地覆被变化模拟”项目以及日本国立科学院提出的“为全球环境保护的土地利用研究”项目(Rycroft,1997)。

随着 LUCC 研究进入全球土地研究计划(GLP)阶段,特别是 IGBP 的“土地利用和土地覆被变化”研究计划进行到第二阶段时,认识到土地利用/覆被变化这一研究对象的局限性,为了更系统透彻地认识地球系统的复杂性,IGBP 为 GLP 制定了研究重点并提出了相关的科学问题(Moran,2003),指出问题的关键不仅在 LUCC,还需研究相关的一系列问题,因而提倡土地变化科学(land change sciences,LCS)的概念(Rindfuss *et al.*,2004),将原本单一的土地利用/覆被变化研究上升到对全球陆地与人类环境系统以及可持续性研究,从而使 LUCC 研究趋势走向综合,包括多学科理论方法的综合、尺度的综合、宏观与微观的综合。其研究内容从最初的对全球气候变化效应研究扩展到对不同空间尺度的土地利用/土地覆被变化的过程、驱动机制及其对资源、生态和环境效应的影响等诸多方面(Lambin and Geist,2001)。研究重点逐渐从早期的对土地利用/土地覆被变化状况调查、数据库的构建、变化机制、驱动力等方面转到对其所引发的环境效应研究及与其他研究领域的综合,尤其是与 GCTE(Global Change in Terrestrial Ecosystems Project)研究计划的综合,其研究对象扩展到“陆地人类与环境系统”(Ojima *et al.*,2002)。2005 年,IGBP 和 IHDP 为 GLP 的研究制定了科学计划和实施策略(Ojima *et al.*,2005),报告中指出新时期土地利用/覆被变化研究主体应集中于土地系统动力学、土地系统变化的后果以及土地可持续性的整合分析和模拟三个主题,并对三个主题提出了相应的科学问题。

国内对于 LUCC 研究开展的时间并不长,主要针对中国粮食安全、土地生态环境问题、典型地区土地利用变化与社会经济发展关系等方面开展研究,研究尺度以大尺度或中尺度居多(蔡运龙等,1996;何书金等,2002;刘纪远等,2014)。2001 年,国土资源部将《土地利用与覆盖变化(LUCC)过程及效应》作为该年度重点科技项目。中国土地勘测规划院土地利用开放实验室制定了以土地利用学科为中心,重点开展具有基础指导意义和广泛应用价值的创新性研究,同时确立了土地利用/土地覆盖变化(LUCC)、土地合理利用(LRU)/可持续利用(SLM)、土地评价与利用规划的理论和方法、土地管理决策支持与效果评价技术及土地利用分析与模拟技术等五大研究领域(姬祥,2011)。2003 年,土地利用/土地覆被变化环境效应的评估模型被列为国家自然科学基金重大研究计划项目的优先资助领域,土地利用/土地覆盖变化及其环境效应被列为国家自然科学基金委员会地球科学部重点项目“全球变化与地球系统”中拟重点研究的关键科学问题(谭永忠,2004)。

纵观国内外 LUCC 研究,在研究区域上,重在全球及区域尺度,研究对象可以为热带雨林(Ludeke,1990)、城市用地(孙善磊等,2008)、耕地(曾凌云等,2009)等某一具体的土地类型,也可为某一典型地区,如社会经济快速发展区[如东南沿海地区(刘彦随等,2005)、生态环境脆弱区(如喀斯特地貌区)(许月卿等,2010)、农牧交错区(贾科利,2007;邹亚荣等,2003)、城市边缘区(魏伟等,2006;顾朝林,1995)]等。在研究内容上,主要围绕着 IGBP 与 IHDP 共同制定的《土地利用/土地覆被变化科学研究计划》中提出的三个研究重点展开:①土地利用的变化机制。通过比较研究区域性案例,从自然和社会经济方面分析影响土地利用和管理方式的主要驱动因子,建立区域性的土地利用/ 覆被变化经验模型。②土地覆被的变化机制。对遥感影像进行分析,以便了解过去 20 年间土地覆被的空间变化过程,并将其与驱动因子联系起来,建立解释土地覆被时空变化和推断未来 10～20 年的土地覆被变化的经验性诊断模型。③区域和全球模型。建立宏观尺度上的,包括与土地利用有关的各经济部门在内的土地利用与土地覆被变化动态机制模型。进一步的趋势是驱动机理与动态过程的研究,不仅要回答 What 和 Where 的问题,更要回答 Why 和 How 的问题,搞清机理并提出解决办法(蔡运龙,2001)。

二、LUCC 监测技术

土地利用/覆被及其变化数据是 LUCC 研究的基础。1970 年前 LUCC 数据获取主要是通过结合地形图,从历史资料和统计资料中获取,较少利用航空影像资料来获取有关数据。3S 技术的发展,对 LUCC 状况的调查和制图有了极大的推动作用。20 世纪 70 年代后,卫星遥感和地理信息技术开始大范围应用于 LUCC 状况的调查与监测。内业遥感解译可以在短时间内获取大范围的 LUCC 数据,但其准确性受遥感影像空间分辨率、地图比例尺、分类方法以及解译人员的工作经验、绘图技巧等相关因素影响,解译对象的自身特点也会影响解译准确性,比如地形地貌复杂的地区解译准确程度会相对较低。

目前国内遥感解译主要是基于光谱信息统计模式算法,分为监督分类和非监督分类。对于区域尺度上的土地利用覆被变化研究主要利用分辨率为 30 m 的 Landsat TM 数据,大尺度范围的研究常利用 NOAA/AVHRR、MODIS 影像数据,更高分辨率的 SPOT 数据、Quickbird 数据等也逐渐运用到土地变化研究中(路云阁等,2006)。然后,通过外业调查以及 GPS 技术的应用,获取地块空间位置及确切边界,并且实地核对土地利用/覆被分类的准确性,将两者相结合,可以较短时间内获取精度相对较高的 LUCC 数据。最后,通过地理信息系统(GIS)进行空间数据组织、管理、分析和可视化。

三、LUCC 驱动力

LUCC 驱动力研究是解释 LUCC 原因的关键,也是建立土地利用预测模型的基础。LUCC 驱动力研究是结合直接观察与空间分析,探讨历史时期内土地覆被变化的时空过程,并将其与驱动因素相结合来解释土地利用覆被的时空变化,并推测未来一定时期内的土地利用/覆被变化(倪绍祥,2005),是土地利用变化机制研究的核心内容和难点。

国外对土地利用/覆被变化的驱动力方面的研究较早。“全球环境变化人文因素计划”指出，土地利用变化影响因素中的社会经济因素可分为直接因素和间接因素。直接因素包括城市化程度、土地利用集约化程度、土地投入、土地产品需求、土地利用政策等；间接因素包括人口、技术进步、经济增长、人民富裕程度、政治经济政策等。Kasperson(1995)则认为人口、政治经济结构、技术水平、富裕程度是主要的经济社会因素。除此之外，国外学者还建立了植被模型来研究土地利用变化驱动力，将环境变化与多种社会驱动力联系在一起，如著名的 Ehrlich 公式：$I=PAT$，I 代表环境变化，P 是人口，A 是贫富状况，T 是技术水平，但该公式只考虑人口、贫富状况和技术对土地利用变化的影响，对其他因素考虑较少(Ehrlich *et al.*,1990)。

国内关于土地利用驱动力的研究始于 20 世纪 90 年代，多采用多元回归分析(洪鸿加等，2010；崔峰等，2010；邵霞珍，2006)、主成分分析(闫艳，2006；杨杰，2008)、因子分析(彭文甫等，2011)、灰色关联度分析(曾铁瑛，2011)、模拟退火遗传算法(位欣等，2008)、二分类 Logistic 回归模型(谢花林等，2008)及 AutoLogistic 模型(吴桂平等，2009)等方法，将时间序列的社会经济数据与土地利用变化进行相关性分析，定量地研究土地利用变化驱动力。如摆万奇等(2001)基于系统论观点和方法的研究表明驱动力系统与土地利用变化之间普遍存在非线性反馈关系。刘彦随等(2005)研究发现发达地区土地利用变化受区域经济社会因素的深刻影响，其中人口增长与技术进步是土地利用类型转换的原动力。徐勇等(2005)对北京市丰台区土地利用变化研究的结果表明，土地经济产出效益差异是农业用地非农化的最大动力。对于特殊区域，受特殊政策影响较大，如中国重庆市土地利用覆被变化受直辖市成立、西部大开发计划及三峡工程等政策因素影响深刻(Long H *et al.*,2008)。

随着全球土地利用和土地覆被变化的不断加剧，其变化的复杂方式与自然、人类活动、环境的变化联系越来越紧密，LUCC 驱动力研究也经历了由单因子分析到考虑多因子及其相互作用的发展过程(倪绍祥，2005)，将 LUCC 驱动力归纳为生物物理和社会经济两大类，其中生物物理驱动力，包括土地系统和自然环境的特征和过程，如气候变化、地形地貌及其形成过程、生物聚落演替、土壤类型及其形成过程等，通过引起土地覆被变化直接引起土地利用变化，其影响是长期缓慢积累的；社会经济驱动力，包括人口变化、技术进步、经济增长、政治制度以及价值观念等，通过影响人类的土地利用决策在短期内直接导致土地利用发生变化(洪鸿加等，2010)。

四、LUCC 情景模拟

土地利用变化模拟是对土地利用数量变化和空间格局进行预测和模拟，LUCC 模型有助于了解、认识和解释土地系统的变化规律和特点，对一定区域和尺度的主要驱动因子进行分析，不仅使预测未来土地系统变化的趋势和结果成为可能，而且使得根据不同情景方案设定土地利用方案成为可能，为土地利用变化的情景模拟提供了工具(裴彬等，2010)。

目前 LUCC 模型按其对土地利用变化机理的认知程度和空间模拟能力分为：空间模型与非空间模型、经验统计模型、概念机理模型、综合模型等(朱利凯等，2009)。其中经验统计模型多通过多变量分析定量化土地利用变化与驱动因素之间的关系，主要包括多元回归、Logistic 回归、神经网络等模型；概念机理模型则是通过理论和规律来模拟各种过程，主要包括一些经济学模型和基于主体的模型；综合模型是将不同的模型结合起来，既考虑空间特征又考虑数量特征，应用比较广泛的综合模型有 CLUE-S 模型(蔡玉梅等，2005)、IMAGE2(Strengers *et al.*,2004)等。

近年来，关于土地利用情景模拟的研究取得一系列成果。Overmars(2005,2007)以菲律宾吕宋岛东北部的卡格扬河流域作为研究区，通过归纳法和演绎法分别构建了研究区的土地利用类型概率分布适宜图，然后运用 CLUE-S 模型模拟了研究区的土地利用格局，并对两种方法的模拟结果进行了比较。Verburg(2008)运用 CLUE-S 模型对欧洲未来 30 年间的土地利用格局变化进行了模拟。Castella(2007)把过程导向的 ABM(agent-based models)模型与 CLUE-S 模型相结合，模拟了越南山区的土地利用格局变化。谭永忠等(2006)运用典型相关分析方法诊断了浙江省海盐县各社会经济驱动因子对土地利用变化格局形成贡献作用的大小，并对未来土地利用数量变化进行预测。刘小平等(2006)利用多智能体和元胞自动机对城市土地资源的可持续利用进行了规划。张永民等(2006)基于由遥感和数字高程模型数据源得到的土地利用、地形、河流、湖泊、道路，以及城镇和农村居民点等空间数据，运用 Logistic 回归模型对河北省沽源县耕地、林地和草地的空间分布格局进行了模拟。

随着 LUCC 研究的深入展开，LUCC 模型研究经历了由非空间模型到空间模型，由单一模型到综合模型的发展过程。如邱炳文等(2008)结合宏观用地总体需求与微观土地利用适宜性，集成灰色预测模型、多目标决策模型、元胞自动机模型、地理信息系统技术方法，建立了 GCMG 土地利用变化预测模型，运用该模型对龙海市 2000—2010 年土地利用变化进行了情景模拟。薛建春等(2011) 利用平朔矿区的 TM 影像数据，结合矿区土地利用的实际特点，划分了耕地、林草地、工业及住宅用地、水域、交通用地、待复垦地和未利用地 7 种矿区土地利用类型，分析并研究了平朔矿区土地利用中灰色建模的方法以及求解过程。李亦秋等(2011)以灰色预测为基础，设计了生态安全、经济发展和综合发展 3 种目标情景，并借助于 CLUE-S 模型对库区土地利用及其生态系统服务价值进行时空模拟。李正等(2012) 以贵州省为研究区域，结合生态系统服务价值评估模型、敏感性指数和灰色预测模型，对区域土地利用构成和生态系统服务价值进行了灰色预测。潘卓(2013)以生态位适宜度评价结果为基础，综合运用回归分析、马尔科夫链、GM(1,1)灰色预测、CLUE-S 等土地利用数量和空间模拟分析模型对低丘缓坡土地利用结构和空间演变形态进行情景模拟分析。

五、土地资源优化配置

土地资源优化配置是实现土地资源合理利用和区域可持续发展的重要途径和手段(罗鼎等，2009)，已经成为生态经济和管理学界广泛关注的重要课题(Rabbinge *et al.*，1992；David *et al.*，2000；Gerrit *et al.*，2002)。土地资源优化配置研究最早可追溯到各国土地制度的建立及相继开展的土地制度改革。资本主义经济发展过程中的有关经济活动空间组织优化的理论为土地资源优化配置最原始的理论基础。1826 年德国经济学家屠能发表了《孤立国》一书，首次引入区位因素，揭示了土地利用结构的形成机制，开创了区位论的先河(罗鼎等，2009)，这是最早的土地资源优化配置的理论。20 世纪上半叶，国外开始了优化设计研究，但多采用定性的经验规划方法。1976 年 FAO 出版了《土地评价纲要》一书，为各地区土地评价实践提供了理论依据(FAO，1976)，世界各国的土地利用优化配置研究进入实质性阶段。从 1987 年《我们共同的未来》的发表到 1992 年 6 月在巴西里约热内卢召开的世界环境与发展会议上《21 世纪议程》的颁布，可持续发展的新思想逐渐被世界各国所接受。自此，土地利用优化配置作为实现区域土地可持续利用的重要手段得到了广泛而深入的研究。其主要研究领域包括农用地、城镇用地与土地利用优化配置机理研究(Shakya and Leuschner，1990；Bhadra and Brandao，1993；Seppelt and Voinov，2002；Rezayan and Najian，2008)，湿地、废弃地及流域等特殊地段土地优化配置研究(Kotze and Breen，1994；Minor and Jacobs，1994；Kralisch *et al.*，

2003;Sadeghi *et al.*,2009;Nikkami *et al.*,2009),农场、林业、交通运输等产业用地优化配置研究(Campbell and Radke,1992;Healy,1993;*Strange* et al.,2002;Benli and Kodal,2003;Richards and Gunn,2003;Ryohei *et al.*,2007;Li and Yan,2010),土地使用政策及其对土地利用优化配置影响研究(Gezelius and Refsgaard,2007;Nakkami *et al.*,2009)等方面。

我国从20世纪50年代开始对土地资源进行考察和研究,70年代后期至80年代后期,遥感和计算机技术得到广泛应用,我国土地资源调查进入新的时期。国家自然资源综合考察委员会编制了《中国1∶100万土地资源图》,科学地总结了我国土地资源的分类体系。20世纪80年代后期以来,我国土地资源研究进入一个更加广泛而深入的阶段,主要集中在土地利用优化配置理论与方法研究(刘彦随,1999a,1999b;严金明,2002;章泽宾等,2008;任奎等,2008;邵绘春等,2009)、农业结构调整与土地利用优化配置模式研究(刘彦随,2006;谢花林,2008)、城市空间结构与土地利用优化配置模式研究(郑新奇,2004;王新生和姜友华,2004;吴克宁等,2007;张鸿辉等,2008;袁蕾,2010)等方面。

在土地资源优化配置研究方法和技术方面,20世纪70年代以前,多采用定性的经验规划方法。随着计算机和"3S"技术的发展,土地利用优化配置方法开始由定性转向定性与定量相结合,各种线性和非线性规划方法开始应用于土地利用优化配置研究中。许多学者通过应用线性规划模型对土地利用结构优化进行了研究,取得了较好的效果。Dokmeci等(1974)首次提出土地利用规划是多目标的,并将线性规划应用于土地利用的空间配置进行了研究。Barber(1976)提出运用多目标规划法来解决居住可达性最大和能源消耗最小两个目标的土地利用规划问题。刘彦随(1999)研究了土地资源结构优化配置的序列模型方法。康慕谊等(1999)运用灰色线性规划模型对陕西省关中地区的土地利用结构进行优化配置。耿红(2000)在模糊概念基础上建立了灰色线性规划模型。但承龙等(2001)从协调好生态、经济和社会效益的关系,以取得土地资源利用的耦合效益最大是土地资源可持续利用规划的核心内容为基础,建立了基于灰色线性规划的耦合模型。刘耀林等(2004,2005)分别研究建立了耕地需求量预测的灰色马尔可夫链预测模型和基于SD&MOP的土地利用结构优化模型。

20世纪80年代以后,土地利用的空间配置问题得到重视,如Gilbert等(1985)提出了用于场地选址的多目标土地空间配置模型。Diamond和Wright(1989)提出了基于不规则单元的土地获得和开发费用最小和配置区域内土地适宜性指数最大的空间配置模型。Chuvieco(1993)就土地利用中线性规划模型与GIS结合的理论和方法进行了探讨,在土地适宜性分析的基础上实现土地资源的空间优化配置。Eastman等(1995)针对数学规划法难以处理庞大数据量的土地利用空间配置问题,提出了基于栅格的土地利用空间配置算法。1994年荷兰瓦赫宁根大学提出了土地利用系统分析方法模型CLUE(Conversion of Land Use and its Effects),Verburg等(2002)对CLUE模型进行了改进,提出了CLUE-S模型,被广泛应用于区域尺度土地利用变化空间模拟和土地利用结构空间配置研究中。Aerts(2003)等将空间优化技术和GIS相结合,在GIS栅格环境下,实现了不同土地利用类型在空间上的最优配置。近些年,在土地利用空间优化配置过程中,涌现了很多智能优化算法,如模拟退火、蚁群算法、遗传算法、粒子群算法,以及基于元胞自动机、多智能体等新生技术的土地利用优化配置模型。Wang等(2004)运用多目标规划方法与GIS相结合建立了GIS/IFMOP综合模型,研究在流域尺度上土地资源的优化配置问题。Zhang和Armstrong等(2008)针对廊道规划中位置确定模型存在的问题,设计了多目标遗传算法模型,进行廊道的空间优化配置。Zhang等(2010)

基于多智能体遗传算法，提出了土地利用配置的多目标空间优化模型(MOSO)，并对中国长沙、株洲、湘潭城市群土地利用的空间优化配置进行研究，结果表明MOSO模型在解决复杂的多目标土地利用空间优化配置方面比遗传算法更具优势。席一凡等(2001)提出以遗传算法结合层次分析法和模糊综合评价法解决城市土地合理配置问题。董品杰和赖红松(2003)利用遗传算法的内在并行机制及其全局优化的特性，提出了基于多目标遗传算法的土地利用空间结构优化配置方法。龚健和刘耀林(2005)建立了耕地需求量预测的灰色马尔可夫链预测模型和基于SD&MOP的土地利用结构优化模型。王汉花等(2008)运用生态位模型对土地资源数量结构进行优化进而将数量优化结果作为CA模拟的约束条件对空间布局进行优化，实现了土地资源数量结构优化与空间布局优化的统一。赵东娟等(2008)通过对各生态因子的空间叠加模拟进行区域生态敏感性和适宜性综合评价，并结合景观格局整体优化的方法，进行土地利用格局优化研究。张永帅等(2009)探讨了LINGO模型在土地资源优化配置中的应用。岳辉杰和王静爱(2010)以生态安全为前提，依据用地功能、地形地貌、单因子不安全程度、自然地带、生态岛等原则，提出借助遥感和GIS技术对土地利用进行生态安全评价和优化的方法，优化结果可以达到生态、生产效益并重的目标，为沙区土地可持续发展提供决策依据。

纵观国内外土地优化配置研究，目前土地利用结构优化模型多以经济效益作为主要目标，生态效益和社会效益由于难以量化等原因，是制约多目标土地利用结构优化的技术瓶颈。土地利用结构优化研究多将土地利用系统视为封闭系统，土地利用优化方案弹性较差。

第二章　环京津贫困带土地利用变化及其地形梯度效应

地形因素与土地利用变化的关系研究是土地利用/覆被变化研究的重要内容。本章以环京津贫困带为案例区，选取1985年、1995年、2000年和2010年Landsat TM影像为数据源，运用地学图谱分析法，从地形起伏度、坡度变率、地形位角度，系统分析了环京津贫困带土地利用变化的地形梯度特征及分异效应，探讨了土地利用变化的地形梯度效应及其成因(孙丕苓，2014)，以期为环京津贫困带土地利用动态优化配置和生态环境建设提供科学依据和决策支持。

第一节　研究内容、数据来源与方法

一、研究内容

(1)土地利用变化分析

基于1985年、1995年、2000年和2010年Landsat TM影像，借助GIS技术手段，分析环京津贫困带1985—2010年土地利用结构变化。

(2)地形梯度效应分析

从地形起伏度、坡度变率和地形位角度，运用地学图谱分析法，系统分析环京津贫困带土地利用变化的地形梯度特征及分异效应，探讨地形因素对土地利用格局变化的影响，以期为区域土地管理决策和土地资源可持续利用供科学依据。

二、数据来源与处理

采用的基础数据主要包括：地形因子，来源于ASTER GDEM高程数据，空间分辨率为30 m；土地利用数据，来源于1985年、1995年、2000年和2010年的Landsat TM影像，运用Erdas Imagine 9.2进行预处理，根据环京津贫困带的行政边界裁剪遥感影像，运用监督分类与人机交互式解译的方法进行信息提取。借助Google Earth对解译后的数据进行检查修正，得到4个年份的土地利用矢量图。经分类精度检验得到4期遥感影像分类结果的总精度分别86.18%、86.82%、88.92%和89.46%，Kappa系数分别为0.79、0.80、0.83和0.80，表明解译结果能满足研究需要。

参照国家基本资源与环境本底动态遥感调查数据库的分类体系，将土地利用类型划分为耕地、林地、草地、水域、建设用地和未利用地六大类。为了保持数据的统一性，将解译所得的矢量数据转成栅格数据，cell size统一设定为30 m，得到91 648 482个栅格单元。

三、研究方法

1. 土地利用变化图谱分析

运用ArcGIS 9.3的空间分析模块进行地图代数运算，得到1985—2010年环京津贫困带土地利用变化信息图谱，实现土地利用格局与演变过程的有效集成(龚文峰等，2009；张国坤等，2010；张荣群等，2012）。根据环京津贫困带土地利用图谱单元的变化特征及其稳定性，将其概括为6种类型的图谱变化模式（郭洪峰等，2013）：稳定型图谱，土地利用类型始终未发生变化；平稳转换型图谱，土地利用类型只在1985—1995年发生转变；近期转换型图谱，土地利用类型只在2000—2010年发生转变；中间转换型图谱，土地利用类型转变只发生在1995—2000年；反复摆动型图谱，土地利用类型在1995—2000年发生转变后出现回归；连续转换型图谱，土地利用类型持续发生变化。

2. 地形梯度等级划分

综合考虑地形因子的可定量性和对土地覆被变化的影响程度，选取地形起伏度（landform relief）、坡度变率（slope change rate）、坡向（aspect）和地形位（terrain niche）分析地形对土地利用变化的影响（温晓金等，2013）。地形起伏度是描述区域地形特征的宏观指标，能够直观反映地形起伏特征，是一定区域内海拔高度最大值与最小值的差值，可运用栅格邻域计算工具进行计算。地面坡度变率是地面坡度在微分空间的变化率，可依据坡度的求算原理在所提取的坡度值基础上对地面每一点再求一次坡度，即坡度的坡度，表征了地面高程相对于水平面变化的二阶导数，在一定程度上很好地反映了地形剖面曲率信息。坡向是影响局部地面接受阳光和重新分配太阳辐射量的重要地形因子之一，直接影响局部地区的气候特征差异、土壤水分、作物生长适宜程度，对山地生态具有重要作用。地形位属复合地形因子，可反映高程和坡度的综合影响，公式为（龚文峰等，2013；郭洪峰等，2013）：

$$T = \ln[(E/E_0 + 1) \times (S/S_0 + 1)] \tag{2-1}$$

式中：T 表示地形位；E 和 S 分别表示某点的高程（m）和坡度（°）；E_0 和 S_0 分别表示该点所在区域的平均高程（m）和坡度（°）。高程越高、坡度越大的区域地形位数值越大，反之则越小。

基于环京津贫困带实际情况，对地形起伏度、坡度变率、坡向因子进行分级（表2-1）。采用等数量重分类（quantile reclassify）法（李升发等，2013）对地形位（0.017～3.107）进行分级（图2-1），15级地形位（等级间隔为0.206）分属为低、中低、中高和高地形位4个梯度（表2-2）。运用ArcGIS 9.3空间分析功能，对各地形因子进行重分类并统一为cell size为30 m的栅格数据，栅格计算中地形因子划分的等级视作地形分区。

表2-1　地形起伏度、坡度变率、坡向因子分级及面积比例

地形因子	分级	面积比例/%
地形起伏度/m	0～100	39.19
	>100～200	34.11
	>200～300	18.66
	>300～400	6.05
	>400	1.99
坡度变率/(°)	0～2	32.67
	>2～6	44.36
	>6～15	21.25
	>15～25	1.64
	>25～35	0.07
	>35	0.01

续表 2-1

地形因子	分级	面积比例/%
坡向	平坡	1.02
	阳坡	25.22
	半阳坡	24.44
	半阴坡	24.37
	阴坡	24.95

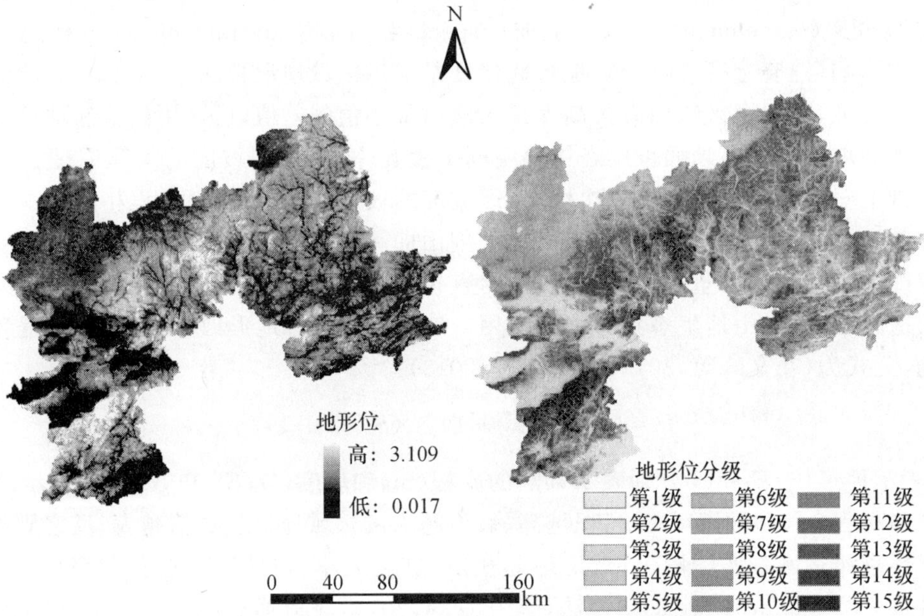

a.地形位　　b.地形位分级

图 2-1　环京津贫困带地形位及分级示意图

表 2-2　地形位因子分级及面积比例

梯度分级		分级标准	面积比例/%
低	1	≥0.017～0.223	20.00
	2	>0.223～0.429	
	3	>0.429～0.635	
中低	4	>0.635～0.841	26.67
	5	>0.841～1.047	
	6	>1.047～1.253	
	7	>1.253～1.459	
中高	8	>1.459～1.665	26.67
	9	>1.665～1.871	
	10	>1.871～2.077	
	11	>2.077～2.283	

续表 2-2

梯度分级		分级标准	面积比例/%
高	12	>2.283～2.489	26.66
	13	>2.489～2.695	
	14	>2.695～2.901	
	15	>2.901～3.109	

3. **地形梯度效应分析**

采用分布指数(distribution index,DI)反映土地利用类型或图谱类型在不同地形梯度的分布特征,公式为(龚文峰等,2013;郭洪峰等,2013;Mottet A *et al.*,2006):

$$DI=(A_{ij}/A_i)/(A_j/TA) \tag{2-2}$$

式中:DI 表示分布指数;i 表示第 i 种土地利用类型或图谱变化类型;j 表示第 j 级地形;A_i、A_{ij}分别表示第 i 种地类(图谱类型)的总面积和在第 j 地形区的分布面积;A_j 表示第 j 级地形区的土地总面积;TA 表示研究区总面积。若 DI>1,该土地利用类型呈现优势分布,DI 值越大,优势度越高;若 DI<1,则呈现劣势分布,分布指数越小,优势度越低。

第二节　土地利用变化及其地形梯度效应

一、土地利用结构变化

由图 2-2(彩图 1)和表 2-3 可知,4 个时期京津贫困带的土地利用类型均以耕地(水田、旱地)、林地和草地为主,占土地总面积的比重分别为 95.39%、95.97%、95.99%和 95.86%,其中耕地和林地面积比重最大;其次是草地,其他地类比重相对较小。总体来看,1985—2010 年水田、旱地、草地和未利用地面积持续减少;林地和建设用地面积持续增大,水域面积先减小后增大。1985—2010 年耕地面积共减少 4 447.06 km^2,其中 2000—2010 年减少 2 350.79 km^2,土地利用变化强度为 0.29%,高于整个研究时段;林地变化强度为 0.39%,2000 年后伴随着退耕还林政策的逐步实施,环京津地区林地增幅明显增大,10 年间林地面积增加4 404.63 km^2;草地的变化强度较小,其面积的减少主要是由于过度放牧引起的草场退化造成的;2000 年后水域面积的增加与张家口、承德两市气候环境条件的改善①和水库入库泥沙量的减少②有关;建设用地面积增加 425.85 km^2,最大增幅出现在 2000—2010 年,变化强度为 0.03%,这主要是因为“村村通”工程的开展和高速公路的建设;未利用地面积共减少 612.50 km^2,变化强度为 0.03%。

① 张家口、承德两市年降水量增加 8.3%,数据来自于张家口、承德两市 23 个气象站 2000—2008 年逐日气象观测资料。

② 河北省水文监测数据显示 2003 年官厅水库入库泥沙量减少了约 75%。

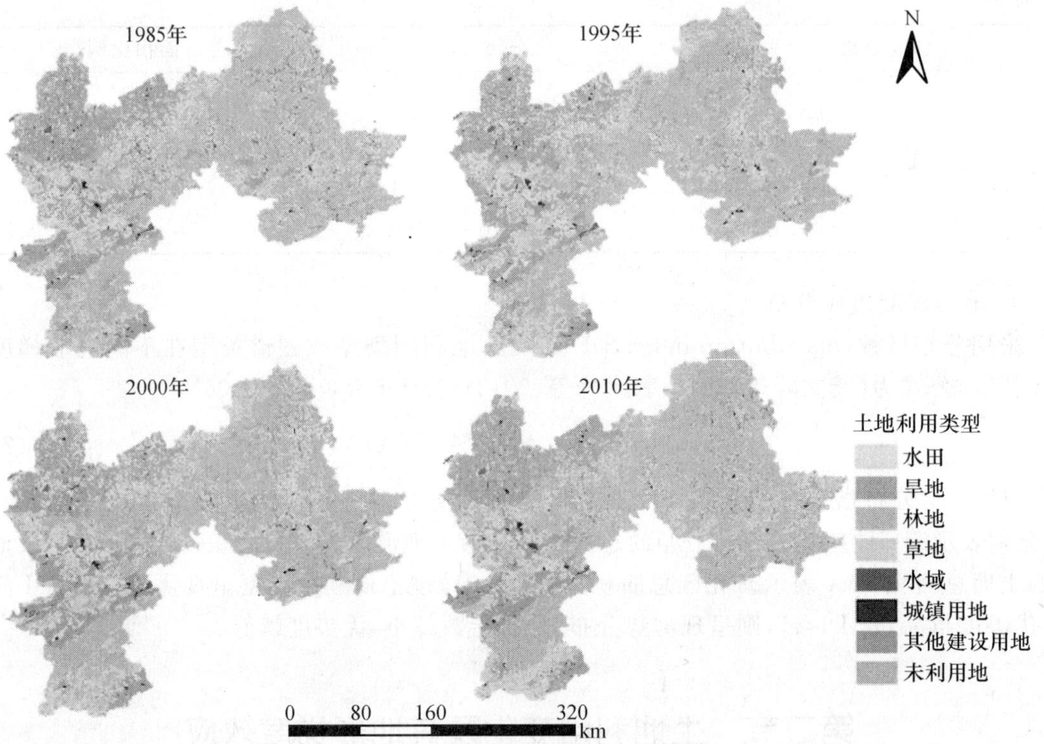

图 2-2 不同时期土地利用类型空间分布图

表 2-3 不同时期土地利用数据统计表

地类名称	1985 年		1995 年		2000 年		2010 年	
	面积/km²	比重/%	面积/km²	比重/%	面积/km²	比重/%	面积/km²	比重/%
耕地	28 820.97	34.95	27 305.76	33.11	26 724.70	32.40	24 373.91	29.55
林地	27 348.60	33.16	29 951.86	36.29	30 964.35	37.54	35 368.98	42.88
草地	22 516.88	27.28	21 905.78	26.56	21 486.99	26.05	19 325.91	23.43
水域	1 197.51	1.45	872.86	1.06	866.08	1.05	998.05	1.21
城镇用地	1 240.32	1.51	1 385.31	1.69	1 426.97	1.73	1 666.17	2.02
未利用地	1 359.35	1.65	1 062.06	1.29	1 014.55	1.23	750.60	0.91
合计	82 483.63	100.00	82 483.63	100.00	82 483.63	100.00	82 483.63	100.00

二、土地利用结构变化的地形梯度变化

1. 土地利用结构变化的地形起伏度梯度变化

环京津贫困带土地利用结构变化的地形起伏度梯度差异明显(表 2-4)。土地利用类型集中在地形起伏度 200 m 以下区域。0～100 m 地形起伏度梯度的主要地类为耕地、水域和建设用地；>100～200 m 地形起伏度梯度是林地和草地的优势分布区，1985—2010 年林地的优势度不断增大，草地优势度降低；在>200～300 m 地形起伏度梯度，林地和草地具有分布优势。

＞300 m 地形起伏度梯度为林地、草地和未利用地的优势分布区。

随着地形起伏度梯度的增大，耕地、水域和建设用地所占比例不断减小，而林地和草地所占比例在＞100～200 m 梯度分级最大。1985—2010 年耕地、草地和水域面积的减少主要发生在 0～200 m 地形起伏度梯度，建设用地面积比例在＞100 m 梯度均有增加；林地在 0～200 m地形起伏度梯度均有增加，在 0～100 m 梯度面积比例变化最明显，从 1985 年的 7.45％增加到 2010 年的 15.87％。

表 2-4　1985—2010 年土地利用类型的地形起伏度梯度变化

地形起伏度分级/m	不同地类分布指数											
	耕地		林地		草地		水域		建设用地		未利用地	
	1985	2010	1985	2010	1985	2010	1985	2010	1985	2010	1985	2010
0～100	1.81	1.96	0.19	0.4	0.73	0.65	1.94	1.92	2.38	2.27	1.23	0.82
＞100～200	0.69	0.58	1.12	1.18	1.35	1.29	0.53	0.56	0.16	0.24	0.32	0.14
＞200～300	0.24	0.15	1.92	1.61	0.99	1.09	0.24	0.24	0.04	0.11	0.09	0.03
＞300～400	0.14	0.05	2.21	1.65	0.78	1.14	0.14	0.14	0.03	0.1	0.98	1.2
＞400	0.1	0.02	2.23	1.61	0.81	1.26	0.12	0.13	0.05	0.09	1.01	1.1
地形起伏度分级/m	不同地类面积比例/％											
	耕地		林地		草地		水域		建设用地		未利用地	
	1985	2010	1985	2010	1985	2010	1985	2010	1985	2010	1985	2010
0～100	70.77	76.53	7.45	15.87	28.7	25.58	75.97	74.96	93.08	88.5	56.96	34.32
＞100～200	23.62	20.17	38.62	40.57	46.27	44.46	18.36	19.21	5.72	8.48	11.08	5.04
＞200～300	4.54	2.89	36.03	30.26	18.63	20.47	4.55	4.66	0.84	2.19	21.74	20.61
＞300～400	0.85	0.34	13.41	10.05	4.76	6.94	0.85	0.88	0.22	0.62	6.17	25.02
＞400	0.22	0.07	4.49	3.25	1.64	2.55	0.27	0.29	0.14	0.21	4.05	15.01

2. 土地利用结构变化的坡度变率梯度变化

环京津贫困带土地利用类型坡度变率梯度差异明显(表 2-5)。土地利用类型主要分布于坡度变率 0°～15°的区域。1985—2010 年耕地、建设用地和水域均在 0°～2°坡度变率梯度具有分布优势；林地在＞2°坡度变率梯度分布指数均大于 1，且在＞25°～35°梯度分布优势最为显著；草地的优势分布区从 1985 年的＞2°～15°梯度扩展到 2010 年的＞2°坡度变率梯度；水域的优势分布区有所扩大，到 2010 年在 0°～2°和＞15°坡度变率梯度分布指数大于 1；未利用地的主要分布区从 1985 年的 0°～6°梯度变换到 2010 年的 25°以上坡度变率梯度。

随着坡度变率梯度增大，耕地、水域和建设用地所占比例不断减小，林地和草地面积比例先增大后减小。耕地、草地、水域和未利用地的减少主要发生在 0°～6°坡度变率梯度，而建设用地的面积增加则出现在＞2°～25°梯度。林地在＞2°～6°坡度变率梯度面积比例最大，25 年间该区林地增加 3 910.71 km^2。

表 2-5　1985—2010 年土地利用类型的坡度变率梯度变化

坡度变率分级/(°)	不同地类分布指数											
	耕地		林地		草地		水域		建设用地		未利用地	
	1985	2010	1985	2010	1985	2010	1985	2010	1985	2010	1985	2010
0～2	1.52	1.61	0.49	0.63	0.78	0.72	1.55	1.48	2.15	2.1	1.02	0.89
>2～6	0.89	0.86	1.06	1.06	1.11	1.1	0.77	0.8	0.59	0.6	1.05	0.56
>6～15	0.47	0.39	1.57	1.37	1.1	1.18	0.61	0.64	0.13	0.19	0.21	0.12
>15～25	0.29	0.23	1.88	1.47	0.93	1.21	0.95	1.03	0.06	0.12	0.1	0.09
>25～35	0.28	0.23	1.84	1.99	0.92	1.45	1.42	1.76	0.03	0.06	0.05	1.11
>35	0.29	0.23	1.65	1.08	0.88	1.54	1.29	1.76	0	0	0.02	1.23

坡度变率分级/(°)	不同地类面积比例/%											
	耕地		林地		草地		水域		建设用地		未利用地	
	1985	2010	1985	2010	1985	2010	1985	2010	1985	2010	1985	2010
0～2	49.66	52.73	16.29	15.69	25.63	23.7	50.76	48.59	70.38	68.73	56.25	22.18
>2～6	39.83	38.47	47.07	47.46	49.37	48.9	34.44	35.8	26.59	26.81	28.94	24.92
>6～15	9.99	8.39	33.38	33.12	23.38	25.28	13	13.67	2.91	4.23	14.62	12.73
>15～25	0.48	0.37	3.09	3.41	1.53	1.99	1.57	1.69	0.1	0.21	0.16	5.15
>25～35	0.02	0.01	0.13	0.19	0.06	0.1	0.17	0.2	0.01	0.01	0.02	25.01
>35	0.02	0.03	0.04	0.13	0.03	0.03	0.06	0.05	0.01	0.01	0.01	10.01

3. 土地利用结构变化的坡向梯度变化

环京津贫困带土地利用结构变化的坡向梯度差异显著(表 2-6)。坡向对耕地分布影响较大,草地和未利用地对坡向因子的选择性较弱。耕地在平坡区分布广泛,占平坡面积的 60%以上。不同坡向的土地利用类型分布指数不同,分布优势差异明显。平坡和半阴坡是耕地、水域和未利用地的优势分布区;建设用地在平坡的分布优势最显著,此外还和草地均在阳坡和半阳坡呈现分布优势;阴坡是林地和水域的优势分布区。

1985—2010 年,耕地面积比例在平坡和半阴坡上略有增加,在阳坡、半阳坡和阴坡上呈下降趋势;林地面积比例在平坡、阳坡和半阳坡均有增加,而在半阴坡和阴坡下降;草地和未利用地面积比例在各坡向上的变化趋势刚好相反,水域面积比例仅在半阴坡上增大,建设用地的面积比例则在平坡和半阴坡呈下降趋势。

表 2-6　1985—2010 年土地利用类型的坡向梯度变化

坡向分级	不同地类分布指数											
	耕地		林地		草地		水域		建设用地		未利用地	
	1985	2010	1985	2010	1985	2010	1985	2010	1985	2010	1985	2010
平坡	1.76	1.95	0.29	0.43	0.49	0.43	3.75	3.67	2.73	2.65	3.27	3.76
阳坡	0.98	0.97	0.91	0.94	1.12	1.13	0.8	0.8	1.13	1.14	0.95	0.91
半阳坡	0.94	0.93	0.97	0.98	1.11	1.12	0.73	0.72	1.06	1.06	0.95	0.94
半阴坡	1.03	1.04	1.03	1.02	0.9	0.89	1.19	1.2	0.89	0.89	1	1.02
阴坡	0.94	0.94	1.20	1.14	0.84	0.84	1.02	1.01	0.66	0.66	0.86	0.87

续表 2-6

坡向分级	不同地类面积比例/%											
	耕地		林地		草地		水域		建设用地		未利用地	
	1985	2010	1985	2010	1985	2010	1985	2010	1985	2010	1985	2010
平坡	2.69	2.97	0.44	0.66	0.75	0.66	5.71	5.59	4.15	4.04	4.99	5.72
阳坡	24.09	23.87	22.39	23.04	27.45	27.67	19.7	19.64	27.8	27.98	23.25	22.4
半阳坡	24.44	24.22	25.41	25.62	28.96	29.1	18.97	18.95	27.59	27.69	24.91	24.47
半阴坡	37.79	37.96	37.81	37.46	33.03	32.79	43.77	44.02	32.79	32.55	36.77	37.23
阴坡	10.99	10.98	13.95	13.22	9.81	9.78	11.85	11.8	7.67	7.74	10.08	10.18

4. 土地利用结构变化的地形位梯度变化

各土地利用类型对高程和坡度的选择性不同，环京津贫困带土地利用类型地形梯度差异显著（表 2-7）。

表 2-7　1985—2010 年土地利用类型的地形位梯度变化

地形位分级		不同地类分布指数											
		耕地		林地		草地		水域		建设用地		未利用地	
		1985	2010	1985	2010	1985	2010	1985	2010	1985	2010	1985	2010
低	1	1.95	2.12	0.12	0.23	0.51	0.56	4.04	3.40	4.96	5.07	0.29	0.20
	2	1.75	1.87	0.27	0.39	0.72	0.77	2.67	2.83	2.65	2.83	1.12	0.91
	3	1.51	1.62	0.35	0.52	0.90	0.89	1.72	1.81	1.69	1.59	1.30	0.87
中低	4	1.45	1.55	0.42	0.60	0.94	0.89	1.25	1.32	1.45	1.25	1.17	0.63
	5	1.38	1.45	0.52	0.69	1.01	0.95	1.02	1.08	1.17	1.00	2.17	1.34
	6	1.27	1.31	0.65	0.78	1.05	1.01	0.84	0.90	0.90	0.78	1.42	1.43
	7	1.14	1.15	0.78	0.89	1.10	1.07	0.70	0.75	0.64	0.59	0.94	0.86
中高	8	0.99	0.97	0.94	1.01	1.14	1.12	0.57	0.62	0.42	0.42	0.64	0.50
	9	0.83	0.78	1.11	1.13	1.17	1.15	0.46	0.49	0.26	0.30	0.45	0.31
	10	0.68	0.61	1.29	1.25	1.17	1.16	0.37	0.40	0.16	0.22	0.33	0.20
	11	0.54	0.46	1.46	1.37	1.14	1.15	0.29	0.32	0.10	0.18	1.06	1.14
高	12	0.42	0.34	1.62	1.47	1.10	1.12	0.24	0.26	0.06	0.14	1.09	1.10
	13	0.32	0.24	1.78	1.57	1.04	1.08	0.19	0.21	0.04	0.12	0.84	1.07
	14	0.24	0.15	1.94	1.65	0.97	1.04	0.15	0.17	0.03	0.10	1.01	1.04
	15	0.16	0.07	2.02	1.69	0.97	1.07	0.10	0.12	0.03	0.09	0.95	1.02

1985—2010 年耕地的地形梯度分布优势差异日益明显，分布指数随地形位的增加持续减小，1～7 级地形位为其优势分布区，即主要分布在低、中低地形梯度区；林地的地形梯度优势差异减小，分布指数随地形位的增加持续增大，在 8～15 级地形位呈现分布优势；草地的优势分布区不断扩展，其分布指数先增大后减小，中高级地形梯度区优势度最高；水域的低地指向

性明显，地形梯度差异缩小，分布指数递减，1～5级地形位是其优势分布区；建设用地的地形梯度分布优势差异增大，1～4级地形位是其分布优势区；未利用地的优势分布区较为分散并向高地形梯度集中，与1985年相比其分布指数在1～10级地形位几乎都减小，而在11～15级地形位均呈现增大趋势。

三、土地利用图谱的地形梯度效应

1. 土地利用变化图谱分析

运用ArcGIS软件的空间分析功能，获取1985—2010年环京津贫困带土地利用变化图谱信息(图2-3、彩图2)，分析地形起伏度、坡度变率、坡向和地形位对土地利用变化过程的影响。

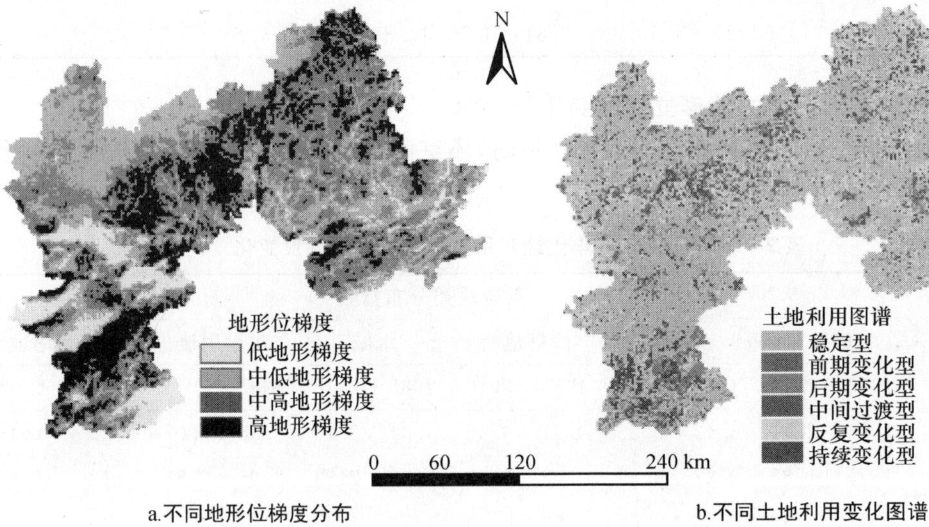

图2-3　1985—2010年土地利用变化图谱信息

环京津贫困带土地利用图谱的数量及地形梯度差异明显(表2-8)。稳定型图谱分布广泛，面积比例最大，占土地总面积的57.56%，主要表现为“林地—林地—林地—林地”、“耕地—耕地—耕地—耕地”和“草地—草地—草地—草地”土地利用变化模式，土地利用类型以林地、耕地和草地为主。反复摆动型图谱紧随其后，以“林地—耕地—耕地—林地”面积最大，为4 609.81 km^2，占该类图谱面积的27.27%。连续转换型图谱和平稳转换型图谱次之，以“未利用地—草地—耕地—林地”和“草地—耕地—耕地—耕地”图谱为主；近期转换型图谱中以“耕地—耕地—耕地—林地”的面积最大，期间林地面积净增4 437.87 km^2；中间转换型图谱面积最小，其中“草地—草地—林地—林地”面积为167.96 km^2，占该图谱面积的67.32%。

环京津贫困带土地利用结构以农林牧为主。1985—2000年经济发展落后，人们生活贫困，人地矛盾突出，部分草地、林地和未利用地被开垦为耕地。2000年后随着社会经济发展及退耕还林政策的实施，耕地不断转化为建设用地，部分农用地非农化，同时部分耕地转化为林地。

2. 土地利用图谱的地形起伏梯度效应

随地形起伏梯度的增大，平稳转换型、反复摆动型和连续转换型图谱的变化趋势相似，其分布指数先增大后减小，最大值分别出现在>200～300 m和>100～200 m地形起伏度分级；稳定型和近期转换型的变化趋势基本一致，分布指数先减小后增大，最大值分别出现在0～

100 m 和>400 m 地形起伏度分级；中间转换型的分布指数持续增大，在>400 m 地形起伏度分级达到最大。

表 2-8 土地利用图谱的地形梯度分布指数

图谱类型	地形起伏度/m					坡度变率/(°)						坡向				
	0～100	>100～200	>200～300	>300～400	>400	0～2	>2～6	>6～15	>15～25	>25～35	>35	平坡	阳坡	半阳坡	半阴坡	阴坡
稳定型	1.08	0.90	1.00	1.03	1.04	1.12	1.07	0.94	0.97	1.02	1.01	1.17	1.00	1.00	1.00	1.00
平稳转换型	0.65	1.20	1.27	1.24	1.21	0.58	0.73	1.09	1.24	1.23	1.18	0.49	1.01	1.00	1.00	1.01
近期转换型	1.07	0.95	0.82	1.15	1.74	1.18	1.04	0.98	0.88	0.99	1.43	1.26	0.99	1.00	1.00	0.99
中间转换型	0.44	1.04	1.27	1.62	6.75	0.30	0.54	0.97	1.30	1.87	3.68	0.25	0.98	1.02	1.04	0.99
反复摆动型	0.89	1.21	0.97	0.77	0.60	0.80	0.91	1.14	1.05	0.86	0.74	0.77	1.00	1.00	1.00	1.00
连续转换型	0.97	1.07	0.94	0.99	0.97	0.92	1.00	1.05	0.98	0.96	0.99	0.63	1.00	1.00	1.00	1.01

土地利用变化图谱与地形起伏度的空间分布关系密切(表 2-8)。1985—2010 年间 0～100 m地形起伏度分级，“耕地—耕地—耕地—耕地”、“建设用地—建设用地—建设用地—建设用地”和“耕地—耕地—耕地—建设用地”图谱是该分级最主要的土地利用变化模式；>100～200 m地形起伏度分级，耕地、林地、草地、水域和建设用地混合共处，是“林地—耕地—耕地—耕地”、“耕地—耕地—建设用地—建设用地”和“林地—耕地—耕地—建设用地”等图谱的优势分布区；>200～300 m 地形起伏度分级，林地和草地的分布优势开始显现，土地利用图谱主要表现为“未利用地—草地—草地—草地”、“草地—草地—未利用地—未利用地”；>300～400 m 地形起伏度分级，“林地—林地—林地—林地”面积最大，“草地—草地—草地—草地”和“耕地—耕地—耕地—林地”次之，是退耕还林的主要区域；>400 m 地形起伏度分级林地占绝对优势，是“草地—草地—林地—林地”和“未利用地—未利用地—未利用地—林地”的优势分布区。

3. 土地利用图谱的坡度变率梯度效应

由表 2-8 可见，随着坡度变率梯度的增大，平稳转换型、反复摆动型和连续转换型图谱的变化趋势相似，其分布指数先增大后减小，最大值分别出现在>15°～25°和>6°～15°坡度变率分级；稳定型和近期转换型的变化趋势基本一致，分布指数先减小后增大，其优势分布区均有两部分组成：0°～6°、>25°和 0°～6°、>35°坡度变率分级；中间转换型的分布指数持续增大，在>15°坡度变率分级有分布优势。0～6°坡度变率分级地面较为平坦，有利于农业生产和经济建设，耕地的保持和流失并存，2000 年之后耕地流失加重；>6°～15°坡度变率分级“林地—耕地—耕地—耕地”和“未利用地—耕地—耕地—林地”分布较多；>15°～25°坡度变率分级以“草地—林地—林地—林地”和“草地—草地—未利用地—未利用地”为主；>25°坡度变率分级主要表现为林地的转入和保持。

4. 土地利用图谱的坡向梯度效应

不同类型的土地利用变化图谱在坡向上的分布优势不同，平坡是稳定型图谱的优势分布区，以“耕地—耕地—耕地—耕地”变化模式为主(表 2-8)。平稳转换型图谱在阳坡和阴坡呈现分布优势，表现为“林地—耕地—耕地—耕地”与“草地—林地—林地—林地”变化模式，阳坡光照充足利于作物生长，是毁林开荒的集中区。近期转换型图谱在平坡呈现分布优势，“耕地—耕地—耕地—建设用地”变化模式比例较大。中间转换型图谱的优势分布区集中于半阳坡和半阴坡，土地利用变化模式以“林地—林地—耕地—耕地”和“草地—草地—耕地—耕地”为主。阴坡是连续转换型图谱的优势分布区，在退耕还林政策的影响下呈现“未利用地—草地—耕地—林地”变化模式。

5. 土地利用图谱的地形位梯度效应

土地利用图谱的地形位梯度分布指数变化（图 2-4）显示，随着地形位梯度的增大，平稳转换型、近期转换型和中间转换型的变化趋势相似，其分布指数均为先减小后增大，平稳转换型和中间转型图谱在 9～15 级和 11～15 级地形位呈现分布优势，近期转换型的优势分布区散落在 1 和 15 级地形位；稳定型图谱的分布指数减小—增大—减小，1～5 级地形位是其优势分布区；反复摆动型的分布指数先增大后减小，2～11 级地形位表现出分布优势；连续转换型的分布指数持续增大，8～15 级地形位为其优势分布区。

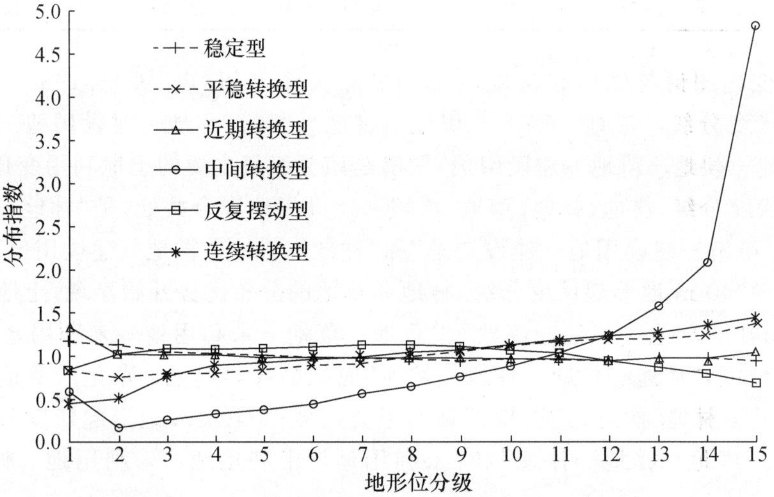

图 2-4 土地利用图谱的地形位梯度分布指数

基于土地利用图谱地形梯度分布特征，分析土地利用图谱的地形位梯度差异。稳定型：“耕地—耕地—耕地—耕地”在 1～5 级地形位有分布优势，且在 1 级地形位分布指数最大。该区地势相对平坦，是耕地的集中分布区；“林地—林地—林地—林地”变化模式出现在 9～15 级地形位，说明林地在较高地形梯度具有竞争优势。“耕地—建设用地—建设用地—建设用地”、“耕地—耕地—建设用地—建设用地”、“耕地—耕地—耕地—建设用地”和“未利用地—草地—耕地—建设用地”分别是平稳转换型、中间转换型、近期转换型和连续转换型中面积最大的变化模式，均出现在 1～2 级地形位。“林地—耕地—耕地—耕地”是 3 级地形位面积最大的变化模式，“草地—未利用地—未利用地—未利用地”和“耕地—林地—林地—林地”分别是 4～7 级和 8～15 级地形位面积最大的变化模式。“草地—耕地—未利用地—林地”、“草地—草地—未利用地—林地”和“耕地—耕地—耕地—林地”为 4～15 级地形位的主要变化模式。

由上述分析发现，环京津贫困带区的建设用地扩展受地形位梯度作用明显，主要集中在低地形梯度区，耕地稳定分布在较低地形位上，受社会经济发展和人口快速增长的影响，耕地不断转向建设用地。1985—2000 年耕地向较高地形梯度区扩展，导致“林地—耕地”、“草地—耕地”变化模式出现；2000年后林地在高地形梯度区得到恢复，且向较低地形位扩张。草地和未利用地在不断转化为林地，优势地形位不断缩小，土地利用变化模式表现为“耕地—林地”、“草地—林地”和“未利用地—林地”。

第三节　讨　　论

结合环京津贫困带的实际情况，从自然因素、社会经济因素和政策因素3方面对土地利用变化地形梯度效应的成因进行解释(图2-5)。

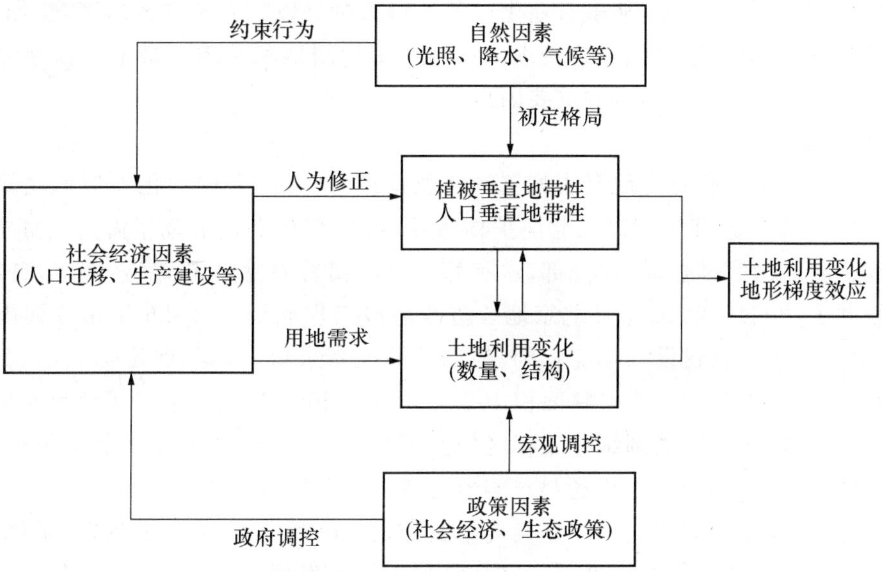

图2-5　土地利用变化地形梯度效应形成机制

一、自然因素

高程、坡度、坡度变率、地面起伏度和地形位等地形因子是影响水热条件和人类活动的重要因子。高程＞400～1 600 m、坡度＞2°～25°的区域分别占环京津贫困带土地总面积的89.01%和79.59%，这在很大程度上决定了环京津贫困带土地利用空间分布的基本格局。耕地、林地和草地是环京津贫困带的主要土地利用类型，在地形梯度上分布较广，在多级地形位上有分布优势，除林地在高地形梯度占据绝对竞争优势外，其余地形梯度均为多种优势地类共存。人类的农耕、工程建设等活动受制于地形因素，决定了与人类生产生活密切相关土地利用类型(耕地、水域和建设用地)均分布于海拔较低、坡度较小、坡度变率和地形起伏度较小地区。林地和草地则在人类活动干扰较弱的高海拔、大坡度、高起伏度区分布较为集中。环京津贫困带土地利用格局的地形梯度效应是地形因子对水热条件再分配影响的响应，自然因素是土地利用变化地形梯度效应形成的基础因素。

二、社会经济因素

人口的分布、增长与流动，城镇化建设和交通建设等社会经济因素影响土地利用结构和格局。约72.86%的人口分布在中低级地形位(1～5级)，高级地形位(12～15级)人口分布不足

2%。1985—2010年环京津贫困带人口增长19.96%，其中中低级地形位(1～5级)所增加人口占增加人口总数的72.66%。1985—2000年环京津贫困带总人口不断增加，低地形梯度人口密度不断增大，家庭结构趋于小型化，住房需求增加，建设用地不断侵占耕地，耕地—建设用地的变化轨迹主要发生在1～3级地形位；为满足粮食需求，耕地向更高级地形梯度蔓延，中高级地形位(6～9级)的耕地分布指数增大，土地利用变化以林地—耕地和草地—耕地为主；人口数量增加和经济利益的驱动导致部分林地和未利用地被开垦为耕地，过度放牧带来草场退化，导致部分草地转向未利用地。2000年后随着社会经济的发展，城镇建设和基础设施不断完善，建设用地在低地形梯度区不断侵占农业用地，土地利用方式选择表现为耕地—建设用地、草地—建设用地；区域乡镇企业、乡村旅游业的发展，不断吸纳农村剩余劳动力，农村人口减少，人口对耕地的压力减小，从事农业生产的人口减少且以妇女和老人居多，耕作半径缩小，坡耕地大量撂荒，土地利用变化轨迹表现为耕地—未利用地和草地—林地。社会经济因素是土地利用变化地形梯度效应形成的重要因素。

三、政策因素

政策因素反映了政府对土地资源配置的宏观调控，是土地利用变化地形梯度效应形成的推动力量。1978年国家开始建设三北防护林体系，1983年国务院启动了海河上游水土保持重点治理工程。之后国家林业局、农业部、水利部及京津冀晋内蒙古五省(直辖市、自治区)人民政府共同编制了《2001—2010年环北京地区防沙治沙工程规划》。1986年京津周围绿化工程全面启动，与三北防护林建设二期工程同步实施，涉及张家口、承德、保定等5市52个县(市、区)，至2000年河北省累计完成造林面积462.75 km^2。2000年国家启动了北京及周边地区防沙治沙工程，林业局将京津周围绿化工程区的张家口、承德两市列为环北京风沙源工程区，其他列入三北四期工程。同时，退耕还林试点在张家口、承德部分县区开展。2002年国家林业局批复《河北省三北防护林四期工程建设规划》，建设范围涵盖了秦皇岛、保定、承德等市25个县(市、区)，河北省退耕工作全面展开。在京津冀一体化发展背景下，相关生态环境经济政策在一定程度上影响着环京津贫困带区土地利用格局。社会经济政策通过调控社会经济发展的用地需求，进而影响区域土地利用格局。

与上述政策相对应，环京津贫困带土地利用结构及地形梯度效应发生显著变化。建设用地规模不断扩展，低地形梯度区大量耕地流向建设用地。林地大面积增加，耕地和草地面积不断减少，土地利用变化模式表现为“耕地—林地—林地—林地”、“草地—草地—未利用地—林地”和“耕地—耕地—耕地—林地”。耕地优势分布区逐渐缩小，并向低地形梯度区集中，中高地形梯度区耕地面积减少。林地在较高地形梯度区得到恢复，且向较低地形梯度扩张，中高地形梯度区林地面积增大。三北防护林体系建设和退耕还林还草政策的推行，耕地和未利用地转向林地，在一定程度上优化了中高地形梯度的土地利用。

综合考虑环京津贫困带区土地利用变化的地形梯度特征及成因，低地形梯度区主要为耕地、水域、建设用地等具有低平指向性地类的优势地形区，是综合发展的重点区域，在关注发展的同时需重视区域生态环境，合理引导城镇化进程，减少耕地流失；中低地形梯度区为水土流失多发区，应合理调整农业产业结构，杜绝毁林开荒和开垦草地等不合理的土地利用方式，选择性推行退耕还林还草政策；中高地形梯度区和高地形梯度主要为林地、草地和未利用地的优势区，应限制农业生产，重视自然植被保护，严格实施退耕还林还草工程。

第四节　结　论

1985—2010年环京津贫困带土地利用类型分布呈现明显的层级性。耕地、水域和建设用地的优势分布区集中于低地形梯度区，草地优势分布区集中于中高地形梯度区，林地和未利用地优势分布区集中于高地形梯度区。

环京津贫困带土地利用变化图谱以稳定型图谱和反复摆动型图谱为主。稳定型图谱主要分布于低、中高和高地形梯度区；反复摆动型图谱集中于中低和中高地形梯度区。1985—2000年耕地向较高地形梯度区扩展，林地、草地和未利用地是耕地的主要转入来源；2000年后耕地、草地和未利用地的优势地形位不断缩小，林地的优势地形位不断扩大，且向较低地形位扩张，"耕地—建设用地"、"耕地—林地"、"草地—林地"变化图谱相继出现。

土地利用变化的地形梯度特征及分异效应是自然因素、社会经济因素和政策因素共同作用的结果，其中自然因素是基础因素，社会经济因素和政策因素是重要推动力量。

环京津贫困带土地利用变化的地形梯度分异效应显著。本章运用地学信息图谱分析法，实现了土地利用格局与演变过程的有效集成，揭示了各地形梯度区土地利用结构变化的趋势及方向。今后其他类似区域在土地利用规划管理与优化配置过程中，应考虑土地利用变化的地形梯度特征及分异效应，遵循土地利用格局的层级性分布规律，因地制宜调整土地利用结构。

第三章　张家口市土地利用变化及其情景模拟

河北省张家口市位于首都北京西北方，是京津地区的供水水源地和生态屏障。随着京津冀一体化发展进程加速，亟须认识这个特殊区域内的土地利用变化规律和原因，以期为区域土地资源管理和城市发展战略的制定提供科学的决策依据。本章综合运用文献查阅、实地调研、地理信息技术、数理统计、模型构建等研究方法，系统分析张家口市1989—2010年间土地利用时空变化特征及其演进态势，剖析影响张家口市土地利用变化的内外部驱动因素，建立基于Logistic回归的张家口市土地利用变化驱动力空间计量模型，定量解释土地利用变化的驱动力，模拟预测未来土地利用空间变化趋势（田媛等，2014），为类似生态脆弱区相关研究提供参照案例，也为土地利用系统模拟与预测研究提供一种有效途径和工具。

第一节　研究内容、数据来源与方法

一、研究目的、思路与内容

1. 研究目的

本章依托于国家自然科学基金项目"环京津冀北贫困带土地利用变化及其优化利用调控研究"，基于张家口市1989年、2000年、2010年三期土地利用现状图，对张家口市土地利用/覆被变化的动态演变进行系统分析，识别1989—2010年间各土地利用类型的数量变化、空间分布变化、各土地利用类型之间的转换格局以及演进态势，并对这些变化的驱动因素进行定性分析。在此基础上，建立基于二分类及多分类Logistic回归的土地利用变化模型，对各土地利用类型变化进行定量解释和模拟，并预测未来的土地利用空间变化。研究成果有助于了解在京津冀都市圈中，张家口市作为生态保障功能区的土地利用变化规律、原因以及变化趋势，为实现区域土地利用优化调控、城市发展战略的制定和区域土地的可持续利用提供决策依据，为类似生态脆弱区相关研究提供参照案例。另一方面，国内利用空间计量Logistic模型特别是多分类Logistic回归模型对土地利用变化进行模拟预测的研究还较少，多分类Logistic回归模型能充分利用土地利用变化信息，为土地利用系统模拟与预测研究提供了一种有效途径和工具。

2. 研究思路

以河北省张家口市为研究案例区，首先，应用张家口市1989年、2000年、2010年三期土地利用现状图，系统分析1989—2010年间土地利用时空变化特点及演进态势。然后，结合张家口市的特点和已有的研究成果，在定性分析的基础上，选择自然、经济、社会、空间自相关因子等方面的31个指标构建张家口市1989—2000年、2000—2010年两个时段的土地利用变化及其驱动因子的GIS模型数据库。接着，分别对两个时段的主要土地利用类型变化建立基于二分类Logistic回归的空间驱动力模型，对流向多元的耕地建立基于多分类Logistic回归的空间驱动力模型，对模型的拟合优度及空间模拟准确度进行统计检验，以定量解释和模拟土地利用变化。由于建设用地和耕地是土地管理中重点关注的土地利用类型,因此选择建设用地增加模型和耕地流向模型进行空间预测能力检验。最后,利用2000—2010年的建设用地增加模型,对2010年后张家口市所有栅格单元转变为建设用地的概率进行预测,得到2020年建设用地的空间分布情景。

通过以上研究,系统完整地揭示张家口市作为生态脆弱区在1989—2010年间的土地利用/覆被变化特点及其演变趋势,建立土地利用变化空间计量驱动力模型,定性定量相结合剖析土地利用变化驱动机制,实现土地利用变化的空间模拟预测。

3. 研究内容

(1)土地利用动态变化分析　基于张家口市1989年、2000年、2010年三期土地利用现状图,应用GIS技术建立土地利用基础数据库,提取张家口市1989—2000年、2000—2010年两个阶段的土地利用变化信息;利用土地利用动态度、土地利用转置矩阵等方法模型,从数量、速度和空间角度分析张家口市土地利用类型的时空动态变化及其演进趋势;基于高程、坡度信息,分析土地利用变化的地形分异规律和特征。

(2)土地利用变化驱动力研究　结合实地调研情况,区域背景资料搜集以及张家口市土地利用/覆被变化分析结果,从自然地理、社会经济、区域政策等方面定性分析引起土地利用变化的内部和外部驱动因素;在此基础上,选择坡度、坡向、人口密度等31个驱动因素,分别建立以1989年、2000年和2010年为基期的土地利用变化驱动力数据库;采用逐步二分类Logistic回归建模定量分析主要土地利用类型变化的驱动力;运用多分类Logistic回归模型建立模拟耕地流失方向的回归模型,具体分析耕地变化状况,并对所建模型的拟合优度进行统计检验分析。

(3)土地利用变化空间模拟与预测　对建设用地增加模型和耕地流向模型的实际预测能力进行检验,即选择1989—2000年的建设用地增加模型和耕地流向模型,以2000年为基期更新模型驱动因子,分别预测未来张家口市所有栅格单元转变为建设用地的概率以及所有耕地栅格单元转变为园地、林地、草地、建设用地以及保持不变的概率,并根据2000—2010年实际的土地利用变化信息进行模型预测准确率检验。最后,利用实际空间预测能力良好的建设用地增加模型对未来张家口市所有栅格单元转变为建设用地的概率作出预测,并根据建设用地增加速度的历史平均值设定转换概率阈值,预测2020年张家口市建设用地空间分布。

(4)土地可持续利用政策建议　随着京津冀一体化进程的加快,社会经济发展加速,各业用地之间的转换幅度明显加大,土地利用供需矛盾将进一步突出,为此,基于前文对张家口市土地利用变化规律和演进态势的分析以及其驱动力的研究,对张家口市土地可持续利用提出政策建议。

二、数据来源与处理

1. 数据来源

采用的基础数据主要包括:张家口市1989年、2000年和2010年土地利用现状图,来源于30 m分辨率的Landsat TM遥感影像,由"环京津冀北贫困带土地利用变化及其优化利用调控研究"课题组解译得到;90 m×90 m的数字高程模型(DEM),来源于国家基础地理信息中心,并由此生成高程、坡度、坡向数据;土壤图,来源于中科院资源环境科学数据中心中国1∶100万土壤数据库;社会经济统计数据,主要来源于统计年鉴《张家口60年》和《张家口经济年鉴(1993—2010年)》。

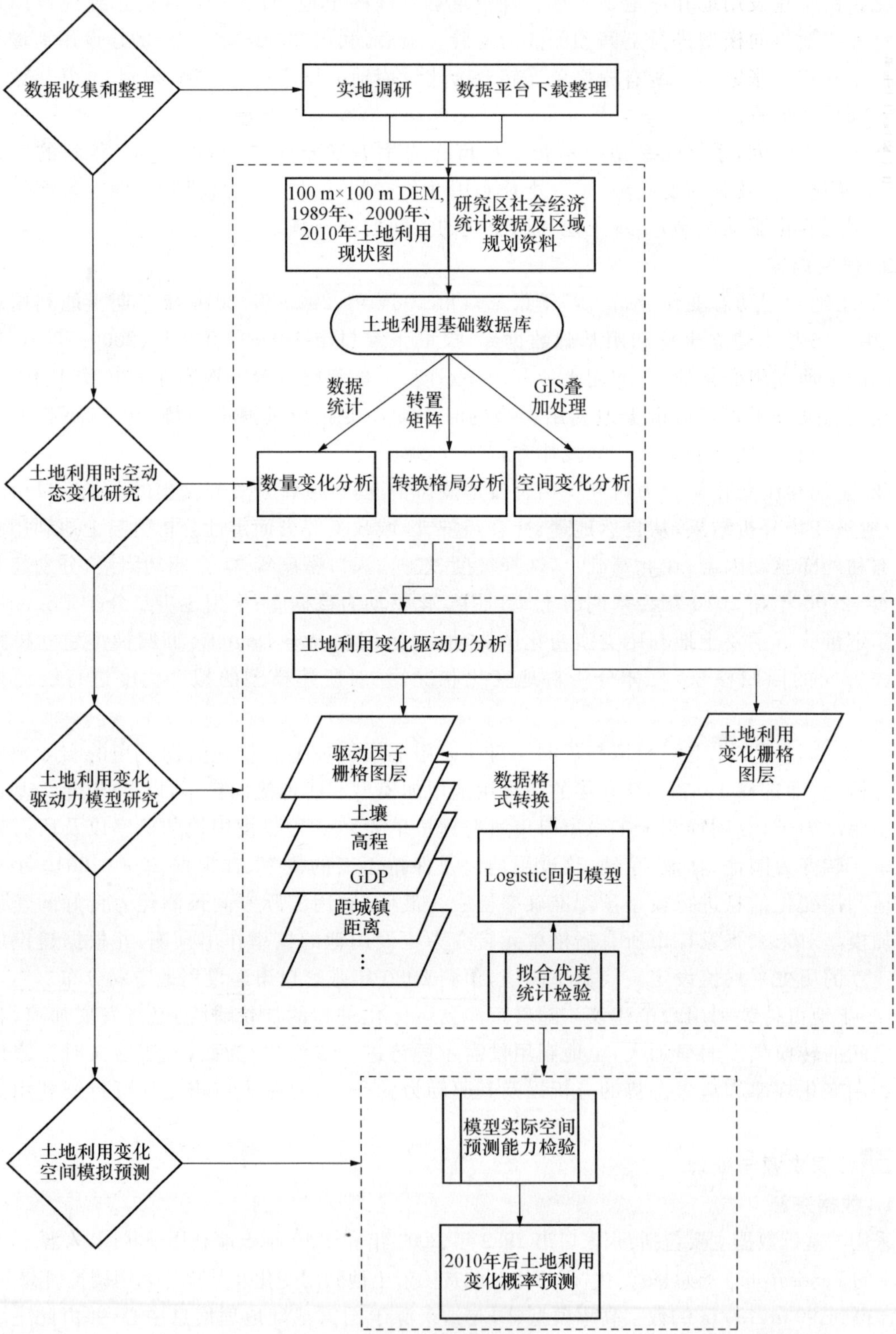
数据收集和整理
实地调研
数据平台下载整理
100 m×100 m DEM,
1989年、2000年、
2010年土地利用
现状图
研究区社会经济
统计数据及区域
规划资料
土地利用基础数据库
数据
统计
转置
矩阵
GIS叠
加处理
土地利用时空动
态变化研究
数量变化分析
转换格局分析
空间变化分析
土地利用变化驱动力分析
驱动因子
栅格图层
土壤
高程
GDP
距城镇
距离
⋮
土地利用
变化栅格
图层
数据格
式转换
Logistic回归模型
拟合优度
统计检验
土地利用变化
驱动力模型研究
土地利用变化
空间模拟预测
模型实际空间
预测能力检验
2010年后土地利用
变化概率预测

图 3-1　技术路线图

2. 数据处理

对于 Logistic 回归模型，要求样本水平至少维持在中等规模（大于 100），样本量大于 500 时模型可以充分模拟，通过不同尺度的调整对比，最终确定将矢量数据转换为 200 m×200 m 大小的栅格格式文件，以保证各种土地变化类型的栅格单元数量满足数据分析要求，以及栅格单元的空间属性准确性。因此，在进行具体的土地利用变化分析和空间计量模型模拟预测时，需要对数据格式进行转换。

首先，利用 ArcGIS9.3 将原始的.shp 格式数据图层统一配准到高斯克吕格 38°带，西安 80 坐标系下。将三期土地利用数据叠加处理提取变化数据，并将需要属性输出转化为 200 m×200 m 栅格数据，将原始格式为 90 m×90 m 的 DEM 数据以及土壤数据重采样为 200 m×200 m 的栅格数据，将所有栅格数据图层以第二次全国土地调查下达的张家口市行政界线为研究区范围进行剪切，以保证土地利用/覆被变化驱动力模型中的栅格观测值属性具有对应一致的空间位置。然后，将栅格图层转出为固定 ASCII 码格式的文本文件，并按变量形式合并为.dta 格式模型样本数据。

三、研究方法与技术路线

综合运用文献查阅、实地调研、GIS 技术、数理统计分析、模型模拟等研究方法对张家口市进行了系统的土地利用/覆被变化研究。首先，应用张家口市 1989 年、2000 年、2010 年三期土地利用现状图，系统分析 1989—2010 年间土地利用时空变化特点及演进态势。然后，结合张家口市的特点和已有的研究成果，在定性分析的基础上，构建张家口市 1989—2000 年、2000—2010 年两个时段的土地利用变化及其驱动因子的 GIS 模型数据库。接着，对以上两个时段的主要土地利用类型变化和流向多元的耕地变化分别建立基于二分类 Logistic 回归和多分类 Logistic 回归的空间驱动力模型，定量解释和模拟土地利用变化。其中，建设用地和耕地作为土地管理中重点关注的土地利用类型，选择建设用地增加模型和耕地流向模型进行空间预测能力检验。最后，利用 2000—2010 年的建设用地增加模型，对张家口市 2010 年后所有栅格单元转变为建设用地的概率进行预测，得到 2020 年建设用地的空间分布情景。

具体技术路线见图 3-1。

第二节　Logistic 回归模型

线性回归模型是定量研究中应用最广泛的模型，但在许多社会科学研究中，线性回归常常会受到限制，比如经济学研究中消费者是否购买某种商品，医学研究中是否患病等等，这些因变量不满足线性回归的连续性条件，只能取二分类值，通常设置 0 代表主体事件“不发生”，1 代表主体事件“发生”；在更复杂的情况下，研究主体会存在多种选择，比如选择去周围 4 家超市的哪一家购物，对多个候选人的投票等，通常按 1，2，3，4……整数序列编码。同样，在土地利用/覆被变化研究中，土地利用类型会随着时间在空间分布上发生变化，针对某一研究单元，土地利用类型会出现“变化”或者“不变化”两种可能性。更进一步分析，变化的地类会向不同的其他地类变化，这就会产生一个多项选择问题。

对此类因变量是分类变量而非连续变量的情况，常规最小二乘线性回归模型不适宜，需使用非线性回归模型。Logistic 回归模型没有关于变量分布的假设条件，也不需要假设它们之间存在多元正态分布，最终以事件发生概率的形式提供结果，拟合得出的 Logistic 回归模型参数估计采用最大似然估计方法，最大似然估计在样本量大于 500 时可以充分模拟。

该方法自 1838 年由荷兰生物数学家 Verhult 创立以来，在人口统计和预测、医学研究中得到广泛使用，也曾应用于滑坡灾害预测（Ohlmacher *et al.*，2003）、林地退化（Mertens *et al.*，2000）、农户行为研究（洪建国，2010）等研究中。近年来，众多学者采用了经验统计 Logistic 回归模型对土地利用格局及其变化模拟等方面进行了大量研究，但以往研究多是基于二分类 Logistic 回归模型进行土地利用变化相关研究（曾凌云等，2009；张永民等，2006），每一个模型只能针对一种地类的增减情况进行模拟和预测，不能实现针对地类转换的建模。因此，本章尝试运用多分类 Logistic 回归模型进行区域土地利用变化建模分析。多分类 Logistic 回归模型作为二分类 Logistic 回归模型的扩展，因变量不再局限于两种可能性，可以用来模拟更复杂的土地利用变化，如较长时期的土地利用类型变化轨迹（Mertens *et al.*，2000）、土地利用类型具体的流向（Xu Y *et al.*，2013）等，因而能充分利用土地变化信息，是解释土地利用变化情景的有力工具。

一、二分类 Logistic 回归模型

二分类 Logistic 回归模型可以对二分类因变量和分类自变量（或连续变量或混合变量）进行回归建模。设第 i 个案例的自变量 $X_i=(x_{1i},x_{2i},\cdots,x_{ki})$，二分类因变量 y_i 取值 0 或 1（$y_i=0$ 表示主体事件不发生，$y_i=1$ 表示主体事件发生），将事件发生的条件概率记为 $p_i=P(y_i=1|x_{1i},x_{2i},\cdots,x_{ki})$，则

$$p_i=\frac{\exp(\alpha+\beta_1x_{1i}+\beta_2x_{2i}+\cdots+\beta_kx_{ki})}{1+\exp(\alpha+\beta_1x_{1i}+\beta_2x_{2i}+\cdots+\beta_kx_{ki})} \tag{3-1}$$

此函数分布见图 3-2（王济川等，2001）。

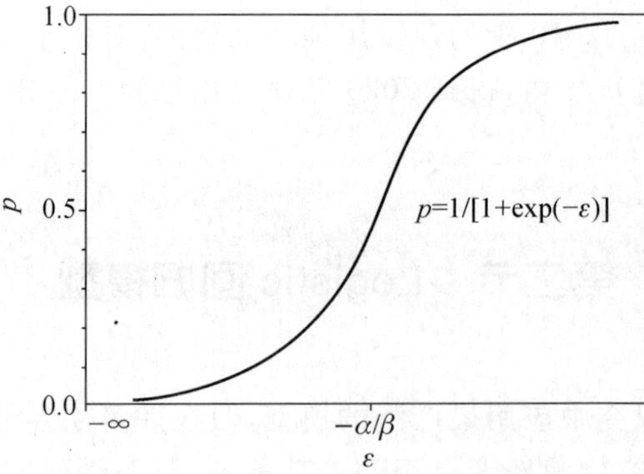

图 3-2 Logistic 函数的曲线图

相应的二分类 Logistic 回归模型 ε 为：

$$\text{logit}(p_i)=\ln\left(\frac{p_i}{1-p_i}\right)=\alpha+\beta_1x_{1i}+\beta_2x_{2i}+\cdots+\beta_kx_{ki} \tag{3-2}$$

式中：p_i 为第 i 个案例事件发生的概率，α 为常数项，β_k 为回归系数。

事件发生与不发生概率之比

$$\frac{p_i}{1-p_i}=\exp(\alpha+\beta_1 x_{1i}+\beta_2 x_{2i}+\cdots+\beta_k x_{ki}) \tag{3-3}$$

被称为事件的发生比，简称 odds 发生比率。exp(β)是 β 系数的以 e 为底的自然幂指数，简称 odds ratio，是衡量解释变量对因变量影响程度的重要指标。对于取值为 0、1 的二分类自变量，发生比率 exp(β)表示类型 1 相对于类型 0 的发生比的变化倍数(王济川等，2001)。发生比率 exp(β)表示解释变量每增加一个单位，事件发生比的变化倍数。若解释变量变化 n 个单位，则发生比率为 exp($n\beta$)，表示事件发生比的变化倍数为 exp($n\beta$)倍。odds ratio>1 表示自变量数值增加对事件概率有正作用；odds ratio<1 表示自变量数值增加对事件概率有负作用；odds ratio=1 表示自变量变化对事件概率无影响。

二、多分类 Logistic 回归模型

多分类 Logistic 回归模型是基于抽样数据，通过对各个自变量产生回归系数，从而分析多个自变量与一个多分类的因变量之间的依存关系，并解释因变量发生概率的模型。记因变量 y 有 c 个取值，从 0 取到 $c-1$，并且设定 $y=0$ 是参照组，自变量 $X=(x_1,x_2,\cdots,x_p)$，那么 y 的条件概率：

$$P(y=k\mid x)=\frac{\exp(Y_k)}{1+\sum_{i=1}^{c-1}\exp(Y_i)} \tag{3-4}$$

式中：$k=0,1,2,\cdots,c-1$。相应的 Logistic 回归模型为：

$$Y_k=\ln\left[\frac{P(y=k\mid x)}{P(y=0\mid x)}\right]=\beta_{0k}+\beta_{1k}x_1+\beta_{2k}x_2+\cdots+\beta_{pk}x_p \tag{3-5}$$

显然 $Y_0=0$。因此对于多分类 Logistic 回归模型，应根据因变量的实际解释意义设定参照类，对于参照类，无模型系数输出，但可以根据其他类别计算其发生概率。模型中各类别的发生概率之和为 1。其系数 β 及 odds ratio 的计算和解释与二分类 Logistic 回归类似。

三、模型检验

Logistic 回归模型的拟合优度通常使用 Pontius R G 提出的受试者工作特征曲线(receiver operating characteristics curve，ROC)方法进行检验(Pontius *et al.*，2001)。ROC 曲线下的面积值(AUC)在 1.0 和 0.5 之间。AUC 越接近于 1，说明拟合效果越好。AUC 在 0.5～0.7 时有较低准确性，AUC 在 0.7～0.9 时有一定准确性，AUC 在 0.9 以上时有较高准确性。另外，pseudo R^2 也对模型拟合优度有一定的解释作用。pseudo R^2 不同于线性回归中的 R^2，其取值很难达到 1，通常在 0.2 到 0.4 之间即表示模型拟合程度较优(Mertens *et al.*，2000)。

第三节　土地利用变化时空演变

一、土地利用现状分析

1. 土地利用现状结构

2010 年，张家口市土地总面积 3 680 542.74 hm^2，其中农用地 3 313 943.42 hm^2(耕地

969 174.73 hm^2、园地 149 348.45 hm^2、林地 1 106 278.80 hm^2、草地 1 089 141.85 hm^2)，占土地总面积的 90.04%；建设用地 138 571.70 hm^2(城镇村及工矿用地 124 094.30 hm^2、交通运输用地 14 477.40 hm^2)，占土地总面积的 3.76%；水域 78 728.96 hm^2，占土地总面积的 2.14%；其他土地 149 244.67 hm^2，占土地总面积的 4.05%。

张家口市土地利用以农业用地为主，耕地、林地、草地为主要土地利用/覆被类型：林地面积最大，占全市总面积的 30.06%，主要分布在张家口坝下地区东部赤城县、崇礼县以及东南部的蔚县、涿鹿县、怀来县，在坝上坝下过渡区、高海拔地带(>1 600 m)呈明显的集中组团分布，坝上地区林地分布相对分散，有大面积农田防护林；草地面积次之，占全市总面积的 29.59%，温带草原是北部坝上地区的地带性植被，坝下山地丘陵地区植被差异明显，草地主要分布在亚高山草甸带，山地下部多生长半旱生灌草丛植被，冀西北山间盆地区广泛分布着干旱灌木草原；耕地面积占全市总面积的 26.33%，沿桑干河和洋河等河流流域集中分布，在中西部由河流径流形成的盆地谷底分布广泛，坝上高原地区也分布着大量耕地。建设用地面积占全市总面积的 3.76%；采矿用地主要分布于宣化县、赤城县、崇礼县、蔚县。

2. 土地利用的高程分异

将 DEM 按照自然断点进行分级处理，利用栅格计算器计算统计在不同高程分级下张家口市 2010 年土地利用现状图上各土地利用类型的分布特征(表 3-1)。

表 3-1　张家口市各土地利用类型随高程分布特征表

土地利用类型		400～800 m	>800～1 000 m	>1 000～1 300 m	>1 300～1 600 m	>1 600 m	合计
耕地	面积/hm^2	100 705	223 804	116 973	492 563	32 311	966 356
	比例/%	10.42	23.16	12.10	50.97	3.34	100.00
园地	面积/hm^2	52 382	62 960	27 697	5 878	196	149 113
	比例/%	35.13	42.22	18.57	3.94	0.13	100.00
林地	面积/hm^2	34 206	128 826	222 124	525 388	191 820	1 102 364
	比例/%	3.10	11.69	20.15	47.66	17.40	100.00
草地	面积/hm^2	68 788	191 927	264 320	467 427	91 444	1 083 906
	比例/%	6.35	17.71	24.39	43.12	8.44	100.00
城镇村及工矿用地	面积/hm^2	38 697	35 306	14 655	33 485	1 749	123 892
	比例/%	31.23	28.50	11.83	27.03	1.41	100.00
交通用地	面积/hm^2	4 368	3 472	958	5 725	14	14 537
	比例/%	30.05	23.88	6.59	39.38	0.10	100.00
水域	面积/hm^2	22 608	19 600	15 200	20 416	332	78 156
	比例/%	28.93	25.08	19.45	26.12	0.42	100.00
其他土地	面积/hm^2	6 166	35 304	36 789	51 678	19 045	148 982
	比例/%	4.14	23.70	24.69	34.69	12.78	100.00

张家口市特殊的坝上坝下的地貌分区，使得约 51% 的耕地集中分布于坝上高原(高程 >1 300～1 600 m)，主要用于无污染、错季蔬菜种植等农业支柱产业，而坝下山地丘陵区的耕

地更多分布在中海拔地段；园地更多地分布于坝下地区中低海拔地段，约占园地总面积的77.35%。林地和草地随高程变化的分布规律类似，在>400～1600 m的高程区间内随着高程增加，分布比例逐渐增加，在大于1 600 m的高海拔地段仍分布着17.40%的林地和8.44%的草地；城镇村及工矿用地和交通用地分布规律类似，约有71.56%的城镇村及工矿用地和60.52%的交通用地位于坝下地区，且随着高程增加，分布比例逐渐减少，而坝上地区约分布了27.03%的城镇村及工矿用地和39.38%的交通用地；约26.12%的水域分布在高程>1 300～1 600 m的坝上地区，主要为坝上的滦河水系，坝下的水域随着高程增加分布比例逐渐降低。其他土地随高程增加分布比例逐渐增加，在>1 600 m的高海拔地区分布比例仅次于林地，为12.78%。

3. 土地利用的坡度分异

将坡度按照《土地利用现状调查技术规程》中耕地坡度分级进行分级处理，统计张家口市2010年土地利用现状图上各土地利用类型在不同坡度分级下的分布特征(表3-2)。

表3-2　张家口市各土地利用类型的坡度分布特征表

土地利用类型		0°～2°	>2°～6°	>6°～15°	>15°～25°	>25°	合计
耕地	面积/hm²	577 835	259 697	113 126	13 898	1 231	965 787
	比例/%	59.83	26.89	11.71	1.44	0.13	100.00
园地	面积/hm²	49 985	59 405	33 736	5 261	685	149 072
	比例/%	33.53	39.85	22.63	3.53	0.46	100.00
林地	面积/hm²	215 276	214 164	361 802	231 127	80 126	1 102 495
	比例/%	19.53	19.43	32.82	20.96	7.27	100.00
草地	面积/hm²	240 176	234 653	391 442	178 496	38 075	1 082 842
	比例/%	22.18	21.67	36.15	16.48	3.52	100.00
城镇村及工矿用地	面积/hm²	72 210	32 130	15 833	3 269	427	123 869
	比例/%	58.30	25.94	12.78	2.64	0.34	100.00
交通运输用地	面积/hm²	10 399	3 101	841	156	39	14 536
	比例/%	71.54	21.33	5.79	1.07	0.27	100.00
水域	面积/hm²	53 049	14 087	8 471	2 049	401	78 057
	比例/%	67.96	18.05	10.85	2.63	0.51	100.00
其他土地	面积/hm²	37 257	23 080	50 541	28 785	9 258	148 921
	比例/%	25.02	15.50	33.94	19.33	6.22	100.00
合计	面积/hm²	1 256 187	840 317	975 792	463 041	130 242	3 665 579
	比例/%	34.27	22.92	26.62	12.63	3.55	100.00

耕地在坡度为0°～2°的区域分布最多，为59.83%，26.89%的耕地分布于坡度>2°～6°的区域，11.71%的耕地分布于坡地为>6°～15°的区域，随着坡度增加，耕地分布比例不断减小，但仍有1.57%的耕地处于坡度>15°以上的坡地，这部分耕地应逐步予以退耕还林，以减少水

土流失，发挥生态涵养功能；园地分布规律与耕地类似，主要分布于坡度小于15°的区域，在坡度为＞2°～6°的区域分布比例最大，为39.85％，另有33.53％和22.63％的园地分布于坡度0°～2°和＞6°～15°的区域；林地和草地同为自然或近自然状态的土地利用/覆被类型，分布的坡度区域比较相近，在各坡度分级分布相对均匀，分布面积随坡度先增加后减少，在＞6°～15°的区域分布比例最大，分别为32.82％、36.15％；城镇村及工矿用地、交通运输用地等建设用地主要分布于坡度0°～2°的区域，比例分别为58.3％、71.54％，是耕地最大的竞争土地利用类型；水域本身受地形限制比较大，在0°～2°的区域分布比例最大，为67.96％；其他土地的具体类别主要为裸地、盐碱地、内陆滩涂、沙地、沼泽地，在0°～2°、＞6°～15°的区域分布比例较大，分别为33.94％、25.02％。

二、土地利用动态变化分析

1. 数量结构变化

对张家口市1989年、2000年和2010年三期土地利用现状图进行统计分析，1989—2010年间各土地类型面积均发生了显著变化(表3-3)。1989年，土地利用类型面积由大到小依次为草地、耕地、林地、其他土地、园地、水域、城镇村及工矿用地、交通用地。2010年，土地利用类型面积由大到小变为林地、草地、耕地、园地、其他土地、城镇村及工矿用地、水域、交通用地。张家口市土地利用数量变化的主要特征是林地大面积增加，耕地大面积减少，城镇村及工矿用地增加，园地面积增加，水域、其他土地、草地面积持续减少。

表3-3 不同时期张家口市土地利用类型面积及比例

土地利用类型	1989年		2000年		2010年	
	面积/hm^2	比例/%	面积/hm^2	比例/%	面积/hm^2	比例/%
耕地	1 090 029.83	29.62	1 057 073.07	28.72	969 174.32	26.33
园地	141 280.62	3.84	149 212.54	4.05	149 348.45	4.06
林地	914 940.03	24.86	971 127.59	26.39	1 106 278.80	30.06
草地	1 120 794.34	30.45	1 101 805.72	29.94	1 089 141.85	29.59
建设用地	90 787.48	2.47	102 724.48	2.79	124 094.30	3.37
交通用地	9 236.71	0.25	11 819.22	0.32	14 477.40	0.39
水域	96 316.38	2.62	86 968.81	2.36	78 782.96	2.14
其他土地	217 162.09	5.90	199 815.06	5.43	149 244.67	4.05
合计	3 680 547.50	100.00	3 680 546.49	100.00	3 680 542.74	100.00

1989—2010年，张家口市农业用地结构有了大幅度调整。1989年全市耕地面积109万hm^2，2010年减至96.92万hm^2，耕地净减少12.09万hm^2，总减少率为11.09％，平均每年减少约6 042.77 hm^2；在耕地减少的同时，园地面积持续增加，但增加幅度不大，为5.71％，净增加面积8 067.82 hm^2；1989年林地面积91.49万hm^2，2010年增至110.63万hm^2，林地净增加19.13万hm^2，平均每年增加约9 566.94 hm^2，增长率为20.91％。

交通发达程度和城镇化建设水平均有大幅度提高。1989—2010年，城镇村及工矿用地从90 787.48 hm^2 增加至124 094.30 hm^2，净增加33 306.81 hm^2，同比增长率36.69％；交通用地净增加 5 240.69 hm^2，同比增长率 56.74%，两类建设用地面积增长率为所有土地利用类型中最大。

草地、水域、其他土地面积呈持续减少趋势。1989—2010 年，草地净减少面积 31 652.49 hm^2，平均每年减少约 1 582.62 hm^2，减少率 2.82%，变化幅度相对最小；水域面积净减少 17 533.43 hm^2，减少率 18.20%；其他土地面积净减少 67 917.42 hm^2，减少率 31.27%，后备土地资源面积开发利用率较大。

2. 数量速度变化

单一土地利用类型动态度可表达区域一定时间范围内某种土地利用类型的数量变化情况，依此计算得到张家口市 1989—2000 年、2000—2010 年、1989—2010 年的土地利用类型变化速率（表 3-4），公式为：

$$K=\frac{U_b-U_a}{U_a}\times\frac{1}{T}\times 100\% \tag{3-6}$$

式中：U_a、U_b 分别表示研究期初及研究期末某一种土地利用类型的数量；T 表示研究时段长。当 T 设定为年时，K 表示研究时段内某一土地利用类型的年变化率（王秀兰等，1999）。

通过表 3-4 可以看出，近 20 年各土地利用类型的总年变化速率为交通用地＞城镇村及工矿用地＞其他土地＞林地＞水域＞耕地＞园地＞草地。建设用地（交通用地、城镇村及工矿用地）年增加速率最大，其他土地年减少速率最大。

表 3-4　不同时期张家口市土地利用年变化率　%

土地利用类型	1989—2000 年	2000—2010 年	1989—2010 年
耕地	−0.30	−0.83	−0.55
园地	0.56	0.01	0.29
林地	0.61	1.39	1.05
草地	−0.17	−0.11	−0.14
城镇村及工矿用地	1.31	2.08	1.83
交通用地	2.80	2.25	2.84
水域	−0.97	−0.94	−0.91
其他土地	−0.80	−2.53	−1.56

近 20 年间，各土地利用类型的变化趋势保持不变，但不同时期的变化速率有所不同。总体来看，1989—2010 年耕地、草地和水域面积持续减少；其他土地也出现大幅度减少，其中大量减少的土地类型主要为裸地、盐碱地、沙地等，且近期减少速度加快；林地面积大量增加；建设用地一直呈扩张趋势，保持较高的增长速率，城镇村及工矿用地在近十年的增长速度大幅度提升。具体来说，草地和水域的减少趋势在 2000 年后有所减缓；2000—2010 年园地面积的增加速度明显减缓，面积基本保持不变，增加阶段集中在 1989—2000 年；1989—2000 年年变化速率较大的土地利用类型为交通用地、城镇村及工矿用地和林地，2000—2010 年年变化速率较大的土地利用类型为其他土地、交通用地、城镇村及工矿用地。2000—2010 年耕地、其他土地的减少速度大幅增加，年变化率大约为 1989—2000 年的 3 倍，同时伴随林地、城镇村及工矿

用地增加速度的大幅提高；交通用地的年变化率在所有地类中最大，2000—2010 年交通用地面积增加速度有所减缓。

3. 空间格局变化

利用 ArcGIS9.3 对张家口市 1989 年、2010 年两期土地利用现状图进行叠加分析，得到各土地利用类型在 1989—2010 年间的空间变化分布图(图 3-3、彩图 3)。对比三个时期土地利用现状图(图 3-4、彩图 4)可以看出，1989—2010 年，张家口市土地利用分布格局整体变化不大，说明自然资源条件以及土地利用的历史沿革对土地利用有很大的限制和影响。但结合各地类的变化分布图来看，局部的地类变化仍十分显著。

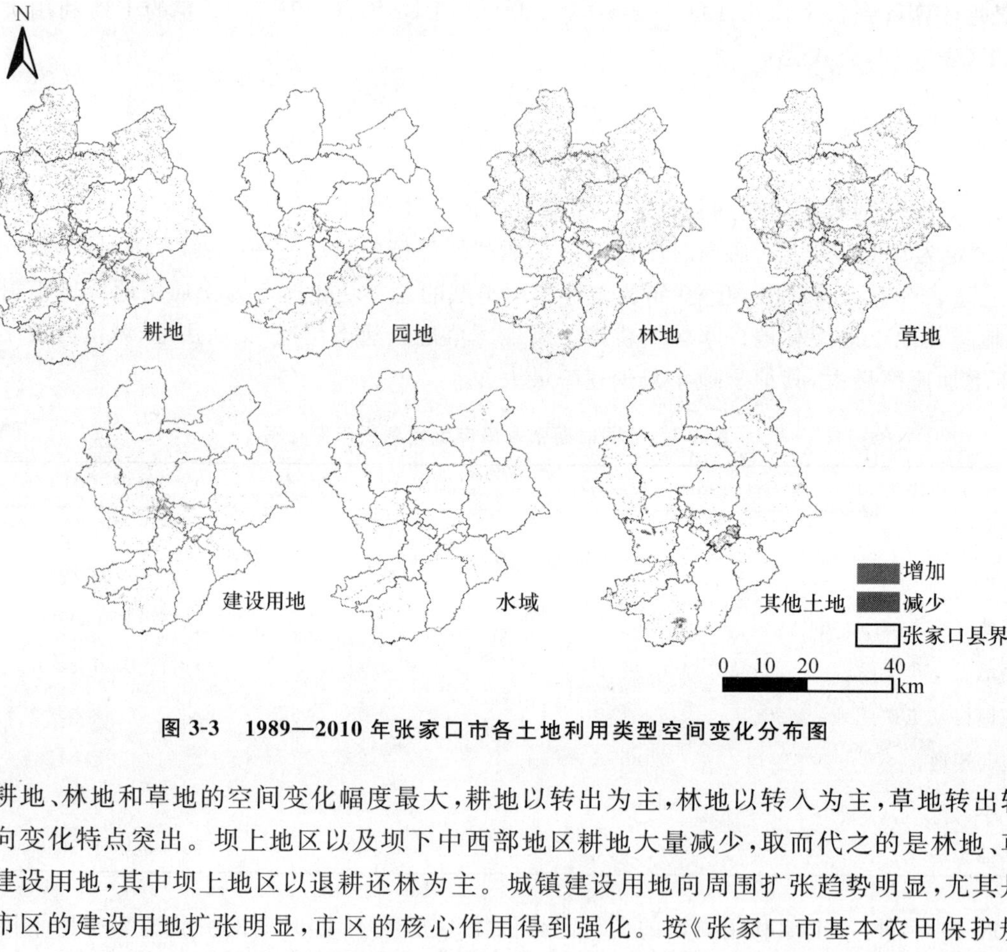

图 3-3 1989—2010 年张家口市各土地利用类型空间变化分布图

耕地、林地和草地的空间变化幅度最大，耕地以转出为主，林地以转入为主，草地转出转入的双向变化特点突出。坝上地区以及坝下中西部地区耕地大量减少，取而代之的是林地、草地以及建设用地，其中坝上地区以退耕还林为主。城镇建设用地向周围扩张趋势明显，尤其是张家口市区的建设用地扩张明显，市区的核心作用得到强化。按《张家口市基本农田保护规划(2006—2020 年)》，张家口市五大基本农田集中区为尚义-张北片区、怀安-万全片区、阳原片区、蔚州片区和怀来-涿鹿片区，可见，坝下的平原盆地区既是张家口市大量非农人口和产业集聚的区域，也是大片优质农田的集中区，人地矛盾比较突出。

同时，坝上地区增加了大量农田防护林，坝下赤城县、崇礼县林地大量增加，市辖宣化区、下花园区的山地丘陵地区林地面积也增加较多，这与张家口市实施市区周边荒山绿化工程有关，林带格局基本形成：坝头防风阻沙林带—东南沿边防风阻沙林带构成的防沙治沙林带、坝上农田防护林带以及市区周边林带；草地总体减少，但在局部地区如坝上沽源县、坝下万全县、怀安县的中海拔中起伏山地区有成片增加；坝下洋河流域、桑干河流域水域面积均有明显缩

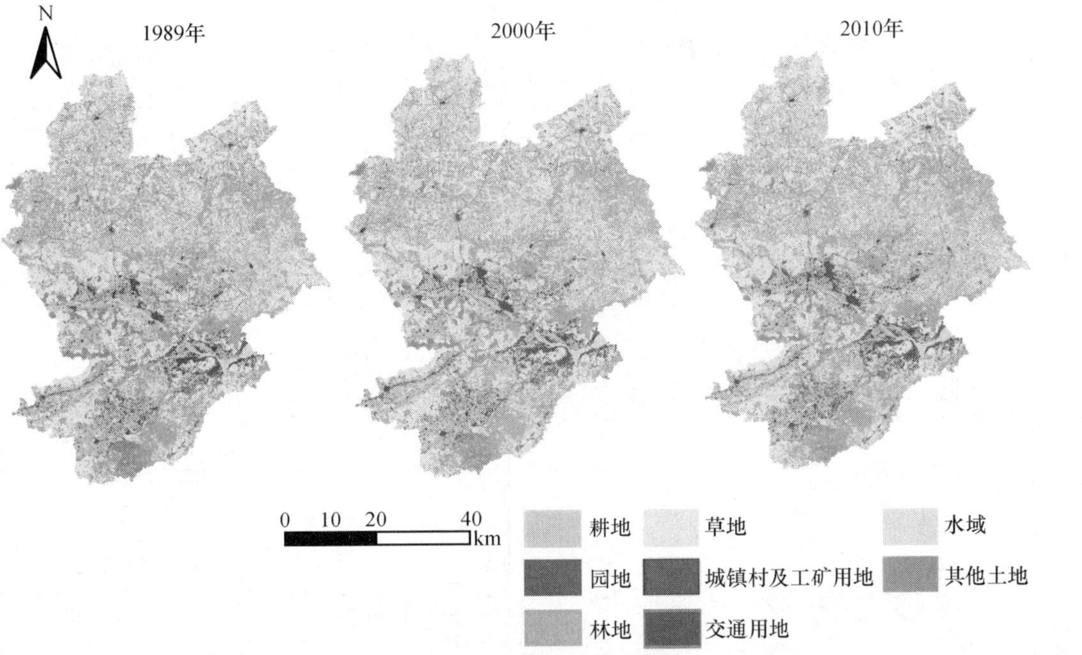

图 3-4　张家口市 1989 年、2000 年、2010 年土地利用现状图

减，坝下赤城县境内的潮白河水系、坝上内陆湖沼均有不同程度的水域缩减；宣化区、下花园区以及怀安县的其他土地有成片的开发转用，沽源县、阳原县及蔚县的其他土地减少也相对较多。

4. 空间转换变化

土地利用转移矩阵可以全面、具体地反映区域内土地利用变化的数量结构特征以及各个用地类型变化的方向，是分析土地利用结构变化和模拟的基础，并在土地利用结构变化方面得到广泛应用。假设土地利用类型分为 n 类，则矩阵模型为

$$\mathbf{A}=\begin{bmatrix} A_{11} & A_{12} & \cdots & A_{1n} \\ A_{21} & A_{22} & \cdots & A_{2n} \\ \vdots & \vdots & & \vdots \\ A_{n1} & A_{n2} & \cdots & A_{nn} \end{bmatrix} \tag{3-7}$$

式中：A_{ij} 表示研究时段内第 i 种土地利用类型转变为第 j 种土地利用类型的面积。

通过转移矩阵可以计算研究时段内各土地利用类型的转出比、转入比、转出面积、转入面积。转出比表示 A_{ij} 占研究期初第 i 种土地利用类型总面积的比例，转入比表示 A_{ij} 占研究期末第 j 种土地利用类型总面积的比例。各地类转出面积 ΔA_{out} 表示研究时段 T 内某一土地利用/覆被类型转变为其他地类的面积之和，转入面积 ΔA_{in} 表示其他地类转变为某一类型的面积之和。

对比张家口市 1989—2000 年、2000—2010 年两个时段的转移矩阵表（表 3-5），后一时段各地类的转换幅度总体比前一时段更大。2000—2010 年，耕地净减少面积为前一时段的 2.67 倍，

表 3-5 不同时段的张家口市土地利用转移矩阵

1989 年＼2000 年	耕地	园地	林地	草地	城镇村及工矿用地	交通用地	水域	其他土地
耕地	1 048 829.80	5 981.19	8 932.72	17 063.59	7 274.20	1 732.80	33.75	182.96
园地	2.38	140 070.09	671.78	48.79	457.15	24.26	0.00	5.98
林地	102.83	64.66	914 188.24	267.09	129.74	186.29	0.00	1.10
草地	221.12	1 569.39	38 761.87	1 077 108.60	2 519.23	501.17	8.78	95.50
城镇村及工矿用地	0.16	0	0.58	0.26	90 783.85	2.49	0	0.30
交通用地	0	0	0	0	0	9 236.71	0	0.23
水域	3 997.81	490.03	1 025.89	2 623.06	653.77	100.40	86 924.79	501.07
其他土地	3 920.12	1 036.97	7 546.72	4 685.62	907.49	35.32	1.90	199 028.22
转入面积	8 244.42	9 142.25	56 939.56	24 688.41	11 941.59	2 582.74	44.43	787.14
转出面积	41 201.21	1 210.34	751.71	43 677.07	3.79	0.23	9 392.04	18 134.15
净变化面积	−32 956.79	7 931.91	56 187.84	−18 988.66	11 937.80	2 582.51	−9 347.61	−17 347.01
2000 年＼2010 年	耕地	园地	林地	草地	城镇村及工矿用地	交通用地	水域	其他土地
耕地	960 266.53	8 935.97	44 533.86	26 903.87	13 865.19	2 300.02	28.18	239.27
园地	3 474.94	136 612.10	3 304.81	3 445.92	2 247.48	111.83	0.31	15.15
林地	282.83	903.40	967 165.16	2 260.85	191.52	45.53	0.19	278.16
草地	582.30	783.49	68 708.37	1 028 463.16	2 926.78	112.91	18.87	201.04
城镇村及工矿用地	26.23	0.28	0	0.67	102 697.30	0	0	0
交通用地	0	0	0	0	0	11 819.22	0	0
水域	2 847.41	554.97	1 754.09	2 928.28	783.47	48.14	77 911.22	141.22
其他土地	1 692.88	1 558.07	20 808.67	25 138.43	1 382.74	39.96	824.45	148 369.83
转入面积	8 906.59	12 736.16	139 109.79	60 678.02	21 397.17	2 658.40	872.00	874.83
转出面积	96 806.35	12 600.43	3 962.47	73 333.75	27.18	0.00	9 057.59	51 445.19
净变化面积	−87 899.76	135.73	135 147.32	−12 655.73	21 369.98	2 658.40	−8 185.59	−50 570.36

耕地转变为林地的面积为前一时段转变面积的近 5 倍，耕地转变为建设用地的面积为前一时段转变面积的近 2 倍，耕地转变为草地的面积增加了 9 840.28 hm^2，耕地转变为园地的面积增加了 2 954.78 hm^2。其他各地类转变为耕地的特点也有所变化，1989—2000 年，水域和其他土地转变为耕地的面积均比后一时段大。2000—2010 年，林地净增加面积为前一时段的 2.41 倍，建设用地净增加面积为前一时段的 1.65 倍；草地的转入转出幅度均明显加大，但总的净减少面积变小。

从张家口市 1989—2010 年土地利用转移矩阵表可以看出(表 3-6)，1989—2010 年间，耕地、园地、林地、草地的转出转入面积均比较大，农用地结构处于快速调整状态。按绝对值统计，转入面积大小排序为林地＞草地＞城镇村及工矿用地＞园地＞耕地＞交通用地＞其他土地＞水域，转出面积大小排序为耕地＞草地＞其他土地＞水域＞园地＞林地＞城镇村及工矿用地＞交通用地。

表 3-6　1989—2010 年张家口市土地利用转移矩阵

1989 年 ＼ 2010 年		耕地		园地		林地		草地	
		面积	转入比	面积	转入比	面积	转入比	面积	转入比
耕地	面积	952 748.4	98.31	14 759.79	9.88	57 259.43	5.18	39 627.65	3.64
	转出比	87.41		1.35		5.25		3.64	
园地	面积	3 224.63	0.33	130 071	87.09	2 119.5	0.19	3 365.05	0.31
	转出比	2.28		92.07		1.5		2.38	
林地	面积	327.47	0.03	119.26	0.08	911 343.3	82.38	2 397.68	0.22
	转出比	0.04		0.01		99.61		0.26	
草地	面积	832.39	0.09	904.21	0.61	102 763.8	9.29	1 009 795	92.71
	转出比	0.07		0.08		9.17		90.1	
城镇村及工矿用地	面积	25.9	0	0.77	0	0.38	0	0.59	0
	转出比	0.03		0		0		0	
交通用地	面积	0	0	0	0	0	0	0	0
	转出比	0		0		0		0	
水域	面积	6 545.31	0.68	1 002.09	0.67	3 619.39	0.33	4 972.27	0.46
	转出比	6.8		1.04		3.76		5.16	
其他土地	面积	5 469.1	0.56	2 491.17	1.67	29 169.29	2.64	28 982.63	2.66
	转出比	2.52		1.15		13.43		13.35	
2010 年总计		969 173.2	100	149 348.3	100	1 106 275	100	1 089 141	100
转入面积		16 424.89		19 277.3		194 931.9		79 345.98	
转出面积		137 281.4		11 209.62		3 596.61		110 990.2	
净变化面积		−120 857		8 067.68		191 335.3		−31 644.2	

续表 3-6

2010年 / 1989年		城镇村及工矿用地		交通用地		水域		其他土地		1989年总计
		面积	转入比	面积	转入比	面积	转入比	面积	转入比	
耕地	面积	21 159.47	17.05	4 016.79	27.74	41.01	0.05	417.28	0.28	1 090 030
	转出比	1.94		0.37		0		0.04		100
园地	面积	2 357.59	1.9	128.18	0.89	0	0	14.67	0.01	141 280.6
	转出比	1.67		0.09		0		0.01		100
林地	面积	263.49	0.21	228.13	1.58	0.19	0	260.39	0.17	914 939.9
	转出比	0.03		0.02		0		0.03		100
草地	面积	5 601.97	4.51	613.39	4.24	27.81	0.04	246.69	0.17	1 120 785
	转出比	0.5		0.05		0		0.02		100
城镇村及工矿用地	面积	90 757.34	73.14	2.49	0.02	0	0	0	0	90 787.49
	转出比	99.97		0		0		0		100
交通用地	面积	0	0	9 236.71	63.8	0	0	0	0	9 236.71
	转出比	0		100		0		0		100
水域	面积	1 543.98	1.24	167.95	1.16	77 887.86	98.86	577.55	0.39	96 316.42
	转出比	1.6		0.17		80.87		0.6		100
其他土地	面积	2 411.42	1.94	83.98	0.58	826.35	1.05	147 728	98.98	217 162
	转出比	1.11		0.04		0.38		68.03		100
2010年总计		124 095.3	100	14 477.62	100	78 783.22	100	149 244.7	100	3 680 538
转入面积		33 337.97		5 240.91		895.36		1 516.58		
转出面积		30.13		0		18 428.54		69 433.94		
净变化面积		33 307.84		5 240.91		−17 533.2		−67 917.4		

注：面积单位为 hm^2，转入比、转出比单位为%。

1989—2010 年，各地类的转换特点如下：

(1)耕地转换特点　耕地保持不变的比例为 87.41%，转入面积约 1.64 万 hm^2，新增耕地主要来自于水域和其他土地；耕地在所有地类中转出面积最大，约 13.72 万 hm^2，其中 5.73 万 hm^2 耕地转变为林地，3.96 万 hm^2 耕地转变为草地，2.12 万 hm^2 耕地转变为建设用地，这主要是退耕还林还草政策和社会经济发展影响所致。

(2)园地转换特点　园地保持不变的比例为 92.07%，增加面积约 1.93 万 hm^2，主要来自于耕地，减少面积约 1.12 万 hm^2，主要流向草地、耕地和建设用地。园地规模增长较缓慢，但转出转入的双向转换频繁。

(3)林地转换特点　林地的稳定率较高，保持不变的林地比例为 99.61%。林地变化以转入为主，净增加面积最大，为 19.13 万 hm^2，新增林地主要来自于草地、耕地和其他土地。

(4)草地转换特点　草地的转入转出幅度大，转出面积仅次于耕地，为 11.10 万 hm^2，主要流向林地，转出比高达 9.17%，是新增林地的最大来源；转入面积为 7.93 万 hm^2，主要来自于耕地和其他土地，转入比分别为 3.64%和 2.66%。草地的空间动态变化显著，整体规模呈缓慢递减趋势。

(5)城镇村及工矿用地转换特点　城镇村及工矿用地面积以转入为主，净增加面积仅次于林地，为 3.33 万 hm^2，耕地和草地为新增城镇村及工矿用地的主要来源，转入比分别为 17.05%和 4.51%。

(6)交通用地转换特点　交通用地是唯一单向增加的地类，耕地和草地也是新增交通用地的主要来源，转入比分别为 27.74%和 4.24%。

(7)水域转换特点　水域面积保持不变的比例为 80.87%，以转出为主，期间净减少 1.75 万 hm^2，主要流向耕地、草地和林地，转出比分别为 6.80%、5.16%和 3.76%。

(8)其他土地转换特点　其他土地保持不变的比例最低，为 68.03%，其变化以转出为主，净减少约 6.94 万 hm^2，主要流向林地和草地，转出比分别为 13.43%、13.35%。新增的 1 516 hm^2其他土地主要来自于水域。

总的来看，张家口市主要的转换特点为：大面积的草地、耕地和其他土地转变为林地，同时耕地和其他土地转变为草地的比例也较大，说明张家口市诸多生态建设工程和政策，比如退耕还林还草政策、三北防护林建设工程、风沙源治理工程、市区周边荒山绿化工程等，对土地利用变化产生了重要的影响；新增的园地主要来自于耕地，这与张家口市农业结构调整相关；建设用地新增比例最大，新增的建设用地主要来自于耕地和草地，其次来自于其他土地的开发利用；缩减的水域主要转变为耕地和草地；水域和其他土地同时也是补充耕地的主要来源。2000 年后，耕地转变为林地和草地的面积相比于前一时段大量增加，与 2000 年张家口市开始实施退耕还林还草政策有关。其他各地类转变为建设用地的面积也进一步增加，这与张家口市社会经济发展和城镇化建设速度加快相关。2000 年后除水域的缩减面积减少，其他各地类的转换幅度均加大，张家口市土地利用变化和土地利用竞争趋势更为剧烈。

第四节　土地利用变化驱动机制

一、土地利用变化影响因素分析

1989—2010 年间，张家口市各业用地在数量上和空间上均发生了显著的变化，引起这些变化的原因可分为土地利用系统内部驱动力和外部驱动力。土地利用变化内部驱动力，包括自然条件和区位条件，自然条件如地形地貌、资源分布(尤其是水资源分布)、气候条件、土壤类型、地质构造等，是土地利用的先决条件和限制因素，对土地利用的影响是一个缓慢积累并且交互变化的过程，对土地覆被产生直接影响。土地利用变化外部驱动力，主要是社会经济因素，如张家口市的经济发展水平乃至周边地区的经济发展水平、国家政策、地方政策等，对人类土地利用选择行为的导向性明显，能在短期内引起土地利用变化。

1. 自然条件因子

地形地貌和气候条件是区域土地利用变化重要的内在驱动力。张家口市地形结构为：坝上高原占全市总面积的 35%，坝下河川、盆地占 16.6%，丘陵占 11.9%，山区占 36.5%，决定了张家口市以林地、草地为主的土地类型分布格局。耕地在平缓坡($0°\sim2°$)分布最为集中，坝上高原虽海拔较高，但地形平坦，因此分布了一半左右的耕地，建设用地也集中分布于坡度平缓的土地。

张家口市地处东亚大陆性季风气候区内，属典型的大陆性干旱和半干旱地区，降水量偏少，昼夜温差大。近45年来区域内气温在波动中略微上升，降水量在波动中减少(图3-5)，农作物总播种面积和粮食作物播种面积均呈下降趋势，粮食产量减少；气候变暖对坝上地区蔬菜和经济作物播种面积的增加有所贡献(刘爱梅等，2007)。降水减少，气温升高还导致干旱灾害频发，1990—2000年间是干旱多发期，20世纪90年代后期，境内桑干河、洋河和流经市区的清水河常断流，造成水域缩减，草地退化等，如1989—2010年，张家口全市水域面积减少1.75万 hm^2，并有260.39 hm^2 林地和246.69 hm^2 草地退化为其他土地。

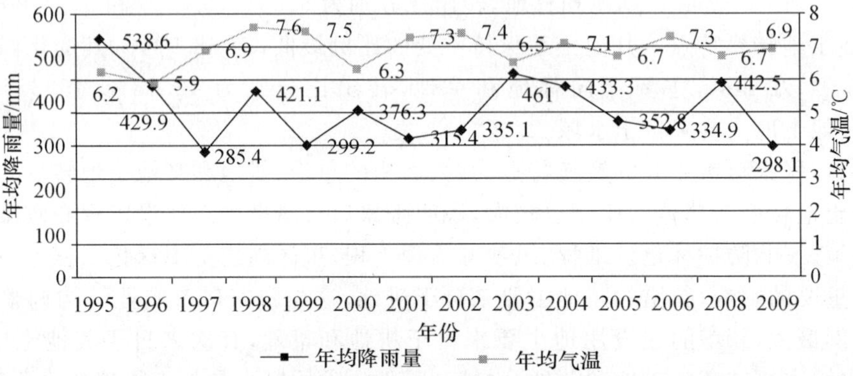

图3-5 张家口市气候变化图

2. 社会经济因子

1990—2009年，张家口地区总人口由422.68万人增加至462.31万人，增加了39.63万人；非农业人口由82.41万人增加至149.51万人，增加了67.1万人；而农业人口由340.27万人减少至312.80万人，减少了27.47万人(图3-6)。总人口的增加，特别是非农业人口的大量增加直接导致对居住、商业用地等建设用地的需求增加，也会造成对农用地特别是耕地的挤压。经济发展的需求会导致商业用地、工矿用地等建设用地大量增加。将1989—2010年的建设用地增加面积分区县统计与各区县2009年国民生产总值(GDP)进行横向对比(图3-7)可见，各区县建设用地增加面积与各区县GDP大小基本呈正向关系，但对于中心城区宣化区和

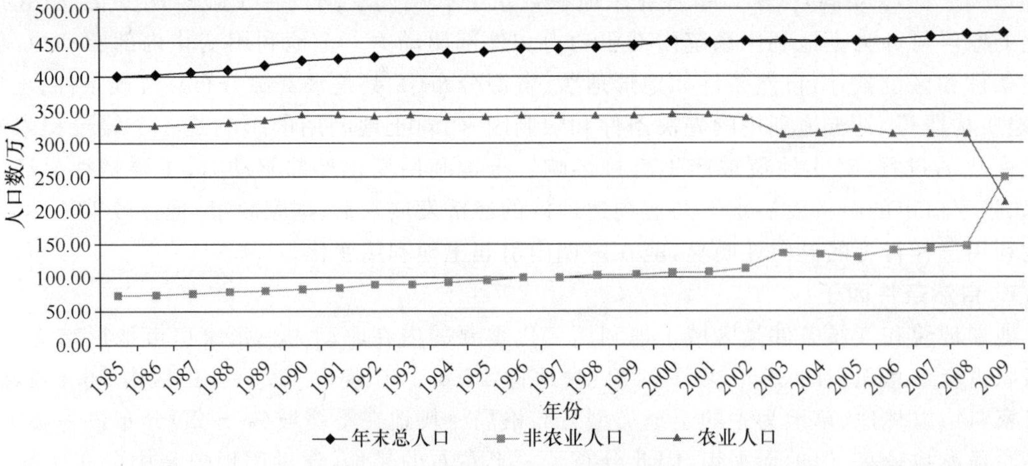

图3-6 张家口市总人口数变化图

桥西区，相对其他区县经济发展起步较早，保持高GDP水平的同时建设用地增加面积反而最小，说明其经济发展不仅仅依赖于土地开发扩张，土地集约节约利用程度相对较高。1989—2010年，张家口市新增城镇村及工矿用地33 306.81 hm^2，其中21 159.47 hm^2 来自于耕地，占总新增面积的63.53%。

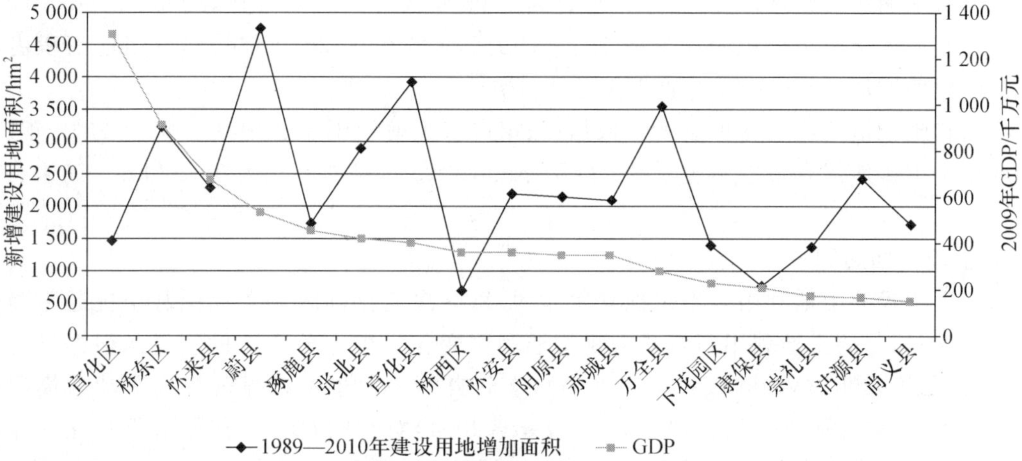

图 3-7　张家口市分县 GDP 及建设用地增加面积

3. 区位条件因子

区位条件分为地区区位条件和内部地块区位条件两个层次。从地区整体所处的区位来看，区位条件对地区产业发展既有促进作用，也有限制作用，对地区未来的发展趋势和定位有重要影响，进而引起各业用地面积的变化。张家口市地处京津冀都市圈，北靠内蒙古，西连山西大同市，优越的地理位置条件使其成为连接京津冀都市经济圈和晋冀内蒙古外长城经济圈的物流功能中心，同时也是京津等大城市产业转移基地、高新技术成果转化基地、重要能源基地、优质农产品加工供应基地；另一方面，由于地处首都北京西北部上风上水位置，是京津平原生态屏障、城市供水水源地、水源涵养区和风沙源治理区（武义青等，2009），长期以来，产业发展特别是第二产业发展受到限制。这些特殊的经济地理区位直接影响了国家政策和地方政策在张家口市的制定和实施，也影响了其经济发展。内部区位条件影响土地利用类型的分布，如地块到交通路网的距离、到河流等水源地的距离、到商业中心的距离等会对建设用地、农用地等土地利用类型的位置选择产生影响。

4. 国家及地方政策

20世纪70年代以来，国家先后在张家口地区实施了一系列的生态治理工程。造林绿化是生态治理的基础工程，其中三北防护林工程是指在中国三北（西北、华北和东北）地区建设的大型人工林业生态工程。张家口市是三北防护林工程的重点实施区域。河北省三北一期工程，从1978年开始实施，到1985年完成。1986年经国务院批准，京津周围绿化工程全面启动，并与三北二期工程同步实施，建设年限1986—2005年。国家林业局对生态工程整合后，张家口市被列为环北京风沙源工程区（武义青等，2009），同时，国家相继启动了封山育林、退耕还林还草等一系列工程项目。退耕还林还草政策在张家口市的正式实施是从2000年开始，通过与当地主管部门座谈得知，张家口市退耕还林面积远远大于退耕还草面积。

为了加强生态保护力度，张家口市境内现已成立了3个国家级自然保护区、1个国家级森林公园、16个省级自然保护区和1个省级风景名胜区。“十一五”期间启动并完成了市区周边荒山绿化工程。生态保护政策的实施引起张家口市1990—2010年间林地面积大量增加(约19.13万 hm^2),其中29.93%来自于生态退耕,53.71%来自于草地,同时约有3.96万 hm^2 耕地还原为草地。

由于特殊的军事地理位置,张家口市直到1995年才开始改革开放,1990—2000年间全市建设用地面积占全市总面积的比例增加了0.39%,而2000—2010年间建设用地面积占全市总面积的比例增加了0.65%,增加速度明显加快。

我国实施严格的耕地保护制度。根据《张家口市土地利用总体规划(2006—2020年)》,到规划期末全市耕地保有量应不少于87.31万 hm^2,2010年耕地面积为96.92 hm^2,尚未突破规划限制指标。

5. 空间自相关因子

每一个位置的土地利用并不是独立发展的,每一次变化都改变了周围甚至更远距离的条件,因此周围相邻的土地利用情景是影响土地利用变化一个十分重要的因子。根据已有研究结果(吴桂平等,2009;Verburg *et al.*,2004),空间自相关因子可以显著提高驱动力模型模拟精度。因此,选取邻域丰度指标(Verburg *et al.*,2004)对空间自相关作用进行量化。邻域丰度表示某种土地类型在位置 i 周围一定距离内出现的次数频率与其在全市出现频率之比,具体公式如下:

$$F_{ikd}=\frac{n_{kdi}}{n_{di}}\Big/\frac{N_k}{N} \tag{3-8}$$

式中:F_{ikd} 表示位置 i 邻域范围 d 内土地利用类型 k 的丰度,邻域形状和到中心栅格 i 的距离可视具体需求由 d 来定义;n_{kdi} 表示定义的邻域范围内出现的土地利用类型 k 的栅格数;n_{di} 表示邻域范围内的栅格总数;N_k 表示研究范围内土地利用类型 k 的栅格总数;N 表示研究范围内的栅格总数。因此,假设中心栅格邻域范围内有50%为林地,而全市的林地比例为25%,则此栅格周围的林地邻域丰度为2;如果中心栅格邻域范围内某种土地类型出现的频率与研究区该地类出现频率相等,则该地类在这一栅格位置的邻域丰度值为1;如果某种地类在中心栅格邻域范围内出现的频率低于研究区平均水平,则邻域丰度取值范围为0~1。

二、土地利用变化Logistic回归模型建立

根据以上土地利用变化驱动因素分析,综合考虑驱动因素获取途径、量化计算可能性与张家口市土地利用变化相关性等选择标准,从自然地理、社会经济、区位、自相关等方面选择31个驱动因素,建立张家口市以1989年、2000年、2010年为基期的三套Logistic回归驱动力因素数据库。其中自然地理因子包括坡度、坡向、高程、年均降雨量以及土壤表层有机质含量;社会经济因子包括以县域为单元的国民生产总值、人口密度、农民人均纯收入,与当地生态建设政策相关的自然保护区辐射力;区位因子包括到主干道、水域、城镇、村庄的距离;自相关因子则选取邻域范围400 m、800 m、1 200 m三个尺度计算耕地、园地、林地、草地、建设用地、其他土地的邻域丰度。各驱动因素数据来源及计算方法见表3-7。

各土地利用变化驱动力模型的因变量设定见表3-8。由于交通运输用地所占比例较小,与城镇村及工矿用地合并为建设用地。水域变化受气候因素影响较大,且所占比例较小,因此不作为主体进行建模分析。由于耕地是张家口市主要的土地利用类型之一,在近20年的土地利用变化中，耕地不断转变为建设用地、林地、草地、园地等其他土地利用类型，耕地流向表现出多元化特征。因此，在基于二分类 Logistic 回归模型分析基础上，构建耕地流向的多分类 Logistic 回归模型，以期定量分析耕地不同流向的驱动力因素。

土地利用变化的二分类 Logistic 回归模型中，根据近 20 年来各土地利用类型在张家口市的面积变化趋势，将耕地减少、园地增加、林地增加、草地减少、建设用地增加、其他土地减少的栅格单元赋值为 1，其余发生变化的栅格单元赋值为 0。

耕地流向的多分类 Logistic 回归模型中，研究期内保持不变的耕地栅格单元赋值为 1，并设置为模型参照类，耕地转变为园地的栅格单元赋值为 2，耕地转变为林地的栅格单元赋值为 3，耕地转变为草地的栅格单元赋值为 4，耕地转变为建设用地的栅格单元赋值为 5。由于 1989—2000 年耕地转变为水域的栅格仅有 7 个，转变为其他土地的栅格仅有 35 个，2000—2010 年仅有 9 个和 53 个，数量过少不满足建模条件，因此耕地转为水域和其他土地的栅格不纳入多分类因变量中。因此，耕地流向多分类 Logistic 回归模型主要分析耕地转为园地、林地、草地和建设用地的空间驱动力。两时段地类转换的栅格数统计见表 3-9。

利用 ArcGIS9.3 将模型自变量和因变量图层配准到高斯克吕格投影 38°带、西安 80 坐标系统，统一转换为 200 m×200 m 栅格数据，相同空间位置的栅格单元代表一个个案，并将所有栅格数据输出为 ASCII 码格式，利用 SPSS 转换合并为矩阵格式的模型数据集。

表 3-7　土地利用变化模型驱动因子

驱动因子	自变量	因子描述
社会经济因子	人口密度/(人/km^2)	将基期年张家口市各区县人口比各区县面积，按县级行政区赋值
	GDP/千万元	将基期年张家口市各区县 GDP 统计数据，按县级行政区赋值
	农民人均纯收入/元	将基期年张家口市各区县农民人均纯收入统计数据，按县级行政区赋值
自然地理因子	高程/m	将 100 m×100 m DEM 数据进行重采样，得到高程因素图层
	坡度	对 DEM 进行表面分析得到坡度图层，并按坡度分级标准对坡度图按≤2°、>2°～6°、>6°～15°、>15°～25°、>25°分类赋值为 1、2、3、4、5
	坡向	对 DEM 进行表面分析得到坡向图层，并按平坡、阳坡、半阳坡、半阴坡、阴坡分类赋值为 0、1、2、3、4
	降雨量/mm	利用 1993—2009 年分县年均降雨量数据，分别计算两个时期多年平均降雨量
	土壤有机质含量/%	提取自全市 1∶100 万土壤属性图
区位因子	城镇距离	分别在三期土地利用图上提取城镇图层，计算各栅格个案到城镇的直线距离，按自然断点将到城镇的距离由远到近分级赋值为 1～10
	村庄距离	分别在三期土地利用图上提取村庄图层，计算各栅格个案到村庄的直线距离，按自然断点将到村庄的距离由远到近分级赋值为 1～10

续表 3-7

驱动因子	自变量	因子描述
区位因子	水域距离	分别在三期土地利用图上提取水域图层，计算各栅格个案到水域的直线距离，按自然断点将到水域的距离由远到近分级赋值为 1～10
	道路距离	分别在三期土地利用图上提取公路、铁路图层，计算各栅格个案到最近道路的直线距离，按自然断点将到道路的距离由远到近分级赋值为 1～10
政策因子	自然保护区辐射力	提取张家口地区的自然保护区图层，计算各栅格个案到保护区距离，按自然断点将到保护区的距离由远到近分级赋值为 0～9
空间自相关因子	耕地邻域丰度	分别提取 1989 年、2000 年耕地分布图层，按 5×5(平均半径 400 m)、9×9(平均半径 800 m)、13×13(平均半径1 200 m)三个尺度范围计算邻域丰度指标，得到三个尺度下的耕地邻域丰度图层 E_1_5、E_1_9、E_1_13
	园地邻域丰度	分别提取 1989 年、2000 年园地分布图层，按 5×5(平均半径 400 m)、9×9(平均半径 800 m)、13×13(平均半径 1 200 m)三个尺度范围计算邻域丰度指标，得到三个尺度下的园地邻域丰度图层 E_2_5、E_2_9、E_2_13
	林地邻域丰度	分别提取 1989 年、2000 年林地分布图层，按 5×5(平均半径 400 m)、9×9(平均半径 800 m)、13×13(平均半径 1 200 m)三个尺度范围计算邻域丰度指标，得到三个尺度下的林地邻域丰度图层 E_3_5、E_3_9、E_3_13
	草地邻域丰度	分别提取 1989 年、2000 年草地分布图层，按 5×5(平均半径 400 m)、9×9(平均半径 800 m)、13×13(平均半径1 200 m)三个尺度范围计算邻域丰度指标，得到三个尺度下的草地邻域丰度图层 E_4_5、E_4_9、E_4_13
	建设用地邻域丰度	分别提取 1989 年、2000 年城乡居民及工矿用地分布图层，按 5×5(平均半径400 m)、9×9(平均半径 800 m)、13×13(平均半径 1 200 m)三个尺度范围计算邻域丰度指标，得到三个尺度下的城乡居民及工矿用地邻域丰度图层 E_5_5、E_5_9、E_5_13
	其他土地邻域丰度	分别提取 1989 年、2000 年其他土地分布图层，按 5×5(平均半径 400 m)、9×9(平均半径 800 m)、13×13(平均半径 1 200 m)三个尺度范围计算邻域丰度指标，得到三个尺度下的其他土地邻域丰度图层 E_8_5、E_8_9、E_8_13

注：统计数据源自统计年鉴《张家口 60 年》和《张家口经济年鉴》。

表 3-8　各土地利用变化驱动力模型的因变量

模型因变量	类型	赋值	模型因变量	类型	赋值
耕地减少(1989—2000 年)	二分类	0～1	耕地减少(2000—2010 年)	二分类	0～1
园地增加(1989—2000 年)	二分类	0～1	园地增加(2000—2010 年)	二分类	0～1
林地增加(1989—2000 年)	二分类	0～1	林地增加(2000—2010 年)	二分类	0～1
草地减少(1989—2000 年)	二分类	0～1	草地减少(2000—2010 年)	二分类	0～1
建设用地增加(1989—2000 年)	二分类	0～1	建设用地增加(2000—2010 年)	二分类	0～1
其他土地减少(1989—2000 年)	二分类	0～1	其他土地减少(2000—2010 年)	二分类	0～1
耕地流向(1989—2000 年)	多分类	1～5	耕地流向(2000—2010 年)	多分类	1～5

表 3-9　张家口市两时段土地利用转换栅格数统计

1989 年 \ 2000 年	耕地	园地	林地	草地	建设用地	水域	其他土地
耕地	261 026	1 432	2 194	4 334	2 211	7	35
园地	0	34 863	168	14	121	0	1
林地	23	21	226 760	66	73	0	0
草地	51	387	9 647	267 817	727	2	21
建设用地	7	0	0	0	24 993	0	0
水域	983	116	247	664	182	21 509	112
其他土地	966	249	1 901	1 127	251	1	49 301
2000 年 \ 2010 年	**耕地**	**园地**	**林地**	**草地**	**建设用地**	**水域**	**其他土地**
耕地	239 121	2 229	10 928	6 646	4 063	9	53
园地	844	33 979	827	851	561	0	6
林地	72	226	239 964	530	61	0	64
草地	158	208	17 376	255 450	770	6	52
建设用地	7	0	0	0	28 551	0	0
水域	713	144	414	726	217	19 264	41
其他土地	416	372	5 046	6 284	326	210	36 816

第五节　土地利用变化情景模拟

一、基于二分类 Logistic 回归模型的土地利用变化模拟与预测

土地利用变化的模拟预测对于土地利用规划的制定、土地用途管制以及城市发展战略的

制定等都有重要的现实意义。基于土地利用时空变化特征分析以及土地利用变化驱动力模型构建，利用 Stata12.0 软件对张家口市 1989—2000 年、2000—2010 年两个时段耕地减少、园地增加、林地增加、草地减少、建设用地增加以及其他土地减少进行逐步二分类 Logistic 回归建模，并对各地类模型的拟合优度进行 ROC 检验和空间模拟正确率统计检验，系统分析各地类变化的驱动因素。对建设用地转入模型做进一步的实际空间预测能力检验，最后，以 2010 年为基期，预测张家口市未来的建设用地增加空间分布概率，得到 2020 年建设用地空间分布情景。

1. 回归模型结果分析

各土地利用类型变化的二分类 Logistic 回归模型结果见表 3-10。$\exp(\beta)>1$ 说明自变量数值增加对事件发生概率有正作用；$\exp(\beta)<1$ 说明自变量数值增加对事件发生概率有负作用；$\exp(\beta)=1$ 说明自变量变化对事件发生概率无影响。自变量每增加一个单位，事件增加或减少的发生比变化 $\exp(\beta)$ 倍。

1989—2000 年（a 时段）和 2000—2010 年（b 时段）各模型的 ROC 检验值均达到 0.75 以上，pseudo R^2 基本都达到 0.2 以上，说明各地类变化模型都很好地拟合了数据。

从各地类变化驱动因子的发生比率值可以看出，在不同时期，同种地类变化的解释变量及解释变量的作用及影响程度有所变化。

耕地转出的主要解释变量有耕地、林地和草地的邻域丰度，坡度，以及道路、城镇和水域距离。a 时段小尺度范围内的耕地邻域丰度（E_1_5）越大，耕地转出可能性越大，说明小范围内聚集的耕地更容易转出；b 时段坡度对耕地转出的影响程度稍有降低；E_1_5 对耕地转出发生比的贡献率进一步增加，且大尺度范围内的耕地丰度（E_1_13）越大，耕地转出发生比会增加，说明耕地大面积转出的趋势有所增加。小尺度邻域范围内林地丰度值（E_3_5）更高，耕地更容易转出；中尺度邻域范围内的草地丰度值（E_4_9）越高，耕地转出的可能性越大。自然条件因子中，坡度对耕地减少概率的影响最大，坡度越大，耕地转出的发生比越大。土壤表层有机质含量对耕地变化的影响不显著。至道路、城镇距离越近的耕地转出可能性越高，至水域距离越近的耕地转出可能性越低。

园地转入的主要解释变量有土壤表层有机质，耕地、林地和草地的邻域丰度。a、b 两时段，土壤表层有机质含量越低，园地转入的可能性越大；a 时段耕地邻域丰度（E_1_5、E_1_13）、林地邻域丰度（E_3_5、E_3_13）越大，园地增加的概率越大，而 b 时段 E_1_5 对园地增加概率的贡献程度有所降低，且 E_1_9 越大，园地转入的概率反而会越小，说明中尺度范围内耕地越聚集，其转换为园地的可能性会越小；b 时段 E_3_5 对园地增加仍旧为正向作用，而 E_3_9 和 E_3_13 对园地增加有负向作用，说明林地大面积聚集的地区园地出现概率会降低。a 时段园地邻域丰度（E_2_5、E_2_9、E_2_13）与 b 时段园地邻域丰度（E_2_13）的发生比率值均大于 1，说明园地一直处于聚集状态。

林地转入的主要解释变量为坡度、村庄距离、道路距离以及林地、草地和耕地的邻域丰度。a 时段，小尺度范围内草地邻域丰度（E_4_5）每增加一个单位，林地增加的发生比会增加约 15 倍，是对林地增加最重要的解释变量，符合张家口市草地大量转变为林地的变化特点；林地邻域丰度因子次之，对比两时期的林地邻域丰度发生比率值，可以看出林地呈现持续聚集的趋势，且由小面积向大面积聚集；耕地邻域丰度（E_1_5、E_1_13）对林地增加有正向作用，a 时段 E_1_5 每增加 1 个单位，林地增加的发生比增加 1.879 1 倍，b 时段 E_1_13 每增加一个单位，

表 3-10　a、b 两时段各地类二分类 Logistic 回归模型[发生比率值 exp(β)]

因子	1989—2000 年(a 时段)						2000—2010 年(b 时段)					
	耕地转出	园地转入	林地转入	草地转出	建设用地转入	其他土地转出	耕地转出	园地转入	林地转入	草地转出	建设用地转入	其他土地转出
高程(x_1)	0.999 1	0.997 9	1.002 0	1.000 4	0.999 0	1.000 7	0.999 8	0.999 0	1.000 7	1.000 5	0.999 1	0.999 4
坡向(x_2)	0.955 1	1.070 0	1.067 7	*	**0.871 2**	*	1.045 0	1.132 8	1.078 8	*	**0.897 7**	**0.951 6**
坡度(x_3)	**1.234 0**	0.910 3	**1.252 4**	0.930 1	**0.834 8**	**0.783 5**	**1.039 4**	*	1.032 4	*	**0.795 3**	**0.928 1**
土壤表层有机质(x_4)	*	**0.721 7**	*	*	1.066 7	*	1.030 2	**0.630 1**	1.161 0	*	**0.897 4**	*
降雨量(x_5)	0.996 3	0.994 4	1.002 6	1.006 5	1.002 0	*	1.019 7	*	0.993 9	0.985 1	1.012 2	1.012 7
人口密度(x_6)	0.998 8	0.997 8	0.998 8	0.999 0	1.000 8	1.000 5	1.000 6	0.997 8	1.000 4	0.999 0	1.000 1	0.999 1
农民人均纯收入(x_7)	*	1.004 6	*	1.001 1	1.002 0	0.998 8	1.001 0	1.000 4	*	0.999 6	1.000 4	0.999 7
GDP(x_8)	0.983 9	0.981 2	1.011 6	1.018 5	1.014 4	1.007 6	0.995 2	1.005 7	1.001 1	1.001 9	0.998 0	1.005 4
城镇距离(x_9)	**1.052 4**	0.911 0	1.031 7	**0.950 5**	**1.120 4**	1.040 7	0.942 3	*	0.965 5	1.036 5	1.062 9	*
村庄距离(x_{10})	*	*	**0.914 0**	**1.039 2**	0.962 2	*	0.957 0	*	**1.123 7**	1.194 9	**0.804 1**	1.104 6
道路距离(x_{11})	**1.114 3**	*	**0.920 2**	**0.973 4**	1.049 7	*	**1.080 1**	*	**0.885 7**	0.883 2	1.032 1	1.110 3
水域距离(x_{12})	**0.924 2**	**1.207 5**	**0.955 5**	1.030 0	1.107 7	*	0.959 7	1.034 1	*	1.038 6	1.049 3	0.942 7
自然保护区距离(x_{13})	**0.953 9**	1.046 1	0.965 1	0.939 7	0.930 1	1.159 3	**0.915 6**	1.123 0	0.961 0	1.065 0	1.085 3	*
E_1_5(x_{14})	**24.467 0**	**2.473 9**	**1.879 1**	2.289 6	**1.679 1**	**1.460 4**	**25.760 4**	**2.151 1**	1.289 4	*	**1.490 7**	0.897 6
E_1_9(x_{15})	*	*	*	*	**1.392 1**	*	*	0.690 4	*	0.890 3	*	*

续表 3-10

因子	1989—2000 年(a 时段)						2000—2010 年(b 时段)					
	耕地转出	园地转入	林地转入	草地转出	建设用地转入	其他土地转出	耕地转出	园地转入	林地转入	草地转出	建设用地转入	其他土地转出
E_1_13(x_{16})	*	1.906 3	1.208 3	1.587 9	*	*	**2.082 0**	*	**1.418 6**	*	**1.308 5**	**0.421 0**
E_2_5(x_{17})	*	1.121 2	1.221 4	1.334 9	1.049 0	1.194 8	*	*	1.047 4	*	1.062 4	*
E_2_9(x_{18})	*	1.119 4	0.856 6	*	1.184 8	*	1.079 8	*	1.127 3	*	0.947 6	*
E_2_13(x_{19})	1.243 2	1.180 8	*	0.859 1	**0.757 5**	0.902 2	1.074 4	1.117 6	0.791 3	0.954 4	*	0.911 2
E_3_5(x_{20})	**7.948 5**	**1.931 4**	**2.999 0**	**7.339 3**	1.528 2	**2.954 8**	**5.458 8**	**2.633 2**	1.103 7	2.807 9	1.084 7	**3.177 5**
E_3_9(x_{21})	*	*	0.648 0	0.333 2	*	*	*	**0.374 5**	*	0.465 5	*	*
E_3_13(x_{22})	*	1.449 3	*	1.851 8	*	**0.827 1**	*	**0.478 3**	**2.048 3**	1.371 7	*	0.530 9
E_4_5(x_{23})	*	1.292 0	**15.149 2**	**60.959 6**	*	0.769 0	*	*	**5.290 3**	12.453 8	*	*
E_4_9(x_{24})	**2.117 0**	*	0.224 1	*	**1.777 0**	1.638 2	1.861 9	*	0.456 5	*	*	2.596 3
E_4_13(x_{25})	*	**2.317 7**	*	*	*	*	*	*	1.415 6	2.056 4	*	0.370 6
E_5_5(x_{26})	**1.355 0**	1.045 3	*	1.108 2	**1.142 5**	*	**1.236 5**	1.172 8	*	1.136 6	1.106 9	1.119 5
E_5_9(x_{27})	*	*	**0.944 3**	*	*	*	*	1.130 9	*	0.903 1	*	*
E_5_13(x_{28})	*	*	*	1.065 2	**1.143 1**	**0.878 5**	*	0.815 7	**0.979 5**	1.052 8	**1.189 1**	0.900 6
E_8_5(x_{29})	0.909 2	*	1.105 7	*	0.920 6	**2.290 8**	**0.759 2**	*	*	0.752 0	*	**2.205 8**
E_8_9(x_{30})	*	*	*	*	1.115 6	*	*	*	0.927 0	*	*	*
E_8_13(x_{31})	**0.880 6**	1.402 5	*	1.223 3	1.107 7	*	*	0.958 1	1.182 8	*	1.036 3	*
ROC 检验值	0.955 8	0.874 2	0.865 7	0.954 5	0.841 6	0.975 1	0.954 6	0.876 6	0.799 7	0.933 2	0.792 0	0.980 1
pseudo R^2	0.604 6	0.281 3	0.339 4	0.602 0	0.278 3	0.666 0	0.602 2	0.294 7	0.216 2	0.528 6	0.165 4	0.700 1

注：* 表示自变量统计检验不显著，其他均通过 95%置信度显著性检验。

林地增加的发生比增加 1.418 6 倍；a 时段坡度每增加一个单位，林地增加的发生比会增加 1.252 4 倍，b 时段坡度发生比率值减少为 1.032 4；a 时段离村庄和道路距离越远，林地增加的概率越大，而 b 时段村庄距离因子对林地增加的作用变为正向作用，即离村庄距离越近，林地增加的概率越大。

草地转出的主要解释变量有草地、林地邻域丰度，城镇、村庄和道路距离。草地邻域丰度(E_4_5)是模型中最重要的解释变量，该因子每增加一个单位，草地减少的概率会增加 60.959 6 倍，而其他尺度的草地邻域丰度对草地流失的影响不显著，说明小面积的草地流失风险较高；林地邻域丰度(E_3_5)每增加一个单位，草地减少的概率会增加 7.339 3 倍；a 时段距城镇和道路的距离越远，草地流失概率越高，而距离村庄越远，草地流失概率越低；b 时段距城镇和村庄距离越近，草地流失概率越高。

建设用地转入的主要解释变量有坡度、坡向、耕地和建设用地的邻域丰度。阳坡相比于阴坡建设用地增加的概率会更高；a 时段坡度的发生比率值为 0.834 8，说明坡度每增加一个级别，建设用地增加的概率会减少 0.834 8 倍，b 时段的坡度发生比率值为 0.795 3，说明坡度对建设用地增加的影响程度有所增加；建设用地邻域丰度对建设用地增加呈正向作用，且 b 时段的影响程度比 a 时段略大，说明建设用地聚集趋势越来越强。两时段耕地邻域丰度对建设用地增加也均呈正向作用。社会经济因素对建设用地基本呈现正向作用，建设用地转入更可能发生在农民人均纯收入更高、人口密度更大的位置。此外，建设用地还更可能在离道路、城镇以及水域更近的位置增加。

其他土地转出的主要解释变量有坡度、林地和其他土地的邻域丰度。a 时段坡度每增加一个级别，其他土地转出的概率会降低 0.783 5 倍，b 时段这个倍数为 0.928 1 倍，说明坡度对其他土地转出的影响力在减弱。小范围内的林地邻域丰度每增加一个单位，其他土地转出的概率会增加 2.954 8 倍，而大范围内的林地邻域丰度越大，则会对其他土地转出产生负作用；同理，小范围内的其他土地邻域丰度越高，会对自身转出有促进作用，而大范围内的聚集则会对自身的开发利用产生排斥作用。主要由于张家口市其他土地中有大面积沙地、盐碱地等难利用土地。

总的来看，400 m 邻域范围内的地类邻域丰度等自相关因子、坡度、坡向、城镇距离、道路距离因子在模型中的贡献程度比较大，说明这些因子对土地利用空间变化的解释能力更强。林地、园地的增加都更可能出现在阴坡，建设用地增加更可能出现在阳坡；坡度越平缓，建设用地增加的概率越大，其他土地转出的概率越大；坡度越大，耕地、草地转出的概率越大，而园地、林地转入的概率越大。林地、建设用地、园地一直保持聚集趋势。

2. 空间正确率统计检验

上述二分类 Logistic 回归模型可以模拟出相应时期因变量各地类变化的空间转换概率。根据上述各地类变化模型对栅格单元转换概率的计算结果，绘制拟合的敏感性曲线、特异性曲线和累积分布概率曲线(图 3-8)。敏感性曲线是随着转换概率阈值变化，事件发生的预测正确率变化曲线；特异性曲线指随着转换概率阈值变化，事件不发生的预测准确率变化曲线。综合考虑特异性曲线和敏感性曲线交点值和累积分布概率确定模型转换概率阈值，其中耕地转出的概率阈值为 0.4，园地转入的概率阈值为 0.2，林地转入的概率阈值为 0.5，草地转出的概率阈值为 0.4，建设用地转入的概率阈值为 0.1，其他土地转出的概率阈值为 0.3。将模型模拟的转换概率在阈值以上的栅格赋值为 1，转换概率在阈值以下的栅格赋值为 0。将研究期内发生实际转换的栅格赋值为1,其余为0,计算模拟图与实际发生图二者的重叠率,以此作为模型的空间模拟正确率,重叠率越大,模型的空间模拟正确率越大。

由表3-11统计得到a、b两时段耕地转出模型的空间模拟正确率分别为88.47%、88.57%,园地转入模型的空间模拟正确率分别为88.81%、93.19%,林地转入模型的空间模拟正确率分别为78.26%、73.12%,草地转出模型的空间模拟正确率分别为88.61%、87.84%,建设用地转入模型的空间模拟正确率分别为75.21%、73.08%,其他土地转出模型的空间模拟正确率分别为94.37%、94.79%。可见,所有模型的空间模拟正确率均达到了70%以上,对各土地利用类型的变化模拟效果良好。

表3-11　a、b两时段各模型空间模拟正确率检验列联表

耕地转出(a)	实际			耕地转出(b)	实际		
模拟	1	0	总计	模拟	1	0	总计
1	9 020 (88.32%)	2 074	11 094	1	21 412 (89.49%)	4 510	25 922
0	1 193	16 048 (88.52%)	17 241	0	2 516	33 018 (87.98%)	35 534
总计	10 213	18 122	28 335	总计	23 928	37 528	61 456
园地转入(a)	实际			园地转入(b)	实际		
模拟	1	0	总计	模拟	1	0	总计
1	1 191 (54.01%)	2 158	3 349	1	1 691 (53.19%)	2 697	4 388
0	1 014	23 972 (91.74%)	24 986	0	1 488	55 580 (95.37%)	57 068
总计	2 205	26 130	28 335	总计	3 179	58 277	61 456
林地转入(a)	实际			林地转入(b)	实际		
模拟	1	0	总计	模拟	1	0	总计
1	10 917 (77.11%)	2 921	13 838	1	27 343 (79.05%)	9 273	36 616
0	3 240	11 257 (79.40%)	14 497	0	7 248	17 592 (65.48%)	24 840
总计	14 157	14 178	28 335	总计	34 591	26 865	61 456
草地转出(a)	实际			草地转出(b)	实际		
模拟	1	0	总计	模拟	1	0	总计
1	9 323 (86.05%)	1 716	11 039	1	14 773 (79.55%)	3 677	18 450
0	1 512	15 784 (90.19%)	17 296	0	3 797	39 209 (91.43%)	43 006
总计	10 835	17 500	28 335	总计	18 570	42 886	61 456

续表 3-11

建设用地转入(a)	实际			建设用地转入(b)	实际		
模拟	1	0	总计	模拟	1	0	总计
1	2 779 (77.93%)	6 236	9 015	1	4 146 (69.12%)	14 690	18 836
0	787	18 533 (74.82%)	19 320	0	1 852	40 768 (73.51%)	42 620
总计	3 566	24 769	28 335	总计	5 998	55 458	61 456
其他土地转出(a)	实际			其他土地转出(b)	实际		
模拟	1	0	总计	模拟	1	0	总计
1	3 739 (83.18%)	839	4 578	1	11 181 (88.26%)	1 730	12 911
0	756	23 001 (96.48%)	23 757	0	1 473	47 072 (96.46%)	48 545
总计	4 495	23 840	28 335	总计	12 654	48 802	61 456

3. 建设用地增加模型的空间预测能力检验

利用 1989—2000 年的建设用地转入模型，以 2000 年为基期更新驱动因子，对张家口市所有栅格单元预测 2000 年后建设用地转入的概率，并将预测结果与 2000—2010 年实际增加的建设用地进行空间比对，检测模型的预测能力。

根据 1989—2000 年建设用地转入模型运行结果(表 3-10)，建设用地转入概率 p_5 的预测模型为：

$$p_5 = \frac{\exp(Y_5)}{1+\exp(Y_5)} \tag{3-9}$$

式中：Y_5 表示 1989—2000 年建设用地转入的二分类 Logistic 回归模型，

$$\begin{aligned} Y_5 = & -0.001\,04x_1 - 0.137\,84x_2 - 0.180\,62x_3 + 0.064\,6x_4 + \\ & 0.001\,96x_5 + 0.000\,77x_6 + 0.002\,01x_7 + 0.014\,23x_8 + \\ & 0.113\,69x_9 - 0.038\,52x_{10} + 0.048\,5x_{11} + 0.102\,32x_{12} - \\ & 0.072\,42x_{13} + 0.518\,25x_{14} + 0.330\,82x_{15} + 0.004\,784x_{17} + \\ & 0.169\,61x_{18} - 0.277\,75x_{19} + 0.424\,07x_{20} + 0.574\,96x_{24} + \\ & 0.133\,18x_{26} + 0.133\,7x_{28} + 0.102\,27x_{31} - 6.241\,5 \end{aligned} \tag{3-10}$$

根据上述方程计算研究区所有栅格单元的建设用地转入概率(图 3-9、彩图 5)。可以看出，模型对呈片状增加的城乡居民用地预测效果较好，2000 年现有建设用地以及 2000—2010 年间呈片状增加的建设用地大部分落于预测概率高值区，期间已转入的建设用地栅格中，有 75%的预测概率值在 0.5 以上，69.17%的预测概率值在 0.6 以上，56.17%的预测概率值在 0.8 以上。坝下地区建设用地增加的概率值高于坝上地区，特别是经济较为发达的张家口市辖区、宣化县、怀来县以及蔚县的建设用地增加的概率值较高，市区往南以及沿洋河流域往西扩展的地区其预测概率值也较大。

耕地转出概率的敏感性-特异性曲线及累积分布函数

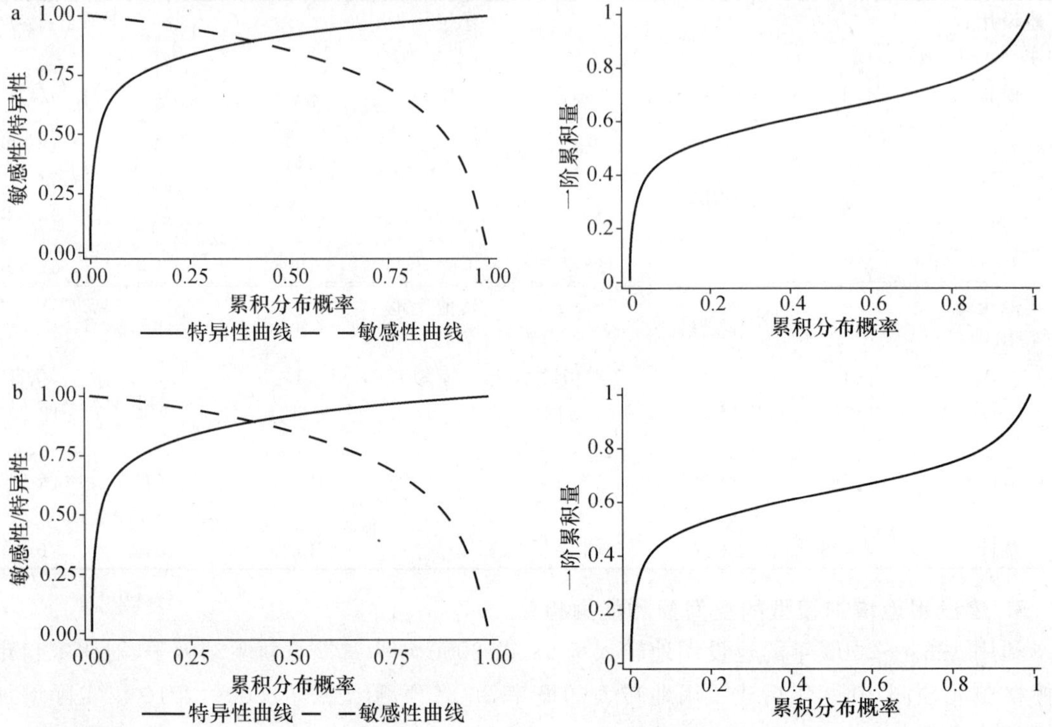

园地转入概率的敏感性-特异性曲线及累积分布函数

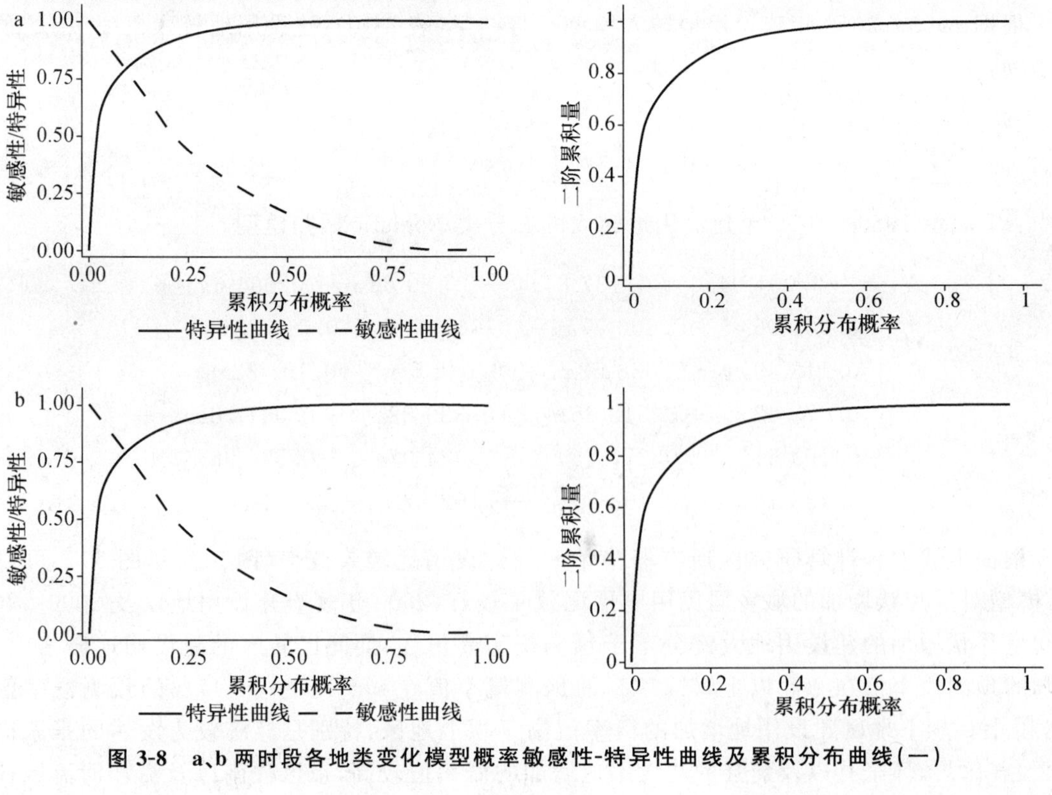

图 3-8 a、b 两时段各地类变化模型概率敏感性-特异性曲线及累积分布曲线(一)

林地转入概率的敏感性-特异性曲线及累积分布函数

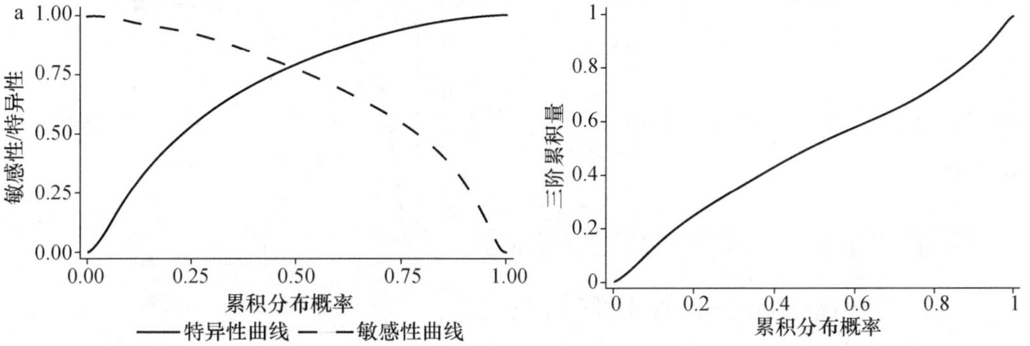

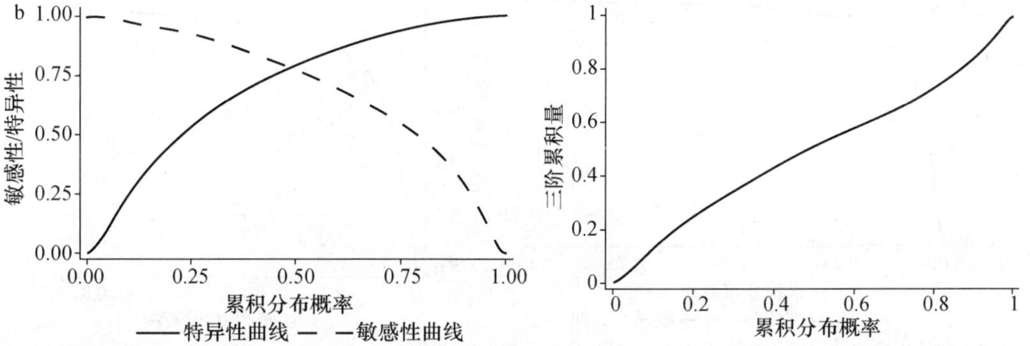

草地转出概率的敏感性-特异性曲线及累积分布函数

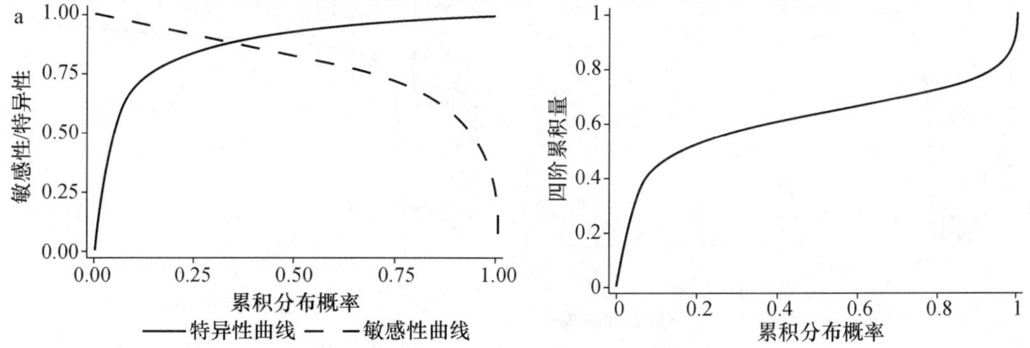

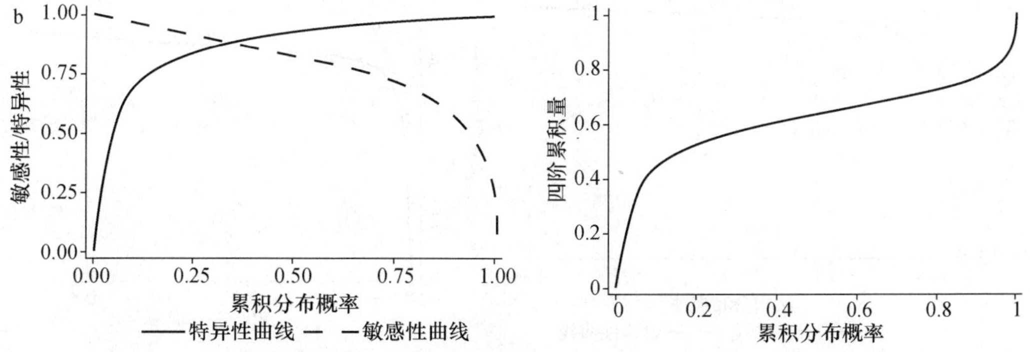

图 3-8　a、b 两时段各地类变化模型概率敏感性-特异性曲线及累积分布曲线(二)

建设用地转入概率的敏感性-特异性曲线及累积分布函数

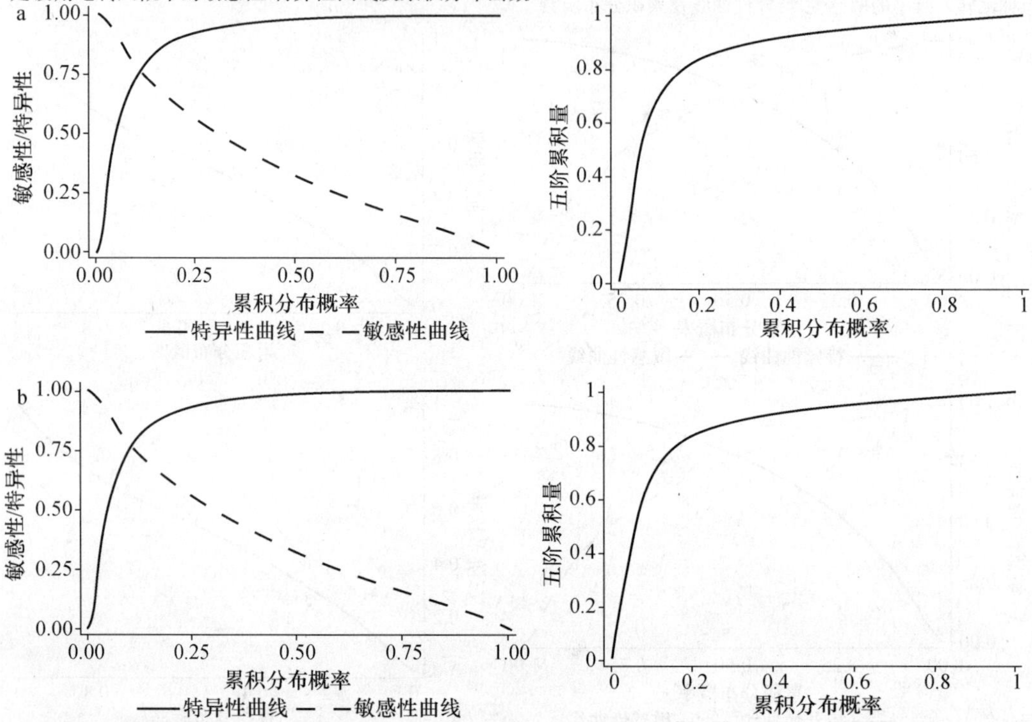

其他土地转出概率的敏感性-特异性曲线及累积分布函数

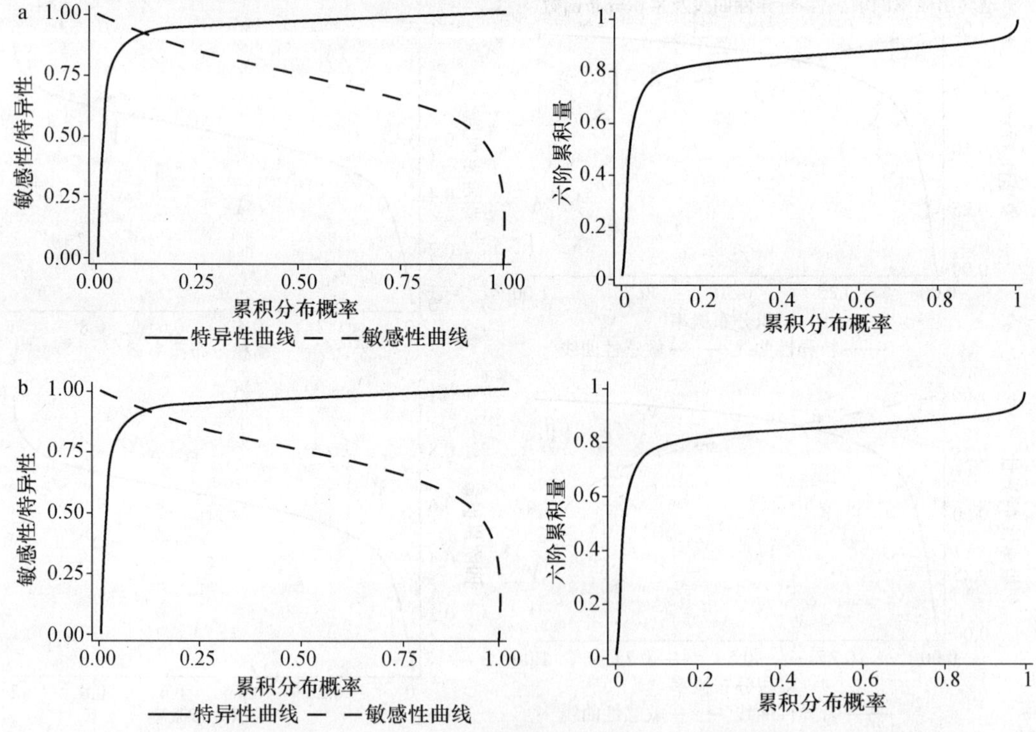

图 3-8 a、b 两时段各地类变化模型概率敏感性-特异性曲线及累积分布曲线(三)

利用1989—2000年的建设用地增加模型对2000年后张家口市栅格单元转变为建设用地的概率作出预测，是在假定1989年后建设用地增加的驱动过程保持不变的条件下，得到未来建设用地增加的空间分布概率。由表3-10可知，两个时段的建设用地转入模型的解释变量大部分相同（共有20个相同的解释变量），且模型参数相近，前一阶段的模型对后一阶段建设用地增加的空间预测结果良好，说明在驱动过程保持不变或者近似的条件下，近期的建设用地增加模型可以有效地预测未来一定时期内的建设用地增加空间分布概率。

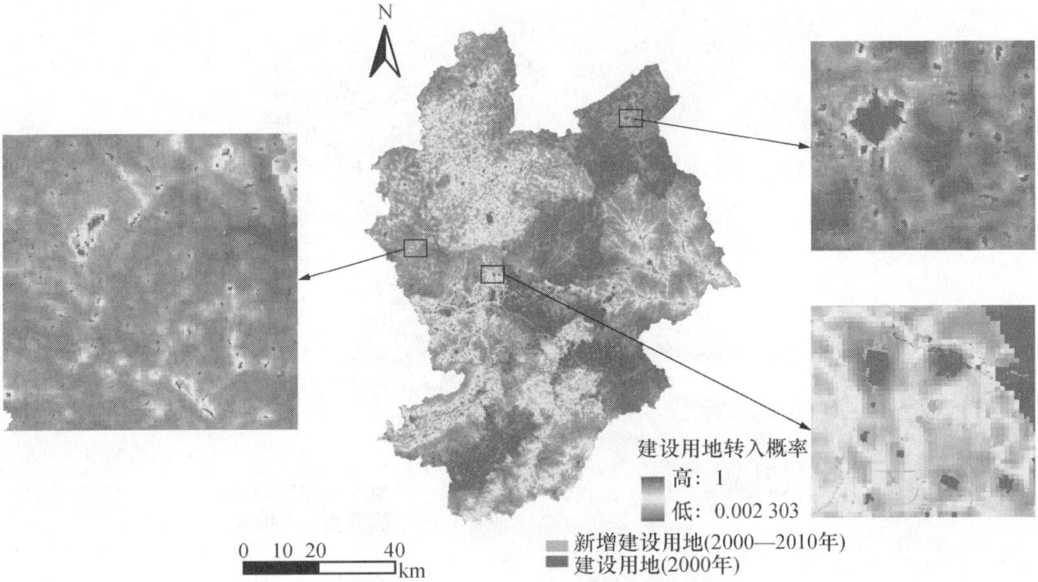

图3-9　2000年后建设用地转入概率分布图

4. 未来建设用地增加空间分布情景预测

假定2000年后张家口市建设用地增加的驱动过程保持不变，利用2000—2010年的建设用地转入模型对2010年后张家口市建设用地增加的未来空间分布情景进行预测。

根据2000—2010年建设用地转入模型运行结果（表3-10），2010年后建设用地转入概率p_5的预测模型为

$$p_5=\frac{\exp(Y_5)}{1+\exp(Y_5)} \tag{3-11}$$

式中：Y_5表示2000—2010年建设用地转入的二分类Logistic回归模型，

$$\begin{aligned}Y_5=&-0.000\,91x_1-0.112\,6x_2-0.227\,7x_3-0.113\,4x_4+0.011\,97x_5+\\&0.000\,158x_6+0.000\,395x_7-0.001\,94x_8-0.223\,3x_{10}+0.035\,18x_{11}+\\&0.051\,67x_{12}+0.088\,15x_{13}+0.399\,3x_{14}+0.268\,9x_{16}+0.072\,54x_{17}-\\&0.053\,8x_{18}+0.081\,3x_{20}+0.105\,4x_{26}+0.181\,6x_{28}+0.045\,18x_{31}\end{aligned} \tag{3-12}$$

将2010年对应的驱动因子数据代入以上模型公式，计算得到未来建设用地增加概率分布（图3-10、彩图6）。由图3-10可见，未来建设用地增加的高概率区域主要分布在坝下地区的中心城区周围以及河流谷底，万全县、怀来县、涿鹿县、蔚县、阳原县的建设用地增加的高概率值较多，这些地区同时也是耕地分布集中区，土地利用矛盾突出，应是土地利用规划管理的重点

区域。坝上四县以及赤城县、崇礼县则是相对低概率值分布区。

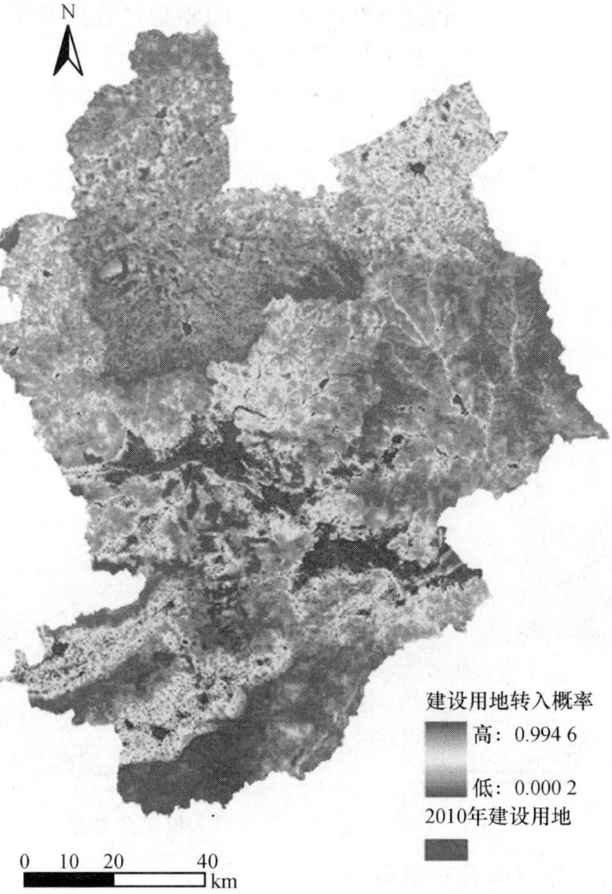

图 3-10 未来建设用地转入概率分布图

2000—2010 年，张家口市建设用地占全市土地总面积的比例增加了 0.65%，截至 2010 年，张家口市建设用地占土地总面积的比例为 3.76%。参照 2000—2010 年建设用地增加的平均速度，设定至 2020 年，建设用地占土地总面积的比例为 4.5%，则建设用地转入的概率阈值为 0.310 1，即认为栅格单元建设用地概率阈值为 0.310 1 以上的都转为建设用地，得到 2020 年建设用地预测空间分布图(图 3-11、彩图 7)。可见，建设用地增加多发生在坝下地区，市区的桥东区、桥西区以及宣化区的建设用地扩张明显，中心城区主要向南和向西延伸；万全县、怀来县、宣化县、涿鹿县的建设用地增加较多，蔚县、怀安县等县建设用地有一定增加，且多是围绕现有的城镇中心扩张。

二、基于多分类 Logistic 回归模型的耕地流向模拟与预测

耕地是张家口市典型的农用地类型，也是 1989—2010 年间流向相对多元的土地利用类型，因此采用多分类 Logistic 回归对 1989—2000 年和 2000—2010 年两个时段的耕地各类流向进行建模，查明不同时段耕地流向变化的空间驱动因素，并进行耕地流向预测能力检验，为耕地不同流向发生概率预测提供基础。其中，该模型中包含的驱动因子根据上文耕地逐步二分类 Logistic 回归模型对驱动因子的筛选结果进行调整。

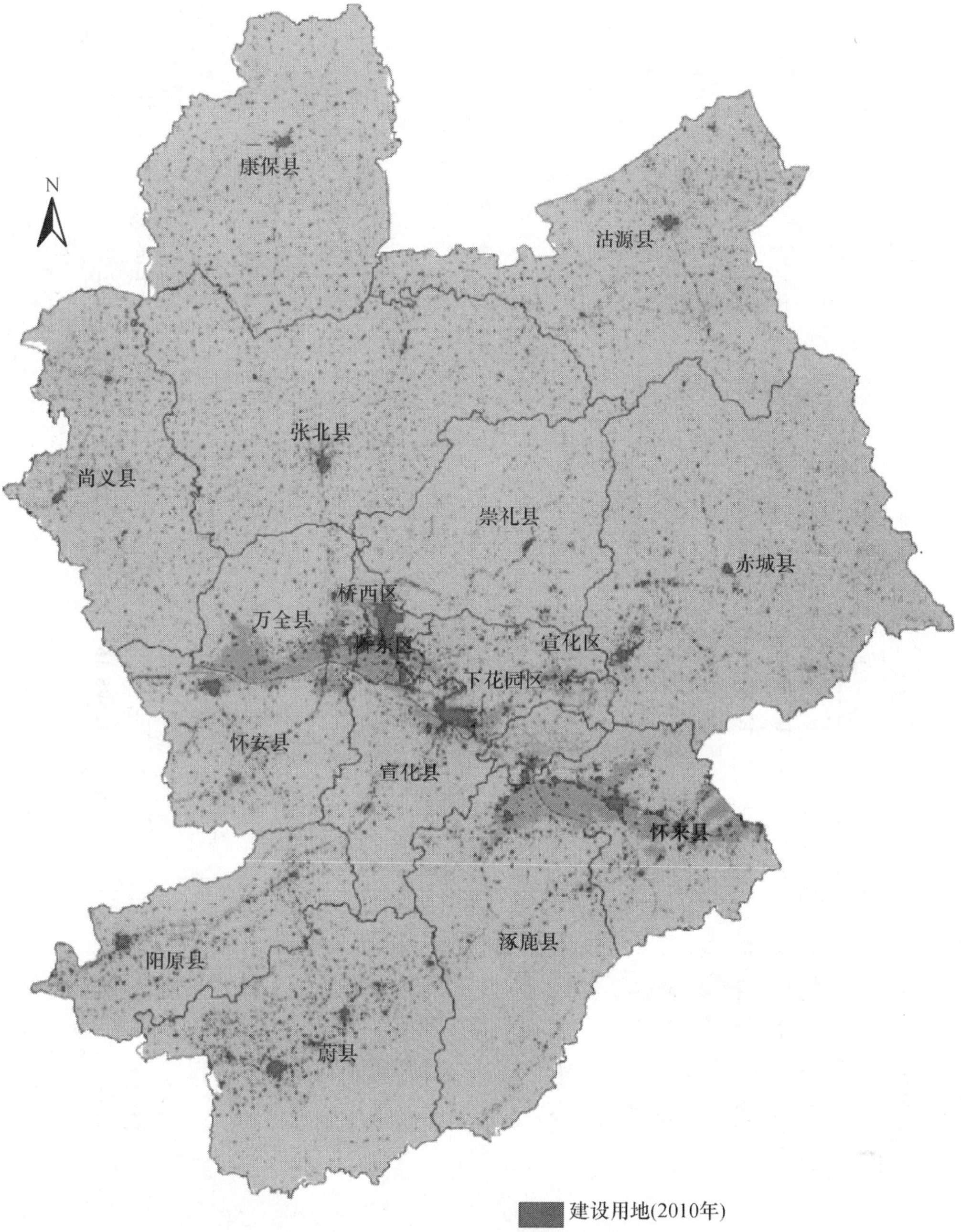

图 3-11　2020 年建设用地预测空间分布情景

1. 回归模型结果分析

对耕地流向的各类因变量的拟合优度做 ROC 检验，结果显示 1989—2000 年(a 时段)、2000—2010 年(b 时段)两个时段的耕地流向模型对耕地转变为园地和建设用地的拟合优度均达到了 75%以上，优于耕地转变为林地和草地的拟合优度，说明该模型中的驱动因子对耕地转变为园地和建设用地这两类变化的解释作用更强。

表 3-12 a、b 两时段耕地流向的多分类 Logistic 回归模型[回归系数(β)及发生比率值 exp(β)]

1989—2000 年（参照类:不变的耕地）	2（耕地转变为园地）		3（耕地转变为林地）		4（耕地转变为草地）		5（耕地转变为建设用地）	
自变量	β	exp(β)	β	exp(β)	β	exp(β)	β	exp(β)
高程(x_1)	−0.001 90	0.998 10	*	*	−0.000 60	0.999 40	−0.000 90	0.999 10
坡向(x_2)	0.049 57	1.050 82	0.090 83	**1.095 08**	*	*	−0.062 97	0.938 97
坡度(x_3)	0.306 95	**1.359 27**	0.081 35	**1.084 75**	0.298 89	**1.348 36**	*	*
土壤表层有机质含量(x_4)	−0.852 52	**0.426 34**	−0.101 63	**0.903 37**	−0.210 24	**0.810 39**	−0.096 51	0.908 01
降雨量(x_5)	−0.002 21	0.997 79	−0.005 55	0.994 47	−0.002 52	0.997 49	*	*
人口密度(x_6)	−0.005 98	0.994 04	−0.001 66	0.998 34	−0.002 24	0.997 77	*	*
农民人均纯收入(x_7)	0.005 90	1.005 92	*	*	*	*	0.001 87	1.001 87
GDP(x_8)	−0.092 27	0.911 86	−0.090 28	0.913 68	−0.063 74	0.938 25	0.009 24	1.009 28
城镇距离(x_9)	*	*	0.047 10	1.048 23	*	*	0.201 84	**1.223 65**
村庄距离(x_{10})	*	*	−0.074 46	0.928 24	*	*	−0.058 27	0.943 40
道路距离(x_{11})	0.233 85	**1.263 45**	−0.041 69	**0.959 17**	0.039 15	1.039 93	0.034 74	**1.035 35**
水域距离(x_{12})	0.055 52	1.057 09	−0.084 45	0.919 02	−0.078 50	0.924 50	*	*
自然保护区距离(x_{13})	0.133 52	**1.142 84**	−0.078 77	0.924 25	−0.020 07	0.980 13	−0.030 04	0.970 41
E_1_5(x_{14})	*	*	0.282 06	**1.325 86**	0.074 38	**1.077 22**	−0.337 93	**0.713 25**
E_1_9	—	—	—	—	—	—	—	—
E_1_13	—	—	—	—	—	—	—	—
E_2_5	—	—	—	—	—	—	—	—
E_2_9	—	—	—	—	—	—	—	—
E_2_13(x_{15})	0.147 76	**1.159 24**	*	*	0.070 01	1.072 52	−0.087 20	0.916 50
E_3_5(x_{16})	−0.449 60	**0.637 88**	0.590 65	**1.805 16**	−0.103 94	0.901 28	−0.192 66	0.824 77
E_3_9	—	—	—	—	—	—	—	—
E_3_13	—	—	—	—	—	—	—	—
E_4_5	—	—	—	—	—	—	—	—

续表 3-12

1989—2000 年（参照类:不变的耕地）自变量	2（耕地转变为园地）		3（耕地转变为林地）		4（耕地转变为草地）		5（耕地转变为建设用地）	
	β	exp(β)	β	exp(β)	β	exp(β)	β	exp(β)
E_4_9(x_{17})	−0.342 63	0.709 90	−0.363 78	**0.695 04**	−0.134 43	**0.874 22**	−0.593 22	**0.552 55**
E_4_13	—	—	—	—	—	—	—	—
E_5_5(x_{18})	0.027 59	1.027 98	−0.034 01	0.966 56	0.056 55	1.058 18	0.108 37	**1.114 47**
E_5_9	—	—	—	—	—	—	—	—
E_5_13	—	—	—	—	—	—	—	—
E_8_5	—	—	—	—	—	—	—	—
E_8_9	—	—	—	—	—	—	—	—
E_8_13(x_{19})	*	*	0.086 53	1.090 38	0.067 70	1.070 04	0.051 16	1.052 50
常数项	−4.574 77	0.010 31	*	*	−1.222 57	0.294 47	−4.424 5	0.011 98
ROC 检验值	0.872 5		0.718 8		0.647 9		0.810 1	

2000—2010 年（参照类:不变的耕地）自变量	2（耕地转变为园地）		3（耕地转变为林地）		4（耕地转变为草地）		5（耕地转变为建设用地）	
	β	exp(β)	β	exp(β)	β	exp(β)	β	exp(β)
高程(x_1)	−0.001 12	0.998 88	0.000 46	1.000 46	−0.001 08	0.998 92	−0.001 44	0.998 56
坡向(x_2)	0.123 15	1.131 06	0.044 22	**1.045 22**	*	*	−0.131 66	**0.876 64**
坡度(x_3)	0.537 59	**1.711 87**	*	*	0.494 46	**1.639 6**	*	*
土壤表层有机质含量(x_4)	−1.031 45	**0.356 48**	*	*	−0.210 24	**0.810 39**	−0.111 48	0.894 50
降雨量(x_5)	0.026 38	1.026 73	0.010 54	1.010 59	0.016 59	1.016 733	0.026 69	1.027 05
人口密度(x_6)	−0.004 363	0.995 64	0.001 47	1.001 46	−0.002 24	0.997 77	0.000 78	1.000 78
农民人均纯收入(x_7)	0.000 66	1.000 66	*	*	*	*	0.000 31	1.000 31
GDP(x_8)	0.008 88	1.008 92	−0.006 07	**0.993 95**	−0.001 37	0.998 63	−0.004 54	0.995 46
城镇距离(x_9)	*	*	*	*	*	*	0.051 86	**1.053 2**
村庄距离(x_{10})	*	*	*	*	−0.086 95	0.916 72	−0.243 68	**0.783 74**

续表 3-12

2000—2010 年（参照类：不变的耕地）自变量	2（耕地转变为园地）		3（耕地转变为林地）		4（耕地转变为草地）		5（耕地转变为建设用地）	
	β	exp(β)	β	exp(β)	β	exp(β)	β	exp(β)
道路距离(x_{11})	0.487 92	**1.628 93**	*	*	0.183 97	1.201 98	0.147 56	**1.159 00**
水域距离(x_{12})	*	*	0.029 39	1.029 83	−0.055 81	0.945 72	*	*
自然保护区距离(x_{13})	*	*	−0.087 71	0.916 02	−0.153 38	0.857 80	0.043 66	1.044 63
E_1_5(x_{14})	0.489 88	**1.632 12**	0.458 29	**1.581 36**	0.745 49	**2.107 47**	*	*
E_1_9	—	—	—	—	—	—	—	—
E_1_13(x_{15})	*	*	*	*	−0.116 66	**0.889 89**	*	*
E_2_5	—	—	—	—	—	—	—	—
E_2_9(x_{16})	*	*	*	*	*	*	0.134 82	1.144 32
E_2_13(x_{17})	0.252 40	**1.287 11**	−0.211 90	**0.809 04**	*	*	−0.188 86	**0.827 90**
E_3_5(x_{18})	*	*	0.236 11	**1.266 31**	0.219 66	**1.245 66**	−0.501 11	**0.605 85**
E_3_9	—	—	—	—	—	—	—	—
E_3_13	—	—	—	—	—	—	—	—
E_4_5	—	—	—	—	—	—	—	—
E_4_9(x_{19})	−0.342 63	**0.709 9**	−0.363 78	**0.695 04**	0.274 89	**1.316 39**	−0.609 06	**0.543 86**
E_4_13	—	—	—	—	—	—	—	—
E_5_5(x_{20})	0.027 59	1.027 98	−0.019 91	0.980 29	0.091 38	1.095 68	0.104 64	**1.110 31**
E_5_9	—	—	—	—	—	—	—	—
E_5_13	—	—	—	—	—	—	—	—
E_8_5(x_{21})	*	*	0.080 52	1.083 8	0.060 98	1.062 89	−0.068 74	0.933 57
E_8_9	—	—	—	—	—	—	—	—
E_8_13	—	—	—	—	—	—	—	—
常数项	−4.574 77	0.010 31	−8.800 38	0.000 15	−10.647 17	0.000 02	−11.071 07	0.000 02
ROC 检验值	0.908		0.688 5		0.654		0.774 2	

注：* 表示自变量统计检验不显著，— 表示自变量未纳入模型中，其余自变量均通过 95％置信度显著性检验。

根据两个时段多分类 Logistic 回归模型运行结果(表 3-12),参照于保持不变的耕地栅格单元,a 时段耕地转变为园地的主要解释变量有坡度、至道路和自然保护区的距离、园地邻域丰度(E_2_13)、土壤表层有机质以及林地邻域丰度。坡度每增加一个级别,耕地转变为园地的发生比会增加约 1.36 倍;离道路、自然保护区的距离越近,耕地转变为园地概率越大;园地邻域丰度(E_2_13)越大,耕地转变为园地的可能越大,说明园地呈聚集趋势;林地邻域丰度越大,耕地转变为园地的概率越小;土壤表层有机质是负向作用最大的解释变量,说明转变为园地的耕地多处于土壤表层有机质含量低值区。b 时段至自然保护区的距离、林地邻域丰度对耕地转变为园地的影响不再显著,而坡度、至道路距离、土壤表层有机质含量、园地邻域丰度(E_2_13)的作用有所增强。

a、b 两个时段,耕地转变为林地相同的主要解释变量有耕地、林地和草地的邻域丰度、坡向、GDP。林地邻域丰度(E_3_5)越大,耕地转变为林地的发生比越大,说明林地呈聚集态势;草地邻域丰度(E_4_9)越大,耕地转变为林地概率越小;从耕地变化分布图(图 3-12、彩图 8)可以看出,1989—2010 年间,张家口市坝上地区的耕地中出现了大量的格网状农田防护林,耕地邻域丰度(E_1_5)越大,耕地转变为林地的概率越大;阴坡的耕地转为林地的概率更大;GDP 越高的地区,耕地转变为林地的概率越低。

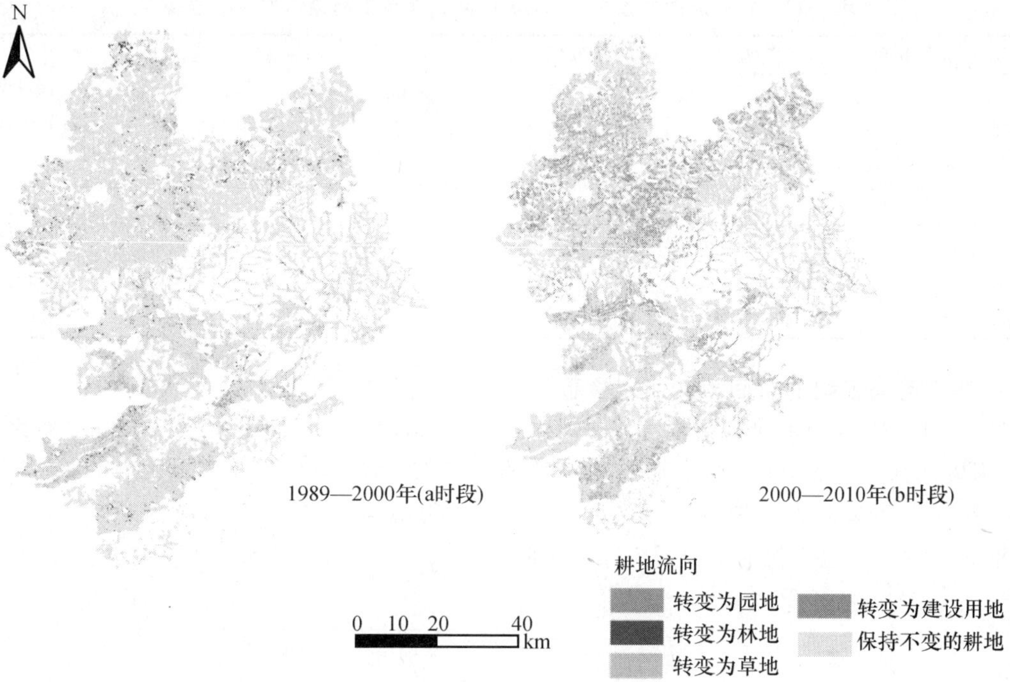

图 3-12　a、b 两时段张家口市耕地流向图

a 时段耕地转变为草地的主要解释变量有坡度、土壤表层有机质含量、草地和耕地邻域丰度。坡度越高,土壤表层有机质含量越低,耕地转变为草地的概率越大;草地邻域丰度(E_4_9)越大,耕地转变为草地的概率越小,说明耕地转变为草地更容易发生在原有草地面积更少的地区;b 时段草地邻域丰度(E_4_9)对因变量的解释作用变为正向,说明草地的聚集态势变得明显。耕地邻域丰度(E_1_5)越大,耕地转变为草地的概率越大。

a、b两个时段，距城镇、道路距离越近，建设用地邻域丰度(E_5_5)越大，耕地转变为建设用地的概率均更高，说明建设用地呈明显的聚集态势。不同于林地、草地，耕地转变为建设用地呈现小面积零散转变的特点(图3-12、彩图8)，且多处于耕地边缘区，因此a时段耕地邻域丰度(E_1_5)对因变量呈负向作用，即相比于保持不变的耕地，耕地邻域丰度越小，耕地转变为建设用地的概率越大，b时段E_1_5作用不显著。

此外，从模型中各类因变量模拟结果的横向对比可见：土壤表层有机质含量高、降雨量大的地区耕地相对不容易流失；阴坡的耕地相对更可能转变为林地、园地，阳坡的耕地更可能转变为建设用地，而坡向对耕地向草地的转变的影响不显著。

2. 空间正确率统计检验

上述多分类Logistic回归模型可以模拟出相应时期耕地流向的空间转换概率。p_1表示耕地保持不变的概率，p_2表示耕地转变为园地的概率，p_3表示耕地转变为林地的概率，p_4表示耕地转变为草地的概率，p_5表示耕地转变为建设用地的概率。统计计算耕地流向各类因变量预测概率的平均值，并以此为转换阈值，与1989—2000年实际发生的相应的耕地各类流向进行重叠对比，以计算空间模拟的正确率(表3-13)。可见，1989—2000年耕地流向的空间模拟正确率整体优于2000—2010年的耕地流向模型，准确率均在67%以上，模拟效果较好。

表3-13 耕地流向的多分类Logistic回归模型空间模拟准确率检验

1989—2000年	p_1	p_2	p_3	p_4	p_5
平均值	0.962 5	0.005 3	0.008 1	0.015 9	0.008 2
转换阈值	0.962 5	0.005 3	0.008 1	0.015 9	0.008 2
空间重叠率	67.12%	89.38%	71.19%	72.31%	75.71%
2000—2010年	p_1	p_2	p_3	p_4	p_5
平均值	0.908 2	0.008 9	0.041 8	0.025 6	0.015 4
转换阈值	0.908 2	0.008 9	0.041 8	0.025 6	0.015 4
空间重叠率	63.08%	85.83%	73.64%	58.28%	68.64%

3. 耕地流向模型的空间预测能力检验

将1989—2000年的耕地流向多分类Logistic模型的驱动因子以2000年为基期进行更新，利用模型结果对2000年以后所有耕地栅格单元发生各类变化的概率进行预测，并利用2000—2010年间实际发生的各类变化对预测结果进行检验。

根据a时期耕地变化的多分类Logistic回归结果(表3-11)，得到预测模型为

$$p_1=\frac{1}{1+\exp(Y_2)+\exp(Y_3)+\exp(Y_4)+\exp(Y_5)} \tag{3-13}$$

$$p_2=\frac{\exp(Y_2)}{1+\exp(Y_2)+\exp(Y_3)+\exp(Y_4)+\exp(Y_5)} \tag{3-14}$$

$$p_3=\frac{\exp(Y_3)}{1+\exp(Y_2)+\exp(Y_3)+\exp(Y_4)+\exp(Y_5)} \tag{3-15}$$

$$p_4=\frac{\exp(Y_4)}{1+\exp(Y_2)+\exp(Y_3)+\exp(Y_4)+\exp(Y_5)} \tag{3-16}$$

$$p_5=\frac{\exp(Y_5)}{1+\exp(Y_2)+\exp(Y_3)+\exp(Y_4)+\exp(Y_5)} \tag{3-17}$$

式中：Y_2、Y_3、Y_4 和 Y_5 表示 a 时期耕地变化的多分类 Logistic 回归模型，

$$\begin{aligned} Y_2 = & -0.0019x_1 + 0.04957x_2 + 0.30695x_3 - 0.85252x_4 - \\ & 0.0022x_5 - 0.00598x_6 + 0.0059x_7 - 0.09227x_8 + \\ & 0.23385x_{11} + 0.05552x_{12} + 0.13352X_{13} + 0.14776x_{15} - \\ & 0.4496x_{16} - 0.3426x_{17} + 0.2759x_{18} - 4.57477 \end{aligned} \quad (3\text{-}18)$$

$$\begin{aligned} Y_3 = & 0.09083x_2 + 0.08135x_3 - 0.10163x_4 - 0.00555x_5 - \\ & 0.00166x_6 - 0.09028x_8 + 0.0471x_9 - 0.07446x_{10} - \\ & 0.04169x_{11} - 0.08445x_{12} - 0.07877x_{13} + 0.28206x_{14} + \\ & 0.59065x_{16} - 0.36378x_{17} - 0.03401x_{18} + 0.0865x_{19} \end{aligned} \quad (3\text{-}19)$$

$$\begin{aligned} Y_4 = & -0.0006x_1 + 0.29889x_3 - 0.21024x_4 - 0.00252x_5 - \\ & 0.00224x_6 - 0.06374x_9 + 0.03915x_{11} - 0.0785x_{12} - \\ & 0.02007x_{13} + 0.07438x_{14} - 0.0872x_{15} - 0.192666x_{16} - \\ & 0.59332x_{17} + 0.10837x_{18} + 0.05116x_{19} - 4.4245 \end{aligned} \quad (3\text{-}20)$$

$$\begin{aligned} Y_5 = & -0.0009x_1 - 0.06297x_2 - 0.09651x_4 + 0.00187x_7 + \\ & 0.00924x_8 + 0.20184x_9 - 0.05827x_{10} + 0.03474x_{11} - \\ & 0.03004x_{12} - 0.33793x_{14} - 0.4496x_{16} - 0.3426x_{17} + \\ & 0.2759x_{18} - 4.57477 \end{aligned} \quad (3\text{-}21)$$

根据以上公式计算得到 2000 年张家口市所有耕地栅格单元发生各类流向变化的概率，统计各类流向因变量预测概率的平均值，并以此为转换阈值，与 2000—2010 年耕地各类实际变化流向进行重叠对比，计算模型的空间预测准确率（表 3-14）。可以看出，除了保持不变的耕地栅格，其余流向变化的预测结果不理想，从表 3-13 可以看出，1989—2000 年保持不变的耕地栅格比例高达 96.25%，而转变为园地的耕地栅格比例为 0.52%，转变为林地的比例为 0.81%，转变为草地的比例为 1.59%，转变为建设用地的栅格比例为 0.82%，耕地变化样本比例很小，会影响对相应类别的回归模拟。同时随着 2000 年退耕还林还草政策的实施，耕地进入快速调整阶段，耕地变化受政策影响加大，影响了预测精确度。

表 3-14　耕地流向的多分类 Logistic 回归模型空间预测准确率

项目	p_1	p_2	p_3	p_4	p_5
平均值	0.838 4	0.018 3	0.000 6	0.001 3	0.141 1
转换阈值	0.838 4	0.018 3	0.000 6	0.001 3	0.141 1
重叠率	74.15%	30.96%	33.34%	42.01%	52.15%

第六节　土地可持续利用政策建议

1989—2010 年间，张家口市的土地利用变化既有好的趋势，也存在一些问题和隐患。退耕还林还草、市区周围荒山绿化工程等生态保护政策和工程对张家口市的土地利用产生了重要影响，使张家口市林地大面积增加，荒地等其他土地的植被恢复效果也较好，生态环境得到

了显著改善。随着京津冀一体化进程的加快,社会经济发展加速,各业用地之间的转换幅度明显加大,土地利用供需矛盾将进一步突出,其中耕地减少的速度进一步增加,存在突破耕地保护限制指标的风险。为此,根据前文对张家口市土地利用变化规律和演进态势的分析以及其驱动力的研究,对张家口市土地可持续利用提出以下政策建议。

一、继续优化建设生态环境

由于张家口市在京津冀都市圈中承担着重要的生态保障功能,并且是北京市的供水水源地,保持稳定而良好的生态环境应是张家口市土地利用管理中最优先的土地利用目标。建议从以下几方面继续优化生态环境建设:巩固现有的生态建设成果,加强对已有林地及牧草地的后期管理和保护,防止乱砍滥伐,引导适度放牧,防止现有林地、草场退化;植被恢复应遵循小尺度范围内的地域分异规律:林地对水分需求相对较大,因此造林更适于在阴坡以及降水量相对较大的位置进行,阳坡及坡顶则更适宜恢复草地植被;张家口市仍有的小部分25°以上的坡耕地应继续退耕还林还草,防止水土流失。

二、大力推进水资源节约型社会建设

1989—2010年,在气候条件变化及其他多种因素的影响下,张家口市的水域面积呈持续缩减的趋势。这不仅会影响张家口市自身发展,也威胁着首都北京的水安全,大力推进水资源节约型社会的建设对张家口市十分必要。农业用水占全市用水总量的比重最大,建设节水型农业十分重要:应控制坝上地区的蔬菜种植面积,推行节水灌溉技术,优先选用耗水量较小的作物品种,控制地下水开采量等,促进节水型农业发展。此外,也应推进节水型工业建设,支持生态旅游等绿色产业发展。

三、重点加强土地利用规划管控

通过建设用地增加的模拟预测结果可以看出,坝下中心城区以西的洋河流域片区以及以南的近郊区县建设用地增加的概率相对较高,同时这一片区也是基本农田集中分布区,因此应该制定合理的土地利用规划,在保证城市发展的同时,尽量少占用优质农田,严格执行土地用途管制政策,加强土地集约节约利用,内部挖潜提高土地利用效率,防止建设用地无序扩张。

后备土地资源充裕,荒山、盐碱地、荒漠和滩涂面积较大,对于后备土地资源的开发利用要注意分类规划和合理利用。荒山、滩涂等应优先进行生态植被恢复,发挥生态涵养功能;其余宜农土地应优先补充为耕地。

第七节　结论与讨论

一、结论

张家口市土地利用现状结构以农业用地为主,其中林地面积最大,占土地总面积的30.06%,主要分布于坝上四县以及坝下赤城县、崇礼县、怀来县、涿鹿县、蔚县,形成了坝上农田防护林带、坝头防风阻沙林带以及东南沿边防风阻沙林带;草地面积次之,占比29.59%,随高程变化分布规律明显,约67.51%分布于海拔1 000~1 600 m的地区;耕地占比26.33%,在坝下桑干河、洋河流域、坝上高原集中分布。

1989—2010年,张家口市的各土地利用类型发生了较大变化,主要特征是林地大面积增加(19.13万 hm^2),增长率为20.91%,增加的林地主要来自于草地、耕地、其他土地;耕地大面积减少(12.09 万 hm^2),减少率为 11.09%,其中还林还草的耕地面积约为 9.69 万 hm^2,转变为建设用地的耕地面积约为 2.12 万 hm^2;城镇村及工矿用地、交通用地迅速增加,增长率相对最大,分别为 36.69%和 56.74%,增加的建设用地主要来自于耕地和草地;水域、其他土地、草地面积持续减少,其中其他土地面积减少约 6.79 万 hm^2,减少率 31.27%,其中 5.82 万 hm^2 用于造林植草。尤其在 2000 年之后,各地类间的转换幅度明显加大,土地利用变化和土地利用竞争趋势更为剧烈,这与张家口市社会经济发展和城镇化建设速度加快、退耕还林还草政策开始实施相关。

利用逐步二分类 Logistic 回归驱动力模型对 1989—2000 年和 2000—2010 年耕地减少、园地增加、林地增加、草地减少、建设用地增加以及其他土地减少进行模拟,总的来看,400 m 邻域范围内的地类邻域丰度因子、坡度、坡向、城镇距离、道路距离等因子在模型中的贡献程度比较大。不同时期,同一种地类变化可能有不同的影响因素,且影响因素对地类变化的作用程度也会有所变化。

利用多分类 Logistic 回归模型对两个时段的耕地各类流向进行模拟,发现耕地流向园地更可能出现在坡度高、土壤表层有机质含量低、距离道路近的位置;耕地流向林地更可能出现在阴坡,林地邻域丰度大的位置;耕地流向草地更可能出现在坡度高,土壤表层有机质含量低的位置;耕地流向建设用地更可能出现在阳坡、耕地边缘、距城镇和道路距离近的位置。该模型能有效地解释和模拟耕地各类具体变化,但对未来耕地流向的空间预测能力有待进一步调整加强。

利用 2000—2010 年的建设用地转入模型,预测张家口市 2010 年后所有栅格单元转变为建设用地的概率,并根据建设用地历史增加速度设定转换概率阈值,得到 2020 年张家口市建设用地空间分布情景:中心城区向西和向南扩展的趋势明显,万全县、怀来县、宣化县、涿鹿县的建设用地增加较多,蔚县、怀安县等县建设用地有一定增加,且多是围绕现有的城镇中心扩张。这些地区同时也是耕地分布集中区,土地利用矛盾突出,应是土地利用规划管理的重点区域。

二、讨论

构建基于二分类 Logistic 回归和多分类 Logistic 回归的土地利用空间变化驱动力模型时,由于数据获取限制及科研水平有限,研究工作尚有一些需要完善和讨论的地方:

(1)由于无法获取到乡镇水平的社会经济统计数据,社会经济因素以区县为单元进行定量化,数据较为粗略,导致对模型的贡献作用不明显,影响了驱动因子定量分析的准确性。

(2)在对耕地变化进行多分类 Logistic 回归建模时,虽然各类因变量的样本数量满足回归要求,但各类因变量样本比例相差过大,尤其是转为其他各类用地的栅格数远远少于保持不变的耕地栅格数,且由于退耕还林还草政策在 2000 年开始实施,导致 2000—2010 年耕地变化更加剧烈,使预测难度加大。这也说明多分类 Logistic 回归模型包含更多信息,对模型因变量样本的要求更高,在预测时,也应考虑近期是否有对土地利用变化产生重大影响的新因素出现,使模型更适合土地利用平稳发展阶段的预测。

(3)土地利用/覆被变化研究的尺度问题一直是研究中的难点,本研究所建立的驱动力模型回归结果仅适用于解释该尺度范围内的土地利用变化问题,对于其他不同的尺度范围,相同驱动因素可能会对土地利用变化及空间布局产生不同的影响。

第四章　张北县土地利用变化及其情景模拟

本章立足于京津冀一体化发展背景，以张家口市张北县为研究区，利用TM遥感影像数据、社会经济数据以及实地调查数据，将遥感解译与地理信息系统相结合、定性分析与模型模拟相结合、理论分析与实地调研相结合，系统分析张北县1989—2010年土地利用变化的时空过程，剖析土地利用变化的驱动机制，进行京津冀一体化下张北县域发展与土地利用功能识别和定位，模拟不同社会经济发展情景下土地利用结构与空间格局（李艳华，2014），为张北县土地利用结构的调整、土地管理政策的制定以及生态环境的恢复重建提供理论依据。

第一节　研究内容、数据来源与方法

一、研究内容

1. 土地利用/覆被变化特征研究

基于1989年、1995年、2000年和2010年四期遥感影像解译得到的土地利用覆被图，从土地利用的数量、结构、方式、强度、空间变化差异和变化趋势等方面系统分析张北县1989—2010年间土地利用变化过程及演变趋势。

2. 土地利用变化驱动力研究

基于土地利用变化过程的分析，以土地利用变化较为剧烈的时期2000—2010年为研究期，选取主成分分析和典型相关分析两种统计分析方法，以2000—2010年土地利用变更数据和社会经济数据为基础数据，定量分析张北县各个地类变化的主要驱动因素，剖析土地利用变化的主要驱动机制。

3. 区域发展与土地利用功能识别与定位研究

以京津冀一体化为时代背景，结合张北县自身的资源环境、地理区位、社会经济发展等条件，基于京津冀都市圈中土地功能区域划分、《张家口市土地利用总体规划（2006—2020）》和《张北县“十二五”规划》张北县域的定位，进行张北县域发展与土地利用功能识别和定位。

4. 土地利用结构系统动力学情景模拟研究

结合张北县域发展与土地利用功能识别和定位，构建土地利用系统动力学模型，基于京津冀一体化包含的政策因子与土地利用方式间的相互作用，设置经济加速发展、生态保护、耕地保护三种情景模式，对张北县2010—2020年土地利用数量、结构进行情景模拟。

5. 土地利用空间格局模拟研究

以系统动力学不同社会经济发展情景数量模拟结果为需求量，以CLUE-S模型为模拟工具，进行Logistic回归分析、地类转换难易程度分析、限制区域设定、主要参数调试等工作，对2020年土地利用空间格局进行仿真模拟，实现土地利用空间落位。

二、数据来源与处理

1. 数据来源

(1)遥感数据来源

遥感数据源采用1989年、1995年、2000年及2010年4期TM影像数据，影像空间分辨率为30 m×30 m，选取遥感影像信息丰富的相同时间段，各地类解译标志差异显著，易于分辨，解译误差相对较小。在解译过程中借助研究区的地形、地貌及植被等辅助数据，进行人机交互判读解译，同时对判读不准的图斑定点野外调查，修正图斑地类，提高解译精度。

(2)社会经济数据来源

社会经济统计数据主要是指张北县2000—2010年间的历史统计数据及2010—2025年间的规划数据。数据主要来源于《张家口经济年鉴(2000—2010)》、《张北县土地志》、《张家口土地利用总体规划(2006—2020年)》、《张北县“十二五”规划》、《张北县林业规划》以及2000—2010年张家口土地利用变更调查等。

2. 数据处理

(1)遥感影像处理

进行遥感解译时借鉴PCC(Post-Classification Comparison)法，该方法运用统一的分类体系对多时相RS影像进行单独分类，通过比较分类结果直接提取地类变化的信息。首先，采用选取控制点的方法，以张北县二调矢量图为基准，对1989年、1995年、2000年、2010年四期Landsat TM影像进行校正，将误差控制在一个像元内，并按照统一标准解译。其次，对照张北县2010年二调矢量图制作地类解译标志，并对2010年矢量图进行修正，依次按照各个地类的解译标志对照2010年、2000年、1995年、1989年的遥感图进行目视解译。最后，2013年3月，到实地对选取的100个样点进行地类定点校对核实，将实地调研结果与解译结果进行对照，结果显示解译精度高于85%，满足研究目的，进而得到张北县1989年、1995年、2000年、2010年土地利用覆被图。

(2)土地利用分类体系

以张北县2010年第二次全国土地调查土地利用现状图为基础，结合遥感图像精度及研究需要，将张北县土地利用类型分为7类，为耕地、园地、林地、草地、建设用地、水域、未利用地，各地类包含的二级地类及含义见表4-1。

表4-1　土地利用现状分类

一级类		二级类		含义
编码	名称	编码	名称	
1	耕地	11	水浇地	指有水源保证和灌溉设施，在一般年景能正常灌溉，种植旱生农作物的耕地，包括种植蔬菜等的非工厂化的大棚用地
		12	旱地	指无灌溉设施，主要靠天然降水种植旱生农作物的耕地，包括没有灌溉设施，仅靠引洪淤灌的耕地
2	园地	21	果园	指种植果树的园地

续表4-1

一级类		二级类		含义
编码	名称	编码	名称	
3	林地	31	有林地	指树木郁闭度≥0.2的乔木林地，包括红树林地和竹林地
		32	灌木林地	指灌木覆盖度≥40%的林地
		33	其他林地	包括疏林地(指树木郁闭度≥0.1、<0.2的林地)、未成林地、迹地、苗圃等林地
4	草地	41	天然牧草地	指以天然草本植物为主，用于放牧或割草的草地
		42	人工牧草地	指人工种植牧草的草地
		43	其他草地	指树木郁闭度<0.1，表层为土质，生长草本植物为主，不用于畜牧业的草地
5	建设用地	51	城市	指城市居民点，以及与城市连片的和区政府、县级市政府所在地镇级辖区内的商服、住宅、工业、仓储、机关、学校等单位用地
		52	建制镇	指建制镇居民点，以及辖区内的商服、住宅、工业、仓储、学校等企事业单位用地
		53	村庄	指农村居民点，以及所属的商服、住宅、工矿、工业、仓储、学校等用地
		54	采矿用地	指采矿、采石、采砂(沙)场，盐田，砖瓦窑等地面生产用地及尾矿堆放地
6	水域	61	河流水面	指天然形成或人工开挖河流常水位岸线之间的水面，不包括被堤坝拦截后形成的水库水面
		62	湖泊水面	指天然形成的积水区常水位岸线所围成的水面
		63	水库水面	指人工拦截汇集而成的总库容≥10万m^3的水库正常蓄水位岸线所围成的水面
		64	坑塘水面	指人工开挖或天然形成的蓄水量<10万m^3的坑塘常水位岸线所围成的水面
		65	内陆滩涂	指河流、湖泊常水位至洪水位间的滩地；水库、坑塘的正常蓄水位与洪水位间的滩地。包括海岛的内陆滩地
		66	沟渠	指人工修建，南方宽度≥1.0 m、北方宽度≥2.0 m用于引、排、灌的渠道，包括渠槽、渠堤、取土坑、护堤林

续表4-1

一级类		二级类		含义
编码	名称	编码	名称	
7	未利用地	71	空闲地	指城镇、村庄、工矿内部尚未利用的土地
		72	盐碱地	指表层盐碱聚集，生长天然耐盐植物的土地
		73	沼泽地	指经常积水或渍水，一般生长沼生、湿生植物的土地
		74	沙地	指表层为沙覆盖、基本无植被的土地。不包括滩涂中的沙地
		75	裸地	指表层为土质，基本无植被覆盖的土地；或表层为岩石、石砾，其覆盖面积≥70%的土地

三、研究方法与技术路线

以京津冀一体化为研究背景，以张北县为研究区域，定性分析与定量研究相结合，将遥感解译与地理信息系统相结合，理论分析与实地调研相结合，系统分析了张北县土地利用变化的时空过程及其演变趋势，剖析了土地利用变化的驱动因素和驱动机制；利用系统动力学(SD)模型和CLUE-S模型模拟了张北县未来不同社会经济发展情景下的土地利用数量、结构和空间格局，为县域土地利用结构优化提供决策支持。

1. 遥感解译与地理信息系统技术

运用人机交互判读及实地调研验证的方法对遥感影像进行解译及验证，获得张北县1989年、1995年、2000年、2010年不同时期土地利用覆被图，解译精度高于85%。运用地理信息技术进行土地利用时空变化分析以及土地利用变化情景模拟。

2. 数理统计与回归分析

运用数理统计方法统计分析土地利用面积的时空变化特征；利用主成分分析和典型相关等回归分析方法分析各地类与经济社会驱动因子之间的相关性以及土地利用变化驱动力，利用Logistic回归分析计算土地利用空间分布驱动因素的回归系数及概率。

3. 定性分析与模型模拟

查阅京津冀一体化及河北省相关规划及政策性文件，进行张北县区域发展与土地利用功能识别与定位，强调政策导向在城市定位中的指向作用，设置不同土地利用变化情景模式；运用系统动力学(SD)模型及CLUE-S模型进行张北县土地利用数量和结构变化及空间格局情景模拟。

4. 文献查阅与实地调研

通过查阅国内外关于土地利用/覆被变化的相关文件，总结关于土地利用变化、驱动力及模拟预测研究的理论依据和模型方法，构建张北县土地利用情景模拟模型。2013年3月前往张北县实地调研，对当地自然条件及经济发展进行问卷调查，以了解张北县域实际社会经济发展及土地利用状况。

具体技术路线见图4-1。

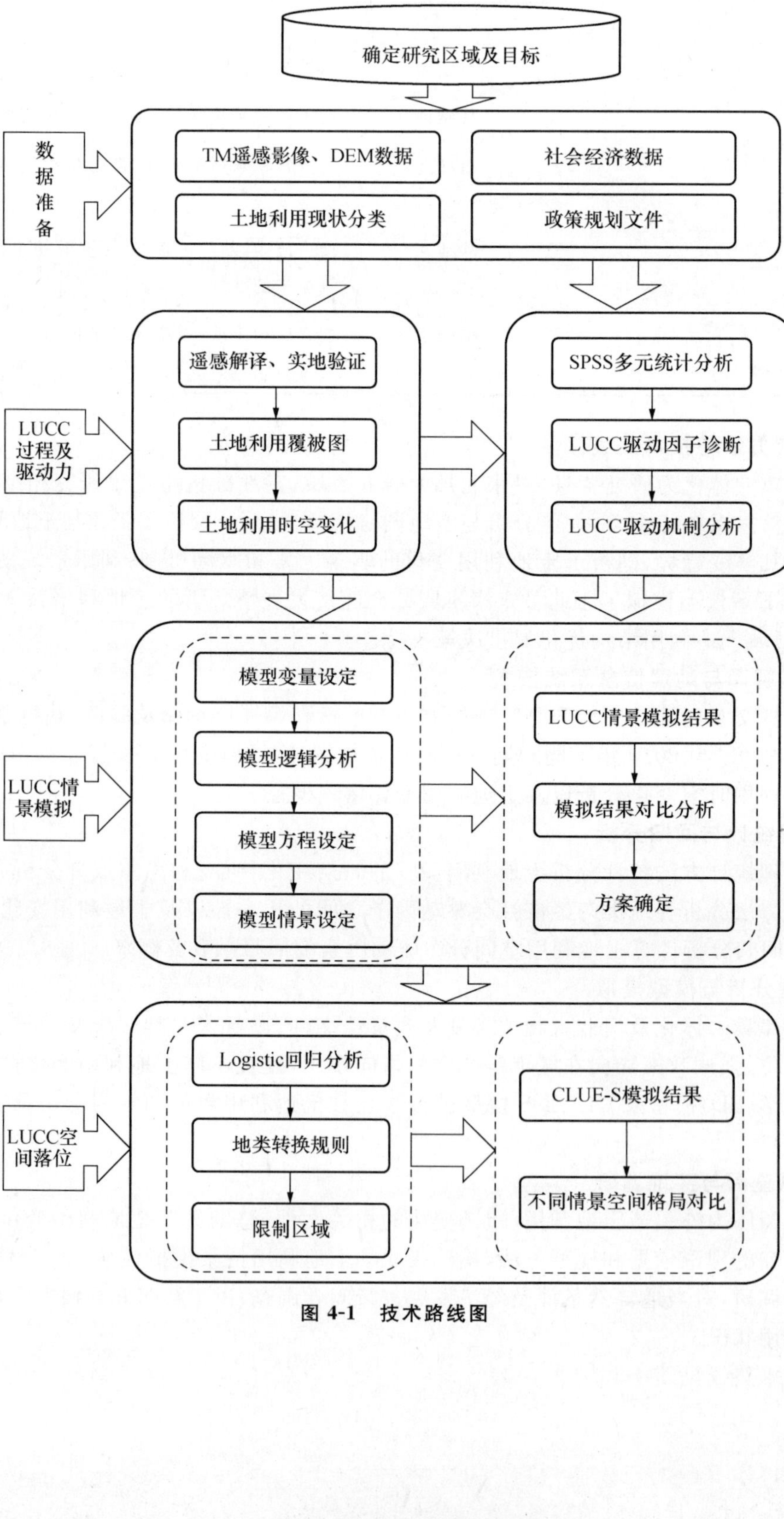
确定研究区域及目标
数据准备
TM遥感影像、DEM数据
社会经济数据
土地利用现状分类
政策规划文件
LUCC过程及驱动力
遥感解译、实地验证
土地利用覆被图
土地利用时空变化
SPSS多元统计分析
LUCC驱动因子诊断
LUCC驱动机制分析
LUCC情景模拟
模型变量设定
模型逻辑分析
模型方程设定
模型情景设定
LUCC情景模拟结果
模拟结果对比分析
方案确定
LUCC空间落位
Logistic回归分析
地类转换规则
限制区域
CLUE-S模拟结果
不同情景空间格局对比

图 4-1 技术路线图

第二节　系统动力学模型

一、土地利用系统动力学基本理论

系统动力学(system dynamics,SD)由福瑞特斯(Jay W.Forrester)于1956年创立,它是系统科学和管理科学的一个重要分支,是以运筹学为基础,综合系统理论、决策理论、信息反馈理论、控制论、仿真与计算机科学等理论而形成的一门新的学科(邓祥征等,2004;龚健等,2006;王罡,2006;郁亚娟等,2007;张晓玲等,2008;杨莉,2009;李苗裔,2012)。系统动力学认为系统的行为模式与特征主要取决于其内部的动态结构与反馈机制,它将系统构成为结构、功能的因果关系模型,以结构-功能模拟为特点,利用反馈、控制和调节原理进一步设计系统的反馈回路,最后根据历史数据、实践经验和系统内在的机制关系建立计算机仿真模型并借助于计算机仿真定量研究非线性、多重反回路的复杂系统问题(廖姣,2010)。系统动力学凭借其在系统研究能力上的优越性,在经济、社会、生态等多个领域受到广泛应用,被称为"实际系统的实验室"。

土地利用系统是社会、经济、人口等多个子系统的耦合,其变化特征和影响因素复杂且多变。将系统动力学引入土地利用模拟问题的研究便形成了土地利用系统动力学。土地利用系统动力学模型是在系统动力学理论的基础上建立的,它能够从宏观上反映土地系统的复杂行为,是进行土地系统情景模拟的良好工具(高永年,2004)。

二、土地利用系统动力学基本步骤

在利用系统动力学对区域土地利用结构进行仿真模拟时,要遵循以下步骤:

1. 界定系统

系统边界是一个想象的轮廓,它将系统与外部环境区分开,同时又是系统和环境信息交换的纽带。系统内部各个子系统之间同样存在着边界,各个子系统依托边界相互区分,又通过边界取得联系。边界的划分应尽可能考虑关键性因素。

运用系统动力学的原理和方法先对所要研究的问题进行系统分析;明确研究的工作任务,确定建立模型需要解决的问题和发展的目标。对结构方案进行初步分析,预测系统可能出现的期望状态,并且在分析系统相关特征的基础上确定系统的问题,描述出与问题有关的状态,进而估计问题产生的范围并明确系统边界、选择适当的系统分析变量。

2. 分析系统因果关系

系统动力学根据反馈动力学的原理,以反馈环作为系统的基本组件,并进行多个反馈环的组合,从系统的角度来处理研究的对象,构成复杂的待分析系统。系统在外界的作用以及内部各要素之间的相互作用下,总处于不断变化之中,借助于因果关系图分析系统各要素之间作用的因果关系十分必要。在因果关系的分析中,系统内的要素通过箭头来表示。

3. 建立系统流图

系统动力学模型流图的基本构成要素为流位、流率、流线、决策机构等。流位对系统内部状态进行描述,属于系统内部的定量指标。流率用来描述系统实体在单位时间内流量的变化速率。流线则用来实现对系统的控制,一般实线表示物流,虚线表示信息流。决策机构是根据流位传来的信息所确定的决策函数,一旦决策机构被量化,就可以借助计算机进行仿真。

4. 构造方程式

根据系统关系流图反映的变量之间的关系，确定各变量之间的数学函数关系。

5. 建立系统动力学仿真模型

使用计算机仿真工具 VENSIM 建立系统的仿真模型，在计算机上试运行并检验模型的有效性。根据结果分析情况，如果需要，就对模型进行修正，然后再做仿真实验，直至得到满意的结果为止。

6. 运行模型与结果分析

运用检验过的仿真模型进行实验的仿真试验，分析可能方案下的结果，寻找解决系统问题，达成系统目标的途径。

第三节 CLUE-S 模型

一、CLUE-S 模型原理与框架

CLUE-S(the conversion of land use and its effects at small regional extent)模型是由荷兰瓦赫宁根大学的学者 Verburg 为适应中小尺度土地利用变化空间格局模拟而开发的(王丽艳等，2010)。该模型以对区域土地利用变化经验理解为基础，对各土地利用类型与自然、经济、社会因素之间的关系进行定量研究，总结出特定的变化规律来模拟区域土地利用空间变化。CLUE-S 模型基于高分辨率(一般大于 1 km×1 km)的空间图形数据而构建，适用于较小尺度的区域土地利用变化研究。在该模型中，每个栅格(研究单元)均被视为土地利用类型的同质空间，并由每一栅格上的主要土地利用状况来表达(吴健生等，2012)。

CLUE-S 模型的建模基础包括两方面：第一，研究区域土地利用空间格局变化受该地区的土地利用需求影响；第二，研究区域的土地利用分布格局、土地需求与该地区的自然和社会经济状况三者之间保持动态平衡。在此建模基础上，CLUE-S 模型运用系统论方法量化不同土地利用类型之间的竞争关系，以实现不同土地利用类型变化的同步模拟。模型主要的理论基础包括土地利用变化的等级特征(hierarehical organization)、关联性(connectivity)、竞争性(competition)和相对稳定性(stability)等(刘淼等，2009；索俊锋等，2010；于书媛等，2010；黄明等，2012)。

CLUE-S 模型主体由非空间模块和空间模块两部分组成(图 4-2)。非空间分析模块通过对研究区域的自然和社会经济状况分析，确定区域目标年份各土地利用类型的需求。将张北县目标年份各土地利用类型的需求与系统动力学土地利用结构情景模拟进行对接，将系统动力学对目标年份土地利用结构数量预测结果作为土地利用需求直接输入模型。空间模块部分主要综合土地利用的经验分析、空间变异分析以及动态模拟对土地利用类型需求在空间上进行具体分配。其中，土地利用空间布局变化驱动因素的遴选依赖于经验分析，空间变异分析则主要用于揭示土地利用空间布局变化与所选驱动因素间的定量关系，以衡量各地类在每一个栅格内分布的适宜程度。此外，研究人员还可用转换矩阵人为限制地类转换的难易程度(张永民等，2003；蔡玉梅等，2004；高志强等，2012；田义超等，2012)。

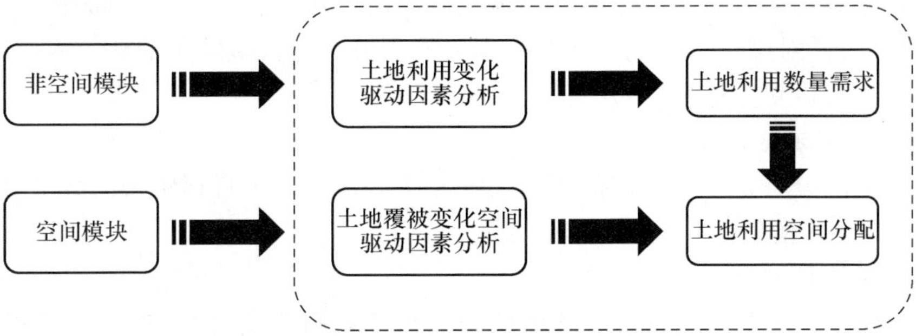

图 4-2　CLUE-S 模型结构组成图

二、CLUE-S 模型数据支撑

CLUE-S 模型的正常运行需要四个方面数据的支撑(图 4-3)，即土地利用类型的分布空间适宜性数据、土地利用类型转移难易程度数据、土地利用需求数据、空间和政策限制数据。

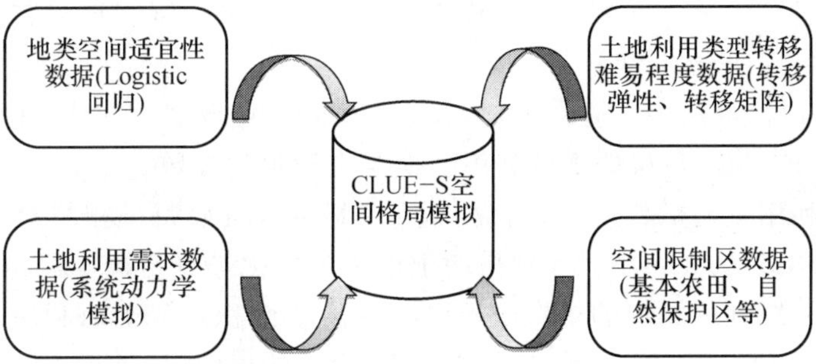

图 4-3　CLUE-S 模型数据支撑图

1. 地类空间适宜性分析

CLUE-S 模型在定量分析土地利用空间格局变化与各驱动因子之间的关系时多采用 Logistic 逐步回归方法，其原理和方法详见参考文献(李闻，2011；段增强等，2004；冯仕超，2012)。

2. 转换规则分析

CLUE-S 模型允许研究者根据研究区各地类的历史演变情况或参考土地利用规划的实际情况对不同地类的转换难易程度进行人为控制。不同土地利用类型的稳定性由 CLUE-S 模型中的参数 $ELAS_u$ 来定义，定义时主要考虑以下 3 种情况：①对于不会转为其他土地利用类型的地类，$ELAS_u$ 设为 1。对于该类土地将不考虑转出变化，例如建设用地、基本农田等。②对于极不稳定的地类，$ELAS_u$ 设为 0，一般模型转化时没有任何限制，转换概率较大，例如滩涂、荒草地等。③对于转化难易程度介于以上两者之间的地类，设置 $0<ELAS_u<1$，如耕地、草地等，具体数值根据具体地类转换难度而定。$ELAS_u$ 越大，土地利用类型就越稳定，该土地利用类型转换为其他土地利用类型的可能性就越小，反之则反(张丁轩等，2013；陈功勋，2012；许月卿等，2013)。

3. 空间限制区分析

空间限制区域和政策限制区域对研究区土地利用空间格局的变化会产生一定影响，在运行 CLUE-S 模型时考虑研究区实际限制条件，有利于提高模拟的准确度。空间限制区域是指由于一定条件限制不得转化为其他土地的地类所在的区域，例如基本农田保护区、自然保护区等区域，在模拟时需对其进行限制。政策限制区域主要针对区域特定的政策限制因素，例如禁止采伐森林等政策可对林地进行转换限制。

4. 土地利用需求分析

土地利用需求分析是运用一定的数量预测方法对各个地类目标年份的数量分布进行模拟预测，作为 CLUE-S 模型需求模块输入模型。

三、CLUE-S 模型的动态模拟

CLUE-S 模型的动态模拟首先对各地类的空间分布概率适宜图、地类转换规则和研究区模拟初期土地利用分布现状等因素进行综合分析，再根据总概率 TPROP[式(4-1)]的大小对已经预测的土地利用数量需求进行空间分配(魏强，2010；姬祥，2011)。

$$\mathrm{TPROP}_{i,u} = P_{i,u} + \mathrm{ELAS}_u + \mathrm{ITER}_u \tag{4-1}$$

空间分配过程通过多次迭代实现(图 4-4)，具体过程如下：

(1)确定栅格系统中被允许参与变化模拟的栅格。其中限制区域或其他不允许发生类型转变的栅格不参与下一步的计算。

(2)根据式(4-1)计算栅格 i 适合土地利用类型 u 的总概率。式中 ITER_u 是土地利用类型 u 的迭代变量。ELAS_u 是根据土地利用转换规则设置的参数。

(3)对各土地利用类型赋相同的迭代变量值 ITER_u，按照每一栅格对不同土地利用类型分布的总概率 TPROP 从大到小对各栅格的土地利用变化进行初次分配。

(4)比较不同土地利用类型的初次分配面积和需求面积。若土地利用初次分配的面积大于需求面积，就减小 ITER_u 的值；反之，就增大 ITER_u 的值，然后进行土地利用变化的第二次分配。

(5)重复(2)至(4)，直到各土地利用变化的分配面积等于需求面积为止，保存各目标年份的空间分布图并开始对下一年土地利用变化进行分配。

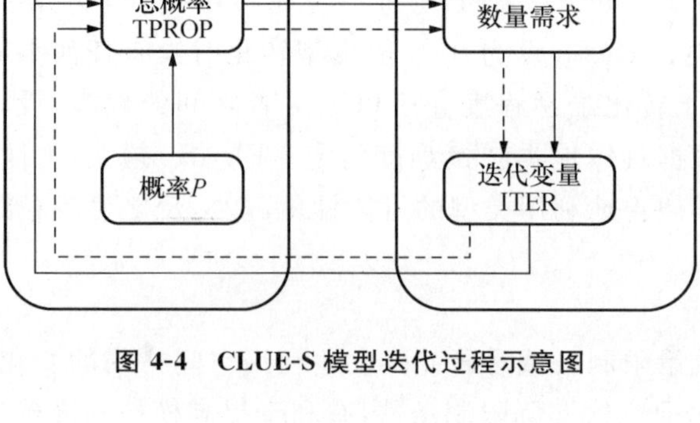

图 4-4 CLUE-S 模型迭代过程示意图

第四节 土地利用变化时空演变

一、土地利用数量及空间变化分析

1. 土地利用变化总体趋势

利用1989—2010年期间各类土地的面积总量变化及相对变化量来反映张北县土地利用变化的幅度，以此了解张北县土地利用变化总体趋势及土地利用结构变化。由表4-2和图4-5(彩图9)可见，张北县土地利用变化总体特征如下：

(1)研究期间县域土地利用类型以耕地、草地、林地为主，三者面积总和达到县域土地总面积的90%；空间分布上耕地集中分布在中部平原地区，林地集中分布在东部坝头地区，草地分布较为零散。

(2)研究期间耕地、草地、未利用地面积有所减少，其他类型土地面积均有增加。

(3)研究期内耕地面积大量减少。1989年耕地面积为221 464.00 hm^2，2010年旱地面积减少为175 492.00 hm^2，减少量占总面积的11.58%，并且呈现持续减少的趋势。耕地减少较为明显的地区分布在县域东北部，该区域海拔较高，耕作条件较差。

(4)研究期内林地面积增加明显，2010年林地面积近乎为1989年的3倍，共增加了85 093 hm^2，增加量占土地总面积的8.06%。增加趋势最明显的阶段为2000—2010年，共增加了64 045 hm^2，占总增加值的75.26%。林地增加最显著的区域分布在县域东北部坝头地区，多为坡地，林地的增加有利于该地区水土保持，改善土壤理化性质。究其变化原因，与张北县2000年以后实施的退耕还林工程及京津风沙源治理工程密切相关。

(5)研究期内草地面积持续减少，减少的多为荒草地，用来荒山匹配造林。减少面积为40 776 hm^2。草地减少较为显著的地区分布在县域北部，中部平原地区草地保留较多。

(6)研究期内建设用地面积持续增加，尤其是建制镇面积增加幅度明显，张北县城及二台镇扩张趋势显著，说明张北县近20年城镇化进程不断提速，城镇化水平有所提高。1989年建设用地面积为9 398 hm^2，2010年增加到10 621 hm^2，增加量占土地总面积的0.35%。

表4-2 张北县1989年、1995年、2000年、2010年土地利用面积及比例

土地类型	1989年		1995年		2000年		2010年	
	面积/hm^2	比例/%	面积/hm^2	比例/%	面积/hm^2	比例/%	面积/hm^2	比例/%
耕地	221 464.00	53.16	217 976.80	50.34	214 537.00	49.63	175 492.00	41.58
林地	45 883.00	10.61	52 305.00	12.08	56 931.00	13.17	120 976.00	28.67
草地	124 910.00	28.87	122 162.00	28.22	120 528.00	27.88	84 134.00	19.94
园地	119.00	0.03	124.00	0.03	130.00	0.03	151.00	0.04
建设用地	9 398.00	2.17	9 464.00	2.19	9 585.00	2.22	10 621.00	2.52
水域	11 385.00	2.63	11 489.00	2.61	11 337.00	2.62	11 708.00	2.77
未利用地	18 953.00	4.38	18 808.73	4.34	18 607.13	4.30	17 987.00	4.26
合计	431 934.00	100.00	431 934.00	100.00	431 934.00	100.00	431 934.00	100.00

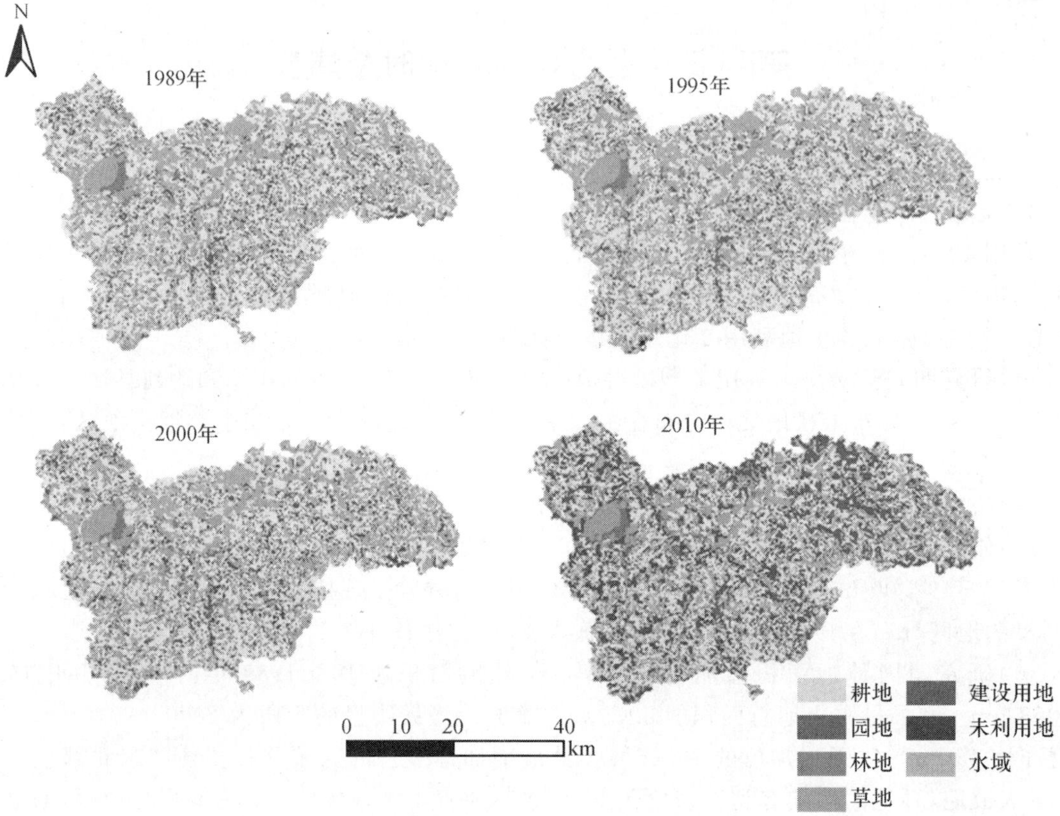

图 4-5 张北县不同时期的土地利用空间格局对比图

2. 土地利用变化区域差异

分乡镇统计 1989 年、2000 年、2010 年三个不同阶段各类土地利用类型面积分布状况，并计算 1989—2000 年、2000—2010 年地类面积变化情况(表 4-3、表 4-4)。由表 4-3 可知，各乡镇在 1989—2000 年间变化较大的地类为耕地、林地和草地，其次是未利用地和建设用地，园地和水域变化幅度较小。各乡镇耕地面积总体呈下降趋势，减少面积区间为 103.1～1 044.7 hm^2，其中耕地面积减少最多的为大西湾乡，达到 1 044.7 hm^2，其次是两面井乡，耕地变化相对较小的为郝家营乡，二泉井乡耕地面积略有增加；各乡镇林地面积均有所增加，增加幅度在 154.7～1 085.8 hm^2 不等，其中增加幅度较大的为两面井乡和战海乡，均在 1 000 hm^2 左右，增加幅度最小的为郝家营乡，为 154.7 hm^2；草地面积总体呈下降趋势，下降幅度最大的为战海乡，达到1 059.2 hm^2，下降幅度最小的为海流图乡，仅为 27.8 hm^2；园地面积变化不明显，仅海流图乡和张北镇园地面积有所增加；建设用地总体呈增加趋势，增加幅度较大的为张北镇、两面井乡和单晶河乡，分别为 51.7 hm^2、33.2 hm^2 和 24.4 hm^2；水域面积增加较明显的是海流图乡和两面井乡；各乡镇未利用地变化趋势不尽相同，其中呈现增加趋势的有大囫囵镇、大西湾乡、三号乡和战海乡，呈现减少趋势的有二台镇、海流图乡、两面井乡和馒头营乡。

表 4-3　张北县各乡镇 1989—2000 年土地利用面积变化　hm²

乡镇	耕地	林地	草地	园地	建设用地	水域	未利用地
白庙滩乡	−266.6	514.6	−90.2	0.0	0.0	0.0	0.0
察北管理区	−479.2	651.5	−272.3	0.0	10.5	0.0	0.0
大河乡	−305.6	905.6	−261.9	0.0	5.2	0.0	0.0
大囫囵镇	−358.0	484.4	−312.5	0.0	16.6	1.1	35.5
大西湾乡	−1 044.7	991.1	−98.1	0.0	0.0	−1.6	31.0
单晶河乡	−478.3	901.5	−305.6	0.0	24.4	0.0	0.2
二泉井乡	189.4	308.6	−152.5	0.0	1.4	0.4	0.2
二台镇	−479.7	729.0	−136.9	0.0	6.6	0.0	−126.3
公会镇	−228.9	373.9	−123.9	0.0	0.0	0.0	−1.8
海流图乡	−211.6	398.7	−27.8	7.3	0.0	47.1	−247.5
郝家营乡	−19.7	154.7	−146.2	0.0	0.0	0.0	−8.4
两面井乡	−880.6	1 085.8	−266.0	0.0	33.2	40.8	−21.8
馒头营乡	−193.3	348.8	−118.6	0.0	0.0	0.0	−16.3
三号乡	−398.0	646.2	−437.7	0.0	0.0	2.2	21.7
台路沟乡	−291.1	587.5	−270.9	0.0	0.0	0.0	0.0
小二台镇	−438.6	720.5	−138.2	0.0	0.0	0.0	0.0
油篓沟乡	−123.1	206.3	−218.7	0.0	0.0	0.0	2.5
战海乡	−120.0	1 026.5	−1 059.2	0.0	0.0	0.0	12.5
张北镇	−103.1	322.5	−218.9	3.9	51.7	0.9	0.0
合计	−6 018.4	11 057.8	−4 556.0	11.2	199.7	90.8	−318.5

表 4-4　张北县各乡镇 2000—2010 年土地利用面积变化　hm²

乡镇	耕地	林地	草地	园地	建设用地	水域	未利用地
白庙滩乡	−1 820.1	3 072.9	−1 378.7	0.0	21.5	7.0	0.0
察北管理区	−6 674.5	12 689.6	−6 298.6	2.4	210.0	21.4	0.0
大河乡	−2 134.9	3 303.7	−1 666.8	0.0	28.5	15.8	0.0
大囫囵镇	−2 249.7	4 735.3	−2 441.1	0.0	25.5	7.3	−3.5
大西湾乡	−1 507.3	3 554.1	−2 058.0	0.0	67.1	−58.2	−6.8
单晶河乡	−2 391.9	3 218.0	−997.8	0.0	18.4	44.9	0.0
二泉井乡	−3 086.2	3 419.8	−1 268.8	0.0	6.3	46.2	0.0
二台镇	−2 735.4	4 015.1	−1 518.3	0.0	153.1	−119.6	−26.3
公会镇	−1 340.5	2 263.9	−1 807.7	0.0	45.5	138.9	−201.8
海流图乡	−2 655.2	4 345.8	−3 173.9	18.1	22.7	107.6	−307.5
郝家营乡	−1 239.3	1 208.5	−487.6	0.0	−4.4	11.5	−8.4
两面井乡	−1 305.9	2 172.6	−860.4	0.0	23.1	−25.4	−21.8
馒头营乡	−773.5	2 420.6	−2 254.9	0.0	34.1	−22.0	−106.3

续表4-4

乡镇	耕地	林地	草地	园地	建设用地	水域	未利用地
三号乡	−1 442.2	3 423.7	−1 777.0	0.0	28.5	0.0	−21.7
台路沟乡	−1 490.9	2 687.9	−1 364.0	0.0	13.2	0.0	0.0
小二台镇	−1 722.2	2 839.3	−1 341.0	0.0	23.9	18.2	0.0
油篓沟乡	−1 510.2	2 223.1	−811.7	0.0	47.4	16.7	22.5
战海乡	−1 535.2	2 682.1	−1 196.6	0.0	59.5	4.8	2.5
张北镇	−374.8	891.8	−797.6	0.0	310.6	29.6	0.0
合计	−36 989.9	64 167.7	−33 400.6	20.5	1 034.5	244.7	−620.5

由表 4-4 可知，各乡镇在 2000—2010 年间变化较大的地类为耕地、林地和草地，其次是未利用地和建设用地，园地和水域变化幅度较小，较 1989—2000 年变化幅度更为明显。各乡镇耕地面积总体呈下降趋势，下降幅度较大，减少面积区间为 374.8～6 674.5 hm^2，其中耕地面积减少最多的为察北管理区，达到 6 674.5 hm^2，其次是二泉井乡，耕地变化相对较小的为张北镇；各乡镇林地面积均有大幅增加，增加幅度在 891.8～12 689.6 hm^2 不等，其中增加幅度较大的为察北管理区，达到 12 689.6 hm^2，增加幅度最小的为张北镇，为 891.8 hm^2；草地面积总体呈下降趋势，下降幅度最大的为察北管理区，达到 6 298.6 hm^2，下降幅度最小的为郝家营乡，仅为 487.6 hm^2；园地面积变化不明显，仅海流图乡园地面积有所增加；建设用地总体呈增加趋势，增加幅度较大的为张北镇和察北管理区，分别为 310.6 hm^2 和 210.0 hm^2；水域面积增加较明显的是公会镇和海流图乡；各乡镇未利用地减少趋势较明显的有海流图乡、馒头营乡和公会镇。

将各乡镇耕地、林地、草地、水域、建设用地以及未利用地在 2000—2010 年间面积变化均分为五个等级，图例代表各地类面积变化大小，单位为 hm^2。对比分析各类土地面积变化空间分布(图 4-6)。由图可知，颜色越深代表地类变化程度越大。耕地减少趋势较为明显的地区集中在县域东部大部分乡镇以及西部部分乡镇，中部地区耕地减少趋势最不明显；林地增加趋势最明显的地区集中在县域东北部以及西部；草地减少趋势与耕地及林地类似，多分布在县域北部；水域空间变化趋势表现为县域西部部分乡镇水域增加，东部大部分水域呈现面积减少的趋势；建设用地均有所增加，增加较显著的为张北镇和二台镇；未利用地中部减少趋势较为显著。

二、土地利用变化速度分析

利用土地利用动态度反映土地利用变化速度，包括单一土地利用类型动态度和综合土地利用动态度两类。单一土地利用类型动态度的具体含义及计算方法详见参考文献(王秀兰等，1999)。综合土地利用动态度则反映研究时段内区域土地利用变化的总体态势，公式为：

$$LC=\frac{\sum_{i=1}^{n}|LU_{bi}-LU_{ai}|}{2\sum_{i=1}^{n}LU_{ai}}\times\frac{1}{T}=\frac{\sum_{i=1}^{n}|\Delta LU_{in-i}-\Delta LU_{out-i}|}{2\sum_{i=1}^{n}LU_{ai}}\times\frac{1}{T}\times 100\% \quad (4\text{-}2)$$

式中：LU_{ai}、LU_{bi} 分别表示研究初期和末期 i 类土地利用类型的面积；ΔLU_{out-i} 表示研究时段

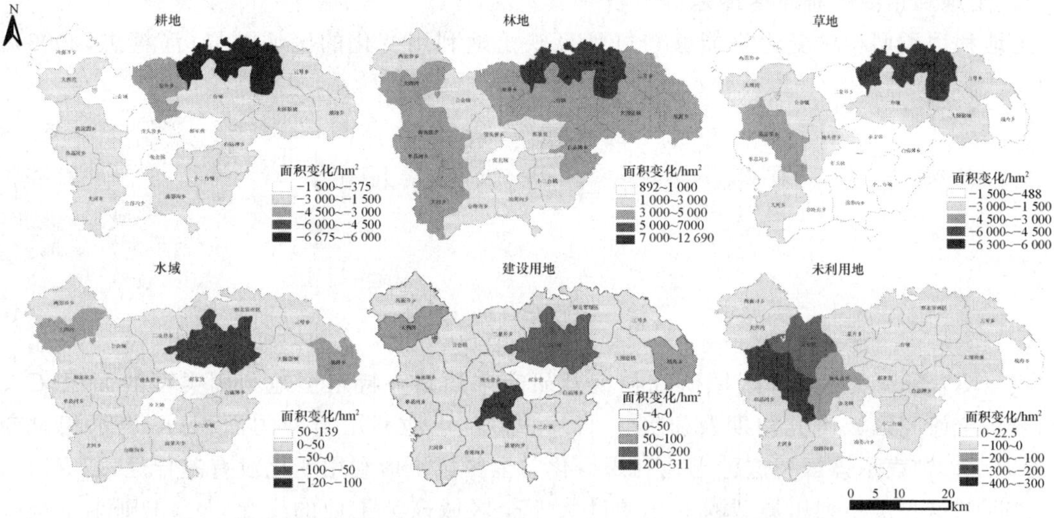

图 4-6　张北县 2000—2010 年各地类数量变化趋势

T 内类型 i 转变为其他类型的面积之和；ΔLU_{in-i} 表示其他类型转变为第 i 种类型的面积之和；n 表示土地利用类型数；模型计算结果 LC 表示研究区域内土地利用的综合变化率。

根据公式计算得到的综合土地利用动态度可以看出，张北县土地利用变化速度较快。1989—1995 年综合土地利用动态度分别为 0.23%，变化总量达 14 812.4 hm^2，年均变化量为 2 468.7 hm^2；1995—2000 年综合土地利用动态度为 0.26%，变化总量达 12 136.6 hm^2，年均变化量为 2 427.3 hm^2；2000—2010 年综合土地利用动态度为 1.63%，变化总量达 162 280.1 hm^2，年均变化量为 16 228.0 hm^2。第三个阶段动态度明显高于前两个阶段，可见，2000—2010 年张北县总体土地利用变化程度最为剧烈。

各类土地动态变化由转入和转出组成，转入部分为未利用地转为某类土地的部分，转出部分为某类土地转变成其他地类的部分。由单一土地变化动态度可知(图 4-7)，耕地、草地、未利用地动态度呈负向变化，变化速度为草地>耕地>未利用地，1989—1995 年和 1995—2000 年期间年变化率较小，而 2000—2010 年期间年变化率急剧增加。林地、园地、建设用地土地利用动态度均呈正向变化，变化速度依次为林地>园地>建设用地，在 2000—2010 年土地变化速度最为显著。

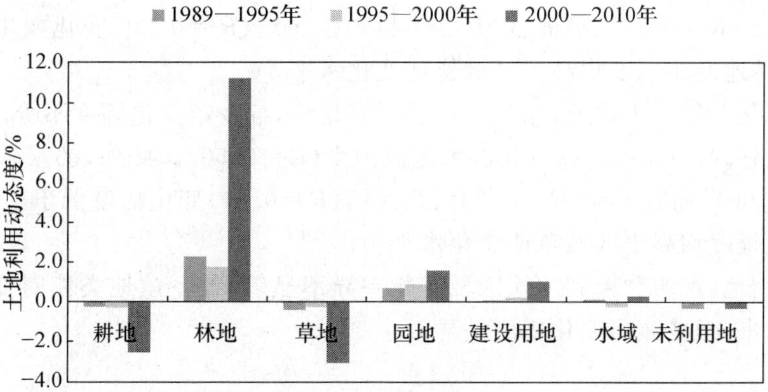

图 4-7　张北县不同时段各地类土地利用动态度变化

三、土地利用变化程度区域差异分析

土地利用类型相对变化率能够较好地反映土地利用变化的区域差异(潘耀忠,2002),公式为:

$$R=\frac{\left|\dfrac{K_{b}-K_{a}}{C_{b}-C_{a}}\right|}{\dfrac{K_{a}}{C_{a}}} \tag{4-3}$$

$$Z=\sum_{i=1}^{n}(R_{i}-1)^{2} \tag{4-4}$$

式中:K_a、K_b 分别表示局部区域研究初期及研究末期某一特定土地利用类型的面积;C_a、C_b 分别表示全研究区域研究初期及研究末期某一特定土地利用类型的面积;R 表示相对变化率,若 $R=1$,则表示该区域这种土地利用变化与全区域土地利用变化没有差异性,若 $R>1$,则表示该区域这种土地利用类型的变化幅度大于全区域该类土地的变化,$R<1$ 则小于全区域该类土地的变化;Z 表示区域内部土地利用变化差异性的统计值,其值越大,则表示该区域土地利用类型变化差异性越大。

将 1989 年、1995 年、2000 年、2010 年四期遥感图在 ArcGIS 平台应用 Identify-Dissolve-Statistics 等分析方法汇总得到各期张北县各乡镇土地利用类型分布及变化情况,再根据式(4-3)和式(4-4)计算得到 1989—2010 年期间各乡镇耕地、林地、草地、园地、建设用地、水域和未利用地土地利用相对变化率 R 值和 Z 值,以此来反映张北县土地利用变化的区域差异。

由表 4-5 可知,张北县各乡镇土地利用类型变化存在明显的差异性,其中差异性最大的是林地($Z=400.24$),差异性最小的是园地($Z=19.05$)。其余依次为耕地、草地、未利用地、建设用地和水域。

由各乡镇土地利用类型相对变化率(R)可知,各乡镇林地区域变化差异最为明显,林地面积总体呈上升趋势,各乡镇变化幅度不等。林地相对变化率最大的是察北管理区($R=10.61$),其次为大囫囵镇($R=4.15$)。此外,以郝家营乡为分界线($R=1$),除张北镇变化幅度($R=0.81$)低于区域变化幅度,其余乡镇林地变化幅度均高于区域林地变化水平。

耕地区域变化差异仅次于林地,面积总体呈下降趋势,各乡镇变化幅度不等。耕地相对变化率最大的是察北管理区($R=5.69$),其次为二台镇($R=2.56$)。此外,以郝家营乡为分界线($R=1$),馒头营乡($R=0.77$)、战海乡($R=0.44$)、张北镇($R=0.30$)变化幅度低于区域变化幅度,其余乡镇林地变化幅度均高于区域耕地变化水平。

草地区域变化差异次于耕地,面积总体呈下降趋势,各乡镇变化幅度不等。草地相对变化率最大的是察北管理区($R=5.23$),其次为海流图乡($R=2.55$)。此外,郝家营乡($R=0.42$)、两面井乡($R=0.90$)、油篓沟乡($R=0.82$)、张北镇($R=0.81$)变化幅度低于区域变化幅度,其余乡镇草地变化幅度均高于区域草地变化水平。

园地、建设用地、水域和未利用地区域变化差异不显著,各乡镇地类相对变化幅度均低于区域地类变化水平,且乡镇间变化幅度差异较小。

表 4-5　张北县各乡镇 1989—2010 年土地利用相对变化率

乡镇	耕地	林地	草地	园地	建设用地	水域	未利用地
白庙滩乡	1.66	2.85	1.17	0.00	0.02	0.01	0.02
察北管理区	5.69	10.61	5.23	0.00	0.18	0.02	0.16
大河乡	1.94	3.35	1.53	0.00	0.03	0.01	0.03
大囫囵镇	2.07	4.15	2.19	0.00	0.03	0.01	0.08
大西湾	2.03	3.62	1.72	0.00	0.05	0.05	0.10
单晶河乡	2.28	3.28	1.04	0.00	0.07	0.04	0.02
二泉井乡	2.30	2.97	1.13	0.00	0.01	0.04	0.23
二台镇	2.56	3.77	1.32	0.00	0.05	0.10	0.20
公会镇	1.25	2.10	1.54	0.00	0.04	0.11	0.35
海流图乡	2.28	3.77	2.55	0.02	0.02	0.12	0.54
郝家营乡	1.00	1.00	0.42	0.00	0.00	0.01	0.14
两面井乡	1.74	2.59	0.90	0.00	0.04	0.01	0.11
馒头营乡	0.77	2.20	1.89	0.00	0.03	0.02	0.39
三号乡	1.46	3.24	1.76	0.00	0.02	0.00	0.02
台路沟乡	1.42	2.61	1.30	0.00	0.01	0.00	0.04
小二台镇	1.72	2.83	1.18	0.00	0.02	0.01	0.01
油篓沟乡	1.30	1.93	0.82	0.00	0.04	0.01	0.02
战海乡	0.44	2.15	1.71	0.00	0.05	0.00	0.01
张北镇	0.30	0.81	0.81	0.00	0.29	0.02	0.02
Z	35.41	400.24	25.32	19.05	21.10	19.58	24.69

四、土地利用类型转换分析

1. 各地类间转换数量分析

借助土地利用转移矩阵分析张北县土地利用/覆被类型的内部交互变化，利用遥感解译得到的土地利用空间分布图以及 GIS 软件的 ARC/INFO 和 ArcView 等相关功能，得到 1989—1995 年、1995—2000 年、2000—2010 年三个阶段土地利用类型之间的转换矩阵（表 4-6 至表 4-8）。由表可知，张北县各地类间的转换以耕地、林地、草地、城镇建设用地之间的转换最为显著，1989—1995 年期间主要表现为耕地、林地、草地之间的相互转换，少量耕地和草地转化为建设用地，部分未利用地转化为草地及水域；1995—2000 年期间地类转换与 1989—1995 年类似，转换剧烈程度有所增加；2000—2010 年为地类剧烈转化阶段，大量耕地和草地向林地转化，部分耕地和草地向建设用地转换，未利用地向草地转化幅度有所增加。

相对于前两个阶段来说，2000—2010 年期间各地类之间转换幅度与剧烈程度均有显著增加。耕地转换成林地的比例在 1989—1995 年期间为 2.58%，在 1995—2000 年期间为 2.5%，在 2000—2010 年期间则增加到 18.79%；耕地转为建设用地的比例在 1989—1995 年期间为 0.02%，在 1995—2000 年期间为 0.04%，在 2000—2010 年期间则增加到 0.18%；草地转为林地的比例在 1989—1995 年期间为 2.66%，在 1995—2000 年期间为 1.50%，在 2000—2010 年期间则增加到 24.03%。可见,退耕还林政策与县域社会经济发展对土地利用类型间的转换影响显著。

表 4-6　1989—1995 年土地利用类型转换　　hm²

1989 年＼1995 年	耕地	林地	草地	园地	建设用地	水域	未利用地
耕地		5 584.22	1 403.44		48.13		63.24
林地	1 758.72		592.73				
草地	1 069.64	1 284.50			121.77	50.38	333.82
园地							
建设用地							
水域			153.86				
未利用地	51.87		301.59			206.99	

表 4-7　1995—2000 年土地利用类型转换　　hm²

1995 年＼2000 年	耕地	林地	草地	园地	建设用地	水域	未利用地
耕地		6 272.15	1 272.47	11.86	74.89		63.83
林地	2 017.83		533.90		16.14		
草地	1 284.26	1 802.94			42.59	53.86	312.75
园地							
建设用地							
水域			100.56				113.42
未利用地	51.87	23.15	597.90			54.06	

表 4-8　2000—2010 年土地利用类型转换　　hm²

2000 年＼2010 年	耕地	林地	草地	园地	建设用地	水域	未利用地
耕地		38 754.6	1 542.34	18.15	376.05	85.86	55.88
林地	158.31		216.06		57.16		
草地	2 224.84	28 249.5			581.76	188.60	352.30
园地							
建设用地							
水域			126.08				7.59
未利用地		78.57	800.51			58.00	

2. 各地类转换速度分析

土地利用/覆被状态指数 (D_i) 反映土地利用/覆被类型变化的趋势和状态,公式为:

$$D_i = \frac{V_{in} - V_{out}}{V_{in} + V_{out}} (-1 \leqslant D_i \leqslant 1) \quad (4\text{-}5)$$

式中：V_{in}、V_{out}为第 i 类土地利用类型在 $T_1 \sim T_2$ 时间段内的转入速度和转出速度。表 4-9 为 D_i 的含义及趋势对照表。

表 4-9 状态指数含义趋势对照表

D_i 的范围	含义	趋势
$0 \leqslant D_i \leqslant 1$	转入速度大于转出速度	规模增大的趋势
D_i 接近于 1	转入速度远大于转出速度	面积大量增大
D_i 接近于 0	转入速度略大于转出速度，都很大(小)	平衡状态
$-1 \leqslant D_i \leqslant 0$	转入速度小于转出速度	规模减小的趋势
D_i 接近于 0	转入速度略小于转出速度，都很大(小)	平衡状态
D_i 接近于 −1	转入速度远小于转出速度	面积大量减小

土地利用状态指数表达张北县不同土地利用类型转入及转出的速度，反映土地利用/覆被的状态及趋势。由表 4-10 可见，耕地和草地土地利用状态指数均小于 0，表明其转入速度小于转出速度，且在 2000—2010 年土地利用状态指数达到最小，表明 2000—2010 年期间面积大量减少。林地、建设用地土地利用状态指数均大于 0 小于 1，表明其转入速度大于转出速度，其中林地和建设用地土地利用状态指数在 2000—2010 年达到最大，表明林地和建设用地在 2000—2010 年期间面积大量增加。水域和未利用地面积变化不明显。

表 4-10 张北县不同时段土地利用状态指数

D	耕地	林地	草地	园地	建设用地	水域	未利用地
$D_{1989-1995}$	−0.33	0.58	−0.37	0.26	0.21	0.25	0.06
$D_{1995-2000}$	−0.40	0.47	−0.22	0.32	0.75	−0.33	−0.30
$D_{2000-2010}$	−0.90	0.99	−0.89	1.00	0.86	0.13	0.82

3. 主要地类空间转换分析

将张北县 1989 年与 2000 年，2000 年与 2010 年的遥感图进行空间叠加分析，得到 1989—2000 年和 2000—2010 年两个阶段土地利用类型空间转换图（图 4-8、彩图 10）。1989—2000 年、2000—2010 年两个阶段张北县土地利用结构均发生了较大的变化，2000—2010 年变化更为显著。1989—2010 年间地类转化类型主要为耕地向草地转化、耕地向林地转化、耕地向建设用地转化、草地向耕地转化、草地向林地转化、草地向建设用地转化、草地向未利用地转化。

1989—2000 年期间耕地草地之间的转换较为明显，有部分耕地向草地转化，亦有部分草地向耕地转化，这符合张北县地处农牧交错带的地理背景，当地农民亦农亦牧，主要靠种植业和畜牧业为生，因此在 2000 年以前县域耕地与草地转换显著，且多分布在中部平原地区、地势较低处。2000—2010 年期间大量耕地和草地向林地转化，在东部地势较高的坝头地区转化更为明显。中部平原地区部分草地向耕地转化，部分耕地和草地向建设用地转化，部分草地退化成未利用地。

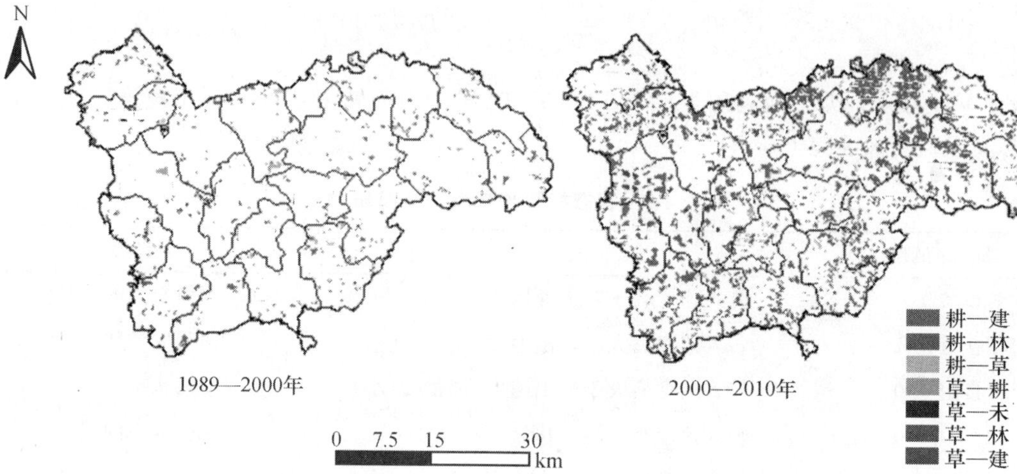

图 4-8　1989—2000 年和 2000—2010 年主要土地利用类型空间转换图

对上述七类主要地类间转换分乡镇进行统计，得到 1989—2000 年和 2000—2010 年各乡镇主要地类转化情况(表 4-11、表 4-12)。1989—2000 年期间有大量耕地(8 672.01 hm^2)和草地(4 615.49 hm^2)转化为林地，大量草地转化为耕地(2 525.08 hm^2)。耕地转为林地面积最大的为两面井乡，转化面积为 995.57 hm^2，转化面积最小的为张北镇，转化面积为 101.29 hm^2，其余乡镇转化面积为 100～900 hm^2，分布较为均匀。耕地转为草地面积较大的乡镇为察北管理区、海流图乡、二泉井乡、大西湾乡，转化面积大于 200 hm^2，郝家营乡、张北镇、馒头营乡、战海乡、两面井乡几乎无耕地转化为草地。草地转化为耕地面积较大的乡镇为察北管理区、三号乡、海流图乡、二泉井乡，转化面积均大于 200 hm^2，转化面积较少的为战海乡和大西湾乡。草地转化为林地面积最大的为战海乡(1 011.22 hm^2)，转化面积较少的为郝家营乡和张北镇，其余乡镇转化面积为 50～500 hm^2，分布相对均匀。除此之外，单晶河乡、油篓沟乡有部分耕地转化为建设用地，海流图乡、大囫囵镇、大西湾乡有部分草地转化为未利用地，张北镇、两面井乡有部分草地转化为建设用地。

表 4-11　张北县各乡镇 1989—2000 年地类转换情况　　hm^2

乡镇	耕→建	耕→林	耕→草	草→耕	草→未	草→林	草→建
白庙滩乡	0.00	525.95	20.82	45.73	0.40	105.26	0.19
察北管理区	0.77	308.06	313.08	259.20	0.00	343.12	0.94
大河乡	5.31	649.09	46.47	52.35	0.00	467.45	0.00
大囫囵镇	0.01	302.22	102.02	165.64	30.72	222.09	15.86
大西湾乡	0.00	848.42	201.98	13.40	26.06	282.07	0.00
单晶河乡	10.56	631.41	31.74	141.19	0.00	307.84	10.54
二泉井乡	0.00	558.91	263.74	407.75	4.72	79.35	1.44
二台镇	0.42	676.57	10.76	192.59	2.03	75.82	6.33
公会镇	0.00	447.47	74.19	37.23	4.02	128.29	0.00
海流图乡	0.00	202.46	360.48	366.29	80.82	287.85	0.00

续表4-11

乡镇	耕→建	耕→林	耕→草	草→耕	草→未	草→林	草→建
郝家营乡	0.39	500.91	1.39	51.90	1.75	2.16	0.00
两面井乡	8.05	995.57	0.30	90.66	7.47	99.88	25.19
馒头营乡	0.00	266.13	5.60	46.52	160.81	136.22	3.00
三号乡	0.03	388.98	76.02	206.89	21.74	279.04	0.00
台路沟乡	0.01	314.13	47.62	43.32	21.42	412.74	0.03
小二台镇	8.11	711.50	62.18	178.94	0.00	151.32	0.00
油篓沟乡	11.48	229.15	26.66	121.28	0.00	204.72	10.07
战海乡	0.00	113.77	0.00	1.82	12.52	1011.22	0.00
张北镇	4.00	101.29	1.65	102.37	0.00	19.06	65.17
合计	49.14	8 672.01	1 646.70	2 525.08	374.47	4 615.49	138.76

表 4-12　张北县各乡镇 2000—2010 年地类转换情况　hm^2

乡镇	耕→建	耕→林	耕→草	草→耕	草→未	草→林	草→建
白庙滩乡	0.61	2 060.76	30.63	215.75	6.28	1 188.92	14.71
察北管理区	46.09	6 522.51	260.77	187.15	113.87	6 069.86	103.54
大河乡	16.13	2 273.40	63.47	156.02	24.52	1 538.21	15.51
大囫囵镇	3.61	2 376.29	40.39	25.87	58.32	2 415.47	18.18
大西湾乡	6.70	1 619.15	58.14	155.60	87.55	1 910.30	59.91
单晶河乡	4.00	2 508.86	1.76	127.56	0.00	863.08	20.39
二泉井乡	2.59	2 935.16	249.68	211.73	121.03	1 110.19	3.67
二台镇	26.72	3 008.25	56.81	325.00	288.48	990.10	28.75
公会镇	2.70	1 480.49	92.43	253.20	646.42	970.04	38.85
海流图乡	2.35	2 424.77	47.41	67.86	823.64	2 295.90	9.99
郝家营乡	0.39	1 462.74	23.70	252.10	121.89	118.43	0.00
两面井乡	8.69	1 462.23	101.54	155.18	147.63	708.37	48.61
馒头营乡	13.60	1 079.09	44.01	359.53	508.32	1 416.48	17.04
三号乡	28.54	1 687.08	55.54	167.02	0.00	1 649.18	0.00
台路沟乡	0.01	1 517.69	132.73	178.03	45.21	1 310.65	0.03
小二台镇	11.95	1 865.12	138.99	271.57	12.01	1 183.47	21.26
油篓沟乡	23.03	1 587.00	62.95	83.57	20.41	747.01	26.81
战海乡	16.16	502.66	52.44	13.60	1.73	1 323.38	40.53
张北镇	197.71	406.48	41.50	237.54	24.94	440.80	113.95
合计	411.56	38 779.74	1 554.91	3 443.86	3 052.26	28 249.82	581.73

2000—2010 年间各类用地转化均较为明显，转化面积较大。其中最为明显的为耕地转化为林地(38 779.74 hm^2)和草地转化为林地(28 249.82 hm^2)。耕地转化为林地面积最大的是察北管理区，转化面积为 6 522.51 hm^2，其次为二台镇，转化面积为 3 008.25 hm^2，除战海乡和张北镇以外，其余乡镇耕地转化为林地的面积均超过 1 000 hm^2，转换幅度总体较大。草地转化为林地面积最大的为察北管理区，转化面积为 6 069.86 hm^2，其次为海流图乡和大囫囵镇，均超过 2 000 hm^2，转化面积较少的为张北镇和郝家营乡。草地转化为耕地与草地转化为未利用地总面积相当，草地转化为耕地主要分布在馒头营乡、二台镇、小二台镇，草地转化为未利用地主要分布在海流图乡、公会镇、馒头营乡。此外有部分耕地转化为草地，主要分布在察北管理区和二泉井乡。草地与耕地转化为建设用地主要发生在张北镇，2000 年以后县城加速扩张，占用了部分耕地和草地。

第五节　土地利用变化驱动机制

一、土地利用变化驱动力定量分析

1. 指标选取

依据科学性、数据的可获取性、因子能定量化、与土地利用变化具有较大的相关性等原则(高啸峰等，2009)，筛选能全面反映影响土地利用变化的各种驱动因素。基于上述原则，从经济发展、人口、生活水平、粮食安全保障、农业技术进步和自然因子角度，选取 27 个指标进行土地利用变化驱动力的定量分析(表 4-13)。

表 4-13　张北县土地利用变化驱动因子选取

编号	类型	因子
Ⅰ	经济发展	GDP X_{10}；一产产值 X_{11}；二产产值 X_{12}；三产产值 X_{13}； 人均 GDP X_{14}；经济密度 X_{15}；固定资产投资 X_{16}
Ⅱ	人口	农业人口 X_{20}；非农业人口 X_{21}；人口密度 X_{22}；单位从业人口 X_{23}
Ⅲ	生活水平	城乡居民储蓄存款余额 X_{30}；人均储蓄余额 X_{31}； 农民人均纯收入 X_{32}；城镇居民可支配收入 X_{33}；社会消费品总额 X_{34}
Ⅳ	粮食安全保障	粮食播种面积 X_{40}；粮食总产量 X_{41}；粮食单产 X_{42}； 人均粮食产量 X_{43}；人均耕地面积 X_{44}；蔬菜产量 X_{45}；有效灌溉面积 X_{46}
Ⅴ	农业技术进步	农机总动力 X_{50}；化肥折纯施用量 X_{51}
Ⅵ	自然因子	年平均气温 X_{60}；年降雨量 X_{61}

2. 主成分分析

主成分分析是设法将原来众多具有一定相关性的指标，重新组合成一组新的互相无关的综合指标来代替原来的指标，在保留主要信息的前提下有效回避指标间的共线性问题(覃琳等，2012)。在分析土地利用变化驱动力时，众多社会经济指标均具有一定的相关性，而且指标过多会增加统计分析的难度和复杂性。因此在定量分析前，对各个指标之间的相关性进行检验，利用降维的思想将复杂问题简单化，对于统计的精确性及结果的正确性均具有重要意义。

将选取的指标按照 $X_{10} \sim X_{61}$ 的顺序排列成矩阵，在 SPSS 软件中将数据标准化处理后进行主成分分析。表 4-14、表 4-15、图 4-9 为主成分分析结果。由表 4-14 可看出，第一主成分的特征值为 17.659，贡献率为 65.41%，第二主成分的特征值为 4.358，贡献率为 16.14%，第三主成分的特征值为 2.61，贡献率为 9.68%，前三个主成分贡献率之和为 91.23%>85%，表明前三个主成分的数值变化包含了上述 27 个指标的大部分信息，可用第一、二、三主成分来代替原有指标，也就是说张北县 2000—2010 年间土地利用变化的驱动力因素可由这三个主成分综合反映。

表 4-14　各成分特征值及贡献率

成分	初始特征值			提取平方和载入		
	合计	方差的%	累积%	合计	方差的%	累积%
1	17.659	65.404	65.404	17.659	65.404	65.404
2	4.358	16.140	81.544	4.358	16.140	81.544
3	2.614	9.683	91.227	2.614	9.683	91.227
4	0.842	3.120	94.347			
5	0.691	2.559	96.906			
6	0.374	1.387	98.292			
7	0.244	0.905	99.197			
8	0.145	0.537	99.734			
9	0.058	0.215	99.948			
10	0.014	0.052	100.000			

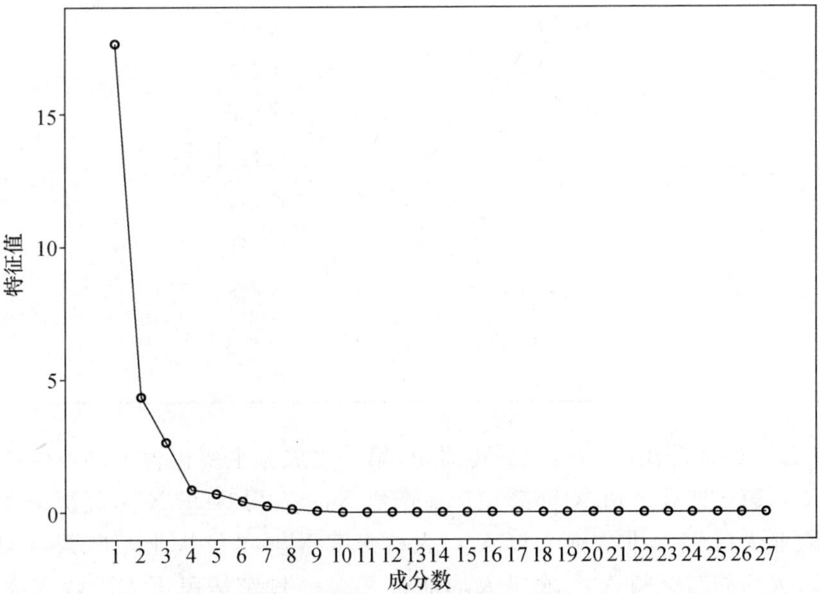

图 4-9　主成分碎石图

表 4-15 成分矩阵

项目	成分		
	1	2	3
X_{10}	0.996	−0.036	−0.037
X_{11}	0.972	0.163	0.042
X_{12}	0.972	−0.214	−0.020
X_{13}	0.989	−0.053	0.011
X_{14}	0.997	−0.048	−0.017
X_{15}	0.994	−0.069	−0.035
X_{16}	0.835	−0.393	0.311
X_{20}	−0.603	−0.564	0.477
X_{21}	0.934	0.301	−0.005
X_{22}	0.801	−0.381	0.169
X_{23}	0.840	−0.379	0.315
X_{30}	0.974	−0.164	0.128
X_{31}	0.982	−0.138	0.088
X_{32}	0.983	0.099	0.024
X_{33}	0.986	0.096	0.021
X_{34}	0.969	−0.219	0.086
X_{40}	−0.673	−0.227	0.349
X_{41}	0.111	0.811	0.552
X_{42}	0.292	0.798	0.469
X_{43}	0.097	0.831	0.521
X_{44}	−0.924	−0.340	0.047
X_{45}	−0.068	0.720	−0.456
X_{46}	0.944	0.214	−0.028
X_{50}	0.937	−0.178	−0.090
X_{51}	0.600	0.448	−0.553
X_{60}	0.133	0.163	−0.788
X_{61}	−0.423	0.578	0.248

由三个主成分的成分矩阵(表 4-15)可看出,第一主成分主要包含了国内生产总值 X_{10},第一产业产值 X_{11},第二产业产值 X_{12},第三产业产值 X_{13},人均 GDP X_{14},经济密度 X_{15},固定资产投资 X_{16},农业人口 X_{20},非农业人口 X_{21},人口密度 X_{22},单位从业人口 X_{23},城乡居民储蓄存款余额 X_{30},人均储蓄余额 X_{31},农民人均纯收入 X_{32},城镇居民可支配收入 X_{33},社会消费品总额 X_{34},粮食播种面积 X_{40},人均耕地面积 X_{44},有效灌溉面积 X_{46},农机总动力 X_{50},化肥折纯施用量 X_{51}的信息;第二主成分主要包含了粮食总产量 X_{41},粮食单产 X_{42},人均粮食产量

X_{43}，蔬菜产量 X_{45}，年降雨量 X_{61} 的信息；第三主成分主要包含了年平均气温 X_{60} 的信息。从相关系数矩阵可看出，$X_{10} \sim X_{16}$、$X_{21} \sim X_{24}$、$X_{30} \sim X_{34}$、X_{40}、$X_{44} \sim X_{46}$、X_{50}、X_{51} 相关性较高（相关系数大于 0.9），$X_{41} \sim X_{43}$、X_{45}、X_{61} 相关性较高，因此可选取对主成分贡献率较大的 GDP X_{10}、人均 GDP X_{14}、经济密度 X_{15}、非农业人口 X_{21}、农民人均纯收入 X_{32}、城镇居民可支配收入 X_{33}、粮食总产量 X_{41}、人均粮食产量 X_{43}、年降雨量 X_{61} 进行下一步的典型性相关分析。

3. 典型相关分析

典型相关分析（canonical correlation analysis）作为定量判别土地利用变化驱动力的有力工具，是利用综合变量对指标之间的相关关系来反映两组指标之间的整体相关性的多元统计分析方法（张明等，2001；谭永忠等，2006；张晶等，2008），可成功地将社会经济因子的驱动力贡献加以定量分析和模拟（张明，1999；郑国强等，2003；蒙吉军等，2003）。相对于普通回归方法，它规避了只孤立考虑单个 X 与单个 Y 间的相关，没有考虑 X、Y 变量组内部各变量间的相关的缺点。其基本原理是：为了从总体上把握两组指标之间的相关关系，分别在两组变量中提取有代表性的综合变量（即上文所说的主成分），利用这两个综合变量之间的相关关系来反映两组指标之间的整体相关性。具体步骤是，从第一组变量中分离出一个典型变量，在第二组变量中也分离出一个典型变量，并使这一典型变量组合具有最大的相关；然后同样在每一组变量中分离出第二个典型变量，保证在与第一个典型变量不相关的典型变量中，这两个典型变量组合之间的相关是最大的。将此过程继续进行，直至两组变量间的相关被提取完毕为止（张明，1999）。可见，典型相关分析把原来较多变量转化为少数几个典型变量，通过这较少的典型变量之间的典型相关系数来综合描述两组多元随机变量之间的相关关系（Schlottmann，2011）。

以张北县土地利用类型为目标变量，以自然和社会经济数据为解释变量，分析不同土地利用类型与自然、社会经济驱动因素的相关关系。

（1）建立原始数据矩阵

$$\mathbf{A} = (Y_1, Y_2, Y_3, Y_4, Y_5, X_1, X_2, X_3, X_4, X_5, X_6, X_7, X_8, X_9)$$

式中：$Y_1 \sim Y_5$ 代表土地利用类型矩阵，分别代表 2000—2010 年间耕地、林地、草地、建设用地和未利用地的面积变化量，耕地、草地和未利用地为减量，林地、建设用地为增量，其中园地和水域由 SPSS 共线性排除未进入，两者变化程度较小，因此不予考虑。$X_1 \sim X_9$ 为土地利用变化驱动因子矩阵，分别代表张北县 2000—2010 年 GDP、人均 GDP、经济密度、非农业人口、农民人均纯收入、城镇居民可支配收入、粮食总产量、人均粮食产量、年降雨量的变化量。

（2）输入语句

SPSS 软件中没有典型相关分析这一项，需要使用 include 命令读入典型相关分析的宏程序，然后使用 cancorr 名称调用，具体语句为：

```
INCLUDE'C:\ProgramFiles\SPSSInc\PASWStatistics18\Samples\English\Canonical
correlation.sps'.
      CANCORR SET1=X1 X2 X3 X4 X5 X6 X7 X8 X9/
              SET2=Y1 Y2 Y3 Y4 Y5/.
```

(3)计算结果检验

①典型相关系数检验

典型相关系数检验是对典型相关分析结果的有效性进行检验的有效方法。一般认为典型相关系数大于 0.3 的一对变量,其相关性较为显著。由图 4-10 可知,前三个典型变量的典型相关系数均大于 0.8,相关性极为显著,第四个典型变量相关系数较小,但大于 0.3,可视为较显著,第五个典型变量相关系数小于 0.3,相关性不显著。

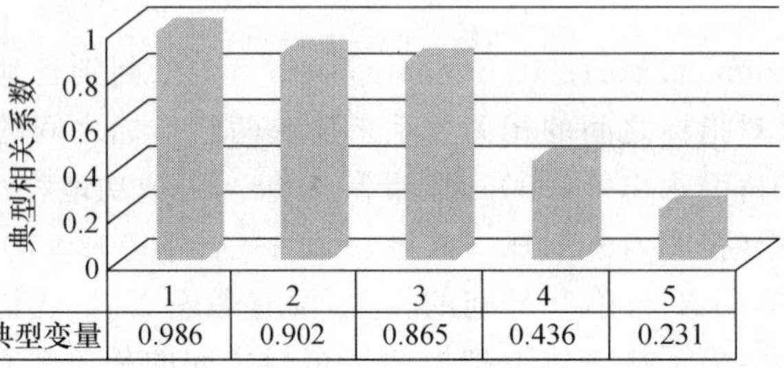

图 4-10 典型相关系数图

②冗余度分析

冗余度分析是判断有效典型变量的另一种检验方法,可由冗余度指数来表征。自身解释变量是标准变量组被自身典型相关变量解释的比例,对立解释变量是指变量组被其对立的解释变量组的变量解释的比例,将二者进行对比,即为目标变量组被自变量组解释的程度。由图 4-11 可知,前三个典型变量被自然、社会经济因素解释的比例较高,在 87%以上,两组变量之间相关性较高,后两组典型变量被自然、社会经济因素解释的比例较低,解释效果较差。因此,前三组解释变量具有较高的解释程度,可列入考量。

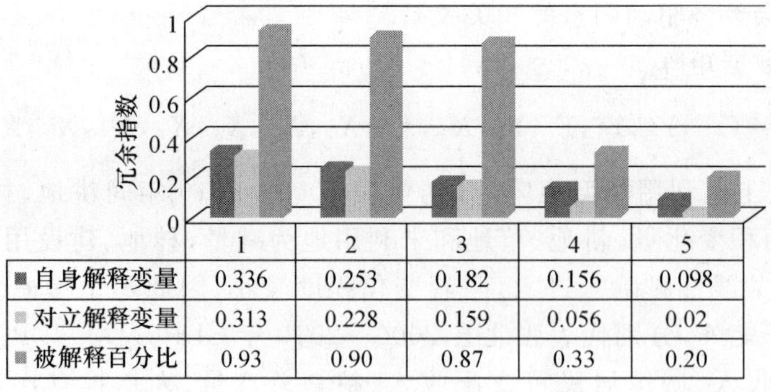

图 4-11 冗余指数分析

(4)回归结果分析

典型载荷作为典型相关分析的主要结果,其统计含义是体现 2 个变量组 X 和 Y 之间的相关程度,将每一变量从其余变量中逐步分离,以分析土地利用格局变化的主要驱动因素。表 4-16 中的分析结果表明,张北县的土地利用格局主要受自然条件和社会经济因素的综合影响(图 4-12)。

表 4-16　土地利用结构及驱动因素的典型载荷

变量名称及含义	典型载荷				
	典型变量 No.1	典型变量 No.2	典型变量 No.3	典型变量 No.4	典型变量 No.5
变量组 ***Y*** 土地利用类型					
Y_1 耕地	−0.845	0.412	0.196	0.06	0.168
Y_2 林地	0.711	−0.449	−0.215	−0.203	−0.127
Y_3 草地	−0.654	0.695	0.219	0.121	0.161
Y_4 建设用地	0.717	−0.408	−0.404	−0.105	−0.11
Y_5 未利用地	−0.601	0.543	0.164	−0.073	0.179
变量组 ***X*** 社会经济、自然条件					
X_1 GDP	0.132	−0.383	−0.449	−0.375	−0.228
X_2 人均 GDP	0.153	−0.353	−0.353	−0.404	−0.247
X_3 经济密度	0.109	−0.37	−0.36	−0.383	−0.235
X_4 非农业人口	0.886	−0.379	−0.393	0.453	−0.047
X_5 农民人均纯收入	0.818	−0.396	−0.379	−0.333	−0.187
X_6 城镇居民可支配收入	0.3	−0.308	−0.446	−0.329	−0.242
X_7 粮食总产量	0.65	−0.032	−0.173	0.039	−0.048
X_8 人均粮食产量	−0.562	−0.037	−0.153	0.063	−0.031
X_9 年均降水量	0.559	0.683	0.07	−0.072	0.257

第一个典型变量将耕地减量从其他地类中分离出来，其典型载荷为−0.845，自变量组中与之相对应的解释变量主要是非农业人口和农民人均纯收入，其典型载荷分别为0.886和0.818。可见耕地面积变化主要受人口结构和农民收入影响，且非农业人口与耕地面积呈负相关，即非农业人口越多，耕地面积越少；农民人均纯收入与耕地面积呈负相关，农民人均纯收入越高，耕地面积越少。

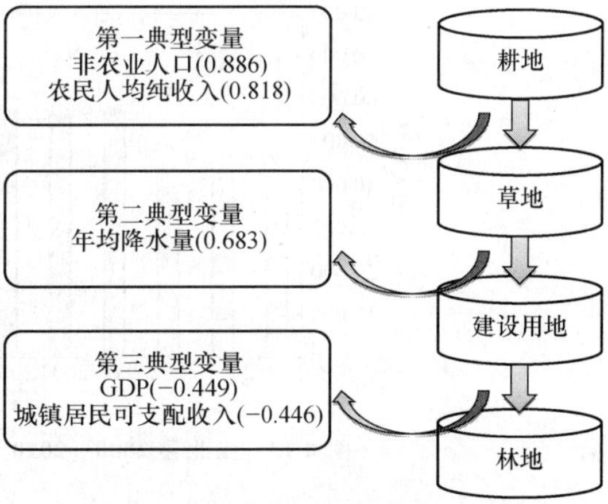

图 4-12　典型相关中分离出的变量及对应的地类

第二个典型变量将草地减量从其他地类中分离出来，其典型载荷为0.695，自变量组中与之相对应的解释变量主要是年均降水量，其典型载荷为0.683。可见草地面积变化主要受自然因素影响，且年均降水量与草地面积呈正相关，即年降水量越多，草地面积越多。

第三个典型变量将建设用地增量从其他地类中分离出来，其典型载荷为−0.404，自变量组中与之相对应的解释变量主要是GDP和城镇居民可支配收入,其典型载荷分别为－0.449和－0.446。可见建设用地面积变化主要受经济总量和居民收入影响,且GDP与建设用地面积呈正相关,即随着经济的发展,建设用地随之增加;城镇居民可支配收入与建设用地面积呈正相关,城镇居民可支配收入越高,建设用地面积越多。

结合典型相关系数检验以及冗余度检验结果,前三个典型变量对被解释变量的解释效果较好,即耕地减量、草地减量、建设用地增量与其驱动因素相关性较大,而第四典型变量解释的林地增量与社会经济因素相关性较小,这是因为林地面积的变化更受当地生态脆弱条件以及国家在当地实施的生态保护政策影响,与社会经济因素相关性较小。

二、土地利用变化驱动因素解释

张北县2000—2010年土地利用结构变化主要表现为耕地和草地面积的减少,林地和建设用地的增加,其中耕地主要转变为林地和建设用地,草地主要转变为耕地、林地和建设用地。由典型相关分析可知,土地利用结构的变化,尤其是耕地、草地及建设用地的面积变化与社会经济发展、城市化进程的推进、城镇居民和农民生活水平提高以及自然气候状况有密不可分的联系。

1. 耕地变化驱动因素解释

耕地面积的变化主要与非农业人口的增加和农民生活水平的改善有关。人口因素向来是影响土地利用结构变化的最活跃的因素,主要表现为人口总量的增加、人口结构的变化以及人口从事行业或者生活区域的改变,非农业人口的增加是人口从事行业以及生活区域改变的结果。张北县自2000年以来非农业人口持续增加,城市化率不断提高,由图4-13可见,2000年县域非农业人口仅为4万人左右,2010年非农业人口增加到7万人,增加幅度较大,农业人口非农化趋势必然导致农业用地用途的转变,耕地面积呈现持续减少态势,向建设用地或生态用地逐渐转变。

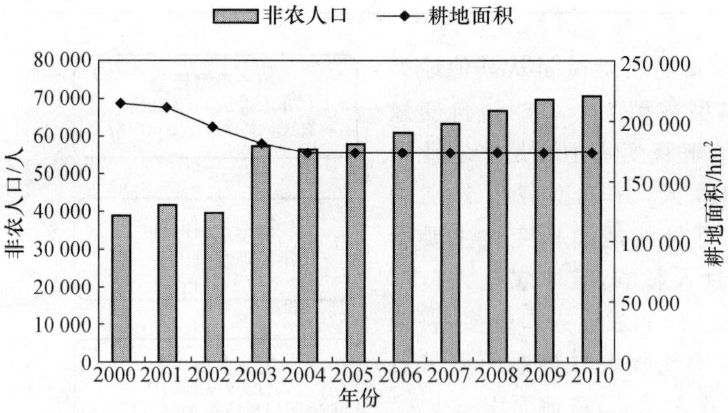

图4-13 张北县2000—2010年非农业人口及耕地面积变化

除此之外,耕地面积的变化还与农民生活水平的提高有关。张北县属于农业大县,2000—2010年农业始终是其主要支撑产业,农民是当地人口的主体,对土地利用结构变化起着重要的推动作用。由张北县2000—2010年间农民人均纯收入变化情况(图4-14)可知,在研究期阶段,农民人均纯收入呈现逐渐上升的趋势。2000年农民人均纯收入为1 346元,2010年增至3 620元,增加额为2 274元,可见在过去的十年间张北县农民生活条件越来越好,收入越来越高。农民收入水平的提高说明农民收入来源不再以农业生产为主，在对张北县农民问卷调查的过程中也发现农民收入来源以外出打工、农业生产和土地承包以及旅游业收入为主，越来越多的农民从农业生产中解脱出来，从事更多的非农业生产活动，以改善家庭生活条件。因此必然导致耕地面积的减少，耕地被撂荒转变为草地或者因政策要求变为林地。进城务工的人口逐渐增多，势必带动城镇的进一步扩张，包括对住宅、商业、娱乐用地的需要日益增加，建设用地面积进一步增加，同时使得一部分耕地被建设用地占用，耕地面积减少。农民生活水平提高，对生活质量的要求也相应提高，对生态环境、绿化等也有所要求，因此也多支持国家退耕还林的政策，愿意把自家的耕地用来植树造林，林地面积在此期间有大量增加。一些荒草地也被用来匹配造林，使得荒草地面积大量减少，而天然草地和人工草地面积则有所上升。

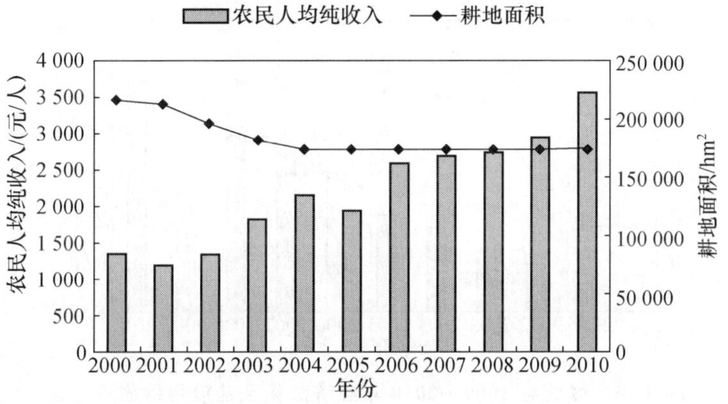

图 4-14　张北县 2000—2010 年农民人均纯收入及耕地面积变化

2. 草地变化驱动因素解释

草地面积的变化主要受自然因素影响，由图 4-15 可见，2000—2010 年降水量总体呈下降趋势，区域干旱化现象日趋严重，草地受降水量的影响，面积呈现减少的趋势。张北县农民以农业生产和牧业生产为主要生计来源，草地的面积及质量的保证是当地牧民得以生存的前提，草地中有部分荒草地存在，不适合放牧活动，因此应将该部分荒草地培育成人工草场或者改造为林地，以改善该地类水土保持及土壤性质。

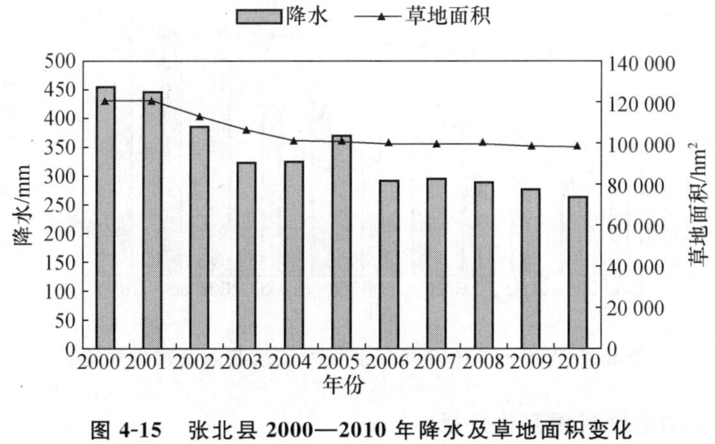

图 4-15　张北县 2000—2010 年降水及草地面积变化

3. 建设用地变化驱动因素解释

建设用地变化主要受社会经济发展程度和城镇居民生活水平因素驱动。从社会经济发展的角度来说，张北县属于国家重点扶贫县，研究期属于经济调整期，产业布局仍以第一产业为主，二三产业发展迅速。由图 4-16 可知，2000—2010 年张北县经济总量增长迅速，由 2000 年的 7.90 亿元到 2010 年的 49.80 亿元，增长了 41.90 亿元，增长幅度约为 630%，年均增长 3.81 亿元，可见经济发展态势良好。经济总量的增长必然促进建设性投资，这为建设用地面积扩张，加速城镇化进程提供了强有力的支撑。以旅游业为主导的第三产业的飞速发展，亦需要更多的旅游地产等建设用地的保障，因此在此期间建设用地面积处于不断上升趋势。

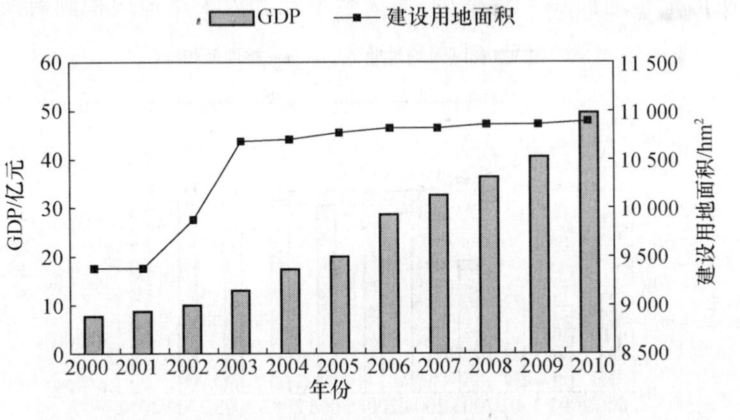

图 4-16 张北县 2000—2010 年经济总量及建设用地面积变化

城镇居民生活水平的提高促进对建设用地的需求。由图 4-17 可见，2000 年张北县城镇居民可支配收入不到 4 000 元/人，2010 年增长到 12 000 元/人，可见城镇居民生活水平在 2000—2010 年有显著提高。城镇居民可支配收入的提高促进城镇居民消费活动以及不动产投资的积极性，增加了对城市住宅及基础设施用地的需求，促使城镇范围进一步扩张，建设用地面积呈现持续增加趋势。

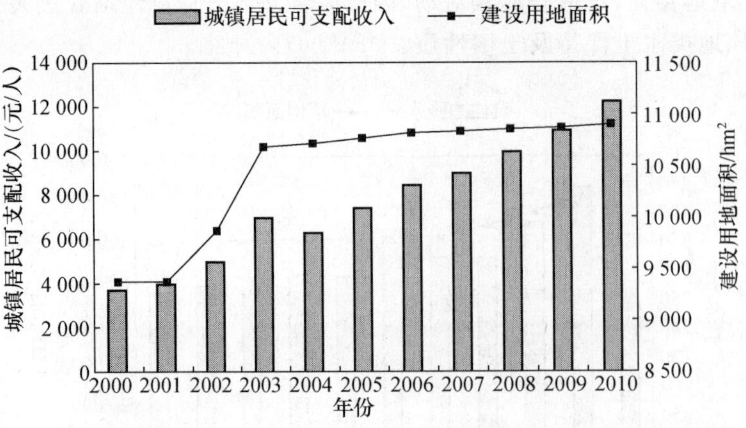

图 4-17 张北县 2000—2010 年城镇居民可支配收入及建设用地面积变化

三、政策因素驱动土地利用变化分析

上述分析未考虑不能被定量的政策因素，而政策驱动因素在张北县土地利用变化过程中起着不可替代的关键性作用，因此将它单独列出。张北县是典型的北方农牧交错区，气候干旱，风沙较大，水土流失及盐碱化较为严重。为了改善当地的生态环境，政府在2000年启动了退耕还林试点工程，县委政府确立了"为京津阻沙源保水源，为农民增资源拓财源"的工程建设方略，致使2000—2010年大量旱地及草地向林地转变，2000年张北县林地面积仅为56 931 hm^2，占全县总面积的13.17%，2010年林地面积为120 976 hm^2，占全县总面积的28.67%，林地面积在这十年里翻了一番，可见退耕还林工程成效较为显著。而增加的林地有44.1%来源于草地，属于荒山匹配造林，有60.5%来源于耕地，属于退耕还林。退耕还林政策一方面改善了当地的生态环境，起到防风固沙、水土保持、净化环境、改善气候条件等积极作用，另一方面也增加了农民的经济收入，解放了劳动力，使农户在有一定经济补贴的情况下有更多的时间投入到非农业劳动中去，改善个人经济收入。

此外，1999年以来，中央、省、市各级领导把农业结构调整作为新阶段中国农业和农村经济发展的首要任务，并出台一系列推进农业结构调整的文件和举措。为响应政府号召，张北县1999年开始把调整农业结构当作全县农业和农村经济发展的头等大事，形成畜牧业为主导产业，马铃薯、蔬菜、甜菜、杂豆为特色高效作物的"一主四特"农业经济结构格局。1998年全县进一步推进了小型水利工程产权制度改革。进一步完善了农业生产条件，发展了节水喷灌，加快了水利建设步伐。1998年全县打机井121眼，大口井45眼，各类农田小井2 507眼，并利用新打的各类农田井发展喷灌面积2.9万亩，全县水利建设和节水灌溉有了新的突破。两者的结合使得水浇地面积迅速增加，尤其是2000年以后，呈现出大幅增加的趋势，而水浇地来源一般都为旱地，因此旱地面积在2000年以后减少速度更快。

第六节　区域发展与土地利用功能识别与定位

一、区域发展与土地利用功能识别

1. 京津冀都市圈对张北县发展定位

京津冀都市圈是指以北京市和天津市为中心，囊括河北省的石家庄、保定、秦皇岛、廊坊、沧州、承德、张家口和唐山八座城市的区域，是我国最重要的政治、文化中心，也是我国北方最大和发展程度最高的经济核心区（魏然等，2006；孙久文等，2008）。作为继长江三角洲、珠江三角洲都市圈之后的第三大都市圈，未来将是21世纪我国经济增长的"第三极"（李培等，2007）。

基于京津冀都市圈的自然地理条件、土地利用现状与潜力分析，结合京津冀各省市的生态功能区划和生态环境保护规划，立足于强化区域土地利用的不同特色与主导功能，国家发展和改革委员会地区司于2007年将京津冀土地利用划分为四个功能区（李冰，2008），即坝上草原生态修复区、山地丘陵水源涵养区、城市密集与农田重点保护区、滨海滩涂产业发展区。坝上草原生态修复区包括张家口市西北部的四个县，其中包括张北县，主要功能为生态恢复，适当促进产业发展，以服务京津为导向，以改善自身乃至京津生态环境为目标，具体制定发展战略。

2. 张家口对张北县发展定位

基于张家口市整体发展现状及发展方向，考虑张北县在张家口市中的区位、人口及社会经济发展位置，以《张家口市土地利用总体规划（2006—2020年）》和《张家口市国民经济和社会发展第十二个五年规划》为参考，对张北县在张家口市的区域功能进行识别。

张家口市土地利用总体规划中将张家口市土地利用划分为2个土地利用一级分区和6个土地利用二级分区。土地利用一级分区为坝上保育发展区和坝下优化发展区，坝上保育发展区又分为林木保育发展区和农牧综合发展区，坝下优化发展区又分为城市功能核心区、城乡优化发展区、浅山农林发展区、中高山林牧区。张北县位于坝上保育发展区，被定位为农牧综合发展区，是京津风沙源治理和三北防护林重点区域，是京津冀地区的重要绿色生态屏障，未来土地利用以林牧业为主，适当发展生态农业，在保育良好生态环境的前提下适度集中发展非农产业。

3. 张北县自身发展定位

基于京津冀都市圈和张家口市对张北县的发展定位，其自身应充分发挥区位和资源优势，围绕建设坝上区域性中心城市这一战略总目标，推进食品加工、新型能源、装备制造、矿产品精深加工、旅游、现代物流业六大产业发展，加快推进城乡一体化、农业产业化和工业集聚化。产业结构进行调整和升级，进一步缓解一产比重过高的现状，做到一、二、三产协调发展；形成“六大产业基地和坝上区域中心城市”目标的主体框架；不断增强经济效益与可持续发展能力，各项经济社会指标进入全市前列，成为与京津冀区域经济协调发展，互动共赢的重要依托和有力支点，实现由农业大县向经济强县的历史性跨越。

二、张北县区域发展及土地利用功能定位

城市不是孤立存在的，它是一个相对开放的系统，城市的发展离不开和城市以外区域的联系。同样，张北县的发展也不可能是孤立的，它与张家口市以及整个京津冀都市圈的发展是息息相关、不可分割的。因此在分析张北县区域功能定位时，要考虑张家口和京津冀都市圈(以北京为主)对其社会经济发展的影响。

1. 城市定位

张北县历史悠久，文化底蕴深厚，自然风光壮美，是离北京最近的高原地区。同时地处生态脆弱的农牧交错带，是北京的水源地和风沙源地，对北京生态状况有着重要的决定作用。考虑到其独有的自然、文化背景及区位优势，以及在京津冀一体化进程中区域间人口流动和产业结构梯度转移，张北县在未来的发展目标应以生态功能为主，兼顾经济发展和生态保护，集中深入挖掘文化和旅游资源，以生态旅游为发展重点，发展生态产业，为全县经济发展注入强大活力(吴群，2012)。借助经济发展的拉动，加快提高城镇化水平，提高就业水平，加速人口集聚，城市化率在2020年达到50%，成为拥有20万城镇人口的中等规模城市。

2. 区域定位

在京津冀一体化的过程中北京与张家口之间在生态、经济方面有着密不可分的联系，而张北县作为张家口市坝上首县，在张家口地区有着不可替代的区域作用。

张北县在地理位置上有着显著的区位优势，北部、西部、东部分别与坝上其他三县康保县、尚义县、沽源县接壤，南部则与坝下相邻，距离张家口市45 km，是张家口市区和京津地区通往坝上的必经之道。从社会经济发展及交通运输方面来说，张北县产业发展、交通运输、商贸物流、社会公共服务等方面，一直发挥着坝上及周边地区支撑和辐射带动作用。由表4-17可见，张北县经济总量、第二产业增加值、规模以上工业企业增加值和农业产业化比率各项指标均明显高于坝上其他三个县，有较强的竞争优势。从统计数据来看，2005年以后各指标均呈现大幅度增加的趋势，发展速度高于其他三县。交通运输方面，县城距北京仅225 km，207国道纵

贯全境，张尚、张化、张沽等省级公路干线聚集辐射，京张高速、张石高速和拟建的张桑（桑根达赖）铁路、物流机场，使张北县成为坝上及周边区域性交通枢纽和物流中心。

表 4-17　坝上四县 2010 年经济指标对比

坝上四县	GDP/亿元	第二产业增加值/亿元	规模以上工业企业增加值/亿元	农业产业化率/%
张北县	40.64	16.51	8.29	72.8
尚义县	16.54	5.06	3.1	55.9
沽源县	17.04	2.65	0.55	61.5
康保县	20.97	5.17	2.31	55.9

3. 产业结构定位

京津冀一体化进程为张北县产业结构转型升级提供了机遇，对于改善“一产比重较高，二产主体地位不突出，三产发育不充分”的产业结构现状有重要的推动作用。张北县作为京津冀产业结构阶梯中的第三阶梯，应充分发挥资源、产业、政策、环境等优势，主动对接融入京津，积极承接京津地区产业转移，与京津形成产业合作，拉动经济增长（牛东宇，2008）。具体来说，第一产业应由传统农业向现代农业转变，缓解比重过高的现状；第二产业应调整内部结构，拓展先进制造业发展空间；第三产业应增加产值比重，不断提升现代服务业水平。最终形成以新能源、食品加工、装备制造、旅游服务、现代物流和矿产品精深加工为六大主导产业的产业结构，大力发展生态经济，加快融入京津冀都市圈。

（1）风电新型能源产业

张北县地理及气候环境较为独特，因此拥有丰富的风能资源，正所谓“坝上一场风，从春吹到冬”。张北坝头 10 m 高度年平均风速 6.6 m/s，西北丘陵地区 10 m 高度年平均风速 6 m/s，多年平均大风日数约 63.3 天，年平均风功率密度大于 200 W/m^2。可开发的风能资源达 500 万 kW，其中优质风能达 350 万 kW 以上。张北县是国家最早规划的六大百万千瓦风电基地之一，也是国家第一个百万千瓦级风电基地启动之地。除了风能之外，张北县还拥有丰富的太阳能资源和生物质资源。未来 10 年正是资源匮乏，新能源逐渐确立主导地位的时期，张北县应顺应时代发展需要，抓住机遇，大力发展以风能领跑的新能源产业，使其成为对经济社会发展贡献度最大、最具战略意义的支撑产业。

（2）生态旅游产业

张北县地处内蒙古锡林郭勒大草原的延伸地带，是距离北京最近、保持最完好的原始草原，是夏季避暑和观光旅游的胜地。境内自然人文景观众多，现已建成的旅游景点 11 处，如中都原始草原度假村、安固里草原度假村、中都游牧源、桦皮岭等，其中国家 AAA 级旅游景点两处，初步形成了以坝上草原生态旅游为特色，集自然风光与历史文化为一体的旅游格局。2010 年，接待海内外游客达 45 万多人次。目前正在建设中的旅游项目有仙那都国际生态旅游度假村、坝上天鹅湖景区等。政府期望通过建设一批特色旅游基地，使得与旅游业相关的收入占国民生产总值的比例超过 10%，成为北京居民国内旅游的首选之地，加强地区之间的旅游互动。确立“一带（滨河景观带）、两区（南城区与北城区）、三街（永春商业街、中都文化街、张库大道物流街）、多节点”的城市格局。

(3)错季蔬菜种植业

张家口凭借独特的气候及生产环境优势,着力发展蔬菜种植业,如今张家口已成为北京最重要的冷凉蔬菜基地,每年7～9月份,张家口销往北京的蔬菜达248万t以上,占北京市场份额的40%,第三季度平均每个北京人每天吃掉1.5 kg张家口蔬菜。张北县是张家口蔬菜生产重点县,坝上特有的自然条件和无污染的生态环境,极为适宜露地蔬菜的生产,每年7～10月份,张北县向北京输送各种优质无公害蔬菜、马铃薯,成为北京重要的错季蔬菜供应基地。

(4)地区综合性商贸物流业

充分发挥其背靠内蒙古、南临京津的区位优势和北连南接的交通优势,积极引进物流项目,不断壮大市场规模,增强流通集散能力。重点建设坝上及京津冀地区集产品交易、运输、信息于一体的牲畜、蔬菜、建材、汽贸、小商品集散基地,致力于打造面向京津冀及坝上地区的区域性、现代化商贸物流基地。

(5)矿产品精深加工业

张北县拥有丰富的矿产资源,地下矿藏已发现和探明矿种有金、银、铅、锌、大理石、萤石、煤等35处,矿床储量大、品位高。依托丰富的矿产资源,应加大矿产开发和资源勘查力度,推进矿业开发向高新技术化、规模化、集约效益化和可持续利用方向发展。重点完成以铅、锌、金、银、铁、褐煤为主的矿业勘探,推进矿产品采选、冶炼,煤化工以及以硅藻土、浮石、玄武岩为主的节能环保型建材产品开发等项目建设,努力再造矿业精深加工新优势,建成在坝上及周边地区生产规模大,采、选、冶配套完善的矿产品深加工基地,形成对GDP、财税贡献度较高的优势产业群。

(6)新能源开发、装备制造业

凭借风能等新能源优势,积极引进国内外大集团、大公司,借力借势发展,推进新型能源产业和大型装备制造项目建设,进一步完善和延长风电、光电产业链条,集研发、生产、组装、维修服务于一体,不断增强自主研发能力和技术创新能力,打造以风电、光电为核心的新能源开发、先进装备制造业基地。

4. 土地利用功能定位

张北县产业结构转变及升级必然导致其土地利用结构的变化,不同产业所对应的用地类型以及对土地的功能要求均不尽相同。张北县在京津冀都市圈中的功能定位为生态修复区,因此张北县应将生态保护列在城市发展的首位。由图4-18可知,张北县在过去近20年三大类用地面积占比发生了较大的变化,2000—2010年十年间变化尤为明显,生态用地占比大幅度增加,增加了10.4%,相对应的生产生活用地占比则大幅度减少,足以说明张北县2000年以来对生态保护的重视,侧面映衬出张北县在京津冀一体化进程中发生的产业结构变化以及其功能定位的转变。因此,应在2000—2010年退耕还林还草工程成果的基础上进一步调整用地结构,着力发展生态用地。

生态用地包括林地、草地、水域3种类型,水域面积增加幅度较小,林地和草地可由耕地退耕而有所增加。考虑到沙尘暴为主要灾害天气,在林地和草地之间应更侧重林地面积的增加,将部分荒草地匹配造林,增加森林覆盖率,防风固沙,涵养水源,从根本上改善生态环境,《张北县社会经济"十二五"规划》中规定到2020年森林覆盖率将达到31%。生产生活用地包括耕地、建设用地2种类型,鉴于目前张北城镇化进程相较于其他地区缓慢,在未来应加快张北县城镇化进程，预计在2020年非农业人口达到总人口的50％，张北县城镇用地应进一步扩张以满足非农人口的增加对城镇用地的需求。近100多年来人口激增，耕地数量随之激增，草地数量急剧减少，致使地表裸露，水土流失严重，环境问题日益严峻。如今县域生态环境脆弱，水资源匮乏，种植业广种薄收，在保证粮食供给的基础上适量减少耕地数量，耕地内部结构由旱地向水浇地转变已成为发展趋势。退耕还林工程使得耕地数量锐减，在保证17万亩耕地红线的前提下，耕地应向林地、草地和建设用地转换。混合功能用地主要指未利用地，应加大对未利用地的开发和治理，增加可用土地数量，挖掘土地利用潜力。

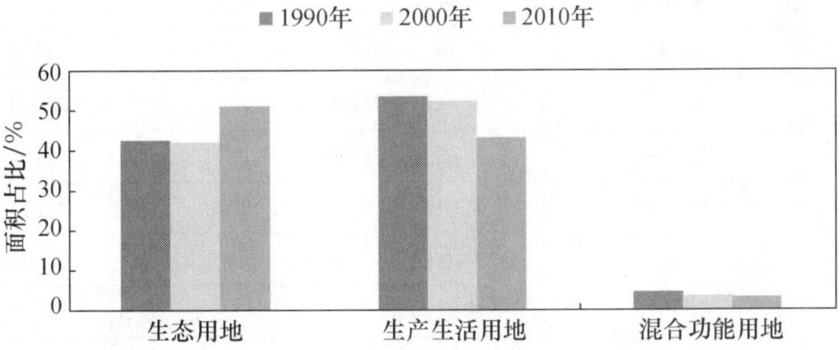

图4-18　1990—2010年生态、生产生活、混合功能用地占比

第七节　土地利用结构系统动力学情景模拟

一、土地利用系统动力学模型建立

1. 系统边界确定

系统边界是一个想象的轮廓，它将系统与外部环境区分开，同时又是系统和环境信息交换的纽带。系统内部各个子系统之间同样存在着边界，各个子系统依托边界相互区分，又通过边界取得联系。边界的划分应尽可能考虑关键性因素。

土地利用系统是一个开放的复杂系统，区域土地利用变化既受到周围发展政策及大环境的影响，又要满足自身区域发展的需求。张北县未来土地利用结构变化既受到京津冀一体化政策大背景的影响，又受到自身社会经济发展需求的影响，因此，充分考虑京津冀一体化子系统，将其纳入张北县土地利用系统动力学模型，并结合张北县的人口子系统、经济子系统、社会子系统，以张北县行政边界为空间边界，建立张北县土地利用系统动力学模型，模拟张北县未来土地利用结构情景。模拟以2010年为基期，2000—2020年为时间边界，时间步长为1，其中2000—2010为历史模拟检验时间段，2010—2020年为模拟时间段。

2. 系统变量设定

基于土地利用系统动力学模型结构所体现的京津冀一体化子系统、人口子系统、经济子系统、社会子系统四个子系统之间的关系，并借鉴相关文献对于不同地类所选取的预测方法（杨晓鹏等，1993；商升亮，2006；李月臣等，2008；王暖，2011；黄凌翔等，2011；景林等，2013），考虑模型的简化，选取了41个模型变量，其中决策变量2个，状态变量13个，流量函数9个，流率变量17个，具体见表4-18。

表 4-18 系统变量类型、代表字符、含义及其所属子系统

变量类型	代表字符	含义	所属子系统
决策变量	JJZC	京津冀一体化政策倾向	京津冀一体化
	TDYX	土地利用优先度	土地利用
状态变量	ZRKS	总人口	人口
	CZRK	城镇人口	人口
	NCRK	农村人口	人口
	GDPS	GDP	经济
	YGDP	第一产业 GDP	经济
	EGDP	第二产业 GDP	经济
	SGDP	第三产业 GDP	经济
	GDMJ	耕地面积	土地利用
	LDMJ	林地面积	土地利用
	CDMJ	草地面积	土地利用
	JSMJ	建设用地面积	土地利用
	SYMJ	水域面积	土地利用
	WLMJ	未利用地面积	土地利用
流量函数	GDJS	耕地流向建设用地总量	土地利用
	GDLD	耕地流向林地总量	土地利用
	GDCD	耕地流向草地总量	土地利用
	CDLD	草地流向林地总量	土地利用
	CDGD	草地流向耕地总量	土地利用
	CDWL	草地流向未利用地总量	土地利用
	CDJS	草地流向建设用地总量	土地利用
	SYWL	水域向未利用地流量	土地利用
	WLLY	未利用地流向利用地总量	土地利用
流率变量	ZRZL	人口自然增长率	人口
	JXZL	人口机械增长率	人口
	CZHL	城镇化率	人口
	GDPZ	GDP 增长率	经济
	GDPY	一产 GDP 增长率	经济
	GDPE	二产 GDP 增长率	经济
	GDPS	三产 GDP 增长率	经济
	TDKF	土地开发速率	土地利用
	RJJS	人均建设用地	社会

续表 4-18

变量类型	代表字符	含义	所属子系统
流率变量	RJLS	人均粮食需求	社会
	FZZS	复种指数	社会
	LJBS	粮经比	社会
	LSZJ	粮食自给率	社会
	SLFG	森林覆盖率	土地利用
	STYX	生态优先度	京津冀一体化
	SHYX	社会优先度	京津冀一体化
	JJYX	经济优先度	京津冀一体化

3. 系统因果关系图及系统流图

土地利用系统中的各子系统之间相互联系、相互影响并相互作用，通过各子系统内部及系统间的因果关系描述以及因素之间的相互影响和相互作用分析，构建土地利用系统动力学因果关系图和系统流图（图 4-19，图 4-20）。由于各子系统之间相互影响、相互作用，各子系统中某些因素的增加，将会导致受它影响的子系统中某些因素的增加或减少，这种反馈因果的关系称为正关系或负关系。系统因果关系图由正、负反馈环组成，用来反映系统界限内因果关系。

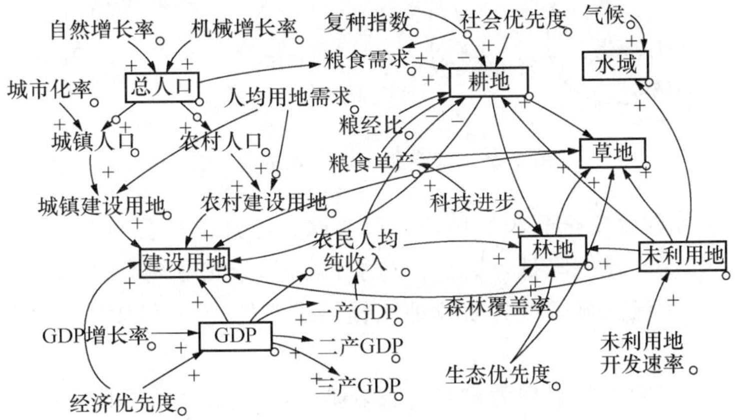

图 4-19　土地利用系统动力学因果关系图

4. 子系统逻辑关系分析

（1）京津冀一体化政策子系统

京津冀一体化子系统集合了人口政策、产业政策、生态政策、土地政策等对张北县土地利用结构变化产生影响的多个政策因子，在进行张北县土地利用结构情景模拟时，充分考虑京津冀一体化政策子系统的影响（图 4-21）。

人口方面的影响主要表现为张北县人口增长速率有所减缓以及人口城镇化趋势。人口增长速率由人口出生、死亡人数以及人口迁移决定，在生育政策以及医疗水平较为稳定的条件下，张北县出生与死亡人口不会产生大波动，而京津对人口的集聚作用使得更多的年轻劳动力向外迁移，迁出人口远大于迁入张北县的人口。张北县人口密度较大，在未来适当减少人口密

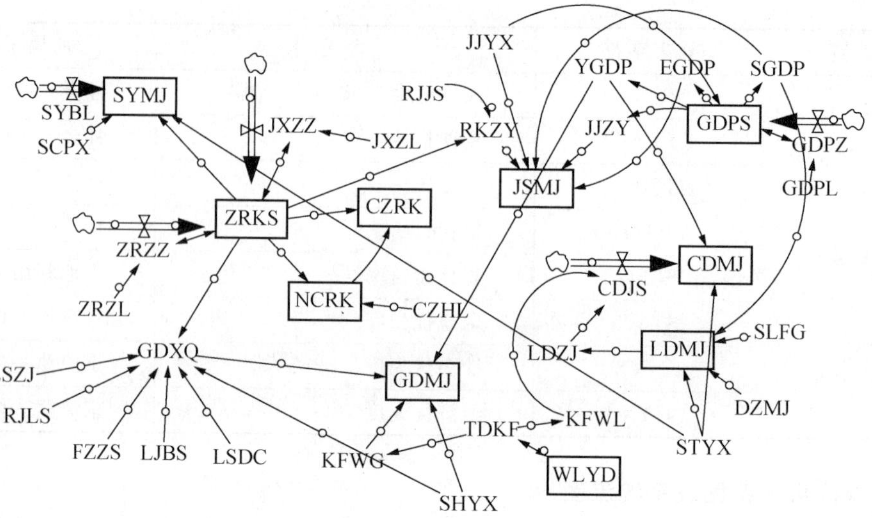

图 4-20 土地利用系统动力学子系统流图

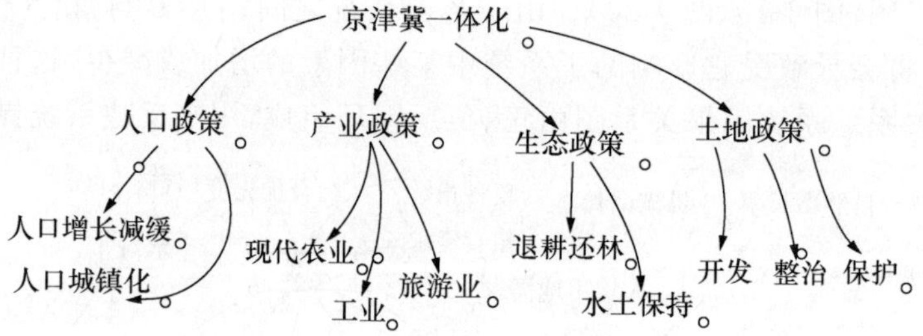

图 4-21 京津冀一体化政策子系统

度，对生态环境保护和粮食安全有积极效应。随着张北县经济社会的发展，城镇化进程进一步加快，产业结构升级，一产比例降低，二三产比例升高，部分农业剩余劳动力向非农产业转移。交通建设为农村劳动力流入城镇或者京津地区提供了条件，使得城镇人口逐渐增加，农村人口逐渐减少。

产业政策方面的影响主要表现为对张北县农业、工业、旅游业的影响。张北县作为京津的"腹地"，担负着"米袋子"和"菜篮子"的重要角色，尤其是特有的错季蔬菜，每年有大量蔬菜销往京津甚至全国各地。因此首先应保证粮食及蔬菜供应，发展现代化农业，投入更多的农业机械，推广更新农业技术，以更少的劳动投入获得更多的农业产出。工业方面，作为京津产业梯度的承接者，张北县应充分发挥资源优势，大力发展食品加工、新能源以及矿产开发，限制耗水严重、排污标准低的企业生产。张北县历史悠久、自然风光壮美，近年来成为京津居民旅游休憩的首选之地。始于 2011 年的张北草原音乐节已成为当地旅游的标杆，在第一届观众人数已超 30 万人，吸引大量游客前往，推动了当地旅游业发展。未来张北县更是提出了以旅游带动城镇化的发展目标，与北京资源互补，打造环首都经济圈新避暑山庄，为京津人民提供避暑休闲的好去处。

土地政策方面主要包括土地开发、土地整治和土地保护三个方面。土地开发主要包括建设占用和耕地开发，为尽快融入京津冀都市圈，加快城镇化进程，建设占用现象日趋增多，而土地来源多为耕地、林地和草地，城镇化的进一步扩张对生态环境保护及粮食安全都会有一定影响。土地整治包括农地整理和农村宅基地整理，农村宅基地整理可一定程度和城镇用地占用农用地相抵，促进建设用地内部挖潜，减缓建设用地对农用地的占用；农用地整理主要针对低产田，改善耕地的基础设施条件、灌排水条件以及其他相关理化性质，提高低产田的产出量，缓解建设占用对粮食安全的威胁。土地保护主要指退耕还林，一定的森林覆盖率对生态环境改善起着很大的促进作用，退耕还林的耕地尽量选择低产耕地，在保护环境的同时也防止粮食安全问题的发生。

(2)人口子系统

人口因素是土地利用变化最具活力的驱动因素，人口数量、人口素质、人口结构的变化均会对土地利用结构产生影响。张北县人口增长主要分为自然增长和机械增长，自然增长由出生率和死亡率决定，机械增长由迁出率和迁入率决定。出生人口受生育因子影响，主要反映当地的生育政策，死亡人口与环境有关，迁出人口流向大多为京津地区，与京津人口集聚因素有关。总人口又分为城镇人口和农村人口，城镇人口是指居住于城市、集镇的从事非农业生产性产业的人群及其家庭，主要依据人群的居住地和所从事的产业进行归类。一般认为城镇人口占有率的高低反映一个地区的工业化、城镇化或城市化水平。具体的人口子系统关系如图4-22所示。人口的增加及城镇化进程的推进将引起对各土地利用类型需求的变化，如城镇人口增加引起建设用地需求增加，人口总量增加引起粮食需求增加进而对耕地需求随之增加。

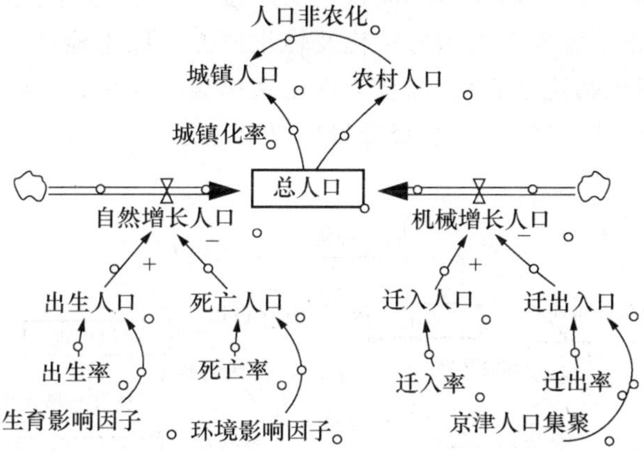

图 4-22　人口子系统关系图

(3)经济子系统

经济的发展意味着产业用地结构随之变化，对土地利用结构有重要影响。通常用国民生产总值GDP来表示每年的经济发展状况，GDP由第一产业产值、第二产业产值和第三产业产值共同决定，即由农业、工业、旅游业等产业的发展状况决定。受京津经济辐射及相关政策的拉动，张北县经济发展有望获得长足的增长。京津的产业梯度转移会影响张北县产业结构，京津的旅游需求会刺激张北县旅游业的发展，生态旅游成为张北县未来数年经济发展的重点。GDP的增长会对人民生活产生影响，无论是农村人口还是城镇人口生活水平均会有所提高，收入也相应增加。具体的经济子系统关系见图4-23。经济发展势必导致建设用地需求增加，建设用地占用耕地趋势愈发明显，同时经济发展促进土地复垦、土地整理工程的实施，补充部分建设占用的农用地或者生态用地，对土地利用结构变化影响显著。

(4)社会子系统

社会子系统主要考虑粮食安全问题导致人口对耕地的需求,这一需求由人均粮食需求、粮食自给率、复种指数、粮经比以及粮食单产共同决定。其中人均粮食需求量和粮食自给率与耕地面积需求呈正相关关系,复种指数、粮经比、粮食单产与耕地面积需求呈负相关关系。而耕地面积需求的多少又间接影响林地、草地和园地的面积,土地利用结构也会随之变化。具体的社会子系统关系见图 4-24。

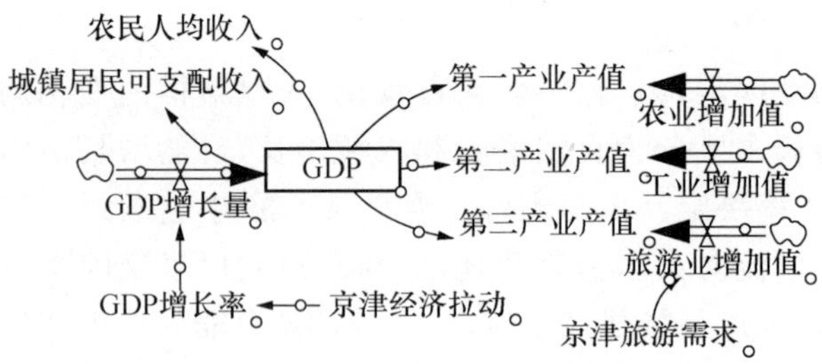

图 4-23 经济子系统关系图

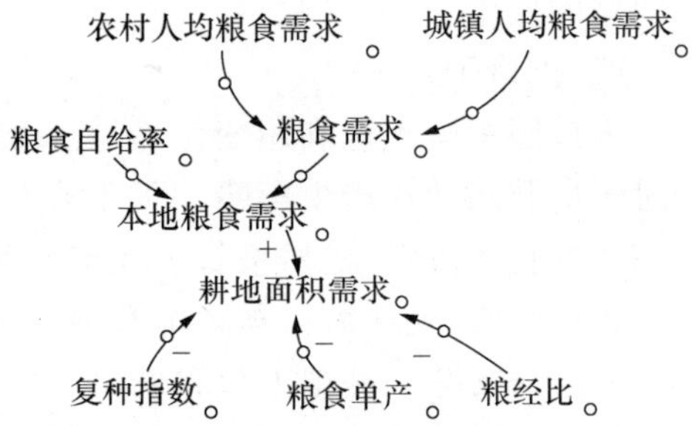

图 4-24 社会子系统关系图

(5)土地利用子系统

土地利用子系统中主要地类为耕地、林地、草地、建设用地、水域和未利用地,由于园地面积较少且变化不大,在研究时为简化将其面积视为不变。土地利用子系统是土地利用系统动力学模型的核心,其包含了各地类之间的转化及转化原因。以土地利用子系统为中心,将其与其他各子系统利用反馈机制建立联系,综合考虑在京津冀一体化、社会经济人口等因素影响下土地利用结构发展趋势,基于经济、生态双重目标寻求土地利用最佳结构。具体的土地利用子系统关系见图 4-25。

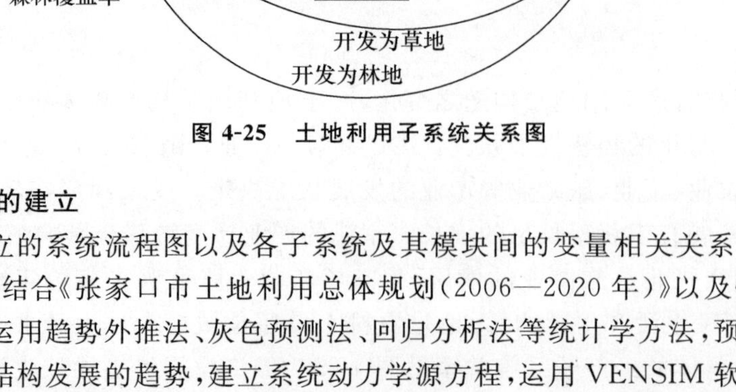

图 4-25 土地利用子系统关系图

5. 模型方程的建立

根据上述建立的系统流程图以及各子系统及其模块间的变量相关关系,搜集区域相关经济社会发展数据,结合《张家口市土地利用总体规划(2006—2020 年)》以及《张北县社会经济"十二五"规划》,运用趋势外推法、灰色预测法、回归分析法等统计学方法,预测区域未来经济、人口及土地利用结构发展的趋势,建立系统动力学源方程,运用 VENSIM 软件,经运行得到未来各子系统相关因素预测结果。其主要源方程如下,其中".K"表示求算年数值;".J"表示基础年数值;".JK"表示从基础年到求算年的年平均均值;L 代表状态方程;R 代表速率方程;A 代表辅助方程。

(1)人口子系统

人口总量(RKZL)：　L　RKZL.K＝RKZL.J＋DT×(ZRZZ.JK＋JXZZ.JK)

自然增长(ZRZZ)：　R　ZRZZ.K＝RKZL.K×ZRZL.K

机械增长(JXZZ)：　R　JXZZ.KL＝RKZL.K×JXZL.K

式中：ZRZL代表人口自然增长率；JXZL代表机械人口增长率。

(2)经济子系统

国内生产总值(GDPS)：　L　GDPS.K＝GDPS.J＋DT×GDPZ.JK

国内生产总值增量(GDPZ)：　R　GDPZ.K＝GDPS.K×GDPL.K

式中：GDPL代表国内生产总值增长率。

(3)土地利用子系统

a)耕地面积(GDMJ)：　R　GDMJ.K＝GDXQ.K＋KFWG.JK×DT

耕地需求(GDXQ)：　A　$GDXQ.K=\frac{RKZL.K\times RJLX.K\times LSZG.K}{FZZS.K\times LJBL.K\times LSDC.K}$

开发耕地(KFWG)：　A　KFWG.JK＝TDKF.JK×KGBL.K

式中：RJLX代表人均粮食需求；LSZG代表粮食自给率；FZZS代表复种指数；LJBL代表粮经比；LSDC代表粮食单产；TDKF代表土地开发速率；KGBL代表耕地开发占土地开发比重。

b)建设用地面积(JSYD)：　R　JSYD.K＝RKZY.K×RKZX＋JJZY.K×JJZX

人口制约面积(RKZY)：　A　RKZY.K＝RJJS.K×RKZL.K

经济制约面积(JJZY)：　A　JJZY.K＝ 5.662 4×GDPS.K＋10 643

式中：RKZX代表人口制约建设用地面积比重；JJZX代表经济制约建设用地比重。

c)林地面积(LDMJ)：　R　LDMJ.K＝DZMJ.K×LDFG.K

式中：DZMJ代表土地总面积；LDFG代表林地覆盖率。

二、京津冀一体化下土地利用结构情景模拟

1. 模型模拟仿真的总体思路

基于上文建立的系统关系流图以及子系统间相互关系分析，土地利用结构模型仿真分以下几个步骤：①对京津冀一体化所包含的政策倾向进行优先度排列组合制定不同政策情景模式，即经济加速发展模式、生态保护模式和耕地保护模式；②理清系统的逻辑结构，确定系统中涉及的主要参数以及参数值；③利用模型方程，对2000—2010年的社会经济数据进行预测，并进行合理性检验，以确定系统参数设定的合理性以及系统逻辑关系的正确性，并对系统参数进行敏感性分析；④运用模型方程，对未来不同政策情景下土地利用结构进行模拟仿真，并对模拟结果进行对比分析，确定最佳土地利用结构方案(图4-26)。

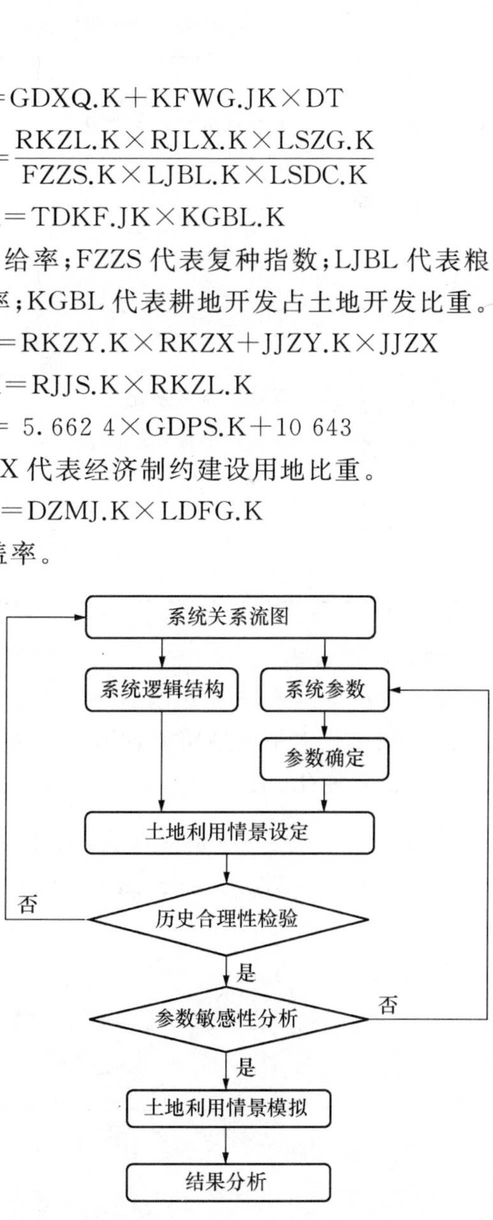

图4-26　模型模拟仿真技术路线图

2. 主要变量参数确定

(1)京津冀一体化政策因子

京津冀一体化包含的政策因子主要有人口政策、产业政策、生态政策和土地政策。通过这些政策力度的调整引导张北县人口有序流动,产业结构趋于合理化,生态环境得到改善,土地利用结构得到优化。人口政策主要包括生育政策和迁移政策,产业政策指产业结构优化升级政策,生态政策指退耕还林政策及水土保持政策,土地政策包括土地开发、整理、保护政策。

上述政策的不同发展倾向引起土地利用系统的相关变量发展趋势不同,进而产生不同的土地利用结构,由此产生不同的社会、经济、生态效益。根据效益优先度不同,将产生不同的效益组合(表 4-19)。

表 4-19 京津冀一体化政策子系统相关变量及效益组合

政策	指标	说明	效益组合
人口政策	人口自然增长率强化因子	适度正常	生态—社会—经济
	城镇化率强化因子	稍高于历史	生态—经济—社会
产业政策	GDP 强化因子	高于历史	经济—社会—生态
	产业结构	低农业,中工业,高服务业	生态—经济—社会
		低农业,高工业,中服务业	经济—社会—生态
		中农业,低工业,高服务业	生态—社会—经济
生态政策	森林覆盖率强化因子	高于历史	生态—社会—经济
土地管理政策	人均用地标准(城镇,农村)	稍高于历史	社会—经济—生态
		低于历史	生态—经济—社会
	粮食自给率	内部平衡	社会—经济—生态
		外部输入	生态—经济—社会

(2)人口增长率

人口增长率由人口自然增长率(出生率－死亡率)和人口机械增长率(迁入率－迁出率)决定;城市化水平由城镇常住人口和农村常住人口决定。根据张北县 1995—2009 年人口自然增长率变化(图 4-27),人口自然增长率在 3‰～8‰之间变动,平均增长率为 5‰,低

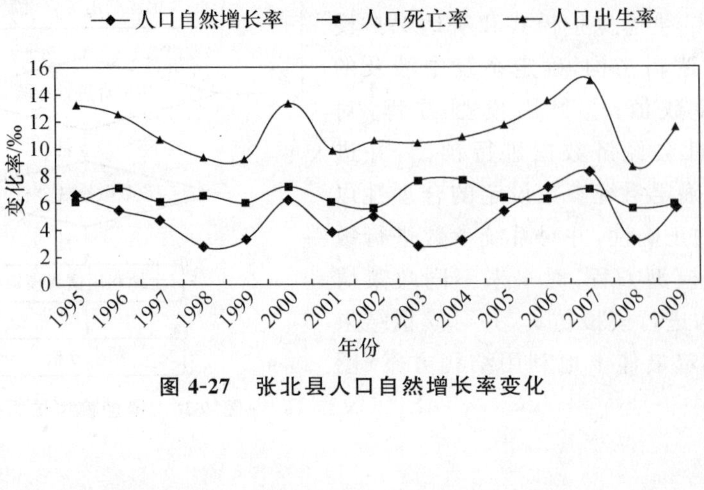

图 4-27 张北县人口自然增长率变化

于北京市及全国人口自然增长率。在未来十五年计划生育政策有所调整，国家放宽二胎生育条件，会对人口增长起促进作用。根据国务院新闻办公室在2000年发表的《中国21世纪人口与发展》白皮书，中国的人口平均自然增长率不得超过9‰。结合张北县人口规划，设定张北县未来10年平均自然增长率为6‰。人口机械增长率不确定性较高，过去张北县迁出人口高于迁入人口，人口机械增长量为负，在未来10年随着社会经济、生态环境逐步改善，迁出率会有所降低，迁入率相对升高，因此将人口机械增长率设定为1‰，人口总增长率约为7‰。

(3)经济增长率、产业结构优化

用GDP增长率表示经济发展速度，张北县经济总量在2000—2010年间迅速增加，产业结构由“一三二”向“二三一”转变。图4-28反映了2000—2010年GDP和各产业产值年增长率，由图可知经济增长率没有规则的变化趋势，不适宜采用统计学预测方法进行预测。历年GDP平均年增长率为14%，中共十六大提出我国今后20年经济增长速度保持在7.2%左右，考虑到张北县实际经济发展情况以及“十二五”经济发展规划，设定2010—2020年平均GDP增长率为12%，第一产业增长率为10%，第二产业增长率为13%，第三产业增长率为25%。

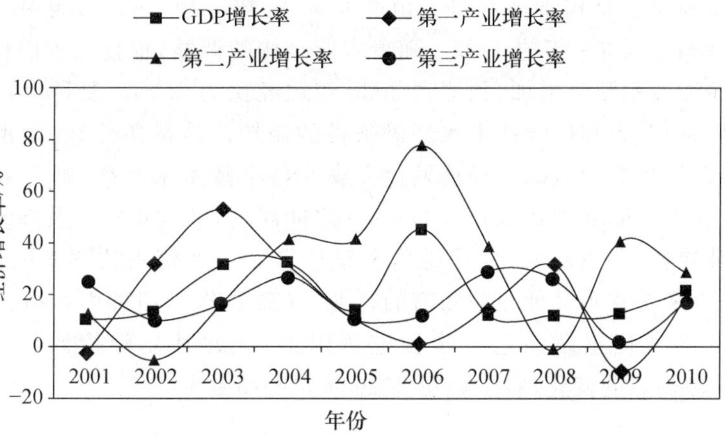

图4-28　张北县经济增长率变化

(4)耕地需求量

耕地保护的最终目的是确保粮食安全，粮食安全的基本条件是保证粮食基本供给，粮食供给与人均粮食需求、粮经比、单位面积产量、复种指数等因素有关。因此，有必要针对人口增加、技术进步等因素对耕地面积的需求进行预测，以保证耕地粮食生产能力，为更好更科学地实现土地管理目标奠定基础。

采用“最小人均耕地面积”模型展开预测，“最小人均耕地面积”是指在区域一定耕地综合生产能力和食物自给水平下，为满足每个人正常生活的食物需求所需的耕地面积，是为了保证区域粮食安全而必须守住的耕地数量底线。其计算模型如下：

$$S_{\min}=\frac{\beta\times \mathrm{Gr}}{P\times q\times k} \tag{4-6}$$

式中：$S_{\min}$代表最小耕地面积（hm^2/人）；P代表粮食单产（kg/hm^2）；q代表粮经比；k代表复

种指数；β 代表粮食自给率（%）；Gr 代表年人均粮食需求量（kg/人）。为得到耕地需求量预测结果，需一一对上述式中参数进行预测。

粮食自给率和人均粮食需求量与耕地面积需求成正比。粮食自给率随着气候变化的不同变化较大，因此较难确定。通过征询粮食局、农业局等相关政府部门，确定张北县未来 15 年粮食自给率维持在 100% 的水平，但也不排除个别年份低于 100% 的可能。人均粮食需求主要包括口粮、种子用粮、饲料粮、工业用粮等。国家食物与营养咨询委员会的研究提出 2020 年人均粮食占有量约为 437 kg；十六大提出 2020 年人均粮食需求量为 420 kg 左右。其中，50% 为口粮，10% 为种子用粮，30% 为饲料粮，10% 为工业用粮。考虑到张北县的实际情况，设定 2020 年人均粮食需求量为 410 kg，其中口粮比重有所下降，饲料粮和工业用粮比重有所上升。

粮食单产、粮经比和复种指数与耕地面积需求成反比。张北县过去以农业为主，1993—2009 年粮食单产水平稳步上升（图 4-29），粮食单产由 1993 年的 0.99 t/hm^2 增加到 2009 年的 1.84 t/hm^2，说明随着农业技术的不断发展以及广泛推广，张北县耕地产出能力显著提高，在未来仍然具有很大的提升空间。因此将未来 10 年粮食单产水平设定在 2.0 t/hm^2。近年来张北县大力发展错季蔬菜种植，减退一些低产低效粮食耕种用地，代之以甜菜、土豆等经济作物，导致粮食播种面积呈现下降趋势。由图 4-30 可知，1993—2009 年粮经比持续下降，由 1993 年的 0.33 下降到 2009 年的 0.27。随着农业结构的调整，粮食播种面积在未来还会不断减少，经济作物播种面积则会增加，预测到 2020 年粮经比为 0.25。复种指数的高低受区域热量、土壤、水分、肥料、劳力和科学技术水平等条件的制约。热量条件好、无霜期长、总积温高、水分充足是提高复种指数的基础。经济发达和农业科学技术水平高，则为复种指数的提高创造了条件。张北县历年的复种指数在 0.5～0.8 之间浮动，随当年气温及降水的不同而有所调整，但总体呈上升趋势（图 4-31）。产业结构调整使得农业产值占比逐渐减少，大量农村劳动力从耕地中解脱出来转移到其他收益较高的行业，导致农作物播种面积减少。但由于农业技术的进步，政府的农业优惠政策进一步实施等因素，张北县复种指数会进一步提高，结合 2000—2010 年复种指数的变化情况，设定 2020 年复种指数为 1.0。

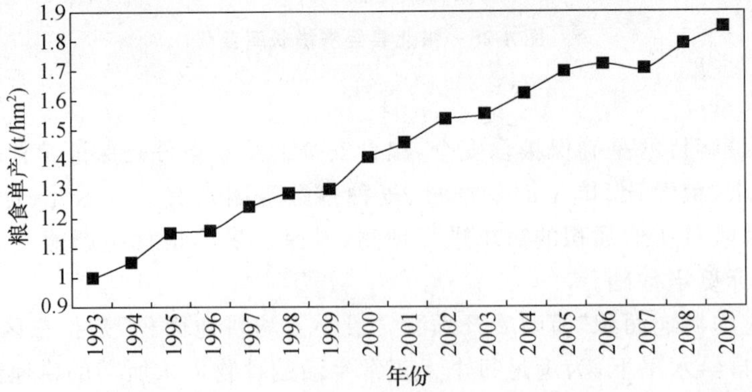

图 4-29　1993—2009 年张北县粮食单产水平变化

（5）人均建设用地标准

张北县近 20 年城镇化快速扩张，建设用地面积显著增加，人均建设用地在 1990—2007 年呈持续增加的趋势（图 4-32），尤其是在 2000 年以后增幅更为明显，直到 2008 年出现转折，由原来的递增趋势转为递减趋势，并在 2007—2010 年持续减少。这是因为政府对人均建设用地标准进行相关调控，以抑制建设用地过快扩张，威胁农用地尤其是耕地的数量。根据张家口市及张北县相关建设用地标准规定，设定 2020 年人均建设用地为 260 m^2/人。

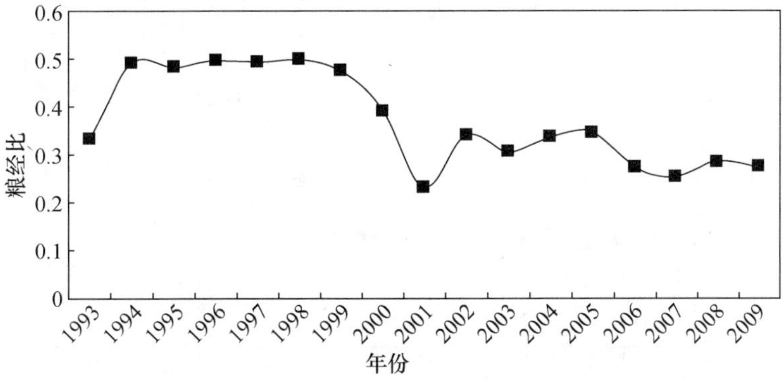

图 4-30　1993—2009 年张北县粮经比变化

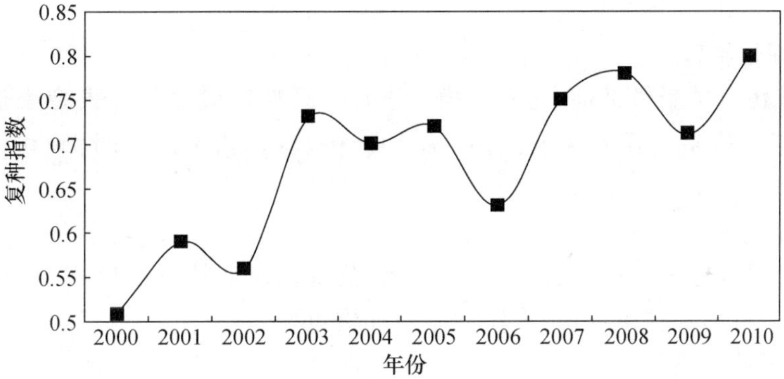

图 4-31　2000—2010 年张北县复种指数变化

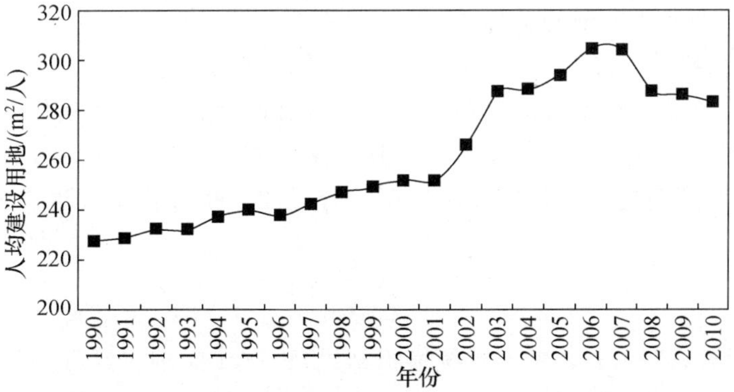

图 4-32　1990—2010 年张北县人均建设用地变化

(6)森林覆盖率

由张北县 1990—2010 年森林覆盖率变化情况可知(图 4-33)，森林覆盖率在 2000 年之前变化不明显，保持在 10%左右的水平，2000—2004 年期间骤然上升，由原来的 10%增加到

25%。这与国家在2000年开展的"京津冀风沙源防治工程"密切相关,张北县作为京津的"上风上水"地带,加上自身生态环境脆弱,提高森林覆盖率对京津生态环境的改善及自身生态质量的提高有重要作用。因此,在未来15年森林覆盖率会持续增加,张北县"十二五"规划提及到2015年森林覆盖率达到31%。据此,本研究设定2020年森林覆盖率达到33%。

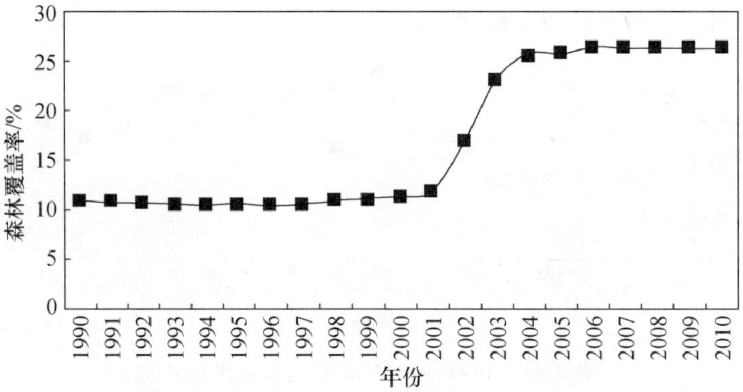

图4-33 1990—2010年张北县森林覆盖率变化

3. 模型合理性检验

在进行系统仿真情景模拟前,需要对模型进行合理性检验以保证模型模拟结果的正确性和可靠性。合理性检验主要方法包括:直观合理性检验、运行合理性检验和历史合理性检验(赵娜,2008)。

(1)直观合理性检验

对模型的边界划分,子系统之间及内部关系及模型建立的方程进行合理性、正确性的检验,是确保模型运行的前提条件,在模型建立时非常重要。

(2)运行合理性检验

借助于VENSIM PLE软件中的检错和跟踪模块对仿真模型表达的正确性进行检验,即对模型运行时涉及的方程和量纲等具体要素进行检验,以确保系统在计算机上顺利运行,并同时通过观测运行结果检测模型的合理性。

(3)历史合理性检验

历史合理性检验是对模型对历史数据的拟合程度的检验。利用历史真实数据与模型模拟出的仿真结果的相对误差来检验模型的合理性。从相对误差的大小判定模型是否有效,若相对误差较大,则可对模型进行修正以确保模型的合理性。相对误差表达式为:

$$S_t = \frac{Y'_t - Y_t}{Y_t} \times 100\% \tag{4-7}$$

式中:S_t为相对误差,Y'_t为t时刻下系统模拟结果,Y_t为t时刻实际观测值。

将张北县2000—2010年人口、经济、社会相关基础数据输入前面建立的各子系统模型方程,以2000年为现状年,取步长1年,进行相关变量仿真模拟并验证结果(表4-20)。模拟结果显示相对误差小于2%的参数为32.25%,相对误差小于5%的参数为59%,相对误差小于10%的参数为100%,符合模型对模拟精度的要求,说明模型可靠性较高,可在此基础上对张北县未来土地利用变化趋势进行模拟预测。

表 4-20　2000—2010 年张北县土地利用动力学系统相关变量模拟结果验证

主要变量	比较	2001 年	2002 年	2003 年	2004 年	2005 年	2006 年	2007 年	2008 年	2009 年	2010 年
总人口/万人	仿真值	36.4	36.5	36.7	36.9	37.1	37.3	37.5	37.7	37.9	38.1
	历史值	36.1	36.4	36.6	37.1	37.2	37.2	37.6	37.8	38.0	38.4
	偏差/%	0.6	0.2	0.4	−0.4	−0.1	0.3	−0.2	−0.2	−0.3	−0.8
GDP/亿元	仿真值	9.4	10.1	13.3	15.8	18.8	28.4	31.7	33.7	37.8	46.9
	历史值	8.7	9.9	13.1	17.4	19.8	28.8	32.4	36.1	40.6	49.8
	偏差/%	7.8	2.5	1.5	−8.9	−4.8	−1.3	−2.2	−6.6	−6.9	−5.6
耕地面积/万 hm²	仿真值	21.0	20.6	20.2	19.8	19.4	19.0	18.6	18.2	17.9	17.5
	历史值	21.2	19.5	19.0	18.4	18.4	18.3	17.8	17.5	17.4	17.4
	偏差/%	−0.7	5.5	6.0	7.3	5.5	4.0	4.8	4.4	2.7	0.7
林地面积/万 hm²	仿真值	5.2	6.7	9.2	10.8	11.0	11.4′	11.8	11.9	12.1	12.0
	历史值	4.9	7.1	9.7	10.7	10.8	11.0	11.0	11.0	11.0	11.1
	偏差/%	4.6	−5.2	−4.3	1.0	2.0	2.8	6.5	8.1	9.5	8.2
草地面积/万 hm²	仿真值	11.8	11.6	11.3	11.0	10.9	10.7	10.4	10.2	10.0	9.8
	历史值	12.0	11.2	10.5	10.1	10.1	9.9	9.9	9.9	9.8	9.8
	偏差/%	−1.8	2.7	7.5	9.3	8.1	7.3	5.2	3.1	1.8	0.6
建设用地面积/万 hm²	仿真值	0.95	0.97	0.98	0.99	1.01	1.02	1.04	1.06	1.07	1.09
	历史值	0.94	0.99	1.07	1.07	1.08	1.08	1.09	1.09	1.09	1.09
	偏差/%	1.20	−2.4	−8.4	−7.0	−6.5	−5.1	−4.5	−3.1	−1.6	−0.2
水域面积/万 hm²	仿真值	1.13	1.12	1.12	1.11	1.10	1.10	1.09	1.09	1.08	1.08
	历史值	1.13	1.15	1.17	1.17	1.02	1.02	1.03	1.03	1.04	1.06
	偏差/%	−0.28	−2.50	−4.65	−5.13	8.28	7.74	6.16	5.63	4.09	1.62
未利用地面积/万 hm²	仿真值	1.48	1.47	1.46	1.45	1.44	1.42	1.41	1.40	1.39	1.38
	历史值	1.48	1.41	1.36	1.35	1.35	1.34	1.35	1.35	1.36	1.37
	偏差/%	0.15	4.28	7.25	7.18	6.32	6.26	4.63	3.79	2.21	0.65

4. 参数敏感性分析

土地利用系统动力学模型注重对系统结构的构建，而不是对参数的估计，适合用来解决数据量不足、精度要求不高的复杂土地系统模拟问题，但往往受主观估计的影响较大，增大模型模拟结果的不确定性，为了考虑参数估计对系统误差的影响，有必要对模型进行参数敏感性分析，以便在模型调试中抓住主要参数。

灵敏度分析就是对系统的结构、状态、参数赋予不同的形式和数值，并在不同状态下进行系统模拟运行，比较分析模型的输出结果，以确定上述这些变化对系统模拟结果的影响。若模型参数变化对系统影响较小，则说明模型模拟结果对参数设定状态是不灵敏的，模拟结果较为稳定；若模型参数变化对系统影响较大，则说明模型对改变参数较为灵敏，要慎重选择敏感参数的设定值。其公式为：

$$D = \left| \frac{(Q'_t - Q_t)/Q_t}{(X'_t - X_t)/X_t} \right| \tag{4-8}$$

式中：D 为 t 时刻系统中某一变量 Q_t 对某一参数 X_t 的灵敏度，Q_t 和 Q'_t 为某一参数调整前后 t 时刻的预测值，X_t 和 X'_t 为调整前后 t 时刻参数的值。若灵敏度小于 1，则说明参数不灵敏。

由于系统动力学模型运行过程涉及众多参数，且输出结果是随时间动态变化的，因此在进行灵敏度分析时，选择 2000—2010 年建设用地面积对人口增长率及 GDP 增长率进行分析。分析结果如表 4-21、图 4-34 和图 4-35 所示。

由表 4-21 可知，当人口增长率分别为 6‰、7‰、8‰时，建设用地面积随之改变，但改变幅度较小，其敏感度在 0.011～0.078 之间变动，数值较小，说明建设用地面积对人口增长率不敏感；当 GDP 增长率分别为 10%、12%、14%时，建设用地面积随之变动，改变幅度较小，其敏感度在 0.001～0.038 之间变动，数值远小于 1，说明 GDP 参数的设定对建设用地面积的改变相对稳定，其设定偏差不会对建设用地面积产生很大的影响。敏感性分析结果显示系统对参数的变动能保持较为稳定的状态，可利用该系统进行土地利用变化的模拟，模拟结果具有相对稳定性。

表 4-21 建设用地面积对人口、GDP 增长率敏感性分析

项目		2002 年	2005 年	2007 年	2010 年	2012 年	2015 年
人口增长率	0.006	11 070.6	11 229.6	11 340.8	11 517.2	11 642.4	11 844.6
	0.007	11 088.3	11 274.5	11 404.4	11 609.6	11 754.5	11 987.1
	0.008	11 105.9	11 319.6	11 468.4	11 702.8	11 867.8	12 131.6
	灵敏度	0.011	0.026	0.036	0.052	0.063	0.078
GDP 增长率	0.10	11 105.9	11 319.6	114 68.4	11 702.8	11 867.8	12 131.6
	0.12	11 108.4	113 28.2	11 483.2	11 731.7	11 910.6	12 204.7
	0.14	11 111.0	11 337.4	11 499.6	11 765.6	11 962.6	12 298.5
	灵敏度	0.001	0.005	0.007	0.015	0.022	0.038

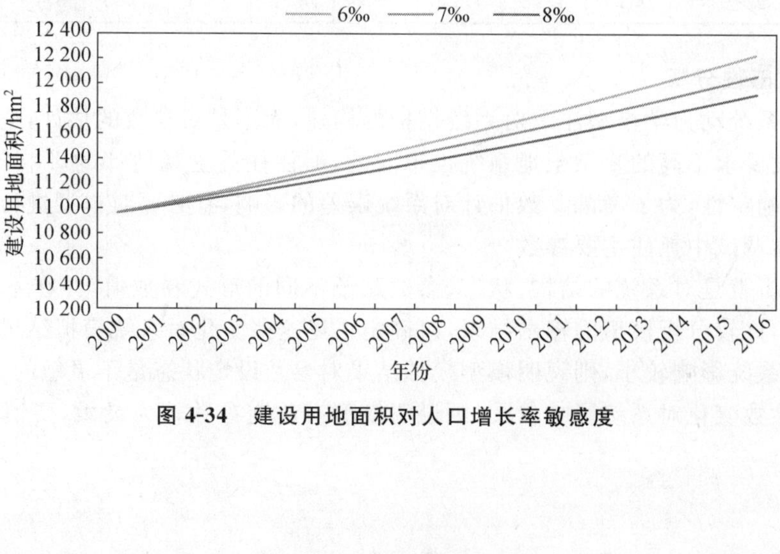

图 4-34 建设用地面积对人口增长率敏感度

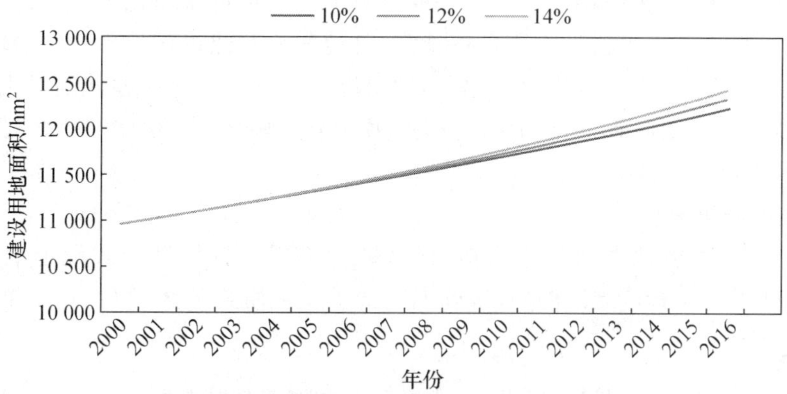

图 4-35　建设用地面积对 GDP 增长率敏感度

5. 情景模拟设定

以上文主要变量参数估算数值为基础，结合京津冀一体化不同政策倾向对张北县社会经济发展产生的影响，制定张北县土地利用结构变化情景，即经济加速发展模式、生态保护模式、耕地保护模式三种情景模式，并对不同模式设置相应的参数取值范围（表 4-22），以此得到 2020 年土地利用结构情景模拟结果。

表 4-22　不同情景模式下京津冀一体化下政策集合的参数取值

参数	经济加速发展（情景 A）	生态保护（情景 B）	耕地保护（情景 C）
人口激励因子	1.10	0.95	1.00
GDP 激励因子	1.15	0.9	0.95
城市化水平激励因子	1.20	1.00	1.12
粮食单产激励因子	1.20	1.00	1.05
人均建设用地激励因子	0.90	1.15	1.10
森林覆盖率激励因子	0.90	1.10	1.00

经济加速发展模式下城镇、工矿、交通等建设用地快速大面积增加，并伴随着耕地、林地、草地等生态用地的快速减少，同时未利用土地开发速度加快。该模式中经济发展速度最快，经济总量增长迅速。张北县经济发展落后的现状要求经济加快发展，但更为严峻的粮食安全问题与生态环境保护问题也同样不可忽视，以牺牲资源和环境为代价换取的经济发展是不可持续的，因此不可盲目将农用地非农化，为加快城镇化进程而大面积侵占耕地。但经济的发展可促进科技水平以及土地开发力度的提高，从某种角度来说对土地结构优化起到一定的促进作用。

生态保护模式是以生态保护为出发点，保证生态用地尤其是林地的稳定增长，加快退耕还林和荒山匹配造林的速度，放缓建设用地增加速度及城镇化进程，有效控制人口增加速率，大力发展生态旅游业以带动第三产业产值增长。此种模式有利于生态环境的改善，促进生态城市的建成，也符合京津冀都市圈中对张北县城市功能的定位。

耕地保护模式以保证社会稳定、粮食安全为主要目标，在现有的发展速度下逐渐平稳地进行土地利用结构优化，在保证耕地生产水平的前提下逐步推进城镇化发展，人口和经济得以稳定增长。在这一情景模式下耕地面积保持稳定，林地面积和建设用地面积缓慢增长，草地总面积有所减少，草地内部结构得以优化，未利用地得以持续开发。这一模式是对现有发展状态的延伸，一方面对社会稳定起到一定的保障作用，另一方面则放缓了经济发展的脚步，此种模式有利有弊。

6. 情景模拟结果分析

以 2010 年张北县各地类面积作为初始值，针对不同情景发展模式设定不同的变量参数值，在 VENSIM 系统中运行 SD 模型，得到不同情景发展模式下张北县 2020 年各地类面积构成情况(表 4-23)。

表 4-23 张北县土地利用结构情景模拟结果

年份	情景	面积/hm²							
		耕地	林地	草地	水域	建设用地	未利用地	人口/万人	GDP/亿元
2010	现实	176 240.2	120 386.3	83 552.3	11 736.4	11 540.5	17 744.4	38.43	49.81
2020	A	171 018.3	126 726.6	84 295.5	12 132.4	12 045.6	17 012.7	41.72	184.62
	B	166 671.2	132 390.4	83 213.9	12 024.6	11 940.8	16 200.6	40.43	129.17
	C	174 132.8	123 066.5	83 204.7	11 952.4	11 961.6	17 483.4	41.12	141.4

注：表中 A、B、C 模式分别代表经济快速发展模式、生态保护模式和耕地保护模式。

经济快速发展模式(情景 A)下人口和 GDP 均得到较快增长，2020 年张北县人口达到 41.72 万人，城镇人口超过 20 万人，GDP 达到 184.62 亿元，在 2010 年的基础上翻了两番。与经济发展和城镇化进程相对应的建设用地面积在 3 种情景模式中居首位，建设面积扩张速度最快，2020 年建设用地面积达 12 045.6 hm^2，比 2010 年增加了 505.1 hm^2，平均每年增加 50.51 hm^2。建设用地快速扩张占用耕地使耕地面积进一步减少，此种情景模式下耕地面积较少，2020 年耕地面积减少到 171 018.3 hm^2，比 2010 年减少了 5 221.9 hm^2。林地面积有所增加，草地面积有所减少。经济快速发展模式以追求经济总量快速增加为目标，城镇化进程进一步加快，但对自然资源掠夺式的开发利用对生态环境保护不利，会产生较多的负面效应。对于生态脆弱的农牧交错区典型县域张北县来说是不可取的。

生态保护模式(情景 B)下人口和 GDP 增长速度得到控制，2020 年张北县人口达到 40.43 万人，GDP 达到 129.17 亿元，均为三种模式的最低值。生态可持续发展模式注重生态环境的保护，林地面积大量增加，到 2020 年林地面积达到 132 390.4 hm^2，比 2010 年增加 12 970.2 hm^2，森林覆盖率达到 33%，相对应耕地面积和草地面积大量减少，耕地大面积退耕还林、大量荒草地上植树造林，增加土地覆被指数，减少裸露度，有效缓解其水土流失的现状，另一方面有效挡住了风沙，为京津提供了生态屏障。在此种发展模式下县域经济依靠生态旅游及新能源开发刺激经济增长，人口增速得到控制，城镇化进程平缓推进，生态环境质量得到提高，土地利用结构进一步合理化，对县域的可持续发展较为有利。

耕地保护模式(情景 C)注重粮食安全问题，在发展经济的同时注重保护耕地，保护生态环境，是经济发展模式和生态可持续模式的中和。经济总量 GDP 和人口总量均处于前两种模式的中间，耕地面积得以保障，到 2020 年耕地面积为 174 132.8 hm^2，略高于土地利用总体规划中给出的耕地面积；林地面积为 123 066.5 hm²，三种模式中面积最少；建设用地面积为 11 961.6 hm²，三种模式中面积居中。此种模式下人们生活水平得以进一步提高，粮食供给充足，森林覆盖率提高，生态环境有所改善。

7. 模拟方案效益评价

(1)土地利用综合效应对比分析

为对比不同情景模式下土地利用结构所产生的综合效应，将各类土地利用类型分为以下三种(陈婧等，2005)：①生产生活用地：包括耕地、建设用地 2 种类型；②生态用地，包括林地、草地、水域 3 种类型；③混合功能用地，主要为未利用地。而生产生活用地及生态用地对社会、经济、生态产生直接影响，故选择上述两类土地进行对比(表 4-24)。

表 4-24 不同情景模式下生产生活用地、生态用地模拟结果

年份	情景	生产生活用地		生态用地	
		面积/hm²	比例/%	面积/hm²	比例/%
2010	现实	187 880.6	44.58	215 656.9	51.20
2020	A	183 063.9	43.25	223 154.5	52.73
	B	178 612.3	42.28	227 628.9	53.88
	C	186 094.4	44.12	218 223.6	51.74

注：表中 A、B、C 模式分别代表经济快速发展模式、生态保护模式和耕地保护模式。

从土地系统社会效益角度看，2020 年三种情景的生产生活用地比例 C＞A＞B。从 2010 年到 2020 年三种情景的生产生活用地比例均有所减少：情景 B 减少最多，为 2.30%，其次是情景 A，为 1.33%，情景 C 减少 0.36%。说明生态保护模式使得生产生活用地快速减少，耕地保护模式下生产生活用地减少最为缓慢，社会效益最高。从土地生态效应角度看，2020 年三种情景的生态用地比例 B＞A＞C。从 2010 年到 2020 年三种情景模式下的生态用地比例均在增加，其中情景 B 增加比例最大，为 2.68%，其次是情景 A，为 1.53%，情景 C 增加 0.54%。说明生态保护模式下土地利用生态效益最高，其次为经济快速发展模式，耕地保护模式生态效益较低。

(2)土地利用经济效益当量对比分析

土地利用的不同方式会产生不同的经济、社会、生态效益，理论上上述效益值是可以测算的(武启祥等，2013)。因此引入效益当量的概念，对土地利用的经济、社会、生态效益值进行测算。

土地系统经济效益就是不同土地利用方式生产的符合需要的产品及提供人们需要的各种服务。选取张北县各类用地的单位面积增加产值作为衡量指标。根据张北县 2010 年统计年鉴获得各类用地的面积及年分行业增加值(表 4-25)，同时，考虑到建设用地对于国民经济的巨大贡献，令其经济效益当量为 100。

土地利用经济效益 $Q = \sum C_i S_i$，C_i 表示土地利用经济效益当量，S_i 为地类面积。

由表 4-26 可知，情景 A 的土地经济效益最高，为 3 339 657，其次是情景 C，为 3 338 233，两者相差不大，说明在经济快速发展模式和耕地保护模式下土地利用经济效益较高，生态保护模式下土地经济效益有所降低。

表 4-25 张北县 2010 年土地经济效益当量计算表

用地类型	耕地	林地	草地	建设用地	水域	未利用地
面积/hm^2	174 492	110 976	98 134	11 336.8	10 621	13 708
对应产业	农业	林业	牧业	第三产业	渔业及水利业	无
产业产值/万元	143 360	2 499	120 186	131 250	358	0
单位面积产值/(万元/hm^2)	0.82	0.02	1.22	11.58	0.03	0
经济效益当量	7.10	0.19	10.58	100.00	0.29	0

表 4-26 张北县 2020 年土地利用当量效益测算表

情景	耕地面积/hm^2	林地面积/hm^2	草地面积/hm^2	建设用地面积/hm^2	水域面积/hm^2	未利用地面积/hm^2	土地经济效益当量
A	171 018.3	126 726.6	84 295.5	12 132.4	12 045.6	17 012.7	3 339 657
B	166 671.2	132 390.4	83 213.9	12 024.6	11 940.8	16 200.6	3 286 490
C	174 132.8	123 066.5	83 204.7	11 952.4	11 961.6	17 483.4	3 338 233

第八节 土地利用空间格局 CLUE-S 模型模拟

一、基于 CLUE-S 模型的土地利用空间格局模拟研究

1. Logistic 回归分析

为确定各地类在每一栅格单元发生的概率分布，采用 Logistic 回归分析法研究各地类与选取的空间及社会经济因素的关系。从 2010 年土地利用现状图中提取耕地(X_0)、林地(X_1)、草地(X_2)、水域(X_3)、建设用地(X_4)和未利用地(X_5)作为因变量，结合张北县地理环境特征，选取高程($sclgr_0$)、坡度($sclgr_1$)、坡向($sclgr_2$)、距水系的距离($sclgr_3$)、距城镇的距离($sclgr_4$)、距公路的距离($sclgr_5$)、GDP($sclgr_6$)、固定资产投资($sclgr_7$)、总人口($sclgr_8$)、城市化率($sclgr_9$)、农民人均纯收入($sclgr_{10}$)和粮食产量($sclgr_{11}$)12 个因子，作为土地利用类型空间分布概率的驱动因素。其中高程和坡度数据来自张家口市 DEM 图，距水系的距离($sclgr_3$)、距城镇的距离($sclgr_4$)、距公路的距离通过对水系、建制镇、公路作缓冲分析得到。

在 ArcGIS 软件平台下，将上述驱动因子统一转成 200 m×200 m 栅格数据，再由栅格数据转化为 ASCⅡ文件存放。借助于 CLUE-S 模型中的 File Converter 模块将上述 ASCⅡ文件转化为 SPSS 可识别的单列数据文件。最后将转化好的数据导入 SPSS 软件中对每类土地分布与驱动因子之间进行二元 Logistic 回归，得到相应的回归系数。并进行 ROC 检验，认为 ROC 曲线面积在 0.7 以上，驱动因子对地类空间分布格局具有较好的解释作用。驱动因子的栅格图如图 4-36 所示，回归结果如表 4-27 所示。

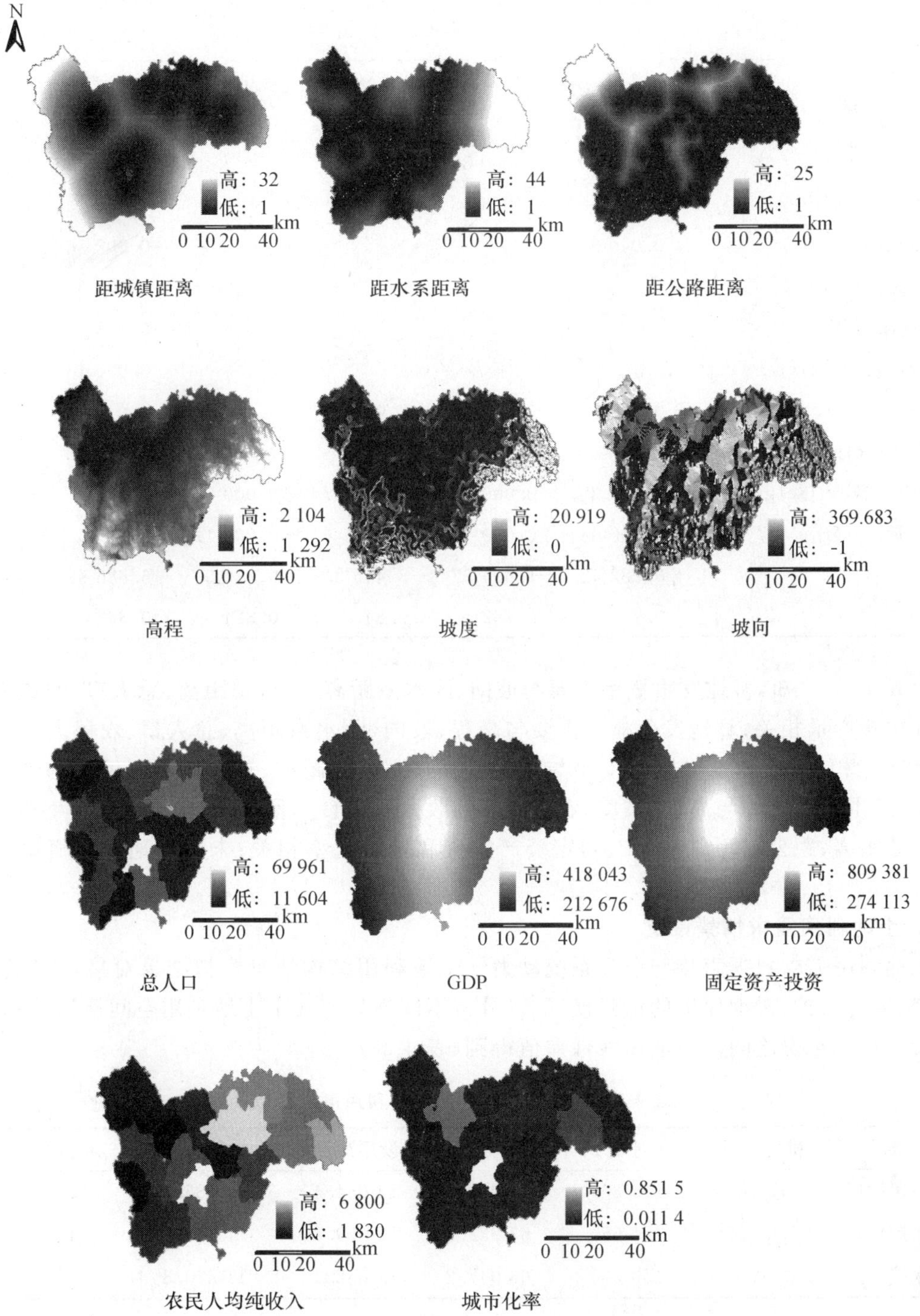

图 4-36　Logistic 回归因子图

表 4-27　张北县土地利用类型的 Logistic 回归结果(β 值)

项目	耕地 X_1	林地 X_2	草地 X_3	水域 X_4	建设用地 X_5	未利用地 X_6
高程($sclgr_0$)		0.001 84		−0.002 65		
坡度($sclgr_1$)			0.069 2	−0.097 31		
坡向($sclgr_2$)	−0.000 79	−0.000 82	0.047 01			
距水系距离($sclgr_3$)	0.056 55	0.073 68				
距城镇距离($sclgr_4$)	0.040 91				0.002 56	
距公路距离($sclgr_5$)			0.029 35		0.003 69	
GDP($sclgr_6$)					0.023 64	
固定资产投资($sclgr_7$)					0.000 13	
总人口($sclgr_8$)	−0.000 03	−0.000 02	−0.000 03			
城市化率($sclgr_9$)					0.156 32	
农民人均纯收入($sclgr_{10}$)	−0.000 25	0.000 37	0.000 37	−0.000 54		
粮食产量($sclgr_{11}$)	0.000 08	0.000 14		−0.000 12		−0.000 16
β	−3.982 42	−1.694 57	−3.445 35	0.330 9	−6.686 58	−3.126 21
ROC 值	0.75	0.762	0.84	0.824	0.862	0.724

由表 4-27 可知，耕地发生概率主要与坡向、距水系距离、距城镇距离、总人口、农民人均纯收入和粮食产量相关；林地发生概率主要与高程、坡向、距水系距离、总人口、农民人均纯收入和粮食产量相关；草地发生概率主要与坡度、坡向、距公路距离、总人口和农民人均纯收入相关；水域发生概率主要与高程、坡度、农民人均纯收入和粮食产量相关；建设用地发生概率主要与距城镇距离、距公路距离、GDP、固定资产投资和城市化率相关；未利用地发生概率与粮食产量相关。

2. 土地利用需求情景设定

土地利用需求数据直接与前文系统动力学土地利用结构情景模拟结果对接，分为经济快速发展、生态保护、耕地保护的情景模式，以分析不同情景模式下土地利用空间格局的差异，起始年份与目标年份之间的数值由线性差值得到(表 4-28)。

表 4-28　张北县 2020 年土地利用需求模拟　　hm^2

情景	耕地面积	林地面积	草地面积	建设用地面积	水域面积	未利用地面积
经济快速发展	170 201	146 200	72 033	12 054.4	10 785.6	10 108.6
生态保护	170 557	151 650	63 932.5	12 009.3	11 568	11 785.2
耕地保护	170 689	150 500	66 047.2	12 038.1	11 320.8	12 397.5

3. 土地利用转换规则

土地利用转换规则由土地利用转移矩阵和土地利用转移弹性系数来表示。土地利用转移矩阵表征各土地利用类型之间的转化规则，“1”代表某一地类可向其他地类转化，“0”代表某一地类不可向其他地类转化。考虑到张北县土地类型转化的实际情况，设定张北县建设用地和水域限制转化，其余地类均可互相转化，6×6 矩阵如表 4-29 所示。土地利用弹性系数(ELAS)表征土地利用类型的稳定程度，其值介于 0 和 1 之间，值越接近 1 表示地类越稳定，以张北县 1989—2000 年和 2000—2010 年两个阶段土地利用数量转换情况为基础，考虑到不同模式下地类转换难易程度有所差别，设定不同情景模式下地类转换难易程度(表 4-30)。

表 4-29　张北县土地利用转化矩阵

	耕地	林地	草地	水域	建设用地	未利用地
耕地	1	1	1	1	1	1
林地	1	1	1	1	1	1
草地	1	1	1	1	1	1
水域	0	0	0	1	0	0
建设用地	0	0	0	0	1	0
未利用地	1	1	1	1	1	1

表 4-30　不同情景模式下的地类 ELAS 值

情景	耕地	林地	草地	水域	建设用地	未利用地
经济快速发展	0.65	0.90	0.70	0.90	1.00	0.85
生态保护	0.70	0.95	0.75	0.90	1.00	0.80
耕地保护	0.80	0.85	0.70	0.85	1.00	0.85

4. 限制区域

限制区域表征在模型运行时保持地类不变的区域，可设置基本农田区域或者自然保护区为限制区域，由于未获得张北县基本农田保护区图件，设定区域内无限制区域，只需输入县域边界文件，使得县域范围土地属性为 0 即可。

5. 模型主要参数设定

基于张北县土地利用类型及相关回归结果，在模型运行前进行相关参数的设置，主要包括 20 个参数，参数名称、参数类型以及具体取值如表 4-31 所示。

表 4-31　CLUE-S 模型主要参数设定

编号	参数名	类型	参数值
1	土地利用类型数量	整数型	6
2	区域数量	整数型	1
3	回归方程自变量最多个数	整数型	9
4	驱动因子总数	整数型	11
5	行数	整数型	347
6	列数	整数型	536
7	栅格面积	浮点型	4.00
8	原点 X 坐标	浮点型	38 514 502.13
9	原点 Y 坐标	浮点型	4 535 093.41
10	土地利用类型代码	整数型	0,1,2,3,4,5

续表4-31

编号	参数名	类型	参数值
11	土地利用转移弹性	浮点型	0.7,0.9,0.7,0.9,1,0.8
12	迭代变量	浮点型	0,0.35,3
13	模拟初始、结束年份	整数型	2010 2020
14	动态变化解释因子的数字和编码	整数型	0
15	输出文件(1,0,2,−2)	整数型	1
16	区域特定回归选项(0,1,2)	整数型	0
17	土地利用初始状况(0,1,2)	整数型	1 5
18	邻域计算(0,1,2)	整数型	0
19	区域特定优先值	整数型	0
20	迭代步长	浮点型	0.005

6. CLUE-S 模型输入文件及模拟流程

在进行土地利用类型 Logistic 回归分析、土地利用转换规则设定、土地数量需求预测、土地限制区设定、主要参数设定等准备工作完成后，可将上述基本数据输入 CLUE-S 模型的各个板块(表 4-32)，模型在对基本数据分析后进行土地利用类型的空间分配，运行结果即为目标年份与土地数量需求相对应的各需求情景下的土地利用空间格局模拟结果。选择 Dyna-CLUE 软件平台实现整个模型的运行(图 4-37)，在进行一定次数的迭代后，土地利用空间分配结果和土地利用数量需求之间的差值达到一个阈值，模型即收敛。模型运行结果为 ASCⅡ格式文件，可在 ArcGIS 中转化为可视化栅格格式。

表 4-32 CLUE-S 模型输入文件说明

文件名称	数据要求	文件格式
main.1	模型主要参数	txt
cov_all.0	模拟初始年份土地利用现状图	asc
demand.in *	土地数量需求矩阵(*代表不同情景)	txt
region_nopark *.fil	限制区域文件(*代表不同限制区域)	asc
allow.txt	土地利用转移矩阵	txt
sc1gr *.fil	驱动力文件(*代表驱动力代码)	asc
allocl.reg	回归方程系数	asc

二、CLUE-S 模型模拟结果分析

CLUE-S 模型经过一定次数的迭代后输出中间年份以及目标年份的土地利用空间格局分布文件 age *.asc，通过 ArcGIS 软件平台将 asc 文件转化为可视化的 Grid 文件，以便于进行地类变换等相关分析，不同情景模式下的土地利用空间格局模拟结果见图 4-38(彩图 11)。

对比张北县 2010 年土地利用现状图(图 4-39、彩图 12)与 2020 年土地利用空间格局模拟图(图 4-38、彩图 11)可见，土地利用空间格局在 2010—2020 年期间发生明显变化。随着退耕还林还草工程以及荒山造林的进一步实施，期间部分耕地和草地转化为林地，耕地和草地面积

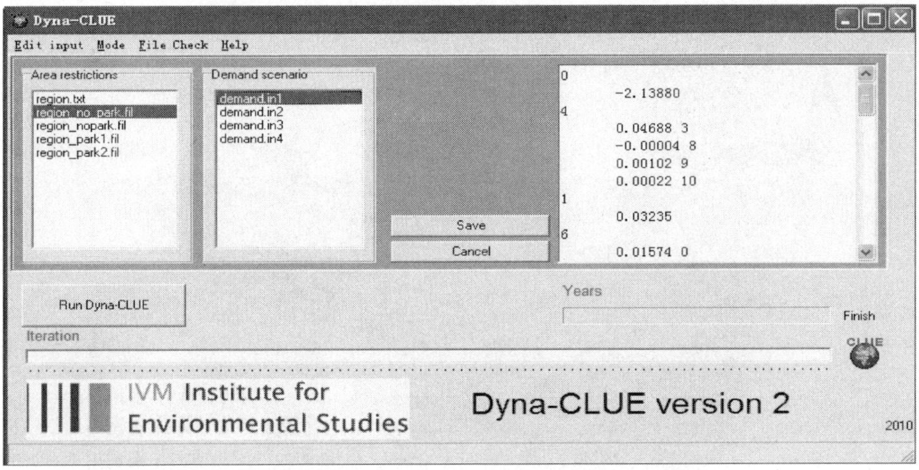

图 4-37　Dyna-CLUE 运行界面

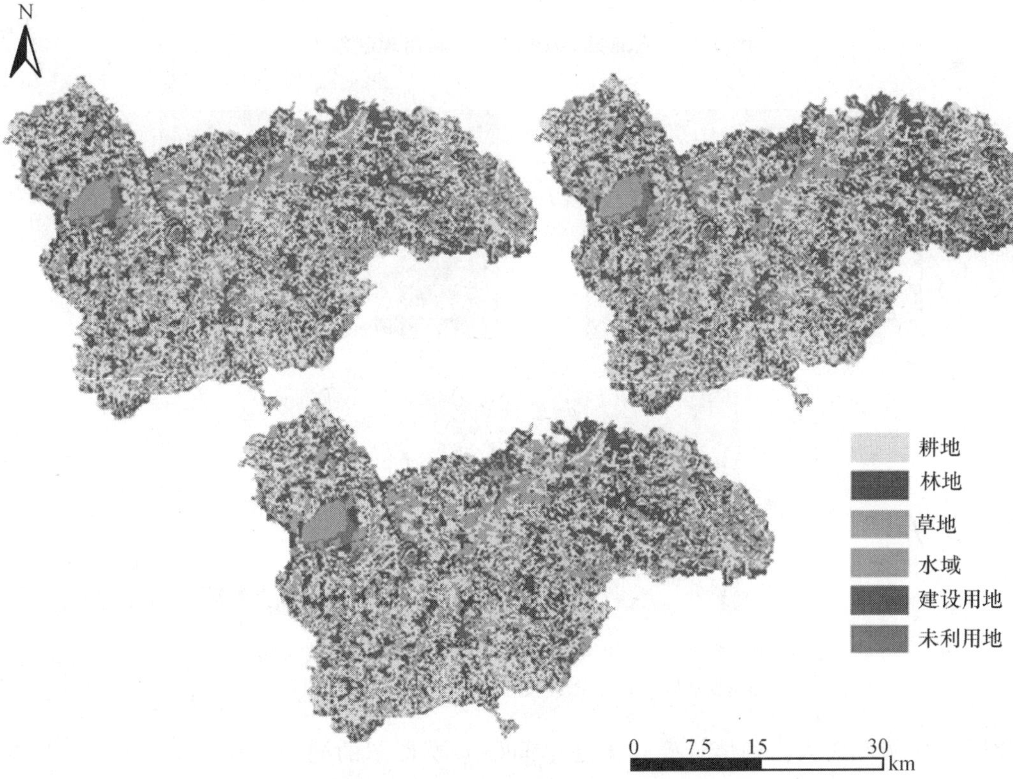

图 4-38　张北县 2020 年土地空间格局模拟

(左上:经济加速发展模式 A;右上:生态保护模式 B;下:耕地保护模式 C)

均在减少,林地面积持续增加,且分布呈现集中的趋势,耕地和草地则趋于破碎化,有被林地分割的趋势。退耕还林工程在 2010—2020 年期间多发生于县域中部平原地区以及东部坝头地区。建设用地呈现进一步扩张趋势,主要表现为张北县城以及发展较快的城镇向周边蔓延,侵占部分耕地和草地,体现出建设用地的空间吸引性特征。未利用地面积在减少,尤其是安固里淖水库周围的盐渍土,将有一定面积转化为耕地、林地或草地。

图 4-39 张北县 2010 年土地利用现状图

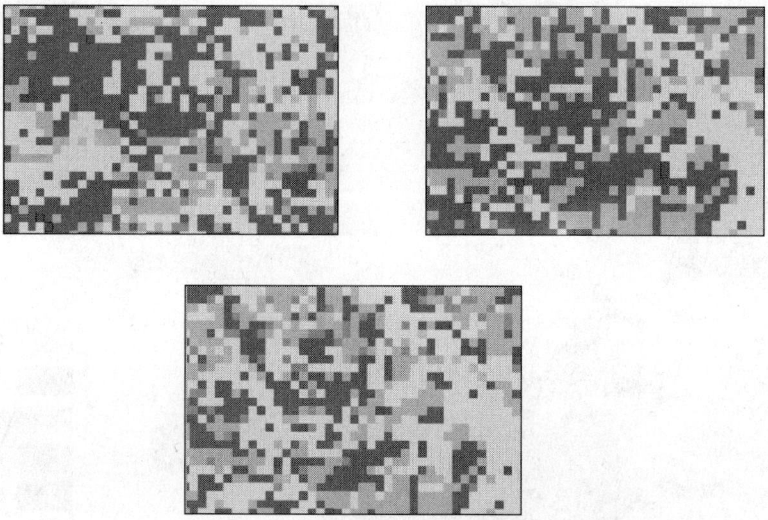

图 4-40 张北县 2020 年土地空间格局模拟局部放大图

(左上:经济加速发展模式 A;右上:生态保护模式 B;下:耕地保护模式 C)

以相同的比例尺放大三种情景模式土地空间格局模拟图的同一部位(图 4-40、彩图 13),可更为清晰地观察不同情景下各个地类空间分布的差异性,对比结果总结如下:

(1)经济加速发展模式 A

经济加速发展模式下建设用地斑块数(红色)以及集中分布特征较其他两种模式下更为明显。经济加速发展情境下建设用地迅速扩张,其周围的耕地、草地及未利用地不断转向建设用地,并呈现集中连片分布现象。

(2)生态保护模式 B

生态保护模式下林地斑块数(绿色)明显多于其他两种模式,集中连片的趋势也较为明显。而耕地斑块(黄色)数分布较少,且多为林地所分割。草地斑块数多于经济加速发展模式,且分布较为集中。林地周围的耕地、草地、未利用地不断向林地转化。该种模式趋向于县域生态环境的改善，建设用地扩张速度放缓。

(3)耕地保护模式 C

耕地保护模式下耕地斑块数(黄色)显著多于其余两种情景模式，且集中连片分布趋势较明显。林地和草地斑块数较少，且分布较分散，未利用地斑块数较其他两种模式增多，且分布零散。

第九节　结论与讨论

一、结论

本章以张家口市张北县为研究区域，以1989年、1995年、2000年、2010年Landsat TM遥感影像为数据源，运用遥感、地理信息系统、多元统计分析等技术和方法，系统分析土地利用变化的时空过程和规律，剖析土地利用变化的内在驱动因素以及外在驱动机制；基于京津冀都市圈、张家口市以及张北县自身对张北县县域发展定位，进行了张北县土地利用功能识别和定位；基于土地利用系统动力学(SD)模型，模拟京津冀一体化背景下未来不同情景下土地利用结构，采用CLUE-S模型，以2010年为土地利用现状以及模拟初始阶段，模拟了经济加速发展、生态保护、耕地保护情景模式下张北县2020年土地利用空间格局，为张北县土地利用结构调整及空间用途管制提供了决策支持。具体研究结论如下：

(1)以遥感数据为数据源通过解译获得张北县1989年、1995年、2000年和2010年四期土地利用现状图，运用ArcGIS软件平台各个模块进行图层叠加、地类融合、数据转换等操作，对张北县1989—2010年土地利用数量及空间变化进行了系统研究。结果表明1989—2010年县域土地利用类型以耕地、草地、林地为主，期间耕地、草地、未利用地面积有所减少，耕地减少较为明显的地区分布在县域东北部，林地增加最显著的区域分布在县域东北部坝头地区，其他类型土地面积均有增加，且2000—2010年变化更为剧烈；研究期间区域差异以及变化速度较为显著的地类为林地、耕地和草地；1989—2010年地类转换主要变现为耕地和草地向林地以及建设用地转换，部分林地和草地向耕地转换，草地和未利用地之间互相转换，未利用地向其他地类间转换，其中以2000—2010年转换最为剧烈，转换速度最快。

(2)选取主成分分析和典型相关分析两种统计分析方法，以县域2000—2010年土地利用变更数据和社会经济数据为基础数据，对张北县各地类变化的主要驱动因素进行定量分析。结果表明耕地面积变化主要受人口结构和农民收入影响，草地面积变化主要受自然因素降水量影响，建设用地面积变化主要受经济总量和居民收入影响。除此之外，政策因素如退耕还林工程等亦是县域地类变化的重要驱动因素。

(3)以京津冀一体化为时代背景，结合张北县的自然环境、资源禀赋及社会经济等条件，基于张家口土地利用总体规划和张北县"十二五"规划对张北县经济发展战略的定位，对张北县区域发展和土地利用功能进行识别和定位。结果表明，张北县地处京津的上风上水地带，担负京津生态屏障的重要角色，县域发展及土地利用功能应以生态保护及涵养为首要目标。同时县域在张家口市区位优势显著，是坝上地区和坝下地区联系的纽带，应着重发挥交通及物流枢纽的作用，拉动张北县经济发展，成为坝上地区经济发达、开放度高的中心区域城市。

(4)将京津冀一体化政策作为研究背景,根据系统动力学模型的基本方法和原理,构建张北县土地利用结构系统动力学模型,基于京津冀一体化包含的政策因子与土地利用结构间的相互作用,设置经济加速发展、生态保护、耕地保护三种情景模式,对张北县2010—2020年土地利用数量结构进行情景模拟。研究表明,不同情景模式下的土地数量结构有明显差异,经济加速发展模式下城镇、工矿、交通等建设用地快速大面积增加,并伴随着耕地、林地、草地等生态用地的快速减少,同时未利用土地开发速度加快,此种模式下产生的经济效益最高;生态可持续发展模式保证县域生态用地尤其是林地的稳定增长,加快退耕还林和荒山匹配造林的速度,放缓建设用地增加速度及城镇化进程,此种模式下产生的生态效益最高;耕地保护模式下耕地面积保持稳定,林地面积和建设用地面积缓慢增长,草地总面积有所减少,草地内部结构得以优化,未利用地得以持续开发,此种模式下产生的社会效益最高。

(5)以系统动力学不同情景模式下的土地利用结构数量模拟结果为需求量,以CLUE-S模型为模拟工具,进行Logistic回归分析、地类转换难易程度分析、限制区域设定、主要参数调试等工作,对县域2020年土地利用空间格局进行仿真模拟。结果表明不同情景需求条件下土地利用空间格局亦有差别,经济加速发展模式下建设用地斑块数以及集中趋势呈现较为显著的优势,周围的耕地和草地向建设用地转化,部分未利用地被开垦成为耕地。生态保护模式下林地斑块数较多,集中连片的趋势也较为明显,耕地斑块分布较少,林地周围的未利用地部分向林地转化。耕地保护模式下耕地斑块数显著多于其余两种情景模式,且集中连片分布趋势较明显,林地和草地斑块数较少,未利用地未得到充分治理,斑块数较多。

二、讨论

由于受数据可得性、研究期限及研究水平的限制,本研究尚存在诸多不足之处,有待进一步深入研究。

(1)土地利用变化是一个受自然、经济、社会、政策等不同因素共同驱动的复杂过程。本章在系统动力学模型中和CLUE-S模型中只考虑了自然、社会经济中较为重要的影响因子,与现实情况有一定差距,在以后的研究中可将政策因子、规划因素、环境因子等列入指标体系,以获取更全面更贴近实际的模拟结果。

(2)对于系统动力学模型和CLUE-S模型均是首次接触,在构建模型时进行了初步尝试,系统只涉及了经济、社会和土地系统,系统的复杂程度和展开的深度有待加强,在揭示土地利用变化机制方面上有不足。

(3)受资料完整度、搜集资料时间限制,在研究京津冀一体化对张北县土地利用结构的影响时采用定性分析,未查明京津和河北之间物质流、能量流、产业承接的具体数据,今后可专门针对以上问题进行深入研究。

第二篇　土地利用变化的生态效应及其优化调控

第一章　引　　言

第一节　研究意义

LUCC 研究是全球环境变化研究的一个重要方面，同时也是从自然和社会两方面综合研究全球和区域环境变化的切入点之一，是土地科学与地理学综合研究的前沿课题。土地作为人类生存和社会经济活动的物质基础，不仅是众多陆地生态系统的载体，还是人类活动与生态环境之间的纽带（叶延琼，2008）。人类出于自身生存和发展的需求，通过各种生产活动与土地结合获得物质产品与服务，深刻地改变着土地利用与覆被方式，这不仅带来了地表结构的巨大变化，而且还会对生物多样性、地表与大气之间的气体交换、土壤和植物之间的营养物质运输及水循环造成影响，这些影响会引起生态系统类型、结构和生态过程发生变化（李晓兵，1999；Fu Bojie，2000；Terling *et al*.，2013；Tian H Q *et al*.，2012；章茹等，2014），使得生态环境的质量发生正向变化或逆向变化。由此可见，LUCC 与陆地表层物质循环和生命过程密切相关，是区域生态环境变化的重要动力，对维持自然生态系统功能和自然资源的可持续利用起到了决定性的作用。

人口的快速增长，城镇化速度的加快以及人类对自然环境不合理开发利用等导致了全球生物多样性发生不可逆转式的退化，这种退化所反馈的风险对人类福祉产生了显著危害（刘焱序等，2015）。土地荒漠化、土地盐碱化、水土流失及土地污染等土地生态环境问题使土地生态系统功能下降，直接影响生态系统服务价值，破坏了土地生态系统的稳定与安全，威胁着社会经济发展以及人类生存。因此，研究土地利用变化及其对生态环境的影响，对于了解区域乃至全球生态环境变化具有重要意义，同时也可为区域土地可持续利用和生态环境建设提供科学依据（傅伯杰等，1999）。

张家口市位于河北省西北部，是典型的生态环境脆弱区。同时，张家口市地处北京市的上风上水地带，具有涵养水源、保持水土等功能，特别是随着京津冀的一体化发展，张家口市更担负着保护京津地区生态安全的重要任务。但长期以来，由于人类对土地的过度开垦和超强开发，超出了环境承载力，土地沙化、水土流失、土地污染等土地生态环境问题日益突出，严重制约了社会经济的发展。因此，从系统研究张家口市土地利用变化及其带来的生态效应可以为张家口市土地资源可持续利用和生态环境保护提供决策支持。

第二节 研究进展

一、LUCC 生态效应状况

土地利用变化及其生态效应研究已成为 LUCC 研究的重点。国际应用系统分析研究所(IIASA)于 1995 年启动了"欧洲和北亚土地利用/覆被变化模拟"项目(Fischer,1995),通过分析区域土地利用/覆被变化的空间特征、时间动态和环境效应,预测未来 50 年的变化趋势。其必须回答的问题之一就是土地利用变化如何影响其他环境变化如水质和水量、土壤的退化和污染及气候变化等。美国全球变化委员会 1996 年将土地利用变化与气候、臭氧层的耗损一起列为全球变化研究的主要领域。美国国家环境保护署(The United States Environmental Protection Agency)建立的 SWMM 模型和 L-THIA 模型以及国际应用系统分析研究所(IIASA)的 CHARM 模型等都是在流域尺度上探讨土地利用变化同大气和水文过程的相互关系。日本国立科学院全球环境变化研究中心提出了"为全球环境保护的土地利用研究"(LU/GEC)项目等(李秀彬,1996)。随着 IGBPⅡ及全球土地计划(GLP)的逐步展开,LUCC 研究重点转向与其他研究领域的综合,强调与"全球变化"和"陆地生态系统"(GCTE)的结合,更强调生态系统功能与人类社会动态的紧密联系(蔡运龙等,2004;Ojima *et al.*,2005),土地利用变化的生态效应研究得到了更大程度的关注。主要集中在两个方向:土地利用变化的环境要素效应,如大气环境效应、土壤环境效应、水环境效应及生物多样性效应等;土地利用变化的综合生态效应,如区域生态系统服务价值效应与生态安全评价等(Vose *et al.*,2004;Foley *et al.*,2005;马宗文等,2011;王晓东等,2014)。

二、LUCC 环境要素效应

LUCC 大气环境效应的研究主要是对土地利用变化所引起的大气成分的改变、下垫面性质变化及区域气候变化等进行研究。化学燃料的燃烧、过度放牧、林地向耕地的转换、城市建设以及农业生产活动等都会造成空气中的 CO_2 含量增加,使全球碳循环发生变化,从而影响气候系统(Stuiver *et al.*,1978;Houghton,1991;Skole,1995)。从 19 世纪下半叶即第二次工业革命开始至今,全球大约有 35%的人为 CO_2 释放是由 LUCC 直接引起的(Houghton *et al.*,2001)。Jefferson F 和 Yarnasarn S 等将人类活动所引起的大气中的微量气体分为惰性的和活跃的,存活时间较长的和存活时间较短的,结果发现由土地利用的变化引起的存活时间较长的气体成分是影响全球气候变化的温室气体。土地利用/土地覆盖变化也引起下垫面的生物物理属性,如地表反照率、粗糙度、植被叶面积指数以及植被覆盖度等发生改变,引起地表水热状况的变化,导致大气原来的热量及气压分布平衡被打破,从而引起温度、湿度、风速以及降水等气候要素发生变化(Pielke *et al.*,1990;Oke,1982)。张学珍等,葛全胜等通过模拟地表植被覆盖度变化引发的气候效应,发现在植被增加的区域,气候变暖的趋势得到有效减缓,而在植被减少的地区,这一趋势则不断加剧(Zhang X *et al.*, 2012;Ge Q *et al.*,2014)。

土地利用变化对土壤质量及其生态环境功能的影响已成为地球表层系统界面过程及环境效应研究热点(潘佩佩等,2012),LUCC 的土壤环境效应主要是通过改变地表植被和土壤管理措施,影响植物凋落物和土壤微生物的活动,致使养分(碳、氮、磷等)在土壤系统重新分配,进而影响土壤质量(郭旭东等,2001)。目前关于 LUCC 对土壤环境影响的研究主要集中在土地退化和土壤污染等方面，如土壤侵蚀、土地沙化、水土流失、盐渍化及土壤肥力的丧失等。国外学者多从土壤退化的内在和外部影响因子的综合角度，建立土壤退化的评价指标及分级标准体系；结合土壤的性状，研究 LUCC 引起的土壤退化的过程、机理及发展趋向和速率，并对其进行模拟和预测；从社会经济学的角度研究土壤退化对土壤质量及其生产力的影响（Imhoff *et al.*，1997；Murray *et al.*，1999；Milne *et al.*，2007）。国内多侧重于 LUCC 对土壤性状尤其是土壤肥力性状的影响，土壤退化的基本过程、作用机理与调控对策，以及 LUCC 对土壤污染的影响等方面的研究（傅伯杰等，1999；周平等，2009）。如高中贵等（2005）在昆山市选择 6 种典型农用土地利用方式，78 个土壤样点剖面，对不同土地利用类型的土壤性质进行对比分析。韩书成等（2007）对锡山市土壤 pH 等 7 个指标和旱地变为未利用地等 5 种变化的响应进行研究，发现土地利用的不同变化方式对土壤性质的影响方向及影响程度不同。靳治国等（2009）对上海崇明岛不同土地利用方式下土壤污染的分析得出，工业区土壤重金属 Cu、Cr、Pb 全量最高，而湿地最低。

LUCC 是水文变化的主要驱动要素之一（李昌峰等，2002；DeFries *et al.*，2004），影响水分循环过程及水量、水质，从而导致水资源供需关系发生变化。如 Bronstert 等总结了可能影响地表及近地表水文过程的土地利用变化及与之相关的水文循环要素，发现在区域尺度上，植被变化（如毁林和造林、草地开垦等）、农业开发活动（如农田开垦、作物耕种和管理方式等）、道路建设以及城镇化等一系列 LUCC 过程影响水文变化；在全球尺度上，毁林和造林是最主要的驱动因素（Bronstert *et al.*，2002）。土地利用结构变化特别是农业用地和建设用地的变化对水质的影响最大（Boers，1996；刘瑞民等，2006），如 Murray K S 等（1999）对美国东北部 Rouge 河流的研究发现，人类土地利用方式的改变以及城市化的发展，造成包括重金属在内的有害化学物质大量排到地下水中，不仅使地表水水质发生变化，同时也使整个 Rouge 河流域的水质环境日益恶化。土地利用变化改变垫面性质，通过影响截留、下渗、蒸发等水文要素以及产汇流过程，进而对水量产生重要作用（Stanley，1994；Lorup and Refsgaard *et al.*，1998）。Schulze（2000）通过实地考察及水文模型模拟了非洲南部土地利用和气候变化的水文效应，结果表明水文效应对土地利用及其变化高度敏感且相关，土地利用的局部突变对水文的影响远比区域性或全球性地表覆被的渐变显著得多。

LUCC 是影响生物多样性的最重要因素（Vitousek，1994；李晓兵，1999），生物多样性效应主要表现为以下三个方面：对基因多样性的影响，是通过土地利用变化使物种栖息地改变，进而影响物种繁殖和基因组成，主要涉及对物种生境的隔离、农牧业活动对物种的改良和生境条件的改变方面（Aldrich *et al.*，1998；Le Maitre *et al.*，2007；吴建国等，2008）；对物种多样性的影响，集中于对物种丰富度和生存竞争的影响（温远光等，1998；Lindenmayer *et al.*，2002；Fahrig，2002；Polasky *et al.*，2011；王玉婷等，2014）；对生态系统的影响，多涉及对生态系统组成结构及空间分布的影响（Tellería *et al.*，2003；Hansen *et al.*，2002；Velázquez *et al.*，2003；李愈哲等，2013）。

三、LUCC 综合生态效应

1. 区域生态系统服务价值效应

20 世纪 60 年代生态系统服务概念首次提出（King，1966；Helliwell，1969），联合大学（United Nations University）于 1970 年发表的《人类对全球环境的影响报告书》中提到生态系统服务这一概念，并提出了生态系统对人类的环境服务价值。此后，Holder（1974）、Ehrlich

(1977)、Westman(1977)和Odum(1983)等进行了一系列有影响的研究。到了20世纪90年代,生态系统服务价值评估方法的研究取得了阶段性的进展。1991年国际科学联合会环境问题科学委员会(SCOPE)组织了一次研究生物多样性间接价值的会议(Tillman,1997)。Pimentel等(1997)对全球生物多样性和美国生物多样性进行了比较研究。Gren等(1995)对欧洲多瑙河流域经济价值进行了评估。Dixon(1997)讨论了英国某流域土壤和沉积物保持的价值评价及其对流域环境管理的指导作用。最有影响的是由Daily(1997)负责的研究组,首次提出并构建了生态系统服务框架。Costanza等(1997)在*Nature*上发表了相关文章,将全球生态系统划分为海洋、森林、草原、湿地、水面、荒漠、农田、城市等16大类26小类;将生态系统服务划分为气候调节、水分调控、控制水土流失、物质循环、污染净化、娱乐及文化价值等17种类型,并通过多种经济评价方法,最终得出全球生态系统服务价值平均为33万亿美元/年,其中河口、大陆架、森林、湿地的生态系统服务价值较高,这使得生态系统服务价值评估的原理与方法从科学意义上得以明确。Sutton等(2002)研究了全球生态系统的市场价值和非市场价值及其与世界各国GDP的关系。联合国千年生态系统评估工作组开展的全球尺度和33个区域尺度的"生态系统与人类福利"研究,是目前最新也是规模最大的评估工作(Millennium Ecosystem Assessment,2005)。这一系列研究将生态系统服务价值研究推向了各国政府和生态经济学界研究的前沿。

近年来,国内外学者围绕区域生态系统服务价值对土地利用变化的效应开展了大量研究。国外学者主要从生态资本、生物多样性、自然资本等角度对生态系统服务价值进行探讨(Sherrouse *et al.*,2011;Lorance-Rall,2011;Brander *et al.*,2013)。如Turner等(2000)对湿地经济价值评估及管理做了大量工作。Bandara等(2004)讨论了斯里兰卡亚洲象保护的净效益及其政策含义。Henrik Vejre等(2010)以哥本哈根城市边缘区为研究对象,分析了其生态系统服务价值。

国内学者的研究主要多对区域、城市生态系统(谢高地,2003;程琳等,2011)、森林生态系统(JIANG Yan-Ling *et al.*,1999;赵同谦等,2004;肖强等,2014)、草地生态系统(谢高地等,2001;肖玉等,2003;白永飞等,2014)和农田生态系统(杨志新等,2007;元媛等,2011)的生态系统服务及其价值评估理论与方法进行积极探讨。其中,谢高地等(2001,2003,2008)在Costanza等研究的基础上,将我国的生态系统分为森林、农田、草地、水体、湿地、荒漠六大类型,首次将生态系统功能划分成气体调节、气候调节、土壤形成与保护、水源涵养、废物处理、娱乐文化、生物多样性保护、食物生产、原材料等,并以土地利用类型面积为基础,提出了"中国生态系统服务价值当量因子表"及"我国部位区域农田生态系统生物量因子",为国内生态系统服务价值的定量研究提供了重要依据。

生态系统服务价值的定量研究方法主要以Costanza等或者谢高地等的研究成果为基础,有市场价值法、费用支出法、影子工程法、机会成本法、人力资本法、资产价值法、条件价值法等。如Jakbosson(1996)采用条件价值评估方法对澳大利亚维多利亚州所有濒危物种进行价值评估。Mendoca(2003)采用支付意愿和种群生存分析模型(PVA)讨论了巴西金狮绢毛猴等3个物种的货币价值,并预测了未来各个物种的生存概率。Metzger等(2006)运用易损性评价,分析了14种土地利用类型情况,以及与此相关的一系列生态系统服务价值,发现土地利用变化情况的直接脆弱性运用有助于了解土地利用变化对整个欧洲生态环境的影响。肖强等(2014)利用市场价值法和生产成本法等,定量评价重庆市森林生态系统服务的经济价值。随着生态系统服务价值研究的不断深入，能够模拟和预测土地利用变化下生态系统服务响应的数学模型，如 InVEST(Polasky *et al.*，2011；Vigerstol *et al.*，2011；余新晓等，2012；Sánchez-Canales *et al.*，2012；白杨等，2013；李屹峰等，2013；Leh *et al.*，2013)、ARIES(Villa *et al.*，2009；Bagstad *et al.*，2011)、SolVES(Brown *et al.*，2012；Sherrouse *et al.*，2012)等逐渐引入到生态系统服务价值的定量研究中，如 Leh 等(2013)利用 InVEST 模型评估了 2000—2009 年间非洲西部加纳和科特迪瓦两个国家的产水量、碳储量、水质净化功能、水土保持功能和生物多样性的变化。李屹峰等(2013)采用空间显式的生态系统服务价值评估软件 InVEST 中的“产水量”、“土壤保持”、“水质净化”模型，研究流域土地利用变化对生态系统服务价值的影响。

2. 土地生态安全评价

(1)土地生态安全评价单元

目前土地评价单元的划分主要有四种方法：一是以叠置法划分评价单元；二是以地块法划分评价单元；三是以网格法划分评价单元；四是利用调查图斑法划分评价单元。这四种评价单元的划分方法都存在可取之处及不同程度的缺点，具体见表 1-1(王虹力，2008)。

表 1-1 评价单元划分方法的优缺点

划分方法	具体定义	适用地区	优点	缺点
叠置法	将相同比例尺的地形图、土壤图、现状图等进行叠加，形成封闭的图斑，并对小于上图面积的图斑进行合并，即得评价单元	适用于土壤类型、土地利用现状类型相对复杂，采用计算机技术进行分等的地区	评价单元划分精度能够保证各单元分等因素的均一性，较好地满足分等单元划分的原则与要求	容易形成较多碎小单元，增加了数据采集及评价的难度
地块法	以底图上明显的地界物或权属界线为其单元边界，将空间相对独立的、土地属性相似的地块划分为同一土地定级单元，也可直接采用现有土地利用现状图中的地类图作为定级单位	适用于各类地区	单元划分一般符合实际情况	客观依据不足，主观任意性大
网格法	采用一定大小的网格作为分等单元，确定网格大小的前提是必须能区分不同特征的地块，可采用动态的网格，也可采用固定的网格	适用于土地利用类型、土壤类型简单，地形平坦，权属界线规整的地区	划分方法简单快捷，便于计算机操作	不能体现因素的差异和图斑地块的完整性
调查图斑法	将原有的土地利用详查图经逐年变更订正得到评价年份的现状图作为工作底图，选取评价区域的所有土地，用每个与统计台账相对应的图斑作为评价单元	适用于平原地区或土地利用类型简单的地区	结果精确，便于统计面积	工作量大，难以实施

土地生态安全评价作为土地评价的一部分，其评价单元的划分方法也遵循土地评价单元划分的一般方法，在目前已开展的土地生态安全评价工作中，针对研究尺度的不同，专家学者

采用了不同的评价单元划分方法，例如对于省级尺度的评价，杜忠潮等(2009)在对陕西省进行土地生态安全评价时以西安、宝鸡、咸阳、延安、汉中等10个省辖市为评价单元进行土地生态安全评价；对于县级尺度的评价，方丽婷等(2009)采用500 m×500 m栅格单元进行封开县土地生态安全评价。

(2)土地生态安全评价指标体系

建立科学合理的土地生态安全评价指标体系是进行土地生态安全评价的关键环节之一，目前国内外的专家学者从不同的角度、不同的领域对土地生态安全的评价指标体系进行了深入研究(张洪军等，2007)，但还未有统一的评价体系标准。目前基于概念模型构建指标体系主要有以下两种：

①压力-状态-响应概念模型(pressure-state-response，P-S-R)。从土地压力、土地状态、土地响应三个方面构建指标体系。在该框架体系中：压力主要指人类的生产、生活活动给土地生态环境带来的负担；状态表征土地自然、生态环境质量及生态系统的状况；响应指人类在面临土地生态问题时所采取的措施(门可佩等，2009)。

②自然-经济-社会概念模型。从土地自然、土地经济和土地社会三个方面的安全出发构建指标体系。该框架指标体系涉及自然、经济、社会等多个方面，不仅满足了构建指标体系需要科学、系统的原则，还能客观地反映区域土地生态安全的状态和问题(吴未等，2010)。

此外，郭凤芝(2004)从土地资源数量和质量安全、土地资源承载力、土地资源安全保障系数4个方面建立了土地生态安全评价的指标体系。王楠君等(2006)从土地经济安全、耕地安全、土地生态系统和制度保障4个方面构建了城市化进程中的土地生态安全评价指标体系。曲衍波等(2006)从经济社会安全、城镇环境安全、辖区农村环境安全和城乡资源利用安全4个方面构建了城镇土地生态安全评价指标体系。

(3)土地生态安全评价方法

目前，我国在土地生态安全方面的研究仍然处于起步阶段，许多学者的研究成果大部分停留在基础性的理论探讨和动态评价方面，土地生态安全评价方法的应用也处于实践和探索阶段。土地生态安全评价的常见方法有综合指数法(肖荣波等，2004)、景观指数法(俞孔坚，1999)、层次分析法(黄方，2004)和主成分分析法(杨永生等，2006)等。吴未等(2010)将不同学者的研究方法进行了总结(表1-2)。

表1-2 研究方法分类

<table>
<tr><th>方法</th><th>分类</th><th>方法</th><th>分类</th></tr>
<tr><td rowspan="3">数学模型法</td><td rowspan="3">综合指数法、模糊综合评价法
灰色关联度法、极差标准化法
主成分聚类分析法、物元模型法</td><td>生态模型法</td><td>生态足迹法、生态承载力法</td></tr>
<tr><td>数字地面模型法</td><td>数字生态安全法</td></tr>
<tr><td>景观模型法</td><td>景观生态安全格局法
景观空间邻接度法</td></tr>
</table>

目前对于土地生态安全的评价方法还都集中在数学模型法这一类别中，其中综合指数法的应用最为广泛，但由于此方法容易遗漏指标间的一些分异信息，所以目前复合数学评价模型得到了越来越多的关注，例如功效-安全度函数模型。由于景观生态学的发展，景观模型法成为土地生态安全评价的研究热点，学者们开始不断地将景观生态理论运用到土地生态安全评

价的工作中(吴未,2010)。

(4)土地生态安全评价结果等级划分

目前,对于土地生态安全评价结果等级的划分还没有统一的标准,不同的专家学者根据研究的需要划分为不同的等级。杜忠潮等(2009)在对陕西省进行土地生态安全评价时将评价结果划分为良好、预警、中警和重警四级;刘排九等(2008)将土地生态安全评价结果划分为恶劣、较差、一般、良好和理想五个等级;汤洁等(2007)对县域的土地生态安全进行评价时,将结果划分为安全、较安全、敏感、风险、恶劣五个等级。

四、生态功能区

生态分区经历了从自然分区到功能分区的发展(曹小娟等,2006),研究对象也从以自然要素为基础发展到以生态系统为基础(Wright *et al.*,1998)。19 世纪,霍迈尔(Hommever)发展了地表自然区划概念以及在主要单元内部逐级分区的概念,开创了现代自然区划的研究(Bailey,2009)。1931 年竺可桢发表的"中国气候区域论"标志着我国现代自然区划的开始。1976 年美国生态学家 Bailey 首次提出真正意义上的生态区划方案。Bailey 认为区划是按照空间关系来组合自然单元的过程,按地域(domain)、区(division)、省(province)和地段(section)4 个等级进行划分并编制了美国生态区域图(Bailey,1976),从而引起各国生态学家对生态区划的原则和依据以及区划的指标、等级和方法等进行了大量的研究和讨论。杨勤业、郑度、吴绍洪指出在进行生态地域划分时应考虑与全球环境变化的紧密联系与应用前景,按照先水平地带、后垂直地带的方法反映广义的地带规律(杨勤业等,2002);方法上建议采用自上而下的演绎或自下而上的归纳相结合,传统的专家智能判定与建立模型相结合,数理统计与 GIS 的空间表达相结合,并提出生态分区划分的原则和指标体系,构建了中国生态地理区域系统。传统的生态功能分区主要考虑生态、地理和气候的空间分异特征(Davis,1995)。目前的生态功能区划是对相关区域内的复合生态特征进行区域划分,已远远超越了自然生态的界限,具有社会化、技术化和经济化的特点(李卫国,2008)。

傅博杰等(1999)认为生态区划内容包括:生态地域的划分、生态资产区划、生态胁迫过程区划、生态敏感性区划、生态环境综合区划,同时依据生态环境总额区划结果,分析各区域的主要特征和典型的生态环境问题,提出区域生态环境治理的方向和对策。赵振斌等(2001)介绍了当前国外的城市自然保护与生态重建活动,城市自然保护包括野生生物生境保护、城市地区湿地及自然景观保护。燕乃玲等(2003)提出了生态功能区划的基本原则为生态系统完整性原则、生态功能与经济功能相结合的原则。

人们在构建区划框架的同时,在区划方法上也进行了创新与探索,形成了一套完整的方法体系,可以归纳为基于土地生态规划的土地生态功能分区和基于景观生态规划的土地生态功能分区两类(杨志峰,2004)。

第二章　张家口市土地利用变化的生态系统服务价值响应

基于张家口市 1989 年、2000 年与 2010 年三期土地利用现状数据，借助 GIS 与 RS 技术，运用动态度模型、相对变化率指标及敏感性指数等研究方法，计算张家口市不同时期生态系统服务价值量，从土地生态系统服务价值的时空演变特征来进行土地利用变化的生态系统服务价值响应分析，探讨土地利用变化对生态系统服务价值的影响，为区域生态环境管理及土地可持续利用提供参考。

第一节　研究内容、数据来源与方法

一、研究内容

1. 土地生态系统服务价值量的测算

在 Costanza 和谢高地等提出的生态系统服务价值评估体系基础上，结合张家口市实际情况，对生态系统服务价值评价指标体系进行补充和修正，并计算张家口市不同时期土地生态系统服务价值量。

应用经济学中常用的弹性系数来计算生态系统服务价值系数的敏感性指数，以探讨土地生态系统服务价值随时间的变化情况对于价值系数的依赖程度。

2. 土地利用变化的生态系统服务价值响应分析

借鉴土地利用动态度模型，分析土地生态系统服务总价值以及土地生态系统单项功能服务价值的动态变化，以此来反映土地生态系统服务价值的时间变化特征。

引入土地利用相对变化率公式来计算土地生态系统服务价值的相对变化率，分析张家口市土地生态系统服务价值变化的空间分异特征。

3. 土地利用变化与生态系统服务价值的关系

土地利用变化是引起生态系统服务价值变化的主要原因，从土地利用面积变化如何影响生态系统服务价值变化的角度，探讨二者之间关系，有利于实现张家口市土地利用的优化配置。

二、数据来源与处理

采用的基础数据主要包括：张家口市 1989 年、2000 年和 2010 年土地利用现状数据，来源于“环京津冀北贫困带土地利用变化及其优化利用调控研究”课题组解译得到的 30 m 分辨率的 Landsat TM 遥感影像；社会经济统计数据，主要来源于《张家口经济年鉴（1989—2010 年）》。

根据张家口市自然条件及实际土地利用状况，参考《土地利用现状调查技术规程》及《全国遥感监测土地利用覆盖分类体系》，并结合相关研究，将张家口的土地利用生态系统分为耕地、园地、林地、草地、水域、建设用地、未利用地七类，其中建设用地包括交通用地、城镇村及工矿用地。

三、研究方法与技术路线

本研究通过查阅大量文献，结合实地调研，借助 GIS 技术与 RS 技术，运用动态度模型、相对变化率指标及敏感性指数等研究方法，计算土地生态系统服务价值，从土地生态系统服务价值的时空演变特征来进行土地利用变化的生态系统服务价值响应分析，并探讨土地利用变化对生态系统服务价值的影响。

具体技术路线如图 2-1 所示。

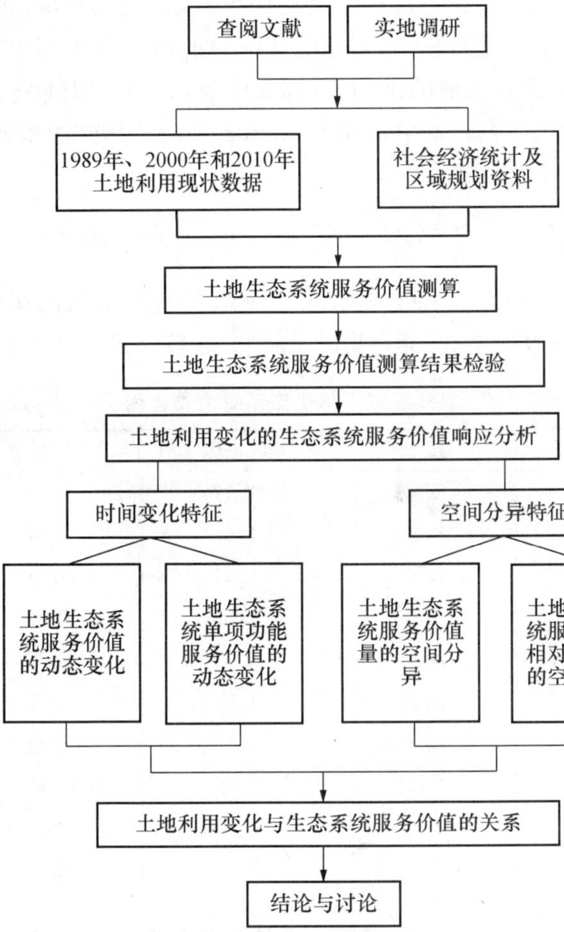

图 2-1　技术路线图

第二节　土地生态系统服务价值评估

一、土地生态系统服务价值测算

在维持区域生态安全中，不同类型的生态系统发挥着不同的生态系统功能，Costanza 等人将全球生态系统划分为海洋、森林、草原、湿地、水面、荒漠、农田、城市等 16 大类 26 小类；将生态系统服务划分为气候调节、水分调控、控制水土流失、物质循环、污染净化、娱乐及文化价值等 17 种类型，并以此为基础对全球生态系统的服务价值进行了估算。2007 年谢高地等通过对600多位中国具有生态学知识背景的专家进行5年调查后，形成了一个基于专家知识的生态系统服务价值评价体系，可作为适合中国生态系统状况和经济发展水平的生态系统服务价值评估工具。

本研究拟引用谢高地等的单位面积生态系统服务价值当量表对各生态系统类型的生态服务价值进行评估(谢高地等，2008)。其中，耕地、林地、草地、水域、未利用地的当量分别对应表中的农田、森林、草地、水体、荒漠生态系统，并参考谢高地等制定的部分区域的农田生态系统生物量因子表(表2-1)(谢高地等，2005)，对张家口的生态系统服务价值当量系数进行区域修正；建设用地的价值根据周飞等(2007)、陈美球等(2013)的研究推算而来；园地生态系统服务价值取森林和草地生态系统服务价值的平均值(郭荣中等，2014)，得到张家口各生态系统单位面积的生态系统服务价值当量(表2-2)。应用Costanza等的估算方法来分析张家口市的生态系统服务价值变化情况，其计算公式为：

$$\mathrm{ESV} = \sum A_k \times V_k \tag{2-1}$$

式中：ESV表示生态系统服务价值量；A_k 表示 k 类土地利用类型的面积(hm^2)；V_k 表示第 k 类土地利用类型的生态系统服务系数[元/(hm^2 · a)]。计算结果见表2-3至表2-5。

表2-1 部分区域农田生态系统生物量因子

区域	生物量因子	区域	生物量因子	区域	生物量因子
北京	1.04	安徽	1.17	四川	1.35
天津	0.85	福建	1.56	贵州	0.63
河北	1.02	江西	1.51	云南	0.64
山西	0.46	山东	1.38	西藏	0.75
内蒙古	0.44	河南	1.39	陕西	0.51
辽宁	0.90	湖北	1.27	甘肃	0.42
吉林	0.96	湖南	1.95	青海	0.40
黑龙江	0.66	广东	1.40	宁夏	0.61
上海	1.44	广西	0.98	新疆	0.58
江苏	1.74	海南	0.72	合计	1.00
浙江	1.76	重庆	1.21		

表2-2 张家口市土地利用生态系统单位面积生态系统服务价值 元/(hm^2 · a)

服务类型	功能类型	耕地	园地	草地	林地	水域	建设用地	其他土地
供给服务	食物生产	458.08	578.20	193.1	148.20	238.02	0.00	8.98
	原材料生产	178.65	0.00	161.68	1 338.32	157.19	0.00	17.96
调节服务	气体调节	329.82	677.00	673.65	1 940.11	229.04	0.00	26.95
	气候调节	444.34	583.00	700.60	1 827.84	925.15	0.00	58.38
	水源涵养	352.73	26.50	682.63	1 836.82	8 429.61	−3 420.75	31.44
	废物处理	636.74	973.00	592.81	772.45	6 669.14	−1 112.90	116.77

续表2-2

服务类型	功能类型	耕地	园地	草地	林地	水域	建设用地	其他土地
支持服务	保持土壤	673.38	0.00	1 005.98	1 805.38	184.13	0.00	76.35
	维持生物多样性	467.24	143.50	839.82	2 025.44	1 540.41	0.00	179.64
文化服务	提供美学景观	77.88	298.60	390.72	934.13	1 994.00	0.00	107.78
	合计	3 618.85	3 279.80	5 241.00	12 628.69	20 366.69	−4 533.65	624.25

表 2-3　1989 年张家口市土地生态系统服务价值　　亿元

服务类型	功能类型	耕地	园地	草地	林地	水域	建设用地	其他土地	合计
供给服务	食物生产	4.99	0.25	2.21	1.38	0.23	0.00	0.02	9.08
	原材料生产	1.95	1.08	1.85	12.49	0.15	0.00	0.04	17.56
调节服务	气体调节	3.60	1.88	7.70	18.11	0.23	0.00	0.06	31.57
	气候调节	4.84	1.82	8.01	17.06	0.91	0.00	0.13	32.77
	水源涵养	3.84	1.82	7.80	17.14	8.28	−3.42	0.07	35.54
	废物处理	6.94	0.98	6.78	7.21	6.55	−1.11	0.26	27.61
支持服务	保持土壤	7.34	2.03	11.50	16.85	0.18	0.00	0.17	38.06
	维持生物多样性	5.09	2.06	9.60	18.90	1.51	0.00	0.40	37.57
文化服务	提供美学景观	0.85	0.95	4.47	8.72	1.96	0.00	0.24	17.19
	合计	39.45	12.88	59.92	117.86	20.01	−4.53	1.38	246.95

表 2-4　2000 年张家口市土地生态系统服务价值　　亿元

服务类型	功能类型	耕地	园地	草地	林地	水域	建设用地	其他土地	合计
供给服务	食物生产	4.84	0.26	2.17	1.47	0.21	0.00	0.02	8.97
	原材料生产	1.89	1.14	1.82	13.26	0.14	0.00	0.04	18.28
调节服务	气体调节	3.49	1.99	7.57	19.22	0.20	0.00	0.05	32.52
	气候调节	4.70	1.92	7.87	18.11	0.82	0.00	0.12	33.54
	水源涵养	3.73	1.92	7.67	18.19	7.48	−3.92	0.06	35.14
	废物处理	6.73	1.04	6.66	7.65	5.92	−1.27	0.24	26.96
支持服务	保持土壤	7.12	2.14	11.31	17.88	0.16	0.00	0.16	38.77
	维持生物多样性	4.94	2.18	9.44	20.06	1.37	0.00	0.37	38.35
文化服务	提供美学景观	0.82	1.01	4.39	9.25	1.77	0.00	0.22	17.46
	合计	38.25	13.60	58.90	125.09	18.07	−5.19	1.27	249.99

表 2-5　2010 年张家口市土地生态系统服务价值　　亿元

服务类型	功能类型	耕地	园地	草地	林地	水域	建设用地	其他土地	合计
供给服务	食物生产	4.44	0.26	2.15	1.67	0.19	0.00	0.01	8.72
	原材料生产	1.73	1.14	1.80	15.10	0.13	0.00	0.03	19.93
调节服务	气体调节	3.20	1.99	7.48	21.89	0.18	0.00	0.04	34.79
	气候调节	4.31	1.93	7.78	20.63	0.74	0.00	0.09	35.47
	水源涵养	3.42	1.92	7.58	20.73	6.77	−4.74	0.05	35.73
	废物处理	6.17	1.04	6.59	8.72	5.36	−1.54	0.18	26.51
支持服务	保持土壤	6.53	2.14	11.18	20.37	0.15	0.00	0.12	40.48
	维持生物多样性	4.53	2.18	9.33	22.86	1.24	0.00	0.27	40.41
文化服务	提供美学景观	0.75	1.01	4.34	10.54	1.60	0.00	0.16	18.41
	合计	35.07	13.61	58.22	142.50	16.37	−6.28	0.95	260.44

二、土地生态系统服务价值的敏感性分析

考虑到赋予各种生物量的价值系数的不确定性，应用经济学中常用的弹性系数概念来计算价值系数的敏感性指数(CS)，以确定生态系统服务价值随时间的变化情况对于价值系数的依赖程度，即将各土地覆盖类型的价值系数分别调整 50%，以衡量土地生态系统服务价值的变化情况。其计算公式为：

$$CS=\left|\frac{(ESV_j-ESV_i)/ESV_i}{(VC_{jk}-VC_{ik})/VC_{ik}}\right| \tag{2-2}$$

式中：ESV 表示生态系统服务价值总量；VC 表示价值系数，i 和 j 分别表示最初的价值系数和调整后的价值系数；k 表示土地利用类型；CS 表示敏感度。若 CS>1，表示 ESV 相对于 VC 是富有弹性的；如若 CS<1，ESV 则被认为是缺乏弹性的，CS 值越大，表示生态系统服务价值系数的准确性越关键。

将张家口市七种土地利用类型的生态系统服务价值系数分别上下调整 50%，应用式(2-2)计算敏感性指数 CS，结果表明(表 2-6)，在 1989—2010 年间，其他土地敏感性指数最低，为 0.00～0.01，即当其他土地生态系统服务价值系数增加 1%时，总价值至多增加 0.01 个百分点；林地敏感性指数值最高，为 0.48～0.57，即当林地的生态系统服务价值系数增加 1%时，总价值增加 0.48～0.57 个百分点，这是由于林地面积较大，生态系统服务价值系数较高造成的。研究期间，所有土地利用类型的敏感性指数均小于 1，表明张家口市生态系统服务价值对于生态系统服务价值系数的变化是缺乏弹性的。

即使 CS 值小于 1，过高或过低赋值的生态系统服务价值系数也可能在很大程度上影响生态系统服务价值随时间变化的真实性(王宗明，2004)。因此，进一步分析较大的生态系统服务价值系数的变化对于生态系统服务价值变化的影响。各土地利用类型的生态系统服务价值系数增减 50%，22 年间张家口市生态系统服务价值的年平均变化率为 0.05%～0.37%，均与生态系统服务价值系数调整前的变化率 0.25%相差不大，研究结果可信。

表 2-6　张家口市 1989 年、2000 年和 2010 年生态系统服务价值系数敏感性指数

VC	ESV/亿元			1989—2010 年		CS		
	1989 年	2000 年	2010 年	ΔESV/亿元	K/%	1989 年	2000 年	2010 年
耕地 VC+50%	266.67	269.12	277.98	11.31	0.19	0.16	0.15	0.13
耕地 VC−50%	227.23	230.87	242.91	15.68	0.31			
园地 VC+50%	253.39	256.79	267.25	13.86	0.25	0.05	0.05	0.05
园地 VC−50%	240.51	243.19	253.64	13.13	0.25			
草地 VC+50%	276.91	275.95	290.01	13.11	0.22	0.24	0.21	0.23
草地 VC−50%	216.99	224.04	230.87	13.88	0.29			
林地 VC+50%	305.88	320.96	330.59	24.71	0.37	0.48	0.57	0.54
林地 VC−50%	188.02	179.03	190.30	2.27	0.05			
水域 VC+50%	256.95	261.89	274.84	17.88	0.32	0.08	0.10	0.11
水域 VC−50%	236.95	238.09	246.05	9.10	0.17			
建设用地 VC+50%	246.51	248.02	258.66	12.14	0.22	0.00	0.02	0.01
建设用地 VC−50%	247.39	251.96	262.23	14.84	0.27			
其他土地 VC+50%	247.64	250.63	260.92	13.28	0.24	0.01	0.01	0.00
其他土地 VC−50%	246.26	249.36	259.97	13.71	0.25			

第三节　土地利用变化的生态系统服务价值响应

一、土地生态系统服务价值的时间变化

1. 土地生态系统服务价值的动态变化

生态系统服务价值动态变化描述一定时期内某种土地利用类型或某一研究区生态系统服务价值的变化速度(K)(王兵,2011),其计算公式为:

$$K=\frac{\Delta \mathrm{ESV}}{\mathrm{ESV_a}}\times\frac{1}{T}\times 100\% \tag{2-3}$$

$$\Delta \mathrm{ESV}=\mathrm{ESV_b}-\mathrm{ESV_a} \tag{2-4}$$

式中:ΔESV 表示某一土地利用类型或某一研究区的生态系统服务价值变化量;$\mathrm{ESV_a}$ 和 $\mathrm{ESV_b}$ 分别表示研究初期和末期某一土地利用类型或某一研究区的生态系统服务价值;T 表示研究时段。若 $K>0$,表示生态系统服务价值呈增加趋势;$K<0$,表示生态系统服务价值呈减少趋势;$K=0$,表示生态系统服务价值不变。

计算结果如表 2-7 所示,1989—2010 年,张家口市生态系统服务价值呈增长趋势,1989 年、2000 年、2010 年生态系统服务价值分别为 246.95 亿元、249.99 亿元、260.44 亿元,22 年间共增加 13.49 亿元,年均增加 0.61 亿元,年均增加率为 0.25%。1989 年、2000 年和 2010 年林地的生态系统服务价值分别为 117.86 亿元、125.09 亿元和 142.50 亿元,占所有地类生

态系统服务价值的比例分别为47.72%、50.04%和54.72%，一直远高于其他地类的生态系统服务价值。其次依次为草地、耕地、水域、园地及其他土地，其生态系统服务价值量范围分别为58.22亿～59.92亿元、35.07亿～39.45亿元、16.37亿～20.01亿元、12.88亿～13.61亿元及0.95亿～1.38亿元。生态系统服务价值最低的为建设用地，1989年、2000年和2010年的生态系统价值分别为−4.53亿元、−5.19亿元和−6.28亿元，这是由于建设用地对生态系统产生的是负效应，其生态系统服务价值的绝对值越大，则其生态系统服务价值越低。

表2-7 1989—2010年张家口市生态系统服务价值及其变化

土地利用类型	ESV/亿元			1989—2000年		2000—2010年		1989—2010年	
	1989年	2000年	2010年	ΔESV/亿元	K/%	ΔESV/亿元	K/%	ΔESV/亿元	K/%
耕地	39.45	38.25	35.07	−1.19	−0.25	−3.18	−0.76	−4.37	−0.50
园地	12.88	13.60	13.61	0.72	0.47	0.01	0.01	0.74	0.26
草地	59.92	58.90	58.22	−1.02	−0.14	−0.68	−0.10	−1.69	−0.13
林地	117.86	125.09	142.50	7.24	0.51	17.41	1.27	24.65	0.95
水域	20.01	18.07	16.37	−1.94	−0.81	−1.70	−0.86	−3.64	−0.83
建设用地	−4.53	−5.19	−6.28	−0.66	1.21	−1.09	1.91	−1.75	1.75
其他土地	1.38	1.27	0.95	−0.11	−0.67	−0.32	−2.30	−0.43	−1.42
合计	246.95	249.99	260.44	3.04	0.10	10.45	0.38	13.49	0.25

同时，不同土地利用类型的生态系统服务价值变化规律也不同：研究期内，园地、林地生态系统服务价值呈增长趋势，其中园地的生态系统服务价值增加量最少，为0.74亿元；林地的增加量最明显，共增加了24.65亿元，其中2000年较之1989年，增加7.24亿元，2010年较之2000年，增加17.41亿元。耕地、草地、水域和其他土地生态系统服务价值呈现持续降低趋势，以耕地的减少量最大，共减少4.37亿元；其次是水域(3.64亿元)、建设用地(1.75亿元)、草地(1.69亿元)；其他土地的生态系统服务价值减少量最低，为0.43亿元。值得注意的是，建设用地生态系统服务价值的绝对值虽增加了1.75亿元，但实际上建设用地生态系统服务价值是减少了1.75亿元。

从变化动态度来看，在1989—2010年期间，建设用地和其他土地的生态系统服务价值变化比较显著，年均变化率绝对值分别为1.75%和1.42%，而草地远低于平均水平，变化率绝对值仅为0.13%，园地的为0.26%，其他土地利用类型的年均变化率绝对值均在0.50%以上。从不同研究期间来看，1989—2000年间，建设用地生态系统的服务价值变化最明显，年均变化率绝对值为1.21%；其次为水域和其他土地，年均变化率绝对值分别为0.81%和0.67%；草地的变化最不明显，年均变化率绝对值仅为0.14%。2000—2010年间，按变化速度快慢依次为其他土地、建设用地、林地、水域、耕地、草地与园地，其年均变化率绝对值分别为2.30%、1.91%、1.27%、0.86%、0.76%、0.10%、0.01%。

张家口市土地利用变化引起了区域生态系统服务价值上升，2000年比1989年增加3.04亿元，2010年比2000年增加10.45亿元，造成这种结果的主要原因是由于生态治理工程的实施，造林绿化面积增加，尤其是2000年以来退耕还林还草政策的落实，退耕还林面积远远大于退耕还草面积，其中林地面积比例由 24.86%增加到 30.06%，草地面积比例保持稳定，因此林地面积增加，是导致区域内生态系统服务价值增加的主要原因。与此同时，城镇化进程的加快，建设面积不断增加，造成生态系统服务总价值的负增长；耕地、其他土地，尤其是水域面积的迅速减少，使生态系统功能缺失，进而减缓了生态系统服务价值的增加速度。

2. 土地生态系统单项功能服务价值的动态变化

从土地生态系统单项功能的服务价值量来看(表 2-8)，研究期间，张家口市土地生态系统单项功能的服务价值量较高的依次是保持土壤、维持生物多样性，其价值量基本在 38 亿元以上，一直保持在前两位，这主要是由于林地和草地面积占绝对优势，且其保持土壤系数和维持生物多样性系数较大引起的。单项功能服务价值量较少的依次是食物生产、提供美学景观，这与各土地利用类型的食物生产价值系数均比较小，且提供美学景观价值系数最高的水域面积最少有着密切关系。

表 2-8　1989—2010 年张家口市土地生态系统单项功能服务价值变化

功能类型	ESV/亿元			1989—2000 年		2000—2010 年		1989—2010 年	
	1989 年	2000 年	2010 年	ΔESV/亿元	K/%	ΔESV/亿元	K/%	ΔESV/亿元	K/%
食物生产	9.08	8.97	8.72	−0.11	−1.25	−0.25	−2.76	−0.36	−3.98
原材料生产	17.56	18.28	19.93	0.72	4.10	1.65	9.00	2.36	13.47
气体调节	31.57	32.52	34.79	0.95	3.02	2.27	6.97	3.22	10.19
气候调节	32.77	33.54	35.47	0.77	2.35	1.93	5.76	2.70	8.25
水源涵养	35.54	35.14	35.73	−0.40	−1.13	0.59	1.69	0.19	0.55
废物处理	27.61	26.96	26.51	−0.64	−2.34	−0.45	−1.69	−1.10	−3.98
保持土壤	38.06	38.77	40.48	0.70	1.84	1.71	4.42	2.41	6.34
维持生物多样性	37.57	38.35	40.41	0.78	2.08	2.05	5.35	2.84	7.55
提供美学景观	17.19	17.46	18.41	0.28	1.62	0.95	5.43	1.23	7.13

1989—2010 年间，土地生态系统单项功能的服务价值量均有明显变化，食物生产和废物处理的服务价值处于不断减少的态势，22 年间分别减少 0.36 亿元和 1.10 亿元，年均变化率均为−3.98%，与此同时，其余各项功能的服务价值均在不同程度地增加，其中水源涵养的服务价值量先减少后增加，即在 1989—2000 年间减少 0.40 亿元，年均变化率为−1.13%，在 2000—2010 年间增加 0.59 亿元，年均变化率为 1.69%；服务价值量增加量最多的是气体调节，达到 3.22 亿元，年均变化率为 10.19%，其次为维持生物多样性(2.84 亿元、7.55%)、气候调节(2.70 亿元、8.25%)、保持土壤(2.41 亿元、6.34%)和原材料生产(2.36 亿元、13.47%)，提供美学景观功能的服务价值量增加最少，为 1.23 亿元，年均变化率为 7.13%。造成这种变化的原因主要是食物生产价值系数最高的耕地面积和废物处理价值系数最高的水域面积持续减少，导致食物生产和废物处理的服务价值不断减少；而气体调节、维持生物多样性、气候调节、原材料生产和保持土壤价值系数都较高的林地和园地的面积不断增加，从而使其相应的服务价值量出现不同程度的增加现象。

二、土地生态系统服务价值的空间分异

1. 土地生态系统服务价值总量的空间分异

1989—2010 年不同县区的生态系统服务价值变化有所差异(表 2-9),赤城县最高,其生态系统服务价值从 1989 年的 44.02 亿元增至 2010 年的 46.14 亿元,年均增长 0.22%;其次是张北县,其生态系统服务价值均在 25 亿元以上;沽源县生态系统服务价值一直处于第 3 位,生态系统服务价值分别为 23.05 亿元、23.43 亿元和 24.43 亿元。生态系统服务价值位列第 4 位和第 5 位的分别是涿鹿县和崇礼县,其生态系统服务价值分别为 22.38 亿~22.93 亿元和 20.33 亿~21.10 亿元。桥东区、桥西区、宣化区和下花园区,由于它们是张家口市市辖区,生态系统服务价值系数较大的林地、园地、耕地等面积原本就较少,建设用地的迅速扩张使得生态系统服务价值一直处于偏低水平,排序上处于末四位。从动态度分析来看,除桥东区和万全县的生态系统服务价值出现减少外,其他县区均有所增加。其中下花园区生态系统服务价值的年均变化率最大,为 2.07%,其次为桥东区(−1.54%)和宣化区(1.49%),而怀来县的生态系统服务价值年均变化率最小,为 0.03%。

表 2-9 1989—2010 年张家口市各县(区)土地生态系统服务价值变化 亿元

行政区	年份	耕地	园地	草地	林地	水域	建设用地	其他土地	总计
赤城县	1989	2.39	0.11	11.45	28.93	1.49	−0.38	0.04	44.02
	2000	2.40	0.11	11.05	30.18	1.11	−0.38	0.04	44.51
	2010	2.28	0.07	10.05	33.19	1.00	−0.47	0.02	46.14
	K(1989—2010)/%	−0.20	−1.72	−0.56	0.67	−1.48	1.15	−2.43	0.22
崇礼县	1989	1.14	0.13	4.47	14.02	0.67	−0.11	0.01	20.33
	2000	1.13	0.15	4.34	14.40	0.57	−0.12	0.01	20.47
	2010	0.96	0.09	4.13	15.56	0.53	−0.18	0.00	21.10
	K(1989—2010)/%	−0.73	−1.43	−0.34	0.50	−0.95	2.48	−3.22	0.17
沽源县	1989	5.14	0.17	5.35	11.51	1.18	−0.39	0.07	23.05
	2000	5.00	0.19	5.40	12.08	1.13	−0.42	0.06	23.43
	2010	4.65	0.22	5.63	13.35	1.05	−0.50	0.02	24.43
	K(1989—2010)/%	−0.44	1.18	0.24	0.73	−0.52	1.29	−3.26	0.27
怀安县	1989	2.05	1.05	2.79	1.15	1.23	−0.28	0.18	8.19
	2000	1.96	1.14	2.87	1.30	1.09	−0.31	0.17	8.22
	2010	1.82	1.22	3.19	1.79	1.00	−0.38	0.12	8.76
	K(1989—2010)/%	−0.52	0.70	0.66	2.49	−0.87	1.61	−1.41	0.32
怀来县	1989	1.04	2.75	2.55	5.31	3.23	−0.44	0.03	14.46
	2000	0.98	2.80	2.53	5.43	3.13	−0.48	0.03	14.43
	2010	0.86	2.91	2.62	5.76	2.94	−0.55	0.02	14.56
	K(1989—2010)/%	−0.76	0.26	0.14	0.38	−0.40	1.07	−2.39	0.03
康保县	1989	5.41	0.01	5.95	7.21	0.77	−0.36	0.05	19.05
	2000	5.24	0.01	5.92	8.06	0.64	−0.38	0.04	19.53
	2010	4.75	0.00	6.01	9.66	0.63	−0.39	0.04	20.69
	K(1989—2010)/%	−0.56	−4.07	0.05	1.54	−0.86	0.44	−1.03	0.39

续表2-9

行政区	年份	耕地	园地	草地	林地	水域	建设用地	其他土地	总计
桥东区	1989	0.32	0.02	0.11	0.34	0.16	−0.15	0.01	0.81
	2000	0.31	0.04	0.09	0.32	0.12	−0.20	0.01	0.69
	2010	0.25	0.06	0.10	0.36	0.07	−0.30	0.00	0.54
	K(1989—2010)/%	−0.97	6.93	−0.65	0.18	−2.48	4.29	−2.63	−1.54
桥西区	1989	0.05	0.06	0.10	0.35	0.07	−0.06	0.01	0.58
	2000	0.05	0.02	0.09	0.37	0.07	−0.08	0.01	0.52
	2010	0.01	0.01	0.10	0.52	0.05	−0.09	0.01	0.61
	K(1989—2010)/%	−3.78	−3.87	0.18	2.18	−1.71	2.49	−0.60	0.17
尚义县	1989	3.02	0.05	3.95	10.14	1.64	−0.24	0.07	18.62
	2000	2.86	0.05	3.99	10.70	1.55	−0.27	0.06	18.94
	2010	2.50	0.03	4.12	12.14	1.40	−0.32	0.04	19.90
	K(1989—2010)/%	−0.77	−1.20	0.19	0.90	−0.69	1.46	−2.13	0.31
万全县	1989	1.49	0.81	2.42	0.69	1.45	−0.22	0.02	6.66
	2000	1.42	0.89	2.41	0.87	1.33	−0.25	0.02	6.69
	2010	1.29	0.86	2.60	1.05	0.99	−0.38	0.01	6.42
	K(1989—2010)/%	−0.60	0.27	0.34	2.41	−1.45	3.25	−3.39	−0.17
蔚县	1989	3.63	2.31	3.54	8.25	1.59	−0.41	0.30	19.20
	2000	3.52	2.41	3.54	8.99	1.43	−0.47	0.27	19.70
	2010	3.22	2.78	3.43	10.05	1.23	−0.63	0.24	20.32
	K(1989—2010)/%	−0.51	0.93	−0.14	0.99	−1.02	2.36	−0.85	0.27
下花园区	1989	0.28	0.07	0.44	0.60	0.17	−0.04	0.05	1.58
	2000	0.27	0.08	0.39	0.70	0.13	−0.07	0.05	1.55
	2010	0.11	0.05	0.61	1.53	0.09	−0.10	0.01	2.30
	K(1989—2010)/%	−2.78	−1.41	1.73	7.06	−2.19	7.77	−3.62	2.07
宣化区	1989	0.23	0.06	0.35	0.36	0.21	−0.24	0.03	1.02
	2000	0.22	0.06	0.31	0.47	0.18	−0.29	0.03	0.97
	2010	0.21	0.04	0.34	0.92	0.13	−0.30	0.00	1.35
	K(1989—2010)/%	−0.42	−1.24	−0.18	7.06	−1.69	1.28	−4.01	1.49
宣化县	1989	2.30	0.32	2.79	4.17	1.53	−0.29	0.26	11.07
	2000	2.23	0.45	2.61	4.56	1.39	−0.41	0.25	11.08
	2010	2.20	0.27	2.50	5.39	1.24	−0.47	0.24	11.36
	K(1989—2010)/%	−0.21	−0.79	−0.48	1.34	−0.85	2.78	−0.35	0.12
阳原县	1989	2.60	0.77	3.08	2.30	1.54	−0.27	0.09	10.11
	2000	2.46	0.87	3.21	2.64	1.34	−0.32	0.08	10.28
	2010	2.42	0.70	3.26	3.26	1.24	−0.37	0.06	10.58
	K(1989—2010)/%	−0.30	−0.41	0.28	1.91	−0.88	1.63	−1.88	0.21

续表2-9

行政区	年份	耕地	园地	草地	林地	水域	建设用地	其他土地	总计
张北县	1989	7.00	0.03	5.26	11.29	2.49	−0.39	0.14	25.82
	2000	6.92	0.02	4.95	12.39	2.43	−0.45	0.13	26.39
	2010	6.35	0.01	4.50	15.58	2.42	−0.52	0.11	28.46
	K(1989—2010)/%	−0.42	−2.57	−0.66	1.73	−0.13	1.52	−0.75	0.46
涿鹿县	1989	1.36	4.14	5.31	11.24	0.57	−0.26	0.01	22.38
	2000	1.29	4.30	5.19	11.64	0.44	−0.27	0.01	22.60
	2010	1.20	4.29	5.02	12.40	0.36	−0.34	0.01	22.93
	K(1989—2010)/%	−0.56	0.16	−0.25	0.47	−1.69	1.37	−2.51	0.11

从不同地类生态系统服务价值的空间分布来看，张家口市 4 个市辖区（桥东区、桥西区、宣化区和下花园区）的耕地、草地、林地、水域及建设用地的生态系统服务价值均比较低。耕地、草地和林地生态系统服务价值较高的区县主要分布在张家口坝上地区的张北县、康保县、沽源县等及东北部的赤城县。园地、水域和其他土地生态系统服务价值较高的县区集中分布在张家口南部地区，如涿鹿县、怀来县、蔚县、怀安县及阳原县，而园地生态系统服务价值较低的县区多位于张家口西北部，有康保县、桥西区、张北县和尚义县等，其他土地生态系统服务价值较低的有万全县、涿鹿县、崇礼县等。由于采矿用地主要分布于宣化县、赤城县、崇礼县、蔚县，使得这些县域建设用地生态系统服务价值所占比例较大。研究也发现，张家口市土地利用结构及变化情况深刻影响着各地类生态系统服务价值的空间分布。

2. 土地生态系统服务价值相对变化率的空间分异

为了更清晰地揭示土地生态系统服务价值变化的空间差异，采用土地生态系统服务价值相对变化率 R 这一重要指标来反映，其计算公式借鉴土地利用相对变化率公式，计算公式为：

$$R=\left(\frac{\mathrm{ESV_n}}{\mathrm{ESV_m}}\right)\Big/\left(\frac{\mathrm{ESV_q}}{\mathrm{ESV_p}}\right) \tag{2-5}$$

式中：$\mathrm{ESV_n}$、$\mathrm{ESV_m}$ 表示某一地类或某一研究区研究末期、初期的生态系统服务价值；$\mathrm{ESV_q}$、$\mathrm{ESV_p}$ 表示该地类或整个研究区研究末期、初期的生态系统服务总价值。若生态系统服务价值相对变化率 $R>1$，则表示生态系统服务价值变化较全区域剧烈，反之则反（王秀兰，1999）。

以县（区）为单位，对土地生态系统服务总价值量以及各个地类生态系统服务价值量分别进行汇总。运用 ArcGIS 9.3 对所得数据与张家口市行政区图进行属性链接，采用自然间断点分级法（Jenk's natural breaks）选择突变点，将张家口市土地生态系统服务价值的相对变化率划分为 5 级，得到 1989—2010 年张家口市土地生态系统服务价值相对变化率空间分布图（图 2-2）及各土地利用类型生态系统服务价值相对变化率空间分布图（图 2-3）。

由图 2-2 可以看出，张家口市土地生态系统服务价值相对变化率的空间格局整体上呈现"西北高、东南低"的趋势。土地生态系统服务价值相对变化率较高的有 8 个县（区），变化最明显的是下花园区，为 1.381，生态系统服务价值由 1989 年的 1.58 亿元增加到 2010 年 2.30 亿元；其次是宣化区，为 1.258，生态系统服务价值由 1.02 亿元增加到 1.35 亿元；张北县、康保县、怀安县与尚义县生态系统服务价值的变化剧烈程度也较高，相对变化率分别为 1.045、1.030、1.014 与 1.014，生态系统服务价值年均增长率分别为 0.46%、0.39%、0.32% 与

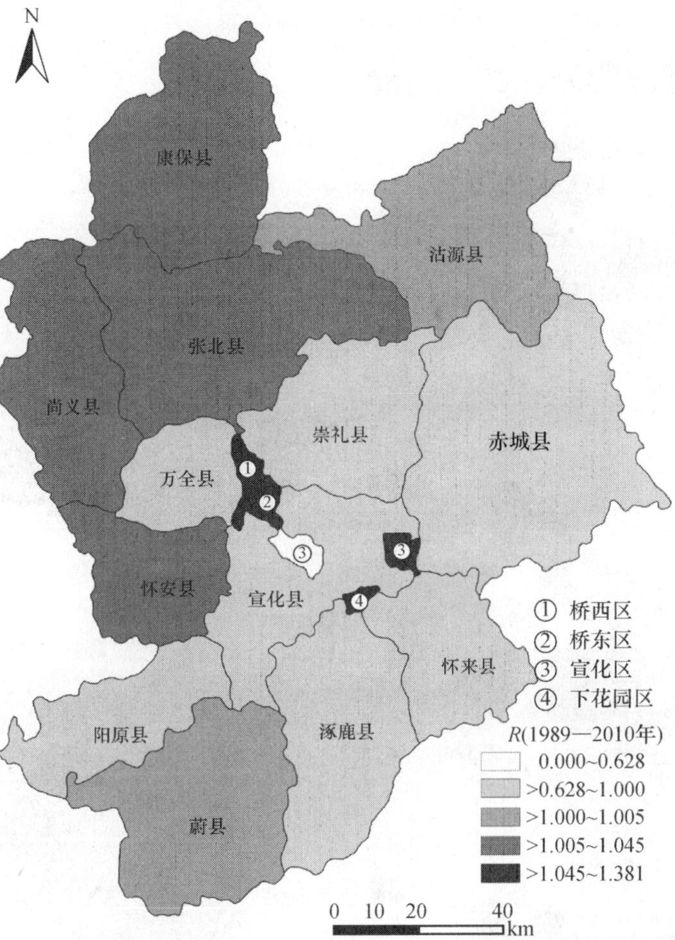

图 2-2　1989—2010 年张家口市土地生态系统服务价值相对变化率空间分布图

0.31%。相较于全市的生态系统服务价值变化，沽源县和蔚县的变化剧烈程度一般，相对变化率均为 1.004，生态系统服务价值年均增长 0.27%。生态系统服务价值相对变化率最小的是桥东区，仅为 0.628，由 0.81 亿元减少到 0.54 亿元；其余各县（区）的相对变化率范围为 0.913～0.99。

从各土地利用类型的生态系统服务价值相对变化率来看（图 2-3），耕地生态系统服务价值相对变化率较高的县区呈"条带状"分布，依次有赤城县、宣化县、阳原县、宣化区、张北县和沽源县等 6 个县区，其中赤城县变化最剧烈，为 1.076。与之相比，桥西区的生态系统服务价值相对变化率仅为 0.190。园地生态系统服务价值相对变化率较高的县区呈"点状"分布，桥东区相对变化率最高，为 2.388，远高于康保县的 0.099。北部的沽源县、南部的蔚县、西部的万全县和怀安县，以及东部的怀来县，其生态系统服务价值变化也比较剧烈。草地生态系统服务价值变化整体上较剧烈，相对变化率较高的有 9 个县区，变化最不显著的张北县（0.880）与最显著的下花园区（1.421）的相对变化率相差 0.541。林地生态系统服务价值的变化是所有地类中最显著的，整体上中部和西部区域显著于东部区域，除桥东区生态系统服务价值相对变化率（0.859）为全市最低外，市辖区的变化均比较剧烈，其中宣化区和下花园区的相对变化率

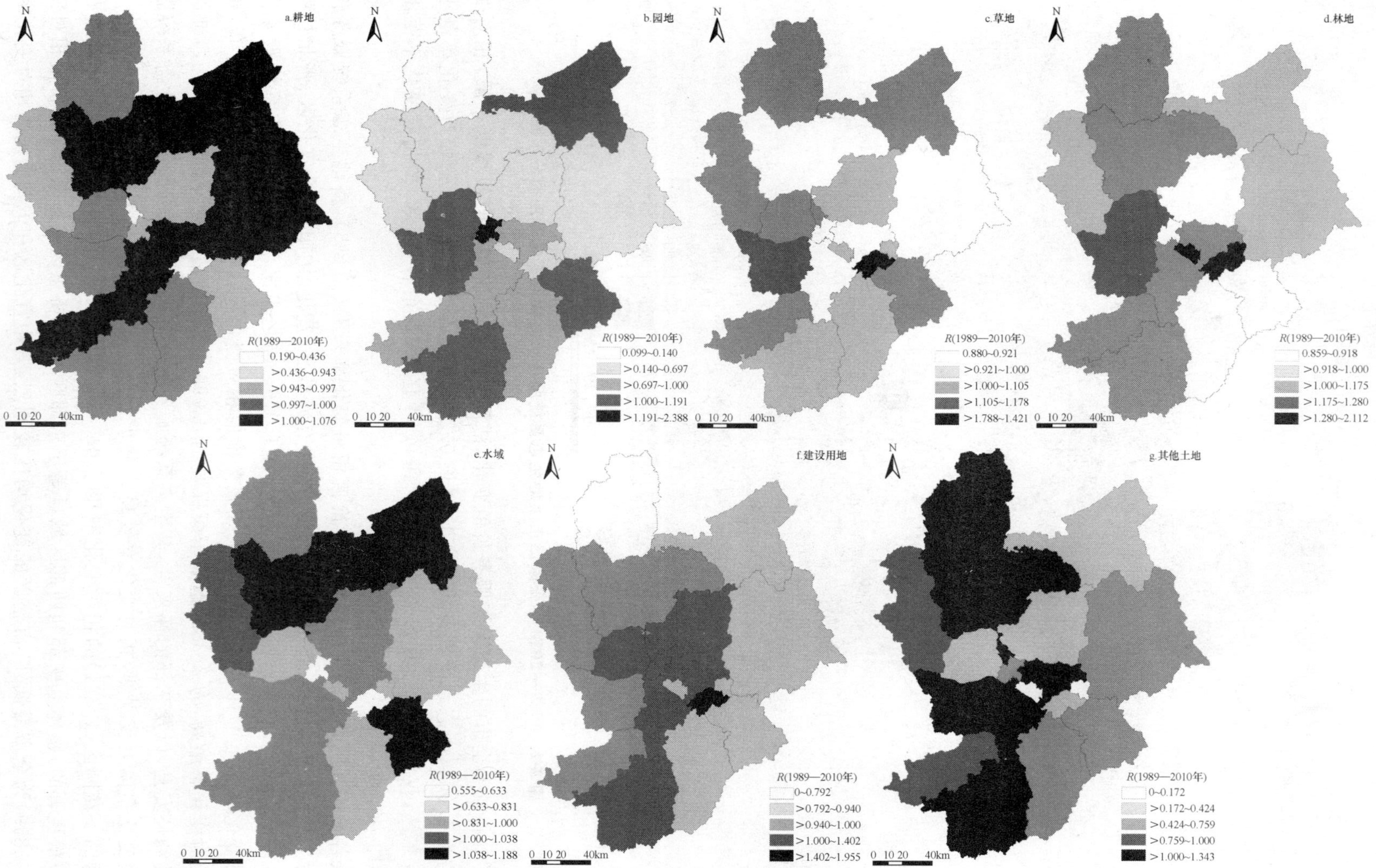

图 2-3 1989—2010 年张家口市各土地利用类型生态系统服务价值相对变化率空间分布图

为 2.112 和 2.111。水域的生态系统服务价值变化较剧烈的仅有张北县、怀来县、沽源县与尚义县，其余各县区的生态系统服务价值相对变化率均低于 1.000，其中桥东区最低，为 0.555。建设用地生态系统服务价值变化的剧烈程度基本上是“中部高、东西低”的格局，变化最显著为下花园区(1.955)，而变化最不显著的是康保县(0.792)。其他土地的生态系统服务价值变化的剧烈程度总体上为“西部高、东部低”，相对变化率的最高值出现在宣化县，为 1.343，其次为桥西区、张北县、蔚县、康保县和怀安县；最低值出现在宣化区，为 0.172。

第四节　土地利用变化与生态系统服务价值的关系

土地利用变化是引起生态系统服务价值变化的主要原因，近 22 年来，张家口市土地利用类型的变化引起了生态系统服务价值的变化。由表 2-10 可知，耕地以 26.33%～29.62%的面积提供着 13.47%～15.97%的生态系统服务价值；园地以 3.84%～4.06%的面积提供着 5.21%～5.23%的生态系统服务价值；草地以 29.59%～30.45%的面积提供着 22.36%～24.26%的生态系统服务价值；林地以 24.86%～30.06%的面积提供着 47.72%～54.72%的生态系统服务价值；水域的面积仅为 2.14%～2.62%，提供着 6.28%～8.10%的生态系统服务价值；其他土地面积为 4.05%～5.89%，生态系统服务价值却仅占总量的 0.36%～0.56%。

表 2-10　1989—2010 年张家口市土地利用面积及其生态系统服务价值比例变化　%

土地利用类型	1989 年		2000 年		2010 年	
	面积比例	ESV 比例	面积比例	ESV 比例	面积比例	ESV 比例
耕地	29.62	15.97	28.72	15.30	26.33	13.47
园地	3.84	5.21	4.05	5.44	4.06	5.23
草地	30.45	24.26	29.94	23.56	29.59	22.36
林地	24.86	47.72	26.39	50.04	30.06	54.72
水域	2.62	8.10	2.36	7.23	2.14	6.28
建设用地	2.72	1.84	3.11	2.08	3.76	2.41
其他土地	5.89	0.56	5.43	0.51	4.05	0.36

整个研究期间，耕地、草地、水域及其他土地面积分别减少 120 855.51 hm^2、31 652.49 hm^2、17 533.42 hm^2 与 67 917.42 hm^2，其生态系统服务价值分别相应地减少了 4.37 亿元、1.69 亿元、3.64 亿元与 0.43 亿元，在张家口市土地生态系统服务价值减少中贡献率分别为 36.78%、14.23%、30.63%与 3.64%。园地和林地面积分别增加 8 067.83 hm^2、191 338.77 hm^2，其生态系统服务价值分别相应地增加了 0.74 亿元、24.65 亿元，在张家口市土地生态系统服务价值增加中贡献率分别为 2.89%、97.11%。建设用地面积虽增加 38 574.51 hm^2，其生态系统服务价值却减少了 1.75 亿元，在张家口市土地生态系统服务价值减少中贡献率为 14.70%。

其中 1989—2000 年间，耕地、草地、水域及其他土地面积分别减少 32 956.8 hm^2、18 988.6 hm^2、9 347.57 hm^2 与 17 347.03 hm^2，其生态系统服务价值分别相应地减少了 1.19 亿元、1.02 亿元、1.94 亿元与 0.11 亿元，园地和林地面积分别增加 7 931.92 hm^2、56 187.56 hm^2，

其生态系统服务价值分别相应地增加了 0.72 亿元、7.24 亿元，建设用地面积增加 14 519.51 hm^2，其生态系统服务价值却减少了 0.66 亿元。2000—2010 年间，耕地、草地、水域及其他土地面积分别减少 87 898.75 hm^2、12 663.87 hm^2、8 185.85 hm^2 与 50 570.39 hm^2，其生态系统服务价值分别相应地减少了 3.18 亿元、0.68 亿元、1.70 亿元与 0.32 亿元，园地和林地面积分别增加 135.91 hm^2、135 151.21 hm^2，其生态系统服务价值分别相应地增加了 0.01 亿元、17.41 亿元，建设用地面积增加 24 028.00 hm^2，其生态系统服务价值减少了 1.09 亿元。

由此可见，耕地、草地及林地支撑着张家口市生态系统，三者的生态系统服务价值占总价值的87.96%～90.54%，其中林地的贡献率最大。研究也发现，耕地及草地、水域、其他土地面积的减少，以及建设用地面积的增加，均对生态环境产生负效应，使生态系统服务价值总量下降；林地面积和园地面积的增加对生态环境具有正效应，正是由于林地面积的大幅增加，在较大程度上抵消了其他土地利用类型变化产生的生态环境负效应，使得生态系统服务价值总量增加。

第五节　结论与讨论

一、结论

近 22 年来，张家口市土地利用变化引起生态资产有所增加，生态系统服务价值由 1989 年的 246.95 亿元增加到 2010 年的 260.44 亿元，年均增加 0.61 亿元。园地、林地和建设用地生态系统服务价值呈增长趋势，其中建设用地和其他土地的生态系统服务价值变化速度较快，而草地最慢；林地的增加量最明显，共增加了 24.65 亿元，这是由于近年来张家口市生态环境建设工作成效凸显，林地面积的变化对全市生态系统服务价值的变化起决定性作用。与此同时，耕地、草地、水域和其他土地生态系统服务价值呈持续降低趋势，以耕地的降低量最大，因此，张家口市在今后生态环境建设和土地管理中应注意在保护森林生态系统的同时，保障粮食安全，兼顾对未利用地的整理开发，促进土地利用的优化配置。

张家口市土地利用结构的变化是土地生态系统单项功能服务价值变化的重要影响因素。研究期间，张家口市土地生态系统单项功能的服务价值量，除食物生产和废物处理的服务价值不断减少以外，其余功能服务价值均有不同程度的增加，单项功能的服务价值量较高的依次是保持土壤、维持生物多样性，其对生态系统服务价值贡献最多，这主要是由于林地和草地面积占绝对优势，且其保持土壤系数和维持生物多样性系数较大引起的。单项功能的服务价值量较少的依次是食物生产、提供美学景观，这与各土地利用类型的食物生产价值系数均比较小，且提供美学景观价值系数最高的水域面积最少密切相关。

研究期间，除桥东区和万全县的生态系统服务价值出现减少外，其他县区均有所增加。其中下花园区生态系统服务价值的年均变化率最大，为 2.07%，而怀来县的生态系统服务价值年均变化率最小，为 0.03%。张家口市的土地生态系统服务总价值的高值区集中分布在北部地区，如赤城县、张北县、沽源县、崇礼县、尚义县与康保县等，其土地生态系统服务价值均在 18.62 亿元以上，其中赤城县最高，其生态系统服务价值从 1989 年的 44.02 亿元增至 2010 年的 46.14 亿元。土地生态系统服务总价值的低值区主要是桥东区、桥西区、宣化区和下花园区，这是因为它们是张家口市市辖区，生态系统服务价值系数较大的林地、园地、耕地等面积原本就较少，建设用地的迅速扩张使得生态系统服务价值一直处于偏低水平。

1989—2010年间，张家口市土地生态系统服务价值变化剧烈程度整体上呈现“西北高、东南低”的空间格局。较全市变化最剧烈的是下花园区，为1.381，生态系统服务价值相对变化率最小的是桥东区，仅为0.628。不同土地利用类型的生态系统服务价值相对变化率在空间分布上也有所差异，其中耕地生态系统服务价值变化较全市剧烈的县区呈“条带状”分布，依次有赤城县、宣化县、阳原县、宣化区、张北县和沽源县等6个县区，其中赤城县变化最剧烈。园地生态系统服务价值变化剧烈的县区呈“点状”分布。草地生态系统服务价值变化整体上较剧烈，较全市剧烈的有9个县区，变化最不显著的张北县与最显著的下花园区的相对变化率相差0.541。林地生态系统服务价值的变化是所有地类中最显著的，整体上中部和西部区域显著于东部区域。水域的生态系统服务价值变化其剧烈程度高于全市的仅有张北县、怀来县、沽源县与尚义县。建设用地生态系统服务价值变化的剧烈程度基本上是“中部高、东西低”的格局，变化最剧烈为下花园区，而最不剧烈的是康保县。其他土地的生态系统服务价值变化的剧烈程度总体上为“西部高、东部低”，相对变化率的最高值出现在宣化县，最低值出现在宣化区。

土地利用变化是引起生态系统服务价值变化的主要原因，耕地、草地及林地支撑着张家口市生态系统，决定着生态系统服务价值的变化，三者的生态系统服务价值占总价值的87.96%～90.54%，其中林地的贡献率最大。研究也发现，耕地及草地、水域、其他土地面积的减少，以及建设用地面积的增加，均对生态环境产生负效应，使生态系统服务价值总量下降；林地面积和园地面积的增加对生态环境具有正效应，带来其生态系统服务价值相应地增加，正是由于林地面积的大幅增加，在较大程度上抵消了其他土地利用类型变化产生的生态环境负效应，使得生态系统服务价值总量增加。

二、讨论

由于城市的飞速发展和人口增加，导致建设土地需求量增加，同时必然导致耕地、草地、水域和其他土地面积的减少，进而引起生态系统服务价值的相应变化，生态环境又会对地理环境进行反作用，影响土地利用方式形成新的土地利用结构。因此，张家口市应在加强经济建设脱贫致富的同时，注重土地的合理利用和开发，调整土地利用结构与方式，加强对林地和园地的保护，合理发展畜牧业及种植业，优先考虑有利于生态环境建设的项目，提升生态系统功能，提高生态系统服务价值，从而实现张家口市的可持续发展。

土地生态系统服务价值客观公正测算的关键在于计算方法和每个地类的单位面积价值的确定。本研究的土地生态系统服务价值的评估方法只是在Costanza和谢高地等研究基础上进行了修正，把园地和建设用地纳入土地生态系统服务价值的计算中，其中城镇用地所具有的生态系统服务具有负面影响，且建设用地生态系统服务价值评估的方法相对复杂，并且要求建设用地的分级分类程度更高以及城镇相关统计数据精确等，因此，限于数据精度和张家口市部分统计数据获取困难等因素，单位面积的建设用地和园地的生态系统价值量在借鉴了相关研究成果之后进行适量修正，较之以往的研究虽具有一定的全面性，但仍有待于进一步完善。

第三章　张家口市土地生态安全评价及其优化调控

本章利用张家口市有关调查资料和统计数据，对其土地生态环境问题进行分析；并在此基础上，以张家口市 14 个行政区县为评价单元，从土地自然基础状况、土地利用状况、土地污染、退化状况、土地生态建设状况、土地景观格局状况及土地社会经济状况六个方面建立张家口市土地生态安全评价指标体系，采用综合指数法分析张家口市土地生态状况的动态变化趋势及时空差异；基于土地生态安全评价的结果，结合张家口市地形地貌、土地利用方式及生态环境问题，进行土地生态功能分区，并提出各个生态功能区土地优化调控的方向(赵菲菲，2014)。

第一节　研究内容、数据来源与方法

一、研究内容

1. 土地生态环境问题分析

根据相关数据及文献的查阅，对张家口市土地利用状况、水资源污染状况、水土流失、扬尘和沙尘暴、农业面源污染及空气污染等方面进行了分析，找出张家口市存在的主要生态环境问题，为土地生态安全评价指标的选择提供科学依据。

2. 土地生态安全动态评价

针对张家口市的具体土地生态环境状况及数据的可获取性选取适宜的指标，从土地自然基础状况，土地利用状况，土地污染、退化状况，土地生态建设状况，土地景观格局状况及土地社会经济状况六个方面构建出土地生态安全评价指标体系；采用综合指数法计算张家口市 2000 年和 2010 年两期的土地生态安全综合指数，分析张家口市土地生态状况的动态变化趋势及时空差异，并为土地生态功能区划及土地利用优化调控提供一定基础。

3. 生态功能区划及土地利用优化调控

基于土地生态安全评价的结果，在结合张家口市土地生态环境问题及土地利用方式的基础上进行生态功能分区，并针对各功能区的生态特征、土地生态面临的突出问题，提出各功能区土地利用优化调控的方向。

二、数据来源与处理

1. 数据来源

涉及的数据主要有自然环境数据、社会经济数据和土地利用数据等，其中自然环境与社会经济数据来源于《张家口经济年鉴(1994—2010 年)》及《张家口市环境质量报告书(2006—2010 年)》；土地利用现状数据来源于张家口市 1996—2010 年的土地变更调查；景观格局指数的计算数据来源于2000年和2010年两期Landsat TM影像解译数据。

2. 数据处理

(1)数据标准化处理

由于土地生态安全评价指标体系中的各指标的表述内容不同，其数据差异巨大，数据的量纲不同，即具体的数据单位不同，无法进行比较，必须对原始数据进行标准化处理(陈高等，2002)。数据标准化的方法有标准值法、向量归一法、线性比例变换、极差变换等(焦立新，1999)，而一般采用极差标准化法，即按照升梯形和降梯形2种函数处理，其表达式为(郭祥等，2009)：

①升梯形函数：

$$Y=\frac{X-b_1}{b_2-b_1} \qquad b_1 \leqslant X \leqslant b_2 \tag{3-1}$$

②降梯形函数：

$$Y=\frac{b_2-X}{b_2-b_1} \qquad b_1 \leqslant X \leqslant b_2 \tag{3-2}$$

式中：Y 表示指标标准化值；X 表示指标实际值；b_1，b_2 分别表示指标的上下限。

本章在评价过程中，对土地生态状况中的正向指标进行标准化时采用升梯形函数(3-1)，负向指标在标准化过程中采用降梯形函数(3-2)。

利用极差标准化法对Shannon多样性指数(SHDI)和聚合度指数(COHESION)进行标准化处理，而周长-面积分维数(PAFRAC)的标准化处理由于本研究遵循邬建国的生态设定(邬建国，2007)，即值越接近1.5，景观越不稳定，因此周长-面积分维数(PAFRAC)的标准化公式为：

当 $\max(X)-X_a>\min(X)-X_a$ 时

$$P_t=\left|\frac{X_t-X_a}{\max(X)-X_a}\right| \tag{3-3}$$

当 $\max(X)-X_a<\min(X)-X_a$

$$P_t=\left|\frac{X_t-X_a}{\min(X)-X_a}\right| \tag{3-4}$$

式中：P_t 表示周长-面积分维数(PAFRAC)在第 t 个时间点的标准化值，X_t 表示周长-面积分维数(PAFRAC)在第 t 个时间点的实际值，$\min(X)$ 表示周长-面积分维数(PAFRAC)2000年和2010年两期序列的最小值，X_a 表示周长-面积分维数(PAFRAC)的景观最不稳定值1.5。

(2)评价单元划分

评价单元是由一系列影响土地生态安全的因素所构成的，它反映着一定的空间和实体，其划分应客观地反映区域土地生态安全的空间差异。评价单元的确定必须依据所用的方法而定(郑新奇等，2000；刘庄等，2003)。由于指标的大部分统计资料均以县级行政区作为基本的统计单元，且鉴于张家口市面积过大，乡镇单元的尺度过小、资料不易获取，为了便于资料的调查、收集，以及减少统计中的误差，选择县(区)域为评价单元。同时，县域处于行政区划中承上启下的特殊位置，又是进行土地生态环境保护政策制定和实施的基本单元，某一县域的土地生态安全状况在一定程度上也可反映或代表其区域的土地生态安全。

以行政边界作为评价单元的划分依据，将张家口市14个县(区)级行政区作为土地生态安全评价的基本单元，即市区、宣化县、张北县、康保县、沽源县、尚义县、蔚县、阳原县、怀安县、万全县、怀来县、涿鹿县、赤城县和崇礼县。

三、研究方法

本章综合运用文献查阅、数理统计方法、GIS技术、景观指数法及实地调研等方法，进行张家口市不同时期的土地生态安全动态评价，并在此基础上划分土地生态功能分区，提出土地利用优化调控方向。

1. 文献查阅

通过查阅国内外土地生态安全评价及生态功能区划等相关文献和研究成果，构建张家口市土地生态安全评价的基本框架，综合集成土地生态安全评价相关领域的理论基础、方法模型和手段。

2. 数理统计方法

运用数理统计方法中的综合指数法分别计算张家口市不同时期的土地生态安全综合指数，进行张家口市土地生态安全动态评价，进而分析张家口市的土地生态安全状况变化趋势及时空异质性特征。

3. GIS技术

本章以ArcGIS9.3为平台，利用GIS的空间叠置与分析功能，提取张家口市水土流失敏感性及土地退化信息等数据；结合地形地貌因素、土地生态安全评价结果及主要生态环境问题，利用GIS技术进行张家口市土地生态功能分区。

4. 景观格局指数法

利用景观格局指数法计算得到各评价单元的景观多样性指数、斑块形状等景观格局指数，分析张家口市基于景观水平和景观类型的土地利用景观格局变化特征。

5. 实地调研

利用设计好的调查问卷及调研提纲，深入到张家口市张北县等地进行细致调研，并通过座谈等方式与各个部门相关负责人进行深入交流，为本研究提供了定量和定性数据和信息。

四、研究思路与技术路线

以地处农牧交错带生态环境脆弱区的河北省张家口市为研究区，在分析张家口市土地生态环境存在的问题基础上，以张家口市14个行政区县为评价单元，从土地自然基础状况，土地利用状况，土地污染、退化状况，土地生态建设状况，土地景观格局状况及土地社会经济状况六个方面建立张家口市土地生态安全评价指标体系，采用综合指数法进行张家口市不同时期的土地生态安全动态评价，分析其土地生态安全状况的变化趋势以及时空差异；基于2010年土地生态安全评价的结果，结合张家口市地形地貌、土地利用方式及生态环境问题，进行张家口市生态功能区划，并提出相应的土地优化调控的方向。

具体技术路线见图3-1。

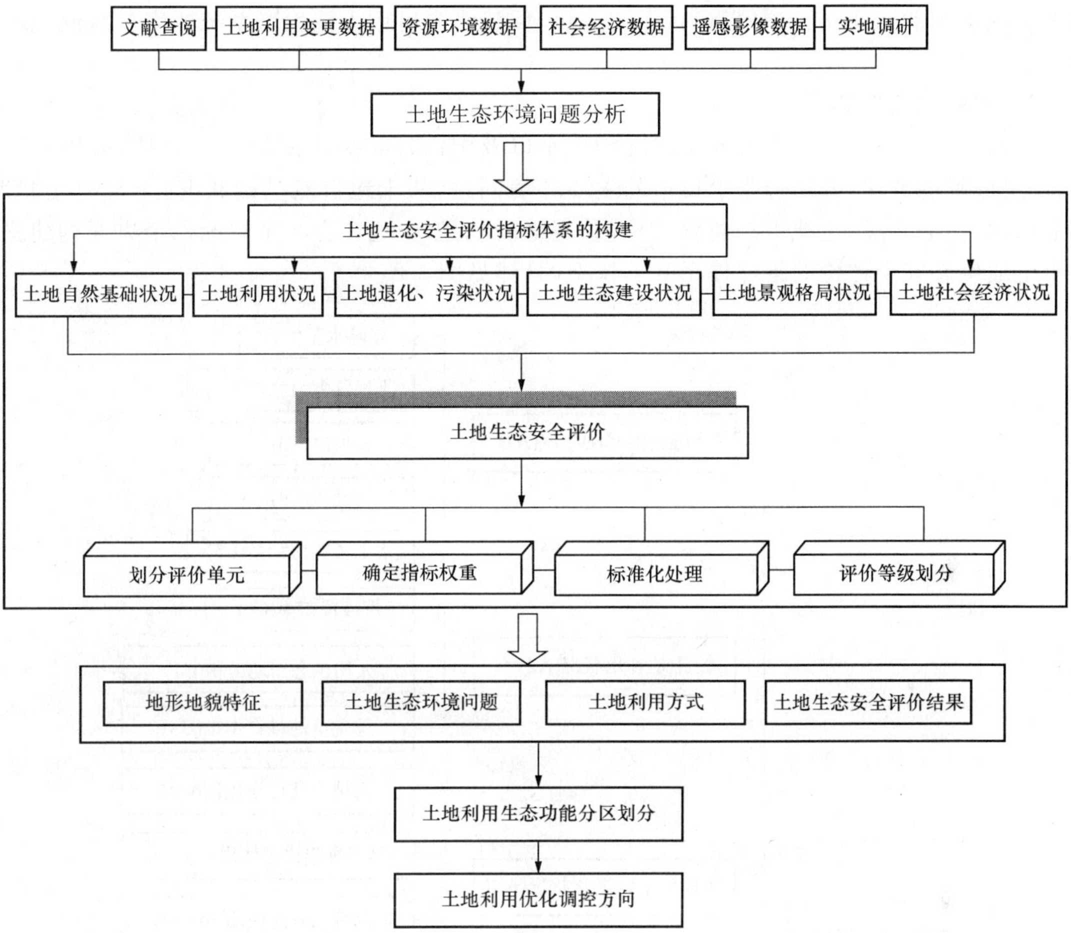

图 3-1　技术路线图

第二节　土地生态安全评价指标体系的构建

一、指标选取的原则

科学设置土地生态安全的指标体系是客观反映当地土地生态安全状况的重要依据。指标的选择和确定应遵循以下原则：

(1)区域性与科学性原则。土地生态安全指标要符合张家口市的土地生态环境特点，能反映张家口市的土地生态安全状况，并且整个指标体系也要具有一定的科学内涵。

(2)全面性和相对独立性原则。土地生态环境是一个复杂的系统，因此对于指标的选择应该全面，能全面地反映张家口市的土地生态安全状况。同时尽可能选择相对独立的指标，避免指标间信息的重叠。

(3)数据的可获取性原则。指标的选择必须在数据可获取的前提下，从指标数据的可获取性和准确性出发，确保数据收集和加工处理的有效性。

(4)动态性原则。土地生态安全是一个动态的变化过程，在选择评价指标时应充分考虑土地生态系统的动态变化、主要影响因素的变化，反映张家口市土地生态系统的安全状况及潜在的发展趋势。

二、指标体系框架

考虑到张家口市土地生态安全状况的水平以及国内外相关水平的研究成果，采用自上而下、逐层分解的方法，并结合张家口市的主要环境问题，从土地自然基础状况，土地利用状况，土地退化、污染状况，土地生态建设状况，景观格局状况，土地社会经济状况六个方面构建张家口市土地生态安全评价的指标体系基本框架，具体见图 3-2。

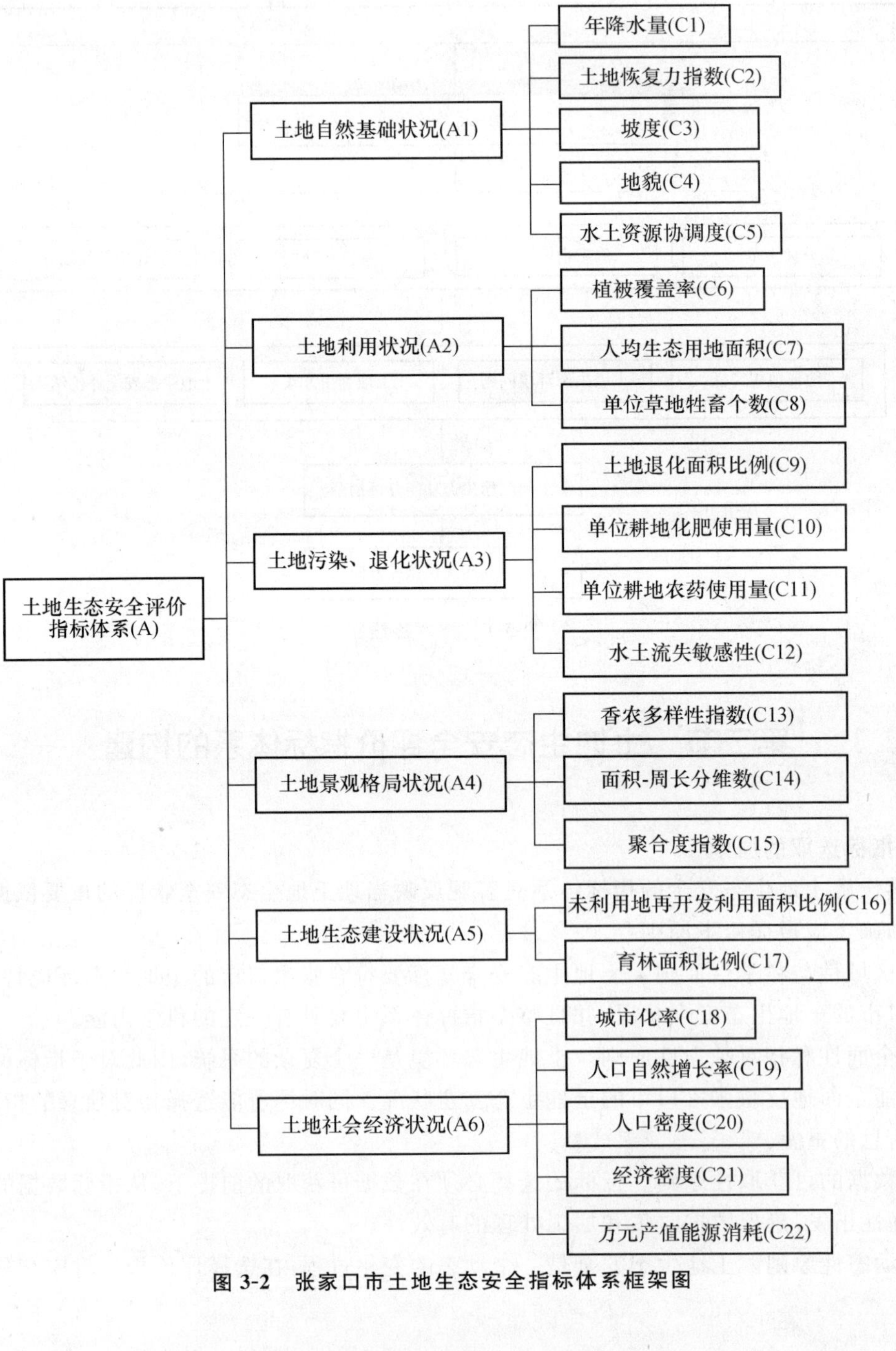

图 3-2 张家口市土地生态安全指标体系框架图

三、指标信息的提取

1. 土地自然状况基础性指标信息的提取

(1)地形地貌指标信息的提取

地形地貌对土壤肥力、植被类型、水文状况、区域气候等多方面都有显著影响。本章根据研究需要选择坡度、地貌两个地形地貌因子作为评价指标。

①坡度指标

坡度要素可由DEM数据直接或间接导出(吴信才等,2002)。根据张家口市1∶25万DEM图层(图3-3、彩图14),在ArcGIS软件支持下,获得坡度图,并按照地形坡度分级标准(表3-1)划分出张家口市坡度等级图(图3-3、彩图14)。借助ArcGIS9.3软件,统计出14个评价单元每个坡度等级的面积比例(表3-2)。

表3-1　坡度分级及代码

坡度分级	0°～2°	>2°～6°	>6°～15°	>15°～25°	>25°
坡度等级代码	Ⅰ	Ⅱ	Ⅲ	Ⅳ	Ⅴ

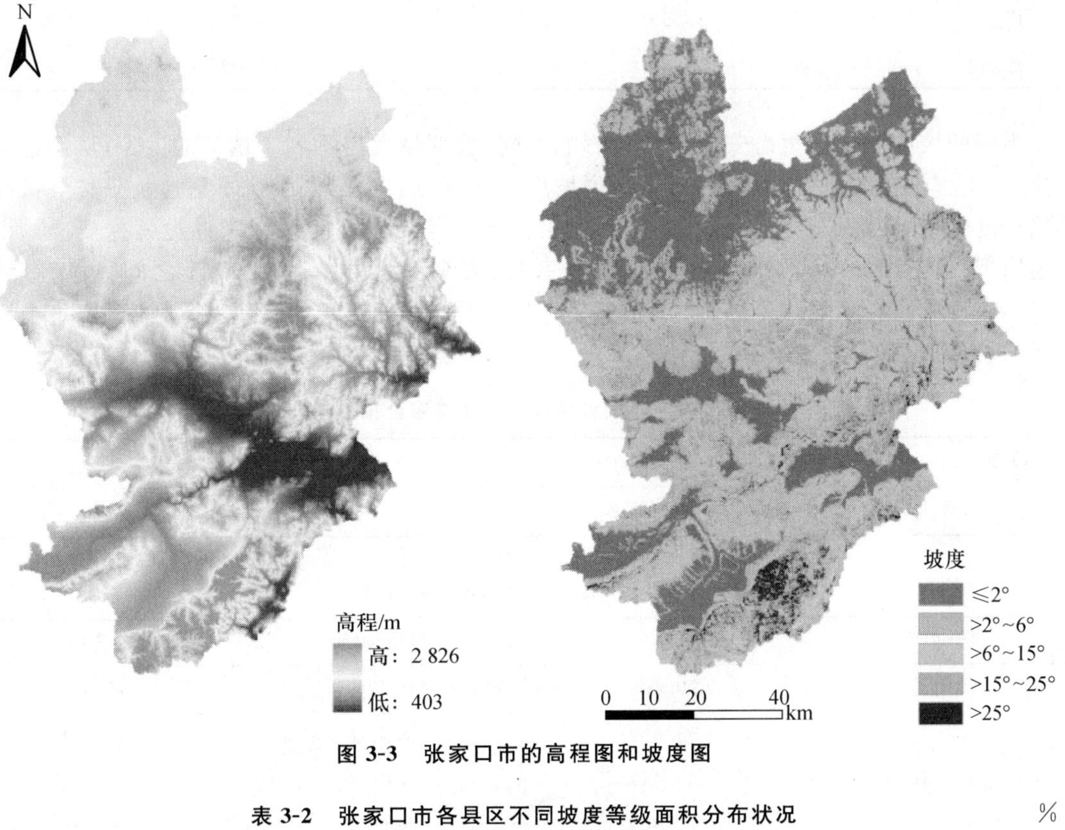

图3-3　张家口市的高程图和坡度图

表3-2　张家口市各县区不同坡度等级面积分布状况　%

评价单元	各坡度等级面积比例					总计
	0°～2°	>2°～6°	>6°～15°	>15°～25°	>25°	
宣化县	23.23	28.03	35.05	11.78	1.91	100
崇礼县	2.99	13.13	52.21	29.48	2.18	100

续表3-2

评价单元	各坡度等级面积比例					总计
	0°～2°	＞2°～6°	＞6°～15°	＞15°～25°	＞25°	
万全县	36.14	44.24	17.55	1.89	0.18	100
市区	29.33	26.65	32.62	9.65	1.75	100
康保县	66.60	28.51	4.74	0.15	0.00	100
张北县	62.75	26.92	9.61	0.71	0.01	100
怀安县	23.81	29.45	34.89	11.05	0.81	100
怀来县	31.55	17.78	24.46	19.60	6.60	100
沽源县	55.68	20.52	20.43	3.15	0.22	100
涿鹿县	11.95	14.78	33.73	26.00	13.55	100
蔚县	30.05	20.50	23.47	16.42	9.55	100
阳原县	42.30	27.22	17.89	9.83	2.76	100
尚义县	45.57	32.50	19.15	2.62	0.16	100
赤城县	5.25	13.87	47.66	27.14	6.08	100

不同的坡度对土地生态安全状况的影响不同，坡度越大越不利于植被的生长，从而造成水土流失、土壤侵蚀的风险也越大，总体来说坡度等级越低，则坡度因子对土地生态安全状况的影响程度越低，该区域的土地生态安全状况相较于高等级坡度的区域来说也就越安全。根据上述原理，对各个坡度等级赋予不同的安全系数：安全系数的范围在 0～1 之间，坡度等级越低，其安全系数越高，具体见表 3-3。根据表 3-3 中不同坡度等级的安全系数，计算出每个评价单元的坡度指数值（表 3-4）。

表 3-3　不同坡度等级的生态安全指数值

坡度等级	0°～2°	＞2°～6°	＞6°～15°	＞15°～25°	＞25°
安全系数	1	0.8	0.6	0.3	0.1

表 3-4　各评价单元坡度综合值

评价单元	综合值	评价单元	综合值
宣化县	70.409	怀来县	66.99
崇礼县	53.882	沽源县	85.321
万全县	82.647	涿鹿县	53.167
市区	73.292	蔚县	66.413
康保县	92.297	阳原县	78.035
张北县	90.266	尚义县	83.862
怀安县	71.7	赤城县	53.692

②地貌指标

张家口是内蒙古高原、黄土高原、华北平原的过渡地带，阴山余脉大马群山横贯中部，将全市分为坝上、坝下两部分。北部坝上包括张北、康保、沽源三个县全部和尚义县的大部，属内蒙古高原南缘，海拔 1 300～1 600 m；南部坝下，地处华北平原与内蒙古高原的过渡带，地形比较复杂。按地貌划分，全市可划分为 12 个地貌类型区（图 3-4、彩图 15，表 3-5）。

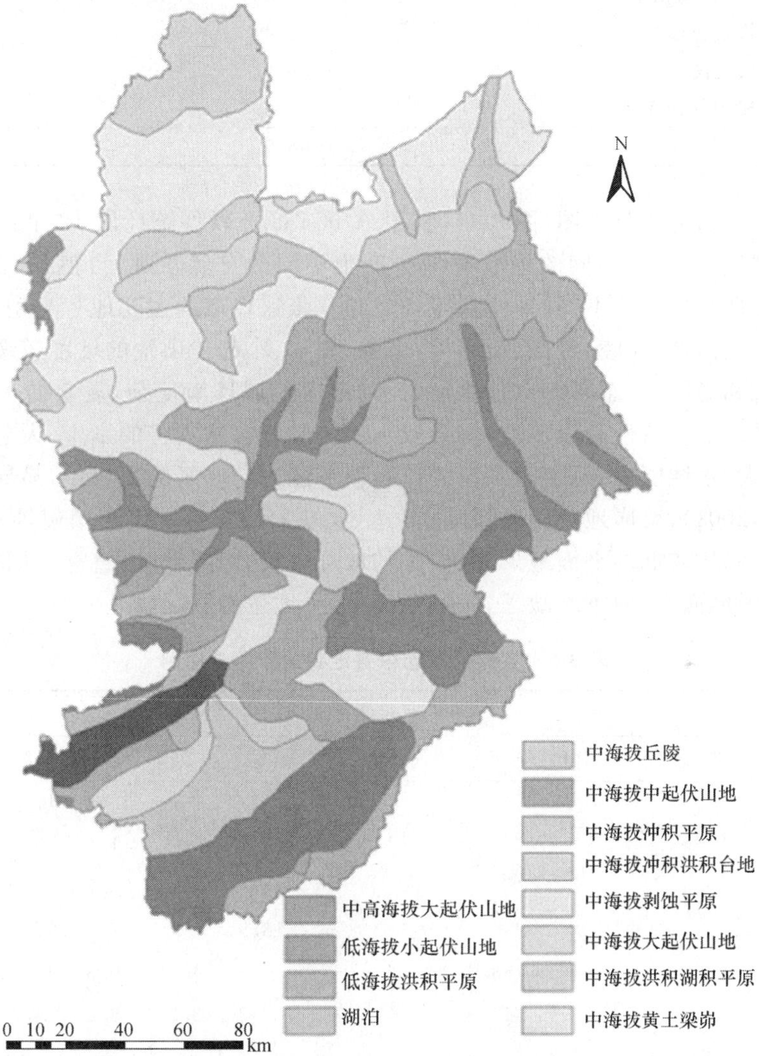

图 3-4　张家口市地貌分类图

表 3-5　张家口市地貌类型及分布情况

地貌类型	面积/万 km^2	比重/%
1. 低海拔洪积平原	42.87	11.64
2. 低海拔小起伏山地	0.91	0.25
3. 湖泊	0.04	0.01
4. 中高海拔大起伏山地	27.54	7.48
5. 中海拔剥蚀平原	59.13	16.06

续表3-5

地貌类型	面积/万 km^2	比重/%
6. 中海拔冲积平原	31.34	8.52
7. 中海拔冲积洪积台地	5.45	1.48
8. 中海拔大起伏山地	39.35	10.69
9. 中海拔洪积湖积平原	6.65	1.81
10. 中海拔黄土梁峁	33.41	9.08
11. 中海拔丘陵	33.67	9.15
12. 中海拔中起伏山地	87.69	23.83
总计	368.05	100.00

根据张家口市的地貌分类图(图 3-4),利用 ArcGIS9.3 软件统计出 12 个评价单元中各种地貌所占的比例(表 3-6)。不同的地貌类型会产生不同的自然景观,自然景观的不同致使其生态系统的复杂性与稳定性不同(钟德燕等,2012)。张家口市的主要地貌类型有平原、小起伏山地、湖泊、大起伏山地、丘陵、台地、梁峁等,平原、湖泊、小起伏山地的坡度较缓,水资源丰富,易于植被的生长和稳固,生态系统也较稳定;丘陵地区地域环境复杂,复杂的水土和植被条件决定了其生态系统的敏感性和脆弱性,易导致水土流失等自然灾害的发生;大起伏山地的坡度较陡,水流势能大,水蚀能力强,生态系统的自我调节能力与修复能力较差,易导致生态系统的不稳定(陈松林,2001);梁峁地貌斜坡较陡,可达 15°～25°,容易发生土壤侵蚀;台地是一种凸起的面积较大且海拔较低的平面地形,其中央的坡度平缓,四周较陡,直立于周围的低地丘陵,一般而言,台地区地面水、地下水缺乏,灌溉条件差,土地生态状况较差。

表 3-6 各评价单元中各地貌类型所占比例 %

评价单元	地貌类型												总计
	1	2	3	4	5	6	7	8	9	10	11	12	
宣化县	9.2	—	—	—	—	—	—	—	—	38.3	17.1	35.5	100
崇礼县	13.4	—	—	—	—	—	—	23.9	—	1.4	—	61.3	100
万全县	49.4	—	—	—	—	—	—	—	—	24.7	—	25.9	100
市区	40.9	—	—	—	—	—	—	13.9	—	17.8	17.4	10.1	100
康保县	—	—	—	—	53.0	—	—	—	1.1	0.3	45.6	—	100
张北县	—	—	—	—	46.9	15.8	—	9.3	13.3	3.2	4.5	6.9	100
怀安县	32.3	5.3	—	8.2	—	—	—	—	—	—	—	54.1	100
怀来县	42.4	—	—	0.9	—	—	—	49.7	—	7.0	—	—	100
沽源县	—	—	—	—	32.9	12.7	—	24.1	1.3	9.7	19.2	—	100
涿鹿县	8.8	—	—	36.1	—	2.3	—	12.9	—	20.6	0.9	18.5	100
蔚县	0.3	—	—	39.4	—	36.3	11.2	6.6	—	—	4.8	1.5	100
阳原县	19.5	—	—	4.1	—	42.7	10.2	—	—	2.1	2.4	19.0	100
尚义县	14.5	—	0.2	—	37.2	—	—	—	0.7	31.9	8.6	6.9	100
赤城县	10.5	—	—	4.8	—	—	—	10.2	—	0.2	—	74.3	100

注:“—”代表无;1～12 代表表 3-5 中的 12 个地貌类型。

通过上述分析可知，平原、湖泊、小起伏山地地貌类型的土地生态状况要好于大起伏山地、丘陵、梁峁、台地等，因此，统计出每个评价单元中平原、湖泊、小起伏山地三类地貌类型的面积比例（表 3-7），根据其比例的大小来确定不同地貌类型对土地生态安全的影响程度，比例越大反映地貌因素对该区域的生态状况影响越小，比例越小说明其他地貌类型（大起伏山地、丘陵等）所占的比例越大，地貌因素对该区域的生态状况影响越大。

表 3-7　各评价单元湖泊、平原、小起伏山地三类地貌类型的面积比例　%

评价单元	湖泊、平原、小起伏山地地貌类型比例	评价单元	湖泊、平原、小起伏山地地貌类型比例
宣化县	9.2	怀来县	42.4
崇礼县	13.4	沽源县	46.9
万全县	49.4	涿鹿县	11.1
市区	40.9	蔚县	36.6
康保县	54.1	阳原县	62.2
张北县	76	尚义县	52.6
怀安县	37.6	赤城县	10.5

（2）气候指标信息的提取

气候因素是影响土地生态安全状况的重要因素，首先气候影响植被类型的分布，其次植被的生长发育等也受到气候因素的极大影响，考虑数据的可获取性及张家口市干旱少雨的生态环境特点，选择气候因素中的年降水量作为张家口市土地生态安全评价的一个指标因子。通过查阅张家口经济年鉴获得 2000 年和 2010 年两期的年降水量数据。

（3）水土资源协调度

水土资源协调度即某地单位区域内水资源与耕地资源的协调情况。水和土作为两大基本生产要素，其地域组合状况很大程度上决定着区域土地生产潜力的发挥。水土资源协调度较小则水少土多，易产生干旱，不利于农作物的生长，且易导致土地次生盐碱化的发生，不利于区域的土地生态安全。通常使用以下公式计算：

$$水土资源协调度 = 有效灌溉面积 / 耕地面积 \tag{3-5}$$

分别统计出 14 个评价单元 2000 年和 2010 年两期的有效灌溉面积和耕地面积，再通过上述计算公式求出 2000 年和 2010 年的水土资源协调度。

（4）土地生态恢复力指数

土地生态系统在受到压力威胁后，恢复和保持结构稳定性的能力称为生态系统的恢复力，根据不同土地利用类型对生态系统恢复的贡献和作用，分别赋以不同级别的恢复力值，计算得到综合指数来反映生态系统的恢复力。

利用 ArcGIS9.3 软件，提取张家口市 2000 年和 2010 年两期各地类的土地面积，参照各用地类型生态系统恢复力系数（表 3-8）（刘明华等，2006）和土地生态恢复力的计算公式，计算出 14 个评价单元 2000 年和 2010 年两期的土地生态恢复力值（表 3-9）。

表 3-8　各用地类型生态系统恢复力系数

用地类型	恢复力系数	说明
水域	1	指对维持土地生态系统恢复力起决定意义的地物类型。水域、林地、草地是维持区域稳定性和保持区域调节能力方面极其重要的土地利用类型
林地	0.8	
草地	0.7	
园地	0.6	这类土地利用类型对维持土地生态系统具有一定的作用，对人类社会系统提供重要的物质和活动场所，如果利用不好很容易导致土地生态恢复力的下降
耕地	0.5	
城镇村及工矿用地	0.3	
未利用地	0.1	该土地类型对区域生态系统恢复力的贡献相对较少

表 3-9　各评价单元 2000 年、2010 年土地恢复力

评价单元	恢复力		评价单元	恢复力	
	2000 年	2010 年		2000 年	2010 年
市区	0.336 836	0.360 541	阳原县	0.367 533	0.410 917
宣化县	0.365 91	0.375 111	怀安县	0.330 81	0.339 012
张北县	0.579 736	0.616 024	万全县	0.326 579	0.331 646
康保县	0.578 944	0.613 387	怀来县	0.370 754	0.372 225
沽源县	0.613 291	0.647 48	涿鹿县	0.485 399	0.517 162
尚义县	0.409 513	0.481 289	赤城县	0.523 961	0.548 637
蔚县	0.475 449	0.520 09	崇礼县	0.386 692	0.446 78

土地生态恢复力的计算公式如下：

$$F=\sum_{i}\frac{A_i\times F_i}{A} \tag{3-6}$$

式中：F 表示土地生态系统的恢复力；A_i 表示第 i 种地类的面积；F_i 表示第 i 种地类的恢复力系数；A 表示研究区总面积。

2. 土地退化、污染指标信息的提取

（1）土地退化指标

从土地利用类型反映的生态状况看，耕地、林地、草地、水域等土地利用类型的土地生态状况显著好于沙地、盐碱地、裸地等。因此，可从土地利用类型角度来衡量土地生态安全状况。土地生态安全状况恶化的具体表现包括：耕地、林地、草地、水域及水利设施用地→其他用地（沙地、沼泽地、盐碱地、裸地、设施农用地等）。具体提取土地退化信息的思路如下：

耕地退化信息：耕地→其他用地（沙地、沼泽地、盐碱地、裸地、设施农用地等）的面积与比例；

林地退化信息：林地→其他用地（沙地、沼泽地、盐碱地、裸地、设施农用地等）的面积与比例；

草地退化信息：草地→其他用地（沙地、沼泽地、盐碱地、裸地、设施农用地等）的面积与比例；

水域退化信息：水域及水利设施用地→其他用地（沙地、沼泽地、盐碱地、裸地、设施农用地等）的面积与比例。

利用张家口市1989年、2000年、2010年三期的土地利用现状数据，结合实地调查，借助ArcGIS9.3软件，分别提取出14个评价单元2000年和2010年的土地退化面积。根据1989—2000年间耕地、林地、草地、水域等土地利用类型转化为其他用地的面积统计得到2000年土地退化面积；根据2000—2010年间耕地、林地、草地、水域等土地利用类型转化成其他用地的面积统计得到2010年土地退化面积。利用式(3-7)分别求出2000年和2010年各评价单元的土地退化面积比例，具体见表3-10，表3-11。

$$K_i = \frac{S_{1i} + S_{2i} + S_{3i} + S_{4i} + S_{5i}}{S_j} \tag{3-7}$$

式中：K_i 表示土地退化面积比例；$i = 2000$ 年，2010年；S_1，S_2，S_3，S_4，S_5 分别表示耕地→其他用地面积，园地→其他用地面积，林地→其他用地面积，草地→其他用地面积，水域→其他用地面积；$j = 1989$ 年，2000年；S_j 分别表示1989年与2000年各评价单元土地总面积。

表3-10　2000年各评价单元土地退化面积及比例

评价单元	面积/hm²						比例/10^{-4}
	耕→其他	园→其他	林→其他	草→其他	水域→其他	土地退化	
赤城县	6.417 5	—	—	—	4.804 5	11.222 0	0.212 7
崇礼县	0.317 0	—	—	—	0.157 7	0.474 7	0.020 43
沽源县	0.272 6	—	—	—	—	0.272 6	0.007 59
怀安县	6.516 8	—	—	—	—	6.516 8	0.383 84
怀来县	25.504 9	—	—	—	0.616 7	26.121 6	1.464 91
康保县	2.439 1	—	—	0.697 7	190.565 9	193.702 6	5.754 88
尚义县	7.730 3	—	—	—	—	7.730 3	0.297 21
万全县	0.033 1	—	—	—	—	0.033 1	0.002 85
蔚县	0.026 4	—	—	—	152.591 7	152.618 2	4.772 25
市区	10.698 5	5.979 4	1.087 4	59.285 1	24.520 2	101.570 5	11.407 7
宣化县	3.073 8	—	0.011 8	35.520 5	72.040 3	110.646 3	5.376 8
阳原县	90.440 9	—	—	—	9.813 4	100.254 3	5.451 21
张北县	—	—	—	—	33.747 0	33.747 0	0.799 81
涿鹿县	29.490 8	—	—	—	12.213 0	41.703 8	1.487 89
总计	182.961 7	5.979 4	1.099 1	95.503 3	501.070 4	786.614 0	

注："—"代表无。

表 3-11　2010 年各评价单元土地退化面积及比例

评价单元	面积/hm^2						比例/10^{-4}
	耕→其他	园→其他	林→其他	草→其他	水域→其他	土地退化	
赤城县	—	—	—	—	—	—	0
崇礼县	—	—	—	—	—	—	0
沽源县	0.276 7	—	—	0.037 1	—	0.313 8	0.008 62
康保县	6.099 6	—	10.896 7	8.481 7	66.101 2	91.579 1	2.680 25
怀安县	—	—	—	—	—	—	0
怀来县	—	—	—	—	—	—	0
尚义县	—	—	—	—	—	—	0
万全县	5.833 9	0.290 9	—	0.447 9	10.102 0	16.674 7	1.419 5
蔚县	198.992 7	12.973 9	266.289 2	51.236 9	13.718 8	543.211 4	16.754 5
市区	16.939 6	1.259 6	0.970 8	0.119 5	41.546 6	60.836 1	7.088 23
宣化县	10.937 2	0.625 6	0.000 0	140.631 2	9.247 6	161.441 6	7.627 67
阳原县	—	—	—	—	—	—	0
张北县	0.192 8	—	—	0.082 9	0.500 4	0.776 0	0.018 15
涿鹿县	—	—	—	—	—	—	0
总计	239.272 3	15.150 1	278.156 7	201.037 2	141.216 5	874.832 8	

注:“—”代表无。

(2)水土流失敏感性等级

土壤侵蚀是指土壤及其母质和其他地表组成物质在水力、风力、冻融及重力等外营力作用下,被破坏、搬运、剥蚀和沉淀的过程。根据张家口市的土地生态状况,主要考虑水力的作用,即通常所说的水土流失。影响水土流失敏感性的因子较多,一般来说在自然状况下的降雨、地形起伏、植被因子对水土流失有重要的影响。

①降雨

大多数气候因子都在不同程度和不同方面对水土流失产生影响,降雨是最主要的影响因子,降水量的多少和降水强度直接影响着水土流失(刘兴昌等,1988),通常情况下,降水量和降水强度与土壤侵蚀量成正比,特别是大暴雨或大雨是造成水土流失直接的动力。

降雨侵蚀力 R 是评价降雨对土壤剥蚀、搬运侵蚀的动力指标,本研究考虑到资料的可得性及适用范围,降水侵蚀力采用周伏建(2000)建立的年 R 值估算公式进行计算。

$$R = \sum_{i=1}^{12} 0.179 P_i^{1.5527} \tag{3-8}$$

式中:P_i 表示月降水量(mm);R 表示降水侵蚀力[J · cm/(m^2 · h)]。

根据张家口市各区县 2000 年和 2010 年的月降水资料,通过式(3-8),分别计算出 14 个评价单元 2000 年和 2010 年两期的降水侵蚀力值。参照专家学者常用的降水侵蚀敏感性分级的标准,将张家口市降水侵蚀力划分为 5 个等级(表 3-12)。

②地形起伏度

地形是影响水土流失最重要的因素之一(刘新华,2001;焦超卫,2006;刘新华等,2004),张家口市境内丘陵起伏,沟壑纵横,且山区丘陵是容易发生水土流失的主要区域,其坡度、坡长、坡形、坡向、相对高度和沟壑密度等都影响土壤侵蚀,其中以坡度的影响最为显著。一般情况下坡度越大,径流量也越大,冲刷量也大,水土流失也越严重。根据张家口市的坡度数据,考虑到坡度对水土流失的影响,将坡度划分为 5 个等级(表 3-12)。

表 3-12　水土流失敏感性影响分级

项目	微度敏感	轻度敏感	中度敏感	重度敏感	极度敏感
R 值	0～300	>300～400	>400～500	>500～600	>600
坡度/(°)	0～2	>2～6	>6～15	>15～25	>25
植被覆盖度/%	>60	>40～60	>20～40	>10～20	0～10
赋值	1	3	5	7	9

③植被覆盖度

植被是防止土壤侵蚀的一个重要因子,其主要依靠对降雨量的削减作用、保水作用和抗侵作用来防止土壤侵蚀,不同的植被覆盖度,对土壤侵蚀的作用不同。考虑到数据的可获取性,本研究将各评价单元中林地与草地两种土地利用类型所占的比例作为植被覆盖度。

④水土流失敏感性综合评价

根据以上降水侵蚀力因子、地形因子和植被覆盖度因子的分级标准,对张家口市 14 个评价单元的降水侵蚀力因子、地形因子和植被覆盖度因子分别进行敏感性等级划分和赋值(表 3-12),利用式(3-9)计算水土流失敏感性指数。在 ArcGIS9.3 的空间分析(Spatial Analyst)模块的重分类(Reclassify)工具下,选择自然分界法(natural break)对水土流失敏感性指数(Value)进行分级,统计出 2000 年和 2010 年各评价单元的水土流失敏感性等级分布面积及比例(表 3-13、表 3-14),得到张家口市水土流失敏感性分布图(图 3-5)。

$$SS_j = \sqrt[3]{\prod_{i=1}^{3} C_i} \tag{3-9}$$

式中:SS_j 表示第 j 个单元的水土流失敏感性指数;C_i 表示第 i 个因子敏感性等级值。

表 3-13　2000 年水土流失敏感性分布面积及比例　km^2

评价单元	微度敏感	轻度敏感	中度敏感	重度敏感	极度敏感	总面积
市区	4.778 0	5.770 2	7.221 1	2.419 6	0.392 7	20.581 6
宣化县	0.695 1	3.054 9	12.133 5	6.846 4	0.506 4	23.236 3
张北县	—	4.187 8	—	5.126 8	2.278 5	11.593 1
康保县	—	2.611 6	2.377 0	2.909 9	1.004 9	8.903 4
沽源县	33.373 4	—	—	—	—	33.373 4
尚义县	26.478 5	11.359 5	4.050 0	0.299 1	0.004 3	42.191 4
蔚县	4.031 3	4.980 9	5.902 2	1.865 7	0.136 5	16.916 6

续表3-13

评价单元	微度敏感	轻度敏感	中度敏感	重度敏感	极度敏感	总面积
阳原县	5.602 4	3.162 3	4.342 5	3.482 8	1.172 8	17.762 8
怀安县	19.889 5	14.630 3	1.200 8	—	—	35.720 6
万全县	3.335 4	4.138 0	16.698 0	3.794 8	—	27.966 2
怀来县	9.531 3	6.512 7	7.462 6	5.197 4	3.022 5	31.726 5
涿鹿县	7.741 9	4.987 7	3.269 1	1.797 6	0.507 0	18.303 3
赤城县	11.757 6	8.380 7	4.942 8	0.670 2	0.041 4	25.792 7
崇礼县	2.769 1	32.388 4	17.492 8	—	—	52.650 3
总计	129.983 5	106.165 0	87.092 4	344 103	90 670	367.718 2
比例/%	35.45	28.95	23.75	9.38	2.47	100.00

注:"—"代表无。

表 3-14 2010 年水土流失敏感性分布面积及比例 km²

评价单元	微度敏感	轻度敏感	中度敏感	重度敏感	极度敏感	总面积
市区	20.581 6	—	—	—	—	20.581 6
宣化县	15.883 5	7.352 8	—	—	—	23.236 3
张北县	4.187 8	5.126 8	2.035 1	0.221 4	0.022 0	11.593 1
康保县	2.611 6	2.377 0	3.762 9	0.151 9	—	8.903 4
沽源县	33.373 4	—	—	—	—	33.373 4
尚义县	42.191 4	—	—	—	—	42.191 4
蔚县	40.313	4.980 9	5.902 2	1.865 7	0.136 5	16.916 6
阳原县	5.602 4	3.162 3	7.825 3	1.172 8	—	17.762 8
怀安县	35.720 6	—	—	—	—	35.720 6
万全县	3.335 4	13.566 2	11.064 6	—	—	27.966 2
怀来县	9.531 3	13.975 3	8.219 9	—	—	31.726 5
涿鹿县	12.729 6	5.066 7	0.507 0	—	—	18.303 3
赤城县	25.081 1	0.711 6	—	—	—	25.792 7
崇礼县	35.157 5	17.492 8	—	—	—	52.650 3
总计	250.018 5	73.812 4	39.317 0	3.411 8	0.158 5	367.718 2
比例/%	68.18	20.07	10.69	0.93	0.04	100.00

注:"—"代表无。

从图 3-5(彩图 16)可见,2000 年与 2010 年张家口市的水土流失敏感等级以微度敏感、轻度敏感和中度敏感为主。2000 年,微度敏感等级占全市总面积的 35.45%,轻度敏感等级占全市总面积的 28.95%,中度敏感等级占全市总面积的 23.75%;2010 年,微度敏感等级占全市总面积的 68.18%,比 2000 年上升了 32.73%,轻度敏感等级占全市总面积的 20.07%,比 2000 年下降了 8.88%,中度敏感等级占全市总面积的 10.69%,比 2000 年下降了 13.06%,三类敏感等级的面积占到总面积的 99.03%，水土流失状况相较于 2000 年有了显著改善。

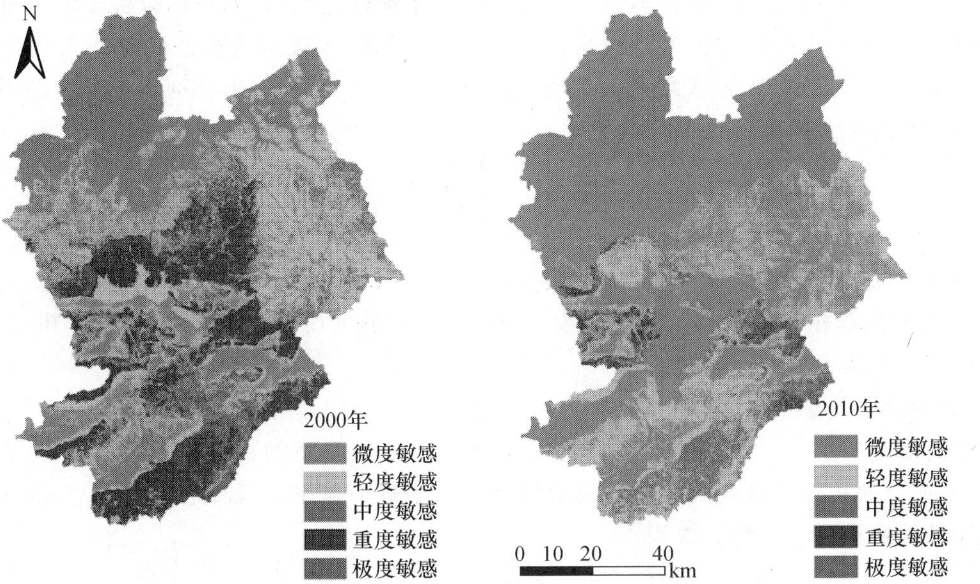

图 3-5　张家口市水土流失敏感性空间分布图

2000 年张家口市的水土流失重度和极度敏感区域占总面积的 11.85%，其主要分布在中部宣化县及张北县部分地区、西南阳原县和东南部的沽源县、怀来县等地区；2010 年重度和极度敏感区域占总面积的 0.97%，零星分布在全市的西北和西南部分地区。水土流失比较严重的区域主要集中在山区及丘陵地区，对农业生产造成极大的危害，严重的水土流失破坏了当地的土地生态环境，威胁人类的正常生存活动。近年来随着张家口市退耕还林、小流域治理等工程的实施，水土流失强度不断降低。

(3)单位耕地农药使用量与单位耕地化肥施用量

单位耕地农药使用量是指区域内某年的农药使用量占区域耕地面积总量的比例，该指标为逆向指标，单位耕地的农药使用量越多，土地生态系统受到的农药污染程度越严重，土地生态安全状况越差。

单位耕地化肥施用量即区域某一年的化肥施用量占区域耕地面积总量的比例，该指标为逆向指标，其值越大，农业生产对土地生态系统产生的压力越大，土地生态安全的警度就越高，反之亦然。

3. 土地利用状况指标信息的提取

(1)人均生态用地面积

“生态用地”一词首次被提及是在 2000 年国务院发布的《全国生态环境保护纲要》(国发〔2000〕38 号)，并从土地资源开发和生态环境保护的角度提出生态用地是具有重要生态功能的草地、林地等。近年来，许多专家学者更是从不同的专业背景和研究目的出发，发展了生态用地的概念和内涵，岳健(2003)认为生态用地是除农用地和建设用地以外的土地；黄秀兰(2008)将对保持良好的生态环境质量、维持区域生态平衡直接有益或具有潜在价值的所有土地利用方式归为生态用地；邓红兵等(2009)则认为生态用地是区域或城镇土地中以提供生态系统服务为主的土地利用类型，即能够直接或间接改良区域生态环境、改善区域人地关系的用地类型。

综合现有的研究成果，结合本研究生态保护和土地优化利用的目标，以保护和改善生态环境、减缓水土流失等自然灾害为目的，将林地、草地、耕地、水域列为生态用地。人均生态用地面积指标为正向指标，其值越大代表本地区的土地生态环境越好，越有利于土地生态系统的恢复。人均生态用地指标的计算公式为：

$$人均生态用地面积 = \frac{S_{耕地} + S_{林地} + S_{草地} + S_{水域}}{人口} \tag{3-10}$$

利用2000年和2010年两期的土地利用现状数据，分别统计出14个评价单元2000年和2010年的耕地面积、林地面积、草地面积、水域面积，按照式(3-10)计算出2000年和2010年各评价单元的人均生态用地面积。

(2)植被覆盖率

植被覆盖率指一个国家或地区植物覆盖面积占土地面积的百分比。在计算植被覆盖率时，植被覆盖面积包括该区域草地和林地的面积。植被覆盖率是反映植物丰富程度和生态平衡状况的重要指标。计算公式为：

$$植被覆盖率 = \frac{(S_{草地} + S_{林地})}{S_{总面积}} \times 100\% \tag{3-11}$$

利用2000年和2010年的土地利用现状数据，分别统计出两个时期14个评价单元的草地面积、林地面积和各评价单元的总面积，按照式(3-11)，计算出各评价单元的植被覆盖率。

(3)单位草地牲畜个数

张家口市分为坝上、坝下两大自然景观，草地相对较多，对于草地的应用也一直受到专家学者的重视。张家口草地上放养的牲畜主要有牛、羊、马三类，除了特定的大型养牛场会配饲料外，其余的基本以散养为主，且农户以附近的草地作为散养基地，农户的潜意识里觉得草地不是自家所有，在草地上饲养牲畜的同时，并没有意识到要保护草地，让草地可持续发展，因此，在张家口市这样一个背景条件下，牲畜的散养、放养对于草地的破坏较为明显。选用单位草地上的牲畜存栏个数反映张家口市草地的消耗情况，由此反映当地土地生态安全状况。

$$单位草地牲畜个数 = \frac{牲畜个数}{草地面积} \tag{3-12}$$

本研究通过查阅《张家口经济年鉴》，分别统计出2000年和2010年14个评价单元的存栏牲畜个数和草地面积，按照式(3-12)计算每个评价单元单位草地面积的牲畜个数。

4. 土地生态建设指标信息的提取

(1)未利用地再开发利用面积比例

某些土地利用类型的转换意味着土地生态状况的改善，如裸地、盐碱地、沙地等转换成耕地、林地、草地、园地和水域等。因此，利用1989年、2000年、2010年三期的土地利用现状数据，提取土地利用/覆被类型变化反映的土地生态建设指标信息。

未利用地再开发利用面积比例指其他用地(沙地、沼泽地、盐碱地、裸地、设施农用地等)转化为林地、草地、耕地、园地和水域的面积比例。利用张家口市1989年、2000年、2010年三期的土地利用现状数据，借助ArcGIS9.3软件，分别提取出14个评价单元2000年和2010年的未利用地再开发利用面积。根据1989—2000年间其他用地转化为耕地、林地、草地、园地和水域等土地利用类型的面积，统计得出2000年的未利用地再开发利用面积；根据2000—2010年间其他用地转化为耕地、林地、草地、园地和水域等土地利用类型的面积统计得出2010年未利用地再开发利用面积。最后通过式(3-13)计算未利用地再开发利用面积比例，具体结果见表3-15，表3-16。

$$K_i = \frac{S_{1i} + S_{2i} + S_{3i} + S_{4i} + S_{5i}}{S_j} \tag{3-13}$$

式中：K_i 表示未利用地再开发利用面积比例；$i = 2000$ 年，2010 年；S_1，S_2，S_3，S_4，S_5 分别表示其他用地→耕地面积，其他用地→园地面积，其他用地→林地面积，其他用地→草地面积，其他用地→水域面积；$j = 1989$ 年，2000 年；S_j 分别表示1989年与2000年各评价单元土地总面积。

表3-15　2000年未利用地再开发利用面积及比例

评价单元	面积/km²						比例/%
	其他→水域	其他→草	其他→林	其他→园	其他→耕	未利用地再开发利用	
赤城县	—	185.590 1	102.219 2	16.608 6	420.919 9	725.337 8	0.137 5
崇礼县	—	0.690 3	10.494 2	4.201 9	9.338 9	24.725 2	0.010 6
沽源县	—	1506.070 1	159.149 0	177.393 5	2.871 7	1 845.484 4	0.513 9
怀安县	—	189.754 0	83.482 6	215.056 9	502.169 9	990.463 4	0.583 4
怀来县	—	22.191 9	47.107 0	52.933 7	68.146 1	190.378 7	0.106 8
康保县	1.149 9	1 008.325 6	65.171 7	—	393.232 6	1 467.879 8	0.436 1
尚义县	—	169.020 7	300.397 5	14.114 2	375.116 8	858.649 2	0.330 1
万全县	—	—	—	—	0.033 1	0.033 1	0
蔚县	—	355.300 8	3 854.903 8	83.312 7	300.570 0	4 594.087 2	1.436 5
市区	0.123 6	274.811 3	592.156 4	52.6941	169.920 4	1 089.705 7	1.223 9
宣化县	0.558 7	275.854 8	1 023.144 6	16.3365	30.633 1	1 346.527 7	0.654 3
阳原县	0.063 4	473.325 9	120.760 1	198.7027	1 596.304 4	2 389.156 5	1.299 1
张北县	—	195.349 4	1 125.420 9	—	9.8010	1 330.571 4	0.315 3
涿鹿县	—	29.334 3	62.317 3	205.618 8	41.064 8	338.335 3	0.120 7
总计	1.895 6	4 685.619 2	7 546.724 3	1 036.973 5	3 920.122 7	17 191.335 3	

注："—"代表无。

(2)育林面积比例

育林是利用森林的更新能力，在自然条件适宜的山区，实行定期封山，禁止垦荒、放牧、砍柴等人为的破坏活动，以恢复森林植被的一种方式。利用张家口市统计资料，统计14个评价单元2000年和2010年的土地总面积和年育林面积，通过年育林面积和土地总面积的比值计算出育林面积比例。

表 3-16　2010 年未利用地再开发利用面积及比例

评价单元	面积/km²						比例/%
	其他→水域	其他→草	其他→林	其他→园	其他→耕	未利用地再开发利用	
赤城县	—	553.376 7	1 844.372 8	1.698 1	114.234 8	2 513.682 4	0.473 7
崇礼县	—	79.323 2	561.796 7	3.558 0	79.548 3	724.226 3	0.310 3
沽源县	822.814 1	4 312.007 0	1 055.994 6	—	4.990 0	6 195.805 6	1.702 7
怀安县	—	6 475.610 2	700.559 2	357.106 9	195.128 4	7 728.404 7	4.491 9
怀来县	—	1 205.456 6	997.854 8	388.627 9	—	2 591.939 3	1.435 1
康保县	—	338.988 3	154.632 2	—	121.347 3	614.967 8	0.180 0
尚义县	—	1 751.375 6	1 851.111 2	—	335.244 6	3 937.731 4	1.505 1
万全县	—	1 938.015 7	116.772 9	228.688 0	103.680 2	2 387.156 8	2.032 1
蔚县	0.625 9	167.542 3	3 584.674 8	38.701 4	561.633 7	4 353.178 0	1.342 7
市区	1.012 6	4 289.928 1	5 891.873 4	173.353 2	47.592 1	10 403.759 4	7.985 1
宣化县	—	794.768 9	1 016.907 5	—	3.510 9	1 815.187 3	0.857 6
阳原县	—	2 624.052 4	890.522 9	2.793 7	125.966 9	3 643.335 8	1.956 6
张北县	—	224.261 7	2 025.157 6	—	—	2 249.419 3	0.526 1
涿鹿县	—	383.718 4	116.438 1	363.540 2	—	863.696 6	0.306 4
总计	824.452 6	25 138.425 1	20 808.668 7	1 558.067 2	1 692.877 0	50 022.490 6	

注："—"代表无。

5. 土地利用景观格局指数的提取

景观格局的特征分析包括单个斑块(individual patch)、斑块类型(patch type)、整个景观镶嵌体(landscape mosaic)三个层次。主要研究土地整体生态安全状况，故选择景观水平的指数，根据各指标反映的具体意义，选择三类景观格局指数：景观多样性指数、景观形状指数及景观连接度指数，其计算公式如下：

(1)景观多样性指数

景观多样性指数选取香农(Shannon)多样性指数(SHDI)来描述，香农多样性指数的计算公式为：

$$\mathrm{SHDI} = -\sum_{i=1}^{m}(P_i \ln P_i) \tag{3-14}$$

式中：P_i 表示景观中类型 i 占的比例。

(2)景观形状指数

景观形状的复杂性选取分维数(PAFRAC)进行计算，公式为：

$$\mathrm{PAFRAC} = -2\ln(P/k)/\ln(A) \tag{3-15}$$

式中：P 表示斑块周长，A 表示斑块面积，k 表示常数。

(3)景观连接度指数

景观连接度指数选择聚合度指数(COHESION)来描述,聚合度指数的计算公式为:

$$\text{COHESION} = \left| 1 - \frac{\sum_{i=1}^{n} p_i}{\sum_{i=1}^{n} p_i \sqrt{a_i}} \right| \times \left| 1 - \frac{1}{\sqrt{A}} \right|^{-1} \tag{3-16}$$

式中:p_i 表示斑块类型 i 的总周长(m);a_i 表示斑块类型 i 的总面积(m^2);A 表示总面积(m^2)。

选择香农多样性指数(SHDI)、周长－面积分维数(PAFRAC)、聚合度指数(COHESION)三个景观水平的指标对张家口市土地利用格局进行描述,从宏观上把握不同土地利用格局下区域土地生态安全的变化情况,其中各指标的含义及指标的性质见表3-17。

表3-17　土地利用景观格局特征指标及指标性质

景观指数	缩写	描述	性质
香农多样性指数	SHDI	反映景观内斑块类型数目的多少或各类型斑块所占的面积比例,斑块类型越多,其值越大,景观异质性越高,景观越稳定	正向
分维数	PAFRAC	描述斑块的复杂程度和稳定性。范围:1～2,该值越大表明斑块的形状越复杂,形状的复杂程度代表的生态效益目前没有统一的说法,本研究根据邬建国设定,值越接近1.5,景观越不稳定	定性
聚合度指数	COHESION	衡量相应景观类型的自然连接性程度,取值范围为0～100,其值越大连通性越高	正向

以2000年和2010年两期Landsat TM影像图解译得到的土地利用现状图为基础,在ArcGIS9.3软件支持下,经过分析得到两期的景观类型分布图,进而计算土地利用景观格局指数。

本研究所研究的土地利用景观是由人类活动、气候条件、土壤环境、生物环境等共同作用后形成的土地利用类型,参照《土地利用现状分类》(GB/T 21010—2007)土地利用分类方法,结合张家口市的具体情况,将土地利用现状划分为八类景观镶嵌体类型(表3-18),在ArcGIS9.3中对2000年和2010年张家口市的土地利用现状图进行斑块归并,生成2000年土地利用景观类型图(图3-6、彩图17)和2010年土地利用景观类型图(图3-7、彩图18)。

表3-18　土地利用景观分类表

景观镶嵌体类型	类型编码	包括的土地利用类型
耕地景观	1	水田、水浇地、旱地
园地景观	2	其他园地、果园
林地景观	3	有林地、灌木林地、其他林地
草地景观	4	天然牧草地、人工牧草地、其他草地
交通用地景观	10	农村道路、铁路用地、公路用地

续表3-18

景观镶嵌体类型	类型编码	包括的土地利用类型
水域及水利设施用地景观	11	内陆滩涂、坑塘水面、水工建筑用地、水库水面、河流水面、湖泊水面、沟渠
其他土地景观	12	沙地、沼泽地、盐碱地、裸地、设施农用地
城镇村及工矿用地景观	20	城市、建制镇、采矿用地、村庄、风景名胜及特殊用地

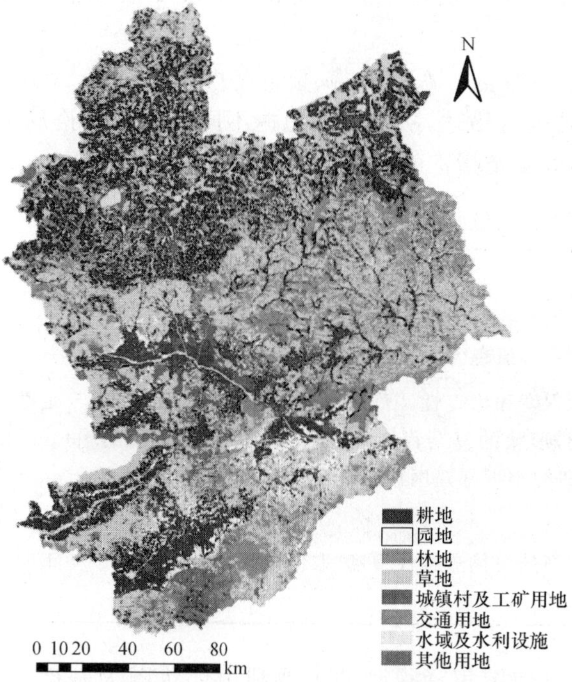

图 3-6 张家口市 2000 年土地利用景观分类图

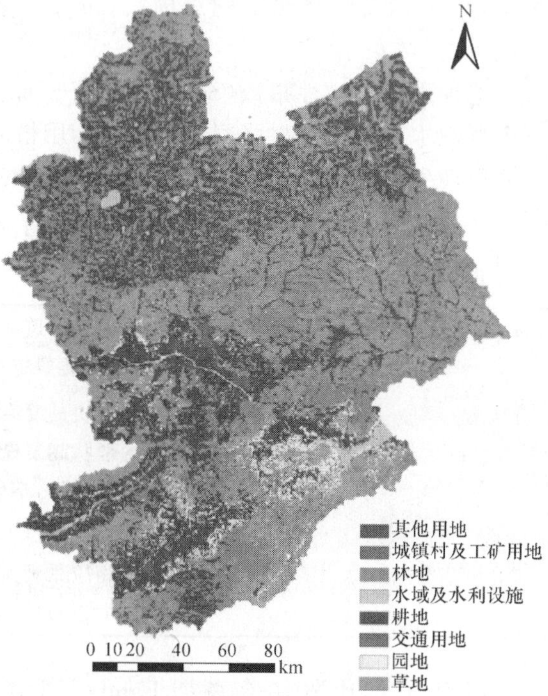

图 3-7 张家口市 2010 年土地利用景观分类图

对比图 3-6(彩图 17)和图 3-7(彩图 18)可见,张家口市的土地利用结构和布局发生了显著变化。2010 年城镇村及工矿用地的数量明显增加,市区迅速往外扩张,2000 年呈零星分布的农村居民点用地在扩张的同时,2010 年出现很多相互连片的现象;2010 年耕地面积显著减少,尤其在市区及其周边县域耕地面积减少较多。

①张家口市整体景观格局稳定性状态

利用 ArcGIS9.3 中的 Spatial Analyst 模块将张家口市 2000 年和 2010 年两期的土地利用景观类型图转换成栅格图,精度为 100 m×100 m,在此基础上,再利用 Fragstats 软件计算土地利用各景观指数,见表 3-19。随着张家口市土地利用结构的变化,其景观格局特征也发生了明显变化,张家口市的土地生态状况也发生了很大变化。

表 3-19 张家口市 2000 年和 2010 年景观格局指数

年份	PAFRAC	COHESION	SHDI
2000	1.619	98.440 5	1.570 7
2010	1.493 1	98.398 3	1.551 6

由表 3-19 可见，张家口市 2000 年到 2010 年，土地利用景观的分维数（PAFRAC）降低，更趋向不稳定值 1.5，表明景观镶嵌体的几何形状越来越复杂。景观多样性指数（SHDI）降低，由 1.570 7 降到 1.551 6，表明景观异质性降低，土地利用类型趋向于向某几类用地集中。景观连接度（COHESION）2010 年低于 2000 年，表明各类型相互穿插，斑块边界形状复杂化的同时，相邻景观斑块之间的异质性提高，从而景观的连接度降低。

结合张家口市两期的土地利用景观类型分布图可以看出，张家口市土地以耕地、林地、草地为主。随着城市的快速发展，建设用地面积不断增加，耕地面积不断减少，到 2010 年建设用地迅速蔓延，且边界较复杂，同时成片的耕地被分割，致使景观整体的形状更加复杂，形状边缘的复杂性增加了不同景观之间的干扰程度，若这种干扰程度的增加发生在人工景观和生态自然景观之间，则不利于自然生态系统的稳定。

可见，张家口市从 2000 年到 2010 年，土地利用景观格局的破碎化程度降低，斑块形状越来越复杂，连通性降低。对张家口市土地利用进行空间优化，应在增加景观丰富度的前提下，增加斑块之间的连通性，减少人类活动对自然生态系统的干扰，保证整个土地生态系统健康发展，实现张家口市土地资源的可持续利用。

②评价单元景观格局指数信息的提取

借助 ArcGIS9.3 软件将 14 个评价单元的两期土地利用景观类型分布图分割出来，分别转化为 100 m×100 m 的栅格图像，然后利用 Fragstats 软件分别计算 14 个区域 2000 年和 2010 年的 Shannon 多样性指数（SHDI）、周长-面积分维数（PAFRAC）和聚合度指数（COHESION），得到张家口市各县域 2000 年、2010 年两期的土地利用格局指数，见表 3-20、表 3-21。

表 3-20　张家口市 2000 年各县域土地利用格局指数

县域	PAFRAC	COHESION	SHDI
市区	1.414 5	95.135 2	1.562 7
赤城县	1.534 7	98.306 4	1.164 5
沽源县	1.375 2	98.286 6	1.370 8
崇礼县	1.429 5	98.332 1	0.830 4
怀安县	1.487 5	98.014 6	1.630 4
怀来县	1.448 2	98.863	1.811 9
康保县	1.406 4	98.757 1	1.266 5
尚义县	1.477 4	98.046 2	1.196 1
万全县	1.406	98.257 1	1.617 5
蔚县	1.476 5	98.763 3	1.699 6
宣化县	1.484 9	96.878 1	1.673 5
阳原县	1.465 7	97.628 7	1.571
张北县	1.424 9	98.633 3	1.372 6
涿鹿县	1.511 5	98.192 6	1.452 8

表 3-21　张家口市 2010 年各县域土地利用格局指数

县域	PAFRAC	COHESION	SHDI
市区	1.438 1	95.654 7	1.533 9
赤城县	1.573 1	98.296 5	1.132 4
沽源县	1.412 5	98.119 4	1.345 2
崇礼县	1.491 8	97.259 8	0.973 4
怀安县	1.505 3	97.931 8	1.642 6
怀来县	1.479 6	97.978 1	1.751 2
康保县	1.436 6	98.021 5	1.287 7
尚义县	1.53	98.006	1.161 3
万全县	1.483 3	98.106	1.613 1
蔚县	1.503 6	98.518 5	1.723 1
宣化县	1.500 9	96.503 1	1.669 9
阳原县	1.489 6	97.633	1.550 6
张北县	1.460 6	98.428 2	1.387 1
涿鹿县	1.538 9	98.223 5	1.438 9

6. 土地社会经济状况指标信息的提取

土地作为人类生活和生产的场所,人类各种活动对其的影响越来越大,甚至导致了各种生态问题的出现。影响土地生态安全的主要人文因素包括人口、社会与经济三个方面,因此在结合张家口市具体社会、经济情况的前提下选择人口密度、人口自然增长率、城市化水平、经济密度、万元产值能源消耗五个指标反映张家口市土地社会经济状况对土地生态安全的影响。具体指标含义如下:

(1)人口密度

人口密度是指单位土地面积承载的人口数量,可以反映人口增长导致的社会对生产、消费、居住等需求增加而带给土地生态系统的压力。该指标是逆向指标,其值越大,人口增长对土地生态系统的压力越大,土地生态系统越不安全。其计算公式为:

$$人口密度=\frac{人口}{土地面积} \tag{3-17}$$

分别统计出张家口市 2000 年和 2010 年各评价单元的总人口和土地面积,通过式(3-17)计算出 2000 年和 2010 年 14 个评价单元的人口密度指标值。

(2)人口自然增长率

人口自然增长率是指一年时间内人口自然增长数(出生人数减死亡人数)与该时期内平均人数之比,表征人口自然增长对土地生态系统产生的压力。

通过《张家口市统计年鉴》直接获得 2000 年和 2010 年的人口自然增长率指标值。

(3)城市化水平

城市化水平指非农业人口占总人口的百分比。该指标针对不同的地区其属性不同,在经济比较发达的国家或者大都市,城市化水平越高,则针对土地生态环境的改善投入的资金数量越多,自我保护意识也较强,但是针对一些相对落后,或者正在发展中的国家和地区来说,城市化水平越高,其对生态环境的破坏远远大于对土地生态环境的改善。在充分了解张家口市经济状况的前提下,将该指标定性为逆向指标,其值越大,区域城镇人口越多,城镇建设与扩张需要的土地就越多,对周边土地生态安全产生的影响就越大,从而对土地生态安全可能带来负面影响。其计算公式为:

$$城市化水平=\frac{非农业人口}{总人口}\times 100\% \tag{3-18}$$

分别统计出 14 个评价单元 2000 年和 2010 年的非农业人口和总人口,按照式(3-18)计算出城市化水平指标值。

(4)经济密度

经济密度即为单位土地面积上的 GDP,表征区域经济发达程度和土地集约利用水平,该指标为正向指标,其值越大单位土地的利用效率越高,土地利用的集约化程度越大,越有利于土地生态安全的维护。其计算公式为:

$$经济密度=\frac{国民生产总值}{土地面积} \tag{3-19}$$

在统计出各评价单元 2000 年和 2010 年两期 GDP、土地面积的基础上,利用式(3-19)计算出经济密度指标值。

（5）万元产值能耗

万元产值能耗一般指企业在一定时期内生产出来价值一万元的产品所消耗的能源。此指标为逆向指标，万元产值能耗越大对土地生态造成的扰动越强烈。其计算公式为：

$$万元产值能耗=\frac{年能源消耗总量}{年国民生产总值} \tag{3-20}$$

通过查阅《张家口经济年鉴》获得2000年和2010年各评价单元的年能源消耗总量和年国民生产总值数值，通过式（3-20）计算出万元产值能耗指标值。

四、指标权重的确定

土地生态安全评价各指标权重的确定有主观赋权法、客观赋权法以及综合赋权法等。采用定性与定量分析相结合的综合方法确定各指标权重，即采用层次分析法进行指标权重的赋值，并结合特尔斐法进行补充，从而最终确定土地生态状况评价指标权重。层次分析法的具体步骤为：

（1）明确问题。确定评价范围和评价目的、对象，进行因子相关分析，明确各因子之间的相互关系。

（2）建立层次结构。首先把复杂问题分解为不同的层次，同一个层次的要素作为准则。处于最上层的为目标层，是分析问题的目标；中间层为准则层，准则层的下一层为指标层。

（3）构建判断矩阵。在每一个层次上，按照上一层次的对照准则要求，对该层次的元素进行逐对比较确定相对重要度。依照规定的标度定量化后，写成矩阵形式，即为判断矩阵。

（4）层次排序计算和一致性检测。即计算判断矩阵的最大特征根值及相应的特征向量。

按照以上步骤操作，最终确定张家口市土地生态状况评价指标权重（表3-22）。

表3-22　张家口市土地生态安全评价指标体系及其权重

目标层	准则层(A)	指标层	权重
土地生态安全评价指标体系	A1 土地自然状况基础性指标(0.218 2)	C1 年降水量(mm)	0.032 8
		C2 土地恢复力指数	0.052 8
		C3 坡度(°)	0.042 8
		C4 地貌	0.040 2
		C5 水土资源协调度	0.049 6
	A2 土地利用状况指标(0.184)	C6 植被覆盖率	0.075 6
		C7 人均生态用地面积(hm^2/人)	0.065 8
		C8 单位面积草地上牲畜个数(只/m^2)	0.042 6
	A3 土地污染、退化状况指标(0.227 7)	C9 土地退化面积比例	0.081 5
		C10 单位耕地化肥使用量(kg/km^2)	0.038 6
		C11 单位耕地农药使用量(kg/km^2)	0.031 4
		C12 水土流失敏感性	0.076 2

续表 3-22

目标层	准则层(A)	指标层	权重
土地生态安全评价指标体系	A4 景观格局状况指标(0.136 8)	C13 香农多样性指数	0.049 8
		C14 面积-周长分维数	0.045 2
		C15 聚合度指数	0.041 8
	A5 土地生态建设状况指标(0.083 3)	C16 未利用地再开发利用面积比例	0.040 1
		C17 育林面积比例	0.043 2
	A6 土地社会经济状况指标(0.15)	C18 城市化率(%)	0.044 5
		C19 人口自然增长率(‰)	0.022 3
		C20 人口密度(人/km²)	0.031 2
		C21 经济密度(万元/km²)	0.030 8
		C22 万元产值能源消耗(m²/人)	0.021 2

第三节 张家口市土地生态安全评价

一、计算结果

采用综合指数法对土地生态安全进行评价,模型计算公式为:

$$T_i = \sum_{i=1}^{m} W_i \times C_i \tag{3-21}$$

式中:T_i 表示张家口市各县域土地生态安全综合值,W_i 表示各子指标的权重,C_i 表示各指标数据标准化后的数值。其中,T_i 的值越大,地区的土地生态安全水平越高。

通过计算土地生态安全综合指数,得出 2000 年和 2010 年张家口市各县域的土地生态安全综合值,见表 3-23、表 3-24。

表 3-23 张家口市 2000 年土地生态安全值

评价单元	土地自然基础状况	土地利用状况	土地污染、退化状况	景观格局状况	土地生态建设状况	土地社会经济状况	综合值
市区	0.073 6	0.006 1	0.054 7	0.068 1	0.054 7	0.057 1	0.314 3
宣化县	0.072 8	0.062 2	0.150 3	0.076 2	0.045 0	0.089 5	0.496 0
张北县	0.137 6	0.140 6	0.184 5	0.114 5	0.010 6	0.107 1	0.695 0
康保县	0.109 8	0.146 6	0.153 4	0.090 9	0.030 8	0.117 9	0.649 4
沽源县	0.151 2	0.184 0	0.227 7	0.069 6	0.029 4	0.111 5	0.773 3
尚义县	0.123 1	0.102 6	0.217 8	0.072 1	0.008 3	0.106 3	0.630 1
蔚县	0.100 6	0.101 8	0.167 1	0.121 4	0.021 7	0.089 5	0.602 0
阳原县	0.095 5	0.063 7	0.159 1	0.075 6	0.016 0	0.104 5	0.514 4

续表3-23

评价单元	土地自然基础状况	土地利用状况	土地污染、退化状况	景观格局状况	土地生态建设状况	土地社会经济状况	综合值
怀安县	0.111 9	0.060 1	0.204 3	0.109 0	0.006 2	0.084 9	0.576 5
万全县	0.057 8	0.049 1	0.192 9	0.085 8	0.055 5	0.088 0	0.529 2
怀来县	0.081 4	0.056 8	0.172 1	0.099 8	0.034 1	0.087 4	0.531 7
涿鹿县	0.143 6	0.096 1	0.181 3	0.080 5	0.055 3	0.088 6	0.645 3
赤城县	0.107 1	0.172 9	0.210 7	0.082 0	0.012 0	0.090 3	0.675 0
崇礼县	0.035 5	0.122 0	0.208 1	0.042 4	0.004 3	0.103 1	0.515 3

表 3-24 张家口市 2010 年土地生态安全值

评价单元	土地自然基础状况	土地利用状况	土地污染、退化状况	景观格局状况	土地生态建设状况	土地社会经济状况	综合值
市区	0.081 5	0.014 58	0.123 2	0.067 9	0.071 2	0.057 2	0.415 6
宣化县	0.070 6	0.040 53	0.181 2	0.094 7	0.040 7	0.086 4	0.514 2
张北县	0.173 9	0.143 91	0.215 2	0.112 2	0.001 9	0.104 3	0.751 4
康保县	0.108 7	0.154 58	0.194 1	0.058 9	0.003 1	0.116 3	0.635 8
沽源县	0.131 8	0.184	0.228 7	0.062 5	0.048 5	0.112 6	0.768 1
尚义县	0.170 3	0.123 17	0.228 1	0.056 9	0.012 8	0.102 5	0.693 6
蔚县	0.177 5	0.107 98	0.107 8	0.122 6	0.021 6	0.088 2	0.625 6
阳原县	0.138 1	0.076 64	0.203 0	0.081 3	0.026 5	0.096 2	0.621 7
怀安县	0.132 5	0.060 95	0.217 1	0.084 7	0.050 7	0.076 0	0.621 9
万全县	0.059 3	0.041 5	0.193 6	0.078 6	0.022 2	0.087 3	0.482 5
怀来县	0.103 4	0.055 16	0.178 5	0.084 2	0.019 8	0.081 8	0.522 8
涿鹿县	0.193 8	0.079 08	0.178 7	0.072 7	0.030 4	0.089 5	0.644 1
赤城县	0.131 8	0.165 92	0.224 9	0.069 1	0.005 6	0.088 2	0.685 6
崇礼县	0.028 7	0.134 89	0.220 2	0.043 5	0.019 7	0.100 4	0.547 4

二、土地生态安全评价等级的划分

依据前人对等级优劣的档次划分习惯，参考其他的等级划分原则、标准，综合张家口市的地域条件，确定了张家口市土地生态安全度各等级阈值范围，将生态安全度(0～1)划分为 5 个等级，并对系统的特征给出相应的描述(表 3-25)。

表 3-25 土地生态安全等级划分

等级	安全状态	安全度阈值	指标特征
Ⅴ	安全态	＞0.7	土地生态环境基本未受干扰破坏，系统结构完整，功能强，无化肥农药污染，植被覆盖率高，无水土流失现象，生态问题不显著

续表3-25

等级	安全状态	安全度阈值	指标特征
Ⅳ	较安全态	>0.6～0.7	土地生态环境较少受到破坏，系统结构基本完整，功能较强，土壤污染程度低，植被覆盖率高，土地利用程度高，生态问题不显著
Ⅲ	敏感态	>0.5～0.6	土地生态环境受到干扰，受干扰后系统结构易恶化，但能维持基本功能，土壤肥力开始降低，并污染扩大，草地林地退化，生态问题显现
Ⅱ	风险态	>0.4～0.5	土地生态环境受到较大破坏，系统结构遭到破坏，林地草地退化严重，土壤污染严重，治理比较困难，水土流失问题突出，生态问题扩大
Ⅰ	恶劣态	≤0.4	土地生态问题受到很大破坏，生态环境系统结构不全，功能低下，发生退化现象，恢复和重建很困难，生态灾害严重

根据表3-25张家口市土地生态安全评价结果的划分标准，将张家口市各县区的土地生态安全状况划分为五级，具体的划分区域见表3-26。根据各个评价单元的土地生态安全指数等级生成土地生态安全综合评价等级图。首先为每个评价单元确定唯一的ID号码，根据ID号码将属性数据库进行关联，使每个评价单元与其属性进行一一对应，运用ArcGIS9.3软件的专题图制作功能，自动生成张家口市2000年和2010年两期的土地生态安全指数等级图（图3-8）。

表3-26 张家口市各区县2000年和2010年土地生态安全评价结果

年份	安全态区（Ⅴ）	较安全态区（Ⅳ）	敏感态区（Ⅲ）	风险态区（Ⅱ）	恶劣态区（Ⅰ）
2000	沽源县	张北县、康保县、尚义县、蔚县、涿鹿县、赤城县	阳原县、怀安县、万全县、怀来县、崇礼县	宣化县	市区
2010	张北县、沽源县	康保县、尚义县、蔚县、阳原县、怀安县、涿鹿县、赤城县	宣化县、怀来县、崇礼县	市区、万全县	无

三、各子系统土地生态安全评价

在张家口市土地生态安全评价指标体系模型中，各子系统评价数值的大小对土地生态安全的贡献率不同，由于在计算前期分别对正向指标和负向指标进行了指标标准化处理，所以各子系统的安全值越大，说明其对土地生态安全的贡献越大。具体分析如下：

1. 土地自然基础状况分析

张家口市各评价单元2000年土地自然基础状况评价值的范围是0.035 5～0.151 2，平均值为0.100 1，高于平均值的有8个区县；2010年土地自然基础状况的评价值范围是0.028 7～0.193 8，平均值为0.121 6，高于平均值的有8个区县。从分布的范围及平均值来看，2010年张家口市总体的土地自然基础状况要明显高于2000年。

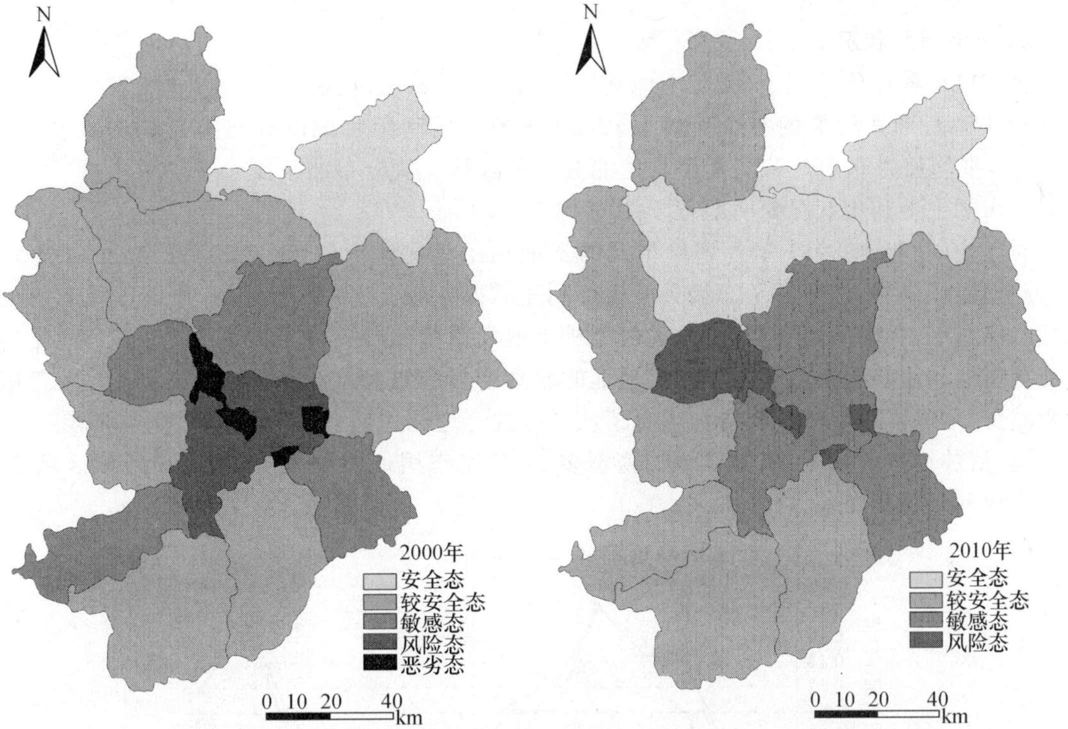

图 3-8　张家口市 2000 年和 2010 年土地生态安全评价等级区划图

对比 2000 年和 2010 年各评价单元的土地自然基础状况评价值(图 3-9)可知,除宣化县、康保县、沽源县及崇礼县四县外,其他区县的土地自然基础状况均变好。2000—2010 年各评价单元的坡度因子和地貌因子基本无变化,宣化县、沽源县、康保县及崇礼县的土地自然基础状况之所以变差是与当地年降水量减少,水土资源协调度及土地生态恢复力的降低密切相关的。

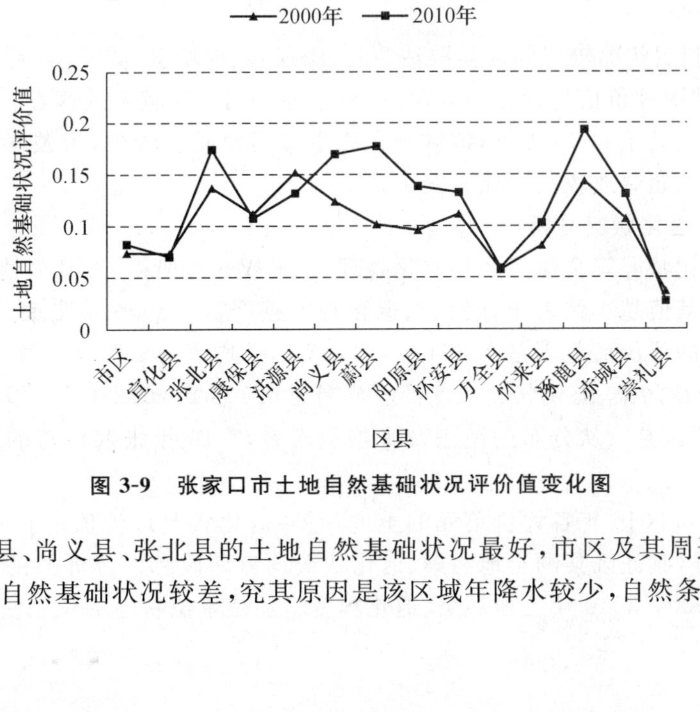

图 3-9　张家口市土地自然基础状况评价值变化图

2010 年涿鹿县、尚义县、张北县的土地自然基础状况最好,市区及其周边的万全县、崇礼县、宣化县的土地自然基础状况较差,究其原因是该区域年降水较少,自然条件恶劣;人类的改造不足(如有效灌溉面积少)。

2. 土地利用状况分析

张家口市各评价单元2000年土地利用状况的评价值的范围是0.006 1～0.184 0,平均值为0.097 5,高于平均值的有7个区县;2010年的土地利用状况的评价值范围为0.014 6～0.184 0,平均值为0.098 8,高于平均值的有7个区县。从分布的范围及平均值来看,2010年张家口市的土地利用状况要明显好于2000年。

对比2000年和2010年各评价单元的土地利用状况评价值(图3-10)可知,2010年宣化县、万全县、怀来县、涿鹿县及赤城县的土地利用状况相较于2000年变差,其余各区县的土地利用状况在10年期间均有所好转;通过分析土地利用状况各指标层的因素值可知,宣化县和涿鹿县土地利用状况变差是由单位草地上的牲畜增多所致;万全县和怀来县的人均生态用地面积减少、单位草地牲畜个数增加影响了该区域的土地利用状况;赤城县2000年相较于2010年来说,植被覆盖率降低,单位草地牲畜增多,人均生态用地面积减少,从而导致该区域2010年的土地利用状况变差。

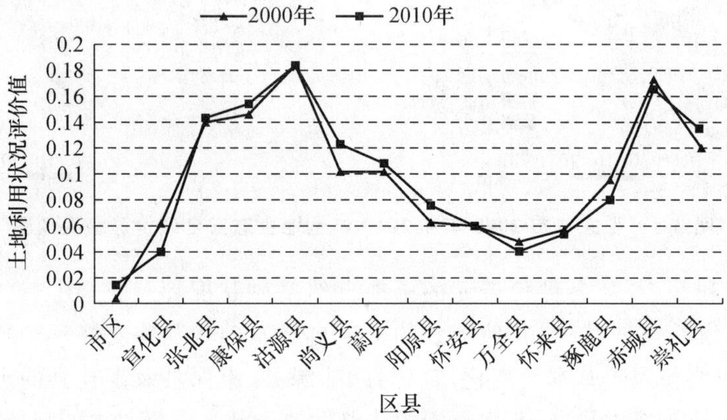

图3-10 张家口市土地利用状况评价值变化图

2010年土地利用状况较好的区县有沽源县、康保县、赤城县、崇礼县、张北县及蔚县等,该区域的土地利用状况评价值均处于平均值以上;土地利用状况较差的区县有市区、宣化县及万全县等,其评价值均处于0.05以下,该区域人均生态用地面积较少,植被覆盖率低,土地利用结构不合理,且草地超载放牧问题比较突出。

3. 土地污染、退化状况分析

土地污染、退化状况安全值是经标准化处理后,加权平均所得,故其值越大代表土地污染、退化的程度越小,其值越小代表土地污染、退化程度越严重。2000年张家口市各评价单元土地污染、退化状况的评价值范围是0.054 7～0.227 7,平均值为0.177 4,高于平均值的有8个区县;2010年的土地污染、退化状况的评价值范围为0.123 2～0.228 7,平均值为0.192 4,高于平均值的有9个区县。从分布的范围及平均值来看,2010年张家口市的土地污染、退化状况总体得到缓解。

对比2000年和2010年各评价单元的土地污染、退化状况评价值(图3-11)可知,2010年除蔚县和涿鹿县外,其他区县的土地污染、退化状况均有所改善。涿鹿县的土地污染、退化程度变化较小,在2000—2010年土地污染、退化程度增加是单位耕地的化肥使用量增加所致;蔚县在两期的评价中变化最大，生态安全指数由 0.1671 降到 0.1078，土地污染、退化现象较为明显，究其原因是化肥的过量使用和土地退化面积的增加。其余各县的土地退化比例降低及化肥与农药使用量减少使得土地污染、退化状况得到缓解。

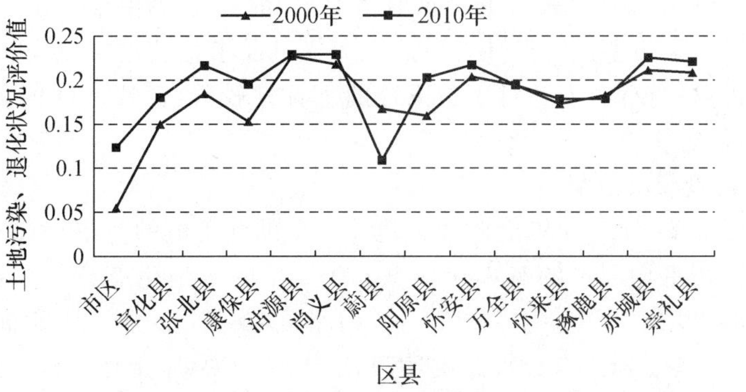

图 3-11　张家口市土地污染、退化状况评价值变化图

2010 年土地污染、退化程度较低的区县有沽源县、赤城县、尚义县、怀安县及张北县等，其评价值均在 0.2 以上，土地污染、退化状况相对不明显；土地污染、退化程度较为严重的地区有市区、蔚县，市区的土地污染状况较为严重，单位耕地的化肥施用量和农药使用量均处于全市最高水平，严重污染了土壤的质量，蔚县耕地、林地、草地等转化为其他用地（盐碱地、裸地）的面积比例较大，土地退化现象较为突出，且该县部分地区的水土流失敏感性处于重度敏感及极度敏感状态。

4. 土地景观格局状况分析

张家口市各评价单元 2000 年土地景观格局状况的评价值的范围是 0.042 4～0.121 4，平均值为 0.084 9，高于平均值的有 6 个区县；2010 年的土地生态建设状况的安全值范围为 0.043 5～0.122 6，平均值为 0.077 8，高于平均值的有 7 个区县。

对比 2000 年和 2010 年各评价单元的土地景观格局状况评价值（图 3-12）可知，2010 年的土地景观格局状况折线图基本处于 2000 年的下方，说明 2010 年的土地景观格局稳定状况要低于 2000 年。2010 年宣化县、蔚县、阳原县及崇礼县的土地景观格局状况相较于 2000 年有所改善，其余各县的土地景观格局稳定性均有所下降。通过分析香农多样性指数、面积-周长

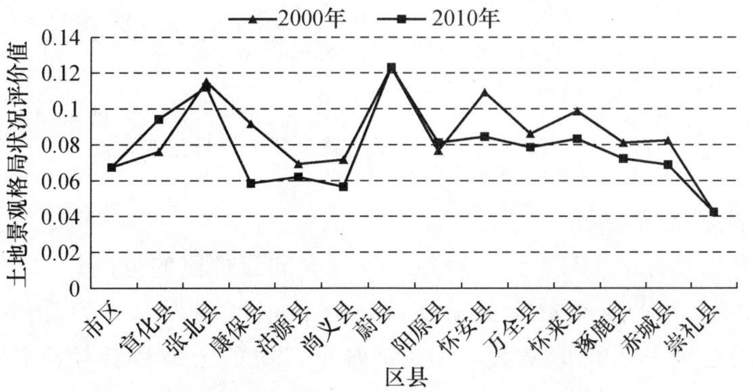

图 3-12　张家口市土地景观格局状况评价值变化图

分维数及聚合度指数三个指标可知，崇礼县、宣化县及阳原县景观格局稳定性提升主要由于面积-周长分维数指标值提高，地块的形状趋于简单化；蔚县的土地景观格局稳定性提升主要由于香农多样性指数指标值增加，景观异质性程度增高，景观格局更加稳定。

2010 年土地景观格局状况较好的区域有张北县、蔚县，其评价值均在 0.1 以上，土地景观格局不稳定的区域主要集中在康保县、沽源县、尚义县及崇礼县，这些地区的香农多样性指数、分维数及聚合度指数均较低，人类对生态系统的干扰性较强，斑块之间的异质性低，连通性较差，景观格局较不稳定。

5. 土地生态建设状况分析

张家口市各评价单元 2000 年土地生态建设状况的评价值的范围是 0.004 3～0.055 5，平均值为 0.027 4，高于平均水平的有 7 个区县；2010 年的土地生态建设状况的评价值范围为 0.001 9～0.071 2，平均值为 0.026 8，高于平均水平的有 5 个区县。从分布的范围及平均值来看，2010 年张家口市的土地生态建设状况明显比 2000 年要差，土地生态建设的力度不够。

对比 2000 年和 2010 年各评价单元的土地生态建设状况评价值（图 3-13）可知，2010 年和 2000 年的土地生态建设状况折线图变化较为明显，其中宣化县、张北县、康保县、万全县、怀来县、涿鹿县及赤城县 7 个县域的土地生态建设状况明显比 2000 年差，其余各区县 10 年期间在土地生态建设方面的力度较明显。宣化县、张北县等区县的土地生态建设状况变差主要由于对未利用地的再开发利用不足，导致盐碱地、沙地等未利用地的面积增加。

由图 3-13 可以看出，2010 年张家口市各区县的土地生态建设状况波动较显著，这说明 2010 年各区县的土地生态建设具有明显的地域差异；其中市区和沽源县的土地生态建设状况较好，其评价值均在 0.05 以上，张北县、赤城县和康保县的土地生态建设状况较差，其主要原因是这些地区的未利用地再开发面积较少，几乎接近于 0，对于土地生态建设方面，政府和人们的重视程度还不够。

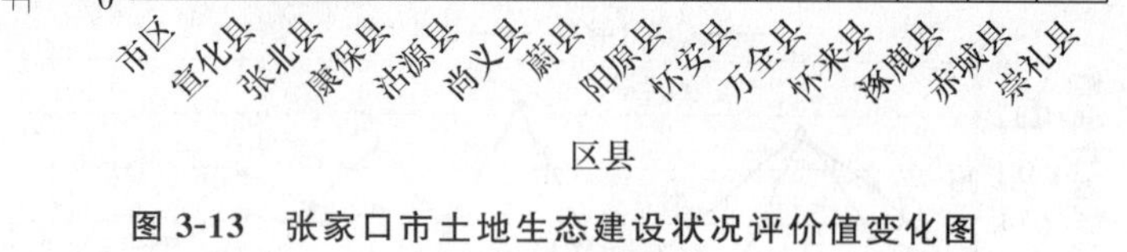

图 3-13 张家口市土地生态建设状况评价值变化图

6. 土地社会经济状况分析

张家口市各评价单元 2000 年土地社会经济状况的评价值的范围是 0.057 1～0.117 9，平均值为 0.582 0；2010 年的土地社会经济状况的评价值范围为 0.057 2～0.116 3，平均值为 0.609 3，从分布的范围及平均值来看，2010 年张家口市的土地社会经济状况同 2000 年基本持平。

对比 2000 年和 2010 年各评价单元的土地社会经济状况评价值（图 3-14）可知，2000 年与

2010 年两期的土地社会经济评价值的折线趋势大体相同，说明各个评价单元在两期的时间内变化不明显。其中康保县的土地社会经济状况最好，对土地生态安全的贡献率也最大；市区的土地社会经济状况在 2000 年和 2010 年均为最差，其土地社会经济方面对土地生态安全的贡献最小，究其原因是市区的人口密度大，城市化水平高，人口的快速增长和城市的发展给环境带来很大的负担。大多数评价单元分布在 0.08～0.1 之间，处于平均水平之上，说明张家口市的土地社会经济状况良好。

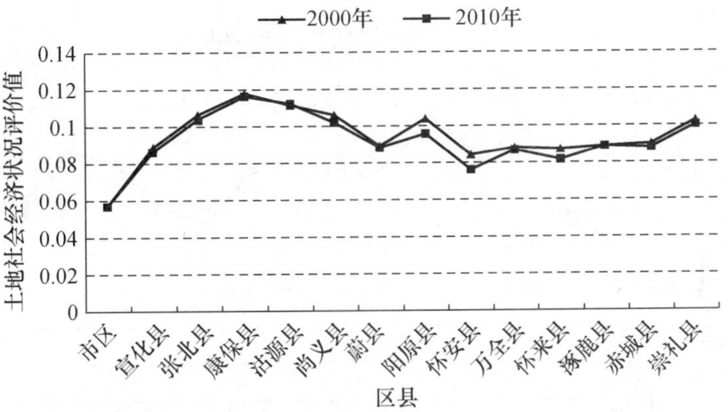

图 3-14　张家口市土地社会经济状况评价值变化图

四、土地生态安全综合分析

土地生态安全评价值越大，说明土地生态安全状况越好。由表 3-23、表 3-24 和图 3-15 可以看出，2000 年各区县的土地生态安全综合值落在 0.314 3～0.773 3 之间，其中市区值最小，沽源县最大；2010 年各区县土地生态安全综合值的计算结果落在 0.415 6～0.768 1 之间，最小的是市区，最大的是沽源县。比较各个评价单元 2000 年和 2010 年的土地生态安全综合值可知，2010 年有 9 个区县的土地生态安全综合值要高于 2000 年，有 5 个区县的土地生态安全综合指数低于 2000 年，其中除万全县 2010 年的土地生态安全综合评价值明显低于 2000 年外，其他的变化并不明显。由表 3-26 可知 2000 年和 2010 年张家口市土地生态安全评价各等级区中，第Ⅳ等级区（较安全态，评价值为 0.6～0.7）分布的评价单元最多，其次是第Ⅲ等级区（敏感状态，评价值为 0.5～0.6）；但 2010 年中没有区县处于恶劣态，总体土地生态安全状况变好，说明在 10 年的时间内，张家口市经过退耕还林还草工程、林业生态工程等的实施，取得了一定效果。

对比 2000 年和 2010 年各评价单元的土地生态安全综合评价值（图 3-15）可知，2010 年康保县、沽源县、万全县、怀来县及涿鹿县的土地生态安全综合评价值相较于 2000 年有所降低，且除万全县外，其他区县的降低幅度并不大；市区、宣化县、张北县、尚义县、蔚县、阳原县、怀安县、赤城县及崇礼县的土地生态安全综合评价值呈不同程度的上升。通过对各个子系统评价值的对比可知康保县、沽源县 2000—2010 年期间土地自然基础状况、土地景观格局稳定性状况及土地社会经济状况对土地生态安全的贡献率降低，降水量减少、景观异质性降低及社会经济发展给生态环境带来的压力使得该区域的土地生态安全状况降低；万全县、怀来县及涿鹿县土地生态安全状况降低与当地土地的不合理利用（如人均生态用地面积减少等）及土地生态建设力度较小有关，该区域在今后的工作中应加强对生态用地的建设，提高植被覆盖率。

2010年市区的土地生态安全综合评价值最低，沽源县、张北县的土地生态安全综合评价值分别位列第一、二位，对比各子系统的评价值可知，张北县与沽源县的土地自然基础状况较好，地貌特征适合农作物的耕作，土地生态恢复力高于其他地区，土地利用较合理，社会经济发展的同时对当地的生态环境影响较小，土地退化、污染程度较低。市区经济发展迅速，但是对于土地造成的污染也日益突出，且土地利用结构不合理，人口密度大，但生态用地面积小，造成人均占有的生态面积较低，威胁当地的土地生态安全。

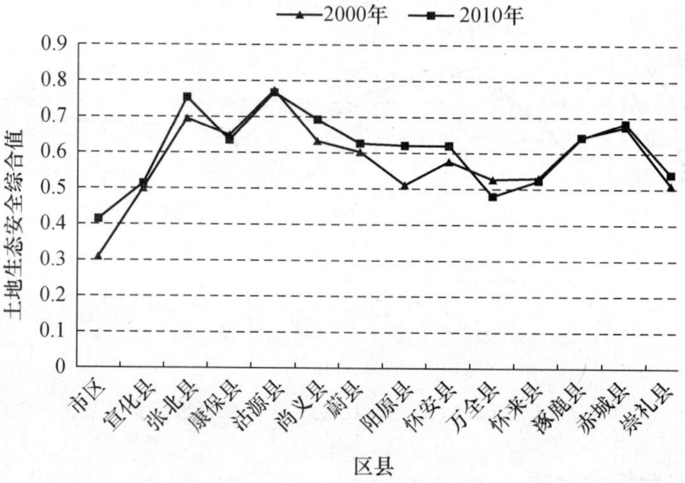

图 3-15 张家口市土地生态安全综合值变化图

五、土地生态安全空间分布状况分析

从土地生态安全评价等级空间分布图(图3-8)可知，土地生态安全表现出地区差异特点。2000年，张家口市土地生态状况处于安全状态的仅有沽源县一个县区，处于较安全状态的有张北县、康保县、尚义县、蔚县、涿鹿县、赤城县六个县域，阳原县、怀安县、万全县、怀来县、崇礼县的土地生态状况处于敏感状态，宣化县处于风险状态，市区的土地生态状况具有恶化趋势，处于恶劣状态；2010年，张家口市土地生态安全区主要分布在张北县和沽源县，康保县、尚义县、蔚县、阳原县、怀安县、涿鹿县、赤城县的土地生态状况较安全，宣化县、怀来县、崇礼县的土地生态状况处于敏感状态，市区和万全县的土地生态安全存在风险，整个张家口市的土地生态安全没有恶劣的区域。因此，从张家口市土地生态的总体空间格局看，张家口市北部和南部地区的土地生态安全状况较好，北部坝上地区的土地生态安全等级甚至处于安全状况，中部市区及与市区毗邻的县域的土地生态安全状况较差，处于敏感状态之后。值得注意的是，中部地区无论是自然条件还是社会经济水平在全市都处于较好之列，但是土地生态安全状况无论是在2000年还是2010年都处于风险状态，甚至为恶劣状态。究其原因，由于土地利用结构的不合理及污染强度高，很大程度上抵消了自然环境和社会经济条件上的优势。由此可见，自然基础条件、土地利用状况决定了土地生态安全分布的大体趋势，但社会经济条件，土地污染、退化状况同样对土地生态环境具有重要的影响，在某些情况下，甚至成为决定因素，在一定程度上改变土地生态安全的空间分布格局。

第四节　张家口市土地利用优化调控

一、土地利用生态功能区的划分

1. 划分原则

结合研究特点，参考相关方面的研究，从土地生态安全角度进行土地利用生态功能区划，特提出以下原则：

（1）与土地生态安全状况相结合。土地生态安全状况是土地利用生态功能区划分的基础，因此充分与第二篇第三章第三节土地生态安全评价的结果相结合，在充分了解张家口市土地生态安全态区、较安全态区、敏感态区、风险态区和恶劣态区的基础上划分土地利用生态功能分区。

（2）与自然地理特征相结合。自然地理环境与地貌、降水、植被、土壤密切相关，不同的自然地理环境特征下生态系统类型以及景观特点有所不同，进而影响到土地利用系统不同功能的发挥，因此与自然地理特征相结合，按照自然地理特征的相似性进行土地利用生态功能区的划分，才能有效发挥土地利用的多功能。

（3）与研究区的土地生态环境现状与区域发展方向相结合。土地利用生态功能分区是以正确认识区域生态环境、主要生态问题为基础的，必须把握研究区的土地生态环境现状及当地的发展方向，才能为区域生态环境的改善打下坚实的基础。

（4）与土地利用类型相结合。不同土地利用类型形成不同的生态系统，进而影响到土地生态系统生态功能的发挥。土地利用生态功能分区的最终目标是实现资源的合理利用，因此在划分土地生态功能分区时要充分考虑土地利用类型与土地利用方式，将土地生态功能分区与土地利用类型相结合。

（5）与行政界线相结合。土地利用生态功能分区是进行土地优化利用与调控的基础，与行政界限相结合有利于政府及相关部门制定土地优化调控方案及相关政策。

2. 区划方法

本研究是基于土地生态安全评价划分的生态功能分区，因此根据研究区土地生态环境现状，以土地生态安全综合评价及空间格局分析为基础，根据土地生态环境特征的相似性和差异性进行划分，形成生态功能分区方案，并对各生态功能区命名和概述。为此，采用定性分区与定量分区相结合的方法，在张家口土地生态安全评价研究的基础上，在 ArcGIS9.3 软件的支持下，按照土地生态功能分区的等级体系，通过自上而下的划分方法进行分区的划分，并尽量保持区县级行政单元的完整性和区域连续性。

在划分一级分区时，主要考虑气候特征的相似性和地貌单元的完整性，提取要素为地貌类型。由于张家口市分为坝上和坝下两个自然的地理单元，区内的气候差异主要是地貌差异所致，因此选择地貌要素划分一级功能分区。

在划分二级分区时，主要考虑土地利用类型、土地生态环境现状和土地生态安全状况，同时兼顾行政边界的完整性。

3. 命名方法

生态功能分区的命名是土地生态功能分区结果的具体体现和标识，是分区工作的重要环节(王治江等,2005)。参照我国编制的《生态功能区划暂行技术规程》命名的方法(国家环保局,2002)对张家口市的一级生态功能分区和二级功能分区分别命名。

一级功能区的命名要体现分区的气候和地貌特征,由地名＋地貌特征＋生态功能区三部分构成。

二级功能区的命名要体现生态功能的重要性,由生态系统类型＋生态功能特点＋生态功能区三部分组成。其中生态系统类型由土地利用类型综合得来,包括森林、草地、农业、水域等,生态功能包括生物多样性保护、水土保持、水源涵养、城镇生态建设等。命名时选择重要或典型的生态系统类型和生态功能特点。

此外,对于生态系统类型及生态功能相同的区域可根据其具体所在方位进行区别。

4. 生态功能分区方案

张家口生态功能区划分为两个等级:首先,从宏观上以地形地貌等地理特征划分生态功能区;然后,根据土地利用类型、土地生态安全现状与生态环境问题划分生态功能小区。

(1)一级功能分区

根据生态功能分区的划分原则,参照张家口市不同的地貌形态,将张家口市划分为2个生态功能一级分区(图3-16):

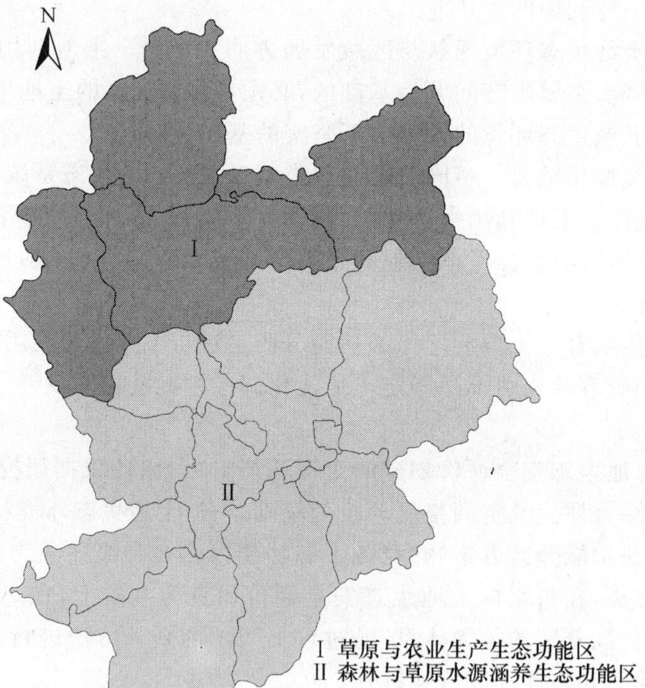

图3-16 张家口市一级功能区划分

①坝上高原生态功能区Ⅰ

坝上高原生态功能区包括康保县、张北县、沽源县和尚义县,土地总面积为137.9万km^2,占全市总面积的37.5%。该区域是内蒙古高原的一部分,海拔在1 500 m左右。

②坝下山间盆地生态功能区Ⅱ

坝下山间盆地生态功能区包括市区(桥东区、桥西区、宣化区、下花园区)及万全县、宣化县、蔚县、阳原县、怀来县、怀安县、涿鹿县和崇礼县共 9 个区县单元，土地总面积为 230.2 万 km^2，占全市土地总面积的 62.5%。该区域的地势与坝上地区相比明显降低，区域内地形比较复杂，盆地、丘陵、低山均有分布。

(2)二级功能分区

根据张家口市的土地利用类型、土地生态环境现状和土地生态安全评价的等级划分情况，进一步对张家口市进行二级生态功能分区的划分，共划分为 6 个二级生态功能分区(图 3-17)：

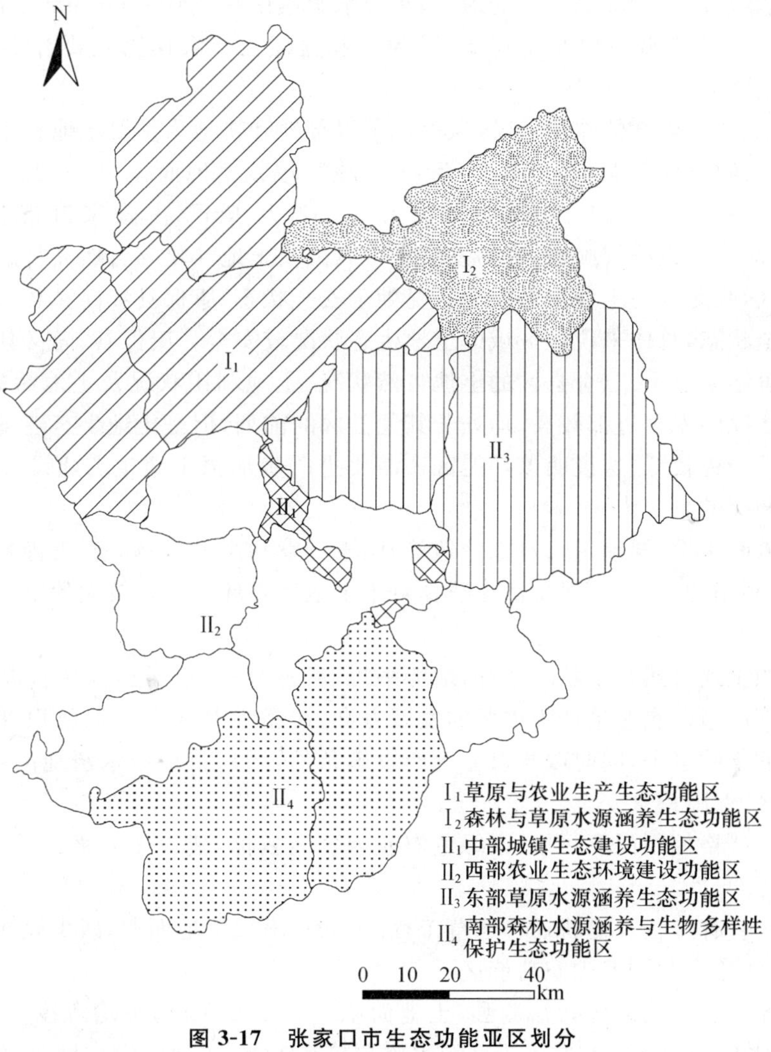

图 3-17　张家口市生态功能亚区划分

Ⅰ坝上高原生态功能区

$Ⅰ_1$ 草原与农业生产生态功能区

$Ⅰ_2$ 森林与草原水源涵养生态功能区

Ⅱ坝下山间盆地生态功能区

$Ⅱ_1$ 中部城镇生态建设功能区

$Ⅱ_2$ 西部农业生态环境建设功能区

$Ⅱ_3$ 东部草原水源涵养生态功能区

$Ⅱ_4$ 南部森林水源涵养与生物多样性保护生态功能区

二、土地利用优化调控

1. 坝上高原生态功能区

(1)草原与农业生产生态功能区

草原与农业生产生态功能区包括康保县、尚义县和张北县，其土地总面积为 101.93 万 km^2，其中农业用地面积(耕地、园地、林地、牧草地)为 87.85 万 km^2，占本功能区总面积的 86.19%。该区域是河北省降水最少的地区，年降水量集中在 300～400 mm 之间，年平均气温为 1.2～2.6℃。土壤类型主要是栗钙土、草甸土和盐渍土。农作物主要有小麦、莜麦、马铃薯、荞麦等，是主要的粮食生产区。

由于地貌、气候等因素的作用，该区域形成了以草地和耕地为主要土地利用类型的生态系统，其中张家口市牧草地总面积为 51.43 万 km^2，该区域牧草地面积为 24.28 万 km^2，占张家口市牧草地总面积的一半以上；耕地面积为 35.94 万 km^2，占张家口市总耕地面积的 41.62%。该区域草原系统较脆弱，容易发生土壤风蚀及土地沙化等自然灾害。

在该功能区，张北县的土地生态安全状况处于安全状态，康保县和尚义县的土地生态安全状况处于较安全状态，总体来说该区域的土地生态状况较安全。康保县、尚义县和张北县的土地生态安全评价结果显示：三个县区的土地自然状况、土地利用状况及土地污染、退化状况及土地社会经济状况的安全值都较高，均处于其他县区的前列，但是土地生态建设状况的安全值相比较其他区县来说较低，这说明该功能区还需要进一步加强土地生态建设，因此，该功能区土地利用优化调控的方向为：

①加强对未利用地(裸地、盐碱地、沙地等)的再开发利用，增加资金，改善未利用地的利用条件；在再开发利用的过程中，尽量优先选择对于土地生态环境贡献较大的草地、林地、耕地等土地利用类型。

②该区域的土地自然基础状况较好，地势平坦，耕地分布较广泛，今后将成为主要的农业生产区。因此该区域以农业生产为主要的发展方向，严格控制建设用地面积，保护耕地数量，提高建设用地的集约水平，同时改善农业生产设施条件，增加耕地中水浇地的面积比例，构建高效农业示范区，保障粮食安全。

③该区域应严格控制面源污染，以绿色农业为发展目标，建设无公害、无污染型绿色蔬菜生产示范项目等。

④继续加大育林工程及退耕还林还草工程的实施，增加草地面积，减少风沙危害。

(2)森林与草原水源涵养生态功能区

森林与草原生态功能区包括沽源县，土地面积 35.98 万 km^2，平均海拔 1 536 m，年均气温 2.7℃，年降水量 550 mm 左右。该区域水资源较为丰富，主要有潮白河、滦河、葫芦河三大水系，其中白河和黑河是北京重要水源地，闪电河是天津及唐山地区的主要水源地之一。沽源县的土地利用类型以牧草地和林地为主，其中牧草地的土地面积为 13.63 万 km^2，占该区土地总面积的 37.88%，林地土地面积为 10.02 万 km^2，占该区土地总面积的 27.84%，两类用地的土地面积占到了该功能区土地总面积的 65.72%，因此形成了以林地和草地为主要土地利用类型的森林与草地生态系统。

该功能区在土地生态安全状况处于安全状态，在土地生态安全评价中，各评价子系统的安全状况较好，尤其是土地利用状况，土地污染、退化状况及土地生态建设的安全值较高，这说明沽源县在土地生态建设及实施退耕还林还草方面取得了一些成效，土地利用结构也较符合该功能区土地生态环境的改善，土地污染、退化现象较少。但由于土地生态安全评价指标选择的限制，此区域还有一些土地生态环境问题没有显示出，例如该功能区的水资源污染较严重等。为此该生态功能区土地利用优化调控的方向是：

①合理利用本功能区的草地和林地资源，保护好现有的草地，严禁开垦，加大退耕还林还草力度；控制草场的载畜量，通过采取禁牧、休牧、轮牧、舍饲等措施严格控制草原过度放牧；调整农牧用地比例，合理利用土地资源；加大林业建设力度，实施退耕还林工程和京津风沙源治理工程。

②依托本功能区丰富的草地和林地资源大力发展塞北林场生态旅游业，科学有序地开发湿地和原始森林生态旅游业。建设风沙防护林网和林带，保护原始次生林，大力营造水源涵养林。

2. 坝下山间盆地生态功能区

(1)中部城镇生态建设功能区

中部城镇生态建设功能区包括市区(桥东区、桥西区、宣化区和下花园区四区)和万全县，该区域总面积为20.03万km^2，该功能区的降水量较少，年降水量分布在400 mm左右，年平均气温为6～9℃。市区的地貌类型是典型的山间河谷盆地，其海拔高度介于650～790 m之间，山区丘陵约占市区的2/3，平原河川约占市区的1/3，该区是全市的政治、经济、文化中心。万全县分布在市区的东北方向，紧邻市区，受市区中心城市的影响较大。

该区域草地和林地的面积较少，仅为2.21万km^2，占该区域土地总面积的11%左右，未利用地8.18万km^2，占该区域土地总面积的40.85%。从土地利用类型来看，该生态功能区的未利用地占地比例较高。市区与万全县的土地生态安全状况都最差，处于危险状态，市区在2000年的时候甚至达到了恶劣状况。从2010年的土地生态安全评价结果看，该区域的土地自然基础状况不理想，年降水量少，水土资源协调度也较小，由于林地、草地的面积较少，人口多，造成该区域的人均生态用地面积较小；该区域土地利用结构不合理，植被覆盖率低，造成了该区域的土地生态环境处于危险状态；该功能区是张家口市的经济发展重要地区，在提高经济水平的同时，没有做到对未利用地(裸地、沙地、盐碱地等)的再开发利用，生态恢复能力差，城市化水平的提高是建立在牺牲人类赖以生存的生态环境的基础之上；此外，该功能区的大部分地区存在农业面源污染，单位耕地的化肥使用量和农药使用量都居全市前位。针对该区域出现的土地生态环境问题，从以下几个方面提出该生态功能区的土地利用优化调控方向：

①该功能区是全市的政治、经济、文化中心，以生态经济建设和生态宜居城市建设为主导构建生态建设功能区。调整土地利用结构，优化各类用地布局，协调安排生态用地、生活用地和建设用地。加强对工业“三废”的处理，减少环境污染。该功能区经济优势明显，随着城市化水平的提高，须做好建设用地规划，提高用地效率。

②大力构建城市绿地系统，增加生态用地面积，建立城市交通绿化带，并大力植树造林，增加植被覆盖度，加大对裸地、盐碱地等未利用地的再开发利用。大力发展低耗能、集约化的无污染工业。加强农业面源污染治理，构建生态农业体系。

(2)西部农业生态环境建设功能区

西部农业生态环境建设功能区主要包括怀安县、阳原县、宣化县及怀来县四县,土地面积为74.13万km^2,分布在整个张家口市的西部。本区域年降水量集中在350～450 mm之间,平均气温在8℃以上。地貌类型以山地和盆地为主,土壤以淡栗钙土为主,局部地区有黑垆土,该土壤类型易造成风蚀及水土流失。

从土地利用类型角度看,该区域耕地面积为18.176万km^2,占总面积的24.5%,是全市基本农田的主要集中区,主要分为阳原片区、怀安片区和怀来片区,重点发展农业种植;林地面积10.94万km^2,占总面积的14.76%;未利用地面积30.83万km^2,占总面积的41.59%。未利用面积较多,土地的再开发利用还有空间,林地、草地面积较小,森林生态系统功能较弱。

从土地生态安全评价研究结果看,阳原、怀安县处于较安全状态,但评价综合指数值分数较低,宣化县、怀来县处于敏感状态,整个区域的土地生态安全的综合评价值在0.51～0.62之间,总体来说此区域的土地生态安全状况不容乐观。从土地生态安全评价结果中子系统的安全值来看该区域的土地利用状况较差,土地生态恢复力较差,说明该区域的土地利用结构不合理。此外,气候干旱,丘陵区灌溉条件差,农业面源污染严重也是制约该区域土地生态安全的重要影响因素。为此该区域的土地利用优化调控方向为:

①本功能区是基本农田主要集中区,基本农田保护是整个功能区粮食安全的基础,其土地利用的生产功能突出,因此在该功能区内,严禁建设占用耕地,加强基本农田生产条件建设,提高基本农田保护区耕地质量。此外,对于非基本农田保护区应严格执行当地的土地利用政策,禁止农用地特别是耕地转化为建设用地。

②实行林业与农业耕作相结合的措施,重点在林场实施封山育林、退耕还林还草措施,提高森林植被的覆盖率,减轻水土流失,维持生态系统的稳定;大力发展生态农业,治理面源污染;加强城区生态人居环境建设,加大工业污染治理力度。

(3)东部草原水源涵养生态功能区

东部草原水源涵养生态功能区包括赤城县和崇礼县,总面积76万km^2。该功能区降水量丰富,年降水量在500 mm以上,年平均气温较低,在3～6℃之间。地貌类型以山地和丘陵为主,赤城县内水资源较为丰富,是北京市重要的水源供应地。

该功能区的土地利用类型以林地和草地为主,植被类型为灌丛和干草原,其中林地面积32.02万km^2,草地面积9.47万km^2,林草覆盖率达54.58%,是河北林业重点区域,形成了温带山地干旱草原生态系统。

从土地生态安全评价的结果来看,该功能区的赤城县处于较安全状态,崇礼县处于敏感状态,说明在该区域中崇礼县的土地生态状况更应该引起人们的重视。从土地生态安全评价的子系统安全值可以得出,崇礼县的土地自然基础状况的安全值较低,仅为0.0287,究其原因是该县水土资源协调度较低,且植被覆盖率小,此外该县的土地退化现象也较严重;赤城县的土地景观格局状况不稳定,且土地生态建设面积较小,影响了该区域的整体土地生态安全。针对上述土地生态安全问题,该生态功能区土地利用优化调控的方向是:

①保护好该生态功能区的林地和草地,禁止乱砍滥伐和陡坡开荒,防止水土流失,增强森林涵养水源的能力。

②鉴于本功能区水源涵养的生态功能,加大水源涵养能力强的植物的种植,调整植被的种类,选择适度的林龄结构,提高水源涵养能力。

③本功能区林地、草地的面积较大，滥采乱伐及超载放牧问题突出，因此加大禁止滥采乱伐的力度，调整产业结构，转变畜牧业生产经营方式，鼓励围栏和舍饲，减少对草地的破坏，保持好牲畜与草地之间的基本平衡。

(4)南部森林水源涵养与生物多样性保护生态功能区

南部森林水源涵养与生物多样性保护生态功能区包括蔚县和涿鹿县，总面积约60万km^2。该生态功能区年降水量较少，集中在300～400 mm之间，年平均气温为8～10℃。该区域地形复杂，多数山坡坡度在35°～70°，属于小五台山地区。水资源比较丰富，且小五台山国家级自然保护区内生物种类丰富。

该区域由于其独特的地形环境，林地面积22.05万km^2，占该生态功能区土地总面积的36.74%，从而形成了以林地为主要土地利用类型的森林生态系统。该区域的土地生态安全状况为较安全，整体来说土地生态状况较好，从土地生态安全评价的结果看，该区域还存在以下几个方面的问题：虽然该区域的生态用地面积较大，但是对于未利用地的再开发程度较低，土地生态建设的力度不大；蔚县境内的土地退化面积较多，土地没有得到及时的开垦和整治，易造成水土流失等自然灾害的发生。由于该功能区特殊的自然条件，生态功能的定位为水源涵养与生物多样性保护，土地利用优化调控的具体方向为：

①本区应积极开展土地整治活动，对于裸地、盐碱地和沙地等未利用地进行再开发利用，提高植被覆盖度，从而减少水土流失等自然灾害的发生。

②本功能区小五台国家级自然保护区是森林生态系统类型的自然保护区，动植物种类丰富，因此可依托于自然资源条件，发展生态旅游业。

③依托于该区水资源涵养和生物多样性保护的生态功能特点，保护天然林地，营造水源涵养林。

第五节　结论与讨论

一、结论

在归纳总结以往土地生态安全评价及生态功能区划研究的基础上，从土地自然基础状况，土地利用状况，土地污染、退化状况，土地景观格局状况，土地生态建设状况及土地社会经济状况六个方面构建了张家口市土地生态安全指标体系，采用综合指数法对张家口市土地生态安全进行了综合评价，分析了目标层及各准则层的土地生态安全动态变化趋势及其空间异质性特征；在此基础上，结合张家口市的土地生态环境问题、土地利用类型及土地生态安全评价的结果划分张家口市土地生态功能分区，提出不同功能分区土地利用优化调控的方向。具体研究结论如下：

(1)在分析张家口市近几年生态环境现状和变化趋势的基础之上，明确了张家口市的主要生态环境问题。主要包括水土流失严重、土地资源退化、土地生态建设不足、植被覆盖率低、森林整体的生态效益不高、工业及农业造成的严重污染、水资源污染等。

(2)在明确张家口市生态环境现状和主要环境问题的基础上，根据张家口市的土地生态、经济和社会发展状况，从土地自然状况，土地利用状况，土地退化、污染状况，土地生态建设状况，土地景观格局状况及土地经济社会状况六个方面出发，建立土地生态安全评价指标体系。

应用综合指数法，构建了张家口市土地生态安全评价方法模型，并以张家口市的14个县区作为评价单元，对张家口市2000年和2010年两期的土地生态安全状况动态进行评价。结果表明：2010年绝大多数区县的土地生态安全综合评价值要高于2000年，2000—2010年整体呈现增长趋势，说明2010年的土地生态安全状况要明显好于2000年。市区、宣化县、张北县、尚义县、蔚县、阳原县、怀安县、赤城县及崇礼县的土地生态安全综合评价值呈现不同程度的上升，土地生态安全状况得到改善，其中张北县的土地生态安全状况由较安全态上升为安全态，这是由于张北县近10年实施的退耕还林还草工程使环境得到了优化；市区的土地生态安全状况由2000年的恶劣态转为风险态，这与其土地利用方式的不断优化有着密切的关系。康保县、沽源县、万全县、怀来县及涿鹿县2010年的土地生态安全状况相较于2000年变差，主要原因是该区域的土地利用不合理、土地生态建设的力度较小等。土地生态安全状况较多的集中在安全、较安全和敏感状态，其空间分布格局大体是市区及其周边县域的土地生态安全状况低于四周各县域，其原因是市区及其周围地区生态用地面积少，植被覆盖率低、土地生态恢复力较差等抵消了自然环境和社会经济上的优势。

(3)在土地生态安全评价研究的基础上，结合张家口市的地形地貌特点、生态环境现状及土地利用方式，参照《张家口市的土地利用总体规划(2006—2020年)》，进行张家口市生态功能区划的初步研究。在研究的过程中将张家口市划分为2个一级生态功能区，即坝上高原生态功能区和坝下山间盆地生态功能区，以及6个二级生态功能区，即草原与农业生产生态功能区、森林与草原水源涵养生态功能区、中部城镇生态建设功能区、西部农业生态环境建设功能区、东部草原水源涵养生态功能区和南部森林水源涵养与生物多样性保护生态功能区，并对每个功能区存在的主要生态环境问题进行了详细分析，提出了张家口市各个生态功能区土地利用优化调控的方向。

二、讨论

本研究创新性地从土地自然基础状况，土地利用状况，土地污染、退化状况，土地景观格局状况，土地生态建设状况及土地社会经济状况六个方面出发，尝试建立了适合市级尺度的土地生态安全评价指标体系。在土地生态安全评价中，提出了以行政县域作为评价单元的方法进行土地生态安全评价，使评价结果与分区更加精确，便于操作与管理，为后续进行生态功能分区的划分打下基础。在土地生态安全评价的基础上，尝试对张家口市进行了生态功能分区的划分，为该区域土地生态环境的保护和可持续发展提供了参考依据，同时也对管理部门有效进行土地调控起到了积极的作用。由于个人能力和专业限制，本研究尚存在不足之处，有待进一步的探索研究：

(1)受数据资料及专业能力的限制，本研究中土地生态安全评价指标体系需要进一步完善，对于张家口市存在的水环境污染、土壤类型等方面未能涉及到，因此，探讨建立科学化、体系化、实用化相结合且针对性较强的指标体系是有待加强的一项重要工作。

(2)本研究属于中级尺度方面的研究，受到数据资料等方面的限制，是以县级区域为评价单元，而更精细的以栅格作为评价单元的土地生态安全评价还需要在今后的工作中进一步探讨。

(3)对于生态功能分区的划分，本研究仅参考地形地貌特征和土地生态安全评价的结果划分到了二级功能区；对于二级以下更详细的划分，还需要综合土地生态敏感性评价、土地生态环境质量评价等各方面的因素进行更深层次的研究。

第三篇　退耕还林还草政策对农户生计及土地利用的影响

第一章　引　　言

第一节　研究意义

我国是世界上水土流失、沙漠化最为严重的国家之一。新中国成立之后，我国采取了粗放式的生产方式，依靠资源、资金和廉价劳动力来推动经济发展，随着经济的发展和人口的不断增长，生态环境不断恶化。1997 年的黄河断流以及 1998 年的长江洪灾等严重生态环境恶化形势迫使国家开始重视环境问题(折小龙，2012)，并于 1999 年提出退耕还林还草政策。

退耕还林还草政策是党中央、国务院为实现我国可持续发展，而对农村及城市生态环境进行保护的一项重大工程。在我国 20 世纪末开展的六大林业生态工程中，退耕还林还草政策是政策性最强、涉及面最广、规模最大、投入最多、群众参与程度最高的一项生态建设工程。退耕还林还草政策兼具保护生态环境和增加农民收入的双重目标。自 1999 年开始实施退耕还林还草政策的试点与示范工作至今，工程进展总体顺利，成效显著，加快了国土绿化进程，增加了林草植被，水土流失和风沙危害强度减轻。但是，由于解决退耕农户长远生计问题的长效机制尚未建立，随着退耕还林还草政策补助陆续到期，部分退耕农户生计将出现困难。为巩固退耕还林还草政策成果、解决退耕农户生活困难和长远生计问题，国务院于 2007 年 8 月 9 日发布《关于完善退耕还林政策的通知》(国发〔2007〕25 号)以延长一个退耕补偿周期。

退耕还林还草政策实施至今已有 15 年，这项工程的实施不仅可以减少水土流失、保护环境，还可以改变农户的生计方式和土地利用方式。同时，在退耕还林还草政策实践中，农户是直接的参与者。但是农户对退耕还林还草政策的态度和响应状况如何，退耕区域农户生计现状如何，退耕还林还草政策对农户生计和土地利用产生了怎样的影响等，这些日益成为政府和学术界关注的焦点。

张北县地处农牧交错带，土壤沙化严重，加之农户的长期开发垦殖，使其陷入“生态脆弱→人口贫困→掠夺土地→生态更脆弱”的恶性循环，农户生活贫困，土地退化严重。且张北县地处京津上风向和上水源方向，是京津地区的主要沙源和运沙通道。因此，2000 年张北县开始进行退耕还林试点工作。至今已有 14 年，退耕还林还草政策对张北县农户的生计及当地土地利用产生了一定影响。

因此，本篇以退耕还林还草政策实施为背景，以河北省张北县为研究区域，基于文献查阅、资料收集及农户调查数据，采取定性分析、统计分析和计量分析相结合的方式，从微观层面辨识农户参与退耕还林还草政策的态度和行为特征，实证分析退耕还林还草政策对农户生计和土地利用状况的影响，揭示局地尺度"宏观政策—生计变化—土地利用变化"的动态响应过程，并针对性地提出完善退耕还林还草政策的政策建议，对科学实施退耕还林还草政策、预测将来退耕还林还草政策的趋势、保障农户利益及工程期满后引导、激励和规范农户行为提供科学依据，对巩固已有的生态建设成果，改善民生及促进农村可持续发展有重要的现实意义。

第二节 研究进展

一、国内外退耕还林还草政策概况

世界上进行退耕还林还草政策的国家主要集中于欧美发达国家。其中，美国自 20 世纪 30 年代起，由于农产品过剩和生态环境恶化的双重压力，实施了一系列压缩耕地面积的计划。欧洲则多为自愿弃耕，并无明显的政府行为的干预(李世东，2004)。

20 世纪 20 年代，美国经济出现了严重衰退，农场相继破产，工人大量失业，政府意识到调整产业结构、改善生态环境的迫切性，纽约州率先制定了《休伊特法案》，按照这一法案，当时政府购买了 4 000 多 km^2 耕地，进行退耕还林还草政策，建立了林场，恢复了森林植被。《休伊特法案》的制定标志着美国退耕还林还草政策的开始。20 世纪 50—60 年代，美国政府又推行"自愿退耕计划"(Land Retirement or Acreage Division)，此后，1961 年制定了"紧急饲料谷物计划"，1965 年实施了"有偿转耕计划"，1985 年又制定实施了"保护性储备计划"(Conservation Reserve Program，CRP)，到 1990 年，美国农业部对易发生土壤侵蚀的 47.77 万 km^2 耕地全部进行了退耕还林还草政策或休耕(陈大夫，2000)。

在欧洲，退耕还林还草政策是以无计划的自发方式出现的。因为欧洲发达国家在实现工业化的同时，加速了城市化，农产品过剩，农业比较效益下降，农民弃耕现象严重。1956—1983 年，欧共体国家农业用地减少了 1 100 万 hm^2，占耕地总面积的 8%，森林覆盖面积则增加了 15%，(Green B H，1990)。2000 年欧盟国家已有 1 200 万～1 600 万 hm^2 的农地退耕还林还草政策，其中，法国就达 200 万～300 万 hm^2。在英国，凡愿意长期退耕还林还草政策的，可签署农业协议书，政府据此每年付给农民 125£/hm^2 以下的补偿金，为期 30 年(周泓洋，1999)。

我国的大规模退耕还林始自 20 世纪 90 年代末。为了配合西部大开发战略的实施，自 1999 年起，退耕还林政策先期在陕西、甘肃和四川三省试点施行。2001 年 3 月，第九届全国人大四次会议将退耕还林正式列入"十五"计划。2002 年起，退耕还林政策开始全面实行。我国的退耕还林还草采用的是强制施行与政策鼓励结合的手段，即对环境敏感区的植被进行政府主导的强制性退耕还植，而对非敏感区则采用政策鼓励、农户主导的方式进行还植。

二、国内外退耕还林还草政策

国外学者对退耕还林还草政策的研究集中在退耕土地选择标准、评估方法以及成本收益研究分析方面。从国外学者研究退耕还林还草政策的进展看，美国学者研究退耕还林还草政策的成果比较多，主要集中在 CRP 的研究上，主要研究内容涉及 CRP 对项目退耕土地的选择机制(EBI 评价标准)、项目竞标和补偿金机制、CRP 项目的社会影响评价方法以及成本收益分析等方面。随着中国退耕还林还草政策项目的开展，美国学者开始关注中国退耕还林还草政策项目，开展了一些研究工作，研究成果值得我国借鉴。

在国内，自退耕还林还草政策实施以来，众多学者就对"农户参与退耕还林还草政策"这一问题进行了大量研究，主要集中于退耕还林还草政策农户行为研究、退耕还林还草政策对农户生计影响研究、退耕还林还草政策对农户土地利用影响研究、基于农户的工程效益评价等方面。

1. 退耕还林还草政策农户行为

农户是退耕还林还草政策的行为主体，农户对退耕还林还草政策的具体参与，直接影响到政策的顺利开展。因此，研究退耕还林还草政策农户的行为具有重要的现实意义。退耕还林还草政策农户行为研究主要集中在以下几个方面：

(1)退耕还林还草政策农户行为博弈分析

退耕还林还草政策的实施涉及微观经济主体——农户，政策实施者——地方政府，政策制定者——中央政府。退耕还林还草政策的实施，需协调好三者的关系，以保证农户的长远生计，国内学者对此进行了博弈分析。柯水发(2007)将经典的2×2"鹰鸽"对称博弈模型引入退耕还林还草政策中的农户行为选择分析当中，指出弹性退耕补助政策对实现退耕政策持续性具有重大作用。孙芳等(2008)应用实证分析和博弈分析，研究了农牧交错区农户退耕意愿与国家补贴的关系。于庆华等(2009)以内蒙古乌审旗退耕还林还草政策和禁牧政策为例，从博弈论的角度深层次探讨监管者和农户在政策约束下的经济行为。邵传林等(2010)用一个动态的博弈模型分析了农户与政府以及中央政府与地方政府的利益互动关系。林德荣等(2010)从退耕农户进行毁林复耕的机会成本的视角，建立了政府和农户博弈的动态模型，认为农户转移劳动力的机会成本的大小是毁林复耕的决定因素之一。易小梅(2014)从法学的角度研究退耕还林还草政策农民权益保障问题。

(2)退耕还林还草政策农户认知和响应行为研究

态度和行为之间存在着相关关系，目前关于态度与行为关系研究存在以下几种模式：态度和行为直接相关；态度和行为通过其他的中介，调节变量共同作用于行为；态度的不同构成对行为起不同的作用(张红涛等，2007)。目前普遍认为态度在很大程度上影响甚至是决定行为，行为往往是态度的外部表现，而行为往往又会通过反馈机制促进态度的演进(图1-1)(柯水发，2007)。因此，农户对退耕还林还草政策的认知和响应程度是农户参与状况的重要分析内容。近年来，学者们对此进行了深入研究。

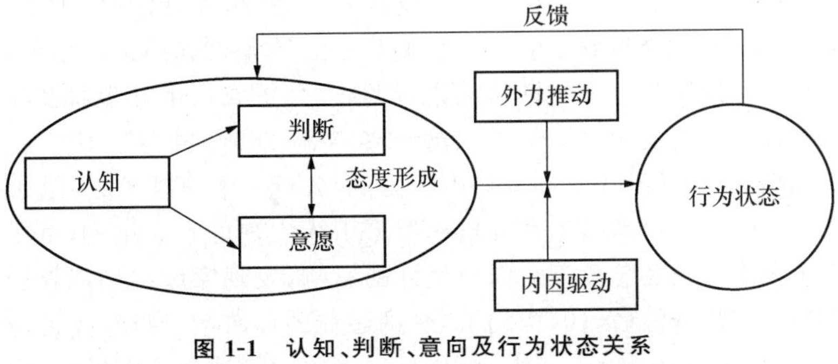

图 1-1　认知、判断、意向及行为状态关系

连纲等(2005)采用参与式农户评估方法(PRA)对黄土丘陵区相关农户进行了分层随机抽样调查，基于农户对退耕还林还草政策的态度及农户对生态环境的意识及行为的分析比较，提出相关区域建设意见。张卫萍(2006)按照农户退耕还林还草政策选择以利益最大化假设,应用成本效益分析方法,构建了国家补偿政策与农户响应的关联分析模型,并应用该模型进行了相关实证分析。柯水发(2007)结合样本农户数据分析了农户参与退耕还林还草政策的态度和行为状况。赵爱桃等(2008)基于宁夏回族自治区退耕退牧还草生态工程的实践,采用问卷、访谈等社会学研究方法,定性研究与定量研究相结合,对宁夏中部环境恢复治理和退耕退牧还草中农牧户的社会认知与政策响应进行了调查分析研究。马岩等(2008)以甘肃省退耕还林(草)重点实施区为例,通过问卷调查和定量回归分析,研究农户对退耕还林(草)工程的认识和态度。廖玉静等(2009)采用参与式农户评估方法(PRA),调查了黑龙江省洪河农场居民对湿地生态系统稳定性和退耕还林还草政策的认知程度,并从农户角度出发研究了湿地生态系统稳定性对当地居民生产生活的影响,分析了退耕还林还草政策实施的可行性。张晓蕾(2009)从农户经济行为的角度,采取定性、定量分析等分析方法,分析了退耕还林还草政策前后农户的生产行为、消费行为、投资行为等不同经济行为的变化情况。杨维鸽等(2010)对陕西省米脂县杨家沟镇100多户农户进行了问卷调查和统计分析,并对结果影响因素进行了进一步研究。郭欢欢等(2011)应用多元线性回归模型探讨退耕初期不同类型农户响应退耕还林还草政策的差异及产生这种差异的影响因素。任林静等(2013)利用陕西安康市5个区县农户的调查问卷数据,对当地1 120个退耕户的复耕意愿进行了计量经济分析,结果表明,退耕户是否会复耕并非仅取决于复耕前后成本一收益的简单分析,还需考虑其他因素。刘燕等(2014)基于农户退耕还林还草政策意愿影响因素的理论分析,采用2012年农户调查数据,运用Binary Logistic回归模型进行了实证研究,发现政府强制推动的背景下,参与方式与参与程度、政策认知及政策执行力度是影响农户退耕还林还草政策意愿的主导因素,退耕还林还草政策净效用、家庭禀赋的作用弱化。

2. 退耕还林还草政策对农户生计影响

目前,大多数学者采用的是Chamber与Conway(1992)对生计的定义:生计是谋生的方式,该谋生方式建立在能力(capabilities)、资产(access)(包括储备物、资源、要求权和享有权)和活动(activities)基础之上(Chambers *et al*.,1992)。而其生计的可持续性关系到农户的生活质量,在国家层面上关系着社会的稳定。因此,退耕还林还草政策的实施要注意保证农户生计的可持续性,对退耕还林还草政策下农户生计的研究有重要的价值。

徐勇等(2006)以宝塔区和安塞县为案例区域,采用农户问卷调查方法,分析了近年来的退耕状况以及退耕还林还草政策对农民生计的影响。刘璨等(2007)利用农户的面板数据评价京津风沙源治理工程的实施对当地农户收入的短期影响。苏娟(2007)运用生计研究方法,对贵州省退耕还林还草政策地区的农户生计状况进行调查,分析农户生计现状及在退耕还林还草政策影响下农户生计发生的变化和面临的风险。黎洁等(2009)根据英国国际发展署(DFID)可持续生计分析框架,以陕西省周至县退耕山区为例,分析了中国西部贫困退耕山区农户的生计状况。李树茁等(2010)在可持续生计分析框架下引入农户的家庭结构,基于此框架使用农户模型具体分析了退耕还林还草政策对农户生计的影响,发现家庭结构能够影响退耕还林还草政策的作用发挥。谢旭轩等(2010)构建了“退耕还林还草政策可持续生计分析框架”,采用匹配倍差法(matching difference in difference regression)等计量经济模型,识别退耕还林还草政策实施对农户可持续生计的净影响。谢旭轩等(2011)采用匹配法、倍差法和匹配倍差法3种模型对退耕还林还草政策对农户收入影响进行案例研究。刘浩等(2012)选用6省(区)、

15县、1 921户样本农户、1995—2008年的定点跟踪包络数据，以退耕地造林面积和参加退耕还林还草政策年限为主要变量，分析了退耕还林还草政策对样本农户持久收入的影响，并借以联立方程模型，分析了退耕还林还草政策对样本农户消费的影响。张佰林等(2013)对重庆市贫困与生态脆弱区的云阳县、石柱土家族自治县376户农户调研基础上，将农户划为纯农户、农业主导户、非农主导户和弃农农户，基于生计视角对农户退耕决策进行了解释。唐珂(2013)基于陕西省西安市周至县退耕山区的实地调查数据，运用英国国际发展署(DFID)的可持续生计框架，从生计资本、生计策略、生计结果三个方面对退耕户和非退耕户的数据进行了对比研究，分析两者之间的差异，运用多元线性回归模型和二元Logistic模型实证分析了退耕还林还草政策对农户生计策略与生计结果的影响。汤青等(2013)通过构建可持续生计效益评价模型，对农户可持续生计效益进行了分级评价，并分析了不同类型农户的可持续生计效益差异。张贵军等(2013)针对环京津贫困地区31个县一期退耕还林还草政策的执行状况及其对当地退耕农户生计的影响展开了实地调查，分析了一期退耕过程中存在的问题及潜在的危机，并从县、乡、村3个层次量化分析了环京津贫困带退耕与该区域生计贫困的相关程度。王超等(2014)选取甘肃省会宁县为研究区，基于农户问卷调查、统计资料及相关政府报告，应用统计学软件SPSS和满意度指数分析法，对典型区退耕还林还草政策实施前后土地利用、种植养殖结构、农户经济收入的变化进行了研究，调查了农牧民对退耕还林还草政策影响的满意度，评估了退耕还林还草政策实施对黄土高原典型区农户生产生活的影响。

3. 退耕还林还草政策对农户土地利用影响

退耕还林还草政策的实施必将引起土地利用方式和结构的重大变化，主要表现为农户土地利用结构、土地利用效率及土地产权的变化。本研究对近几年学者的研究成果进行了部分总结。

钟太洋等(2005)建立了政策性地权安排对土地利用影响的概念模型和理论模型，在此基础上建立了农户“退耕还林还草政策”决策模型。通过未加权模型、面积加权模型和农户收入加权模型3种模型的运行结果，从农户尺度上分析了“退耕还林还草政策”中土地产权安排对土地利用变化的影响。钟太洋等(2006)在分析“退耕还林还草政策”驱动下的农户土地转用决策机理的基础上，以江西丰城市农户为例建立了“退耕还林还草政策”与农户土地利用变化的计量分析模型。张静聪等(2008)采用对比研究的方法对澜沧江流域退耕还林还草政策前后农户对土地资源的利用方式、利用强度及空间分布方面进行了定性研究，探讨了退耕还林还草政策对项目区土地利用的影响。高海东(2008)使用博弈论对退耕还林还草政策实施以来的承包现象进行了分析，重点分析了承包户与种植户之间的利益关系。郗静等(2009)调查了米脂县农户对退耕还林还草政策的态度与行为选择，以此为基础建立Logistic模型进一步分析了退耕还林还草政策对农户土地利用决策的影响因素。余劲等(2011)采用文献资料法和归纳比较法等研究方法，理清了退耕还林还草政策对农户土地利用的影响，阐明了现阶段的研究重点和未来研究的发展趋势。陈姗姗等(2012)以陕西省米脂县高西沟村为例，通过构建农户效应收益模型，利用2009—2011年农户调查数据揭示理性最优决策与农户实际土地利用决策之间的差异性；利用体现农户行为满意度的Probit模型分析有限理性决策的影响因素。折小龙(2012)从微观视角出发，以在陕北米脂县四个乡镇实地调研农户样本为数据基础，结合行为经济学、土地经济学和公共管理学等学科的相关理论，研究了退耕还林还草政策下农户土地利用行为的转变。陈海等(2013)以陕西省米脂县高渠乡为例进行研究，利用经历权重法定量分析了退耕还林还草政策结束前后不同农户群体土地利用策略的变化;利用构建的农户群体土地利用决策模型,模拟不同政策情景下农户群体土地利用行为的变化及其对区域土地利用变化的影响。葛智超等(2014)应用基于熵值法的耦合函数模型对涞水县生态退耕前后土地利用与农户生计的耦合度进行综合评价。

4. 基于农户的政策效益评价及建议

基于农户的政策效益评价可以在微观层面反映退耕还林还草政策的实施效果,更加贴近群众,反映群众对政策的真实态度,对政策的制定和修正具有更加重要的意义。当前,一些学者进行了这方面的研究,提供了一定的研究方法和思路。

李彧挥等(2006)通过经济学中的博弈理论构建退耕还林还草政策动态模型,从补偿的角度分析了退耕还林还草政策中存在的问题,并提出工程可持续性建议。马兵林等(2008)以甘肃省风沙过渡区和退耕还林(草)重点实施区为例,利用PRA(参与式农户评估方法)对退耕还林还草政策效果进行评价,在此基础上对区域相关政策制定、实施以及生态环境建设等提出了相关建议。徐建英等(2010)以北方农牧交错带红旗滩小流域为例,采用参与式农户评估方法,对农户的社会经济特征以及农户对农业及农业政策的响应进行了调查分析。赵敏娟等(2013)分别测算了2009年吴起县159户、定边县152户和华池县125户农户退耕还林还草政策与技术效率之间的关系。喻永红(2014)基于重庆万州区的实地微观调研数据,从定量评价政策本身的可持续性和政策实施的可持续性两个层面退耕还林政策可持续性进行了深入探讨,从工程设计方面提出了提高退耕还林还草政策可持续性的配套措施和政策建议。

综上所述,关于退耕还林还草政策影响的局地研究,在微观层面上较欠缺,缺乏过程和对土地利用主体行为的解析(刘新华,2001),不能有效揭示宏观政策背景下,农户生计及土地利用变化的微观机理。基于此,本研究以“宏观政策—生计变化—土地利用变化”为主线,通过实地调研,试图探索退耕还林还草政策对微观农户生计和土地利用的影响。

第二章　退耕还林还草政策对农户生计及土地利用的影响

本章以张家口市张北县作为研究区，基于文献查阅、资料收集及农户调查数据，采取定性分析、统计分析和计量分析相结合的方式，辨识农户参与退耕还林还草政策的态度和行为特征；根据英国国际发展署(DFID)的可持续生计(SLF)框架，从人力资产、自然资产、物质资产、社会资产、金融资产五个方面，建立生计状况评价指标体系，分析退耕农户和非退耕农户在生计资产存量上的差异；从耕地结构、投入产出、耕地利用效率(数据包络模型 DEA)三个角度研究退耕还林还草政策对退耕农户土地利用情况的影响，揭示局地尺度"宏观政策—生计变化—土地利用变化"的动态响应过程。在前文研究的基础上，针对退耕还林还草政策中出现的生计及土地利用相关问题进行分析，并提出相关政策建议(王姣，2015)。

第一节　研究内容、数据来源与方法

一、研究内容

1. 农户态度与响应研究

通过实地调查，并对问卷进行梳理，分析农户对退耕还林还草政策的态度与响应，包括农户对退耕还林还草政策的认知、判断、意愿及行为选择。

2. 生计资产变化研究

结合退耕还林还草政策具体情况对 DFID 可持续生计框架进行调整并建立相应的生计资产定量评价指标体系，对退耕还林还草政策农户和非退耕还林还草政策农户的生计资产进行了量化及比较分析。

3. 农户生计对土地利用决策的影响机理研究

对"宏观政策—生计变化—土地利用变化"过程进行综合分析，构建退耕还林还草背景下可持续生计与土地利用分析框架，揭示农户生计对土地利用决策的影响机理。

4. 农户土地利用变化研究

对张北县退耕还林还草政策实施前后农户的土地利用变化进行了描述性统计分析，包括农户的土地利用结构变化分析，农户的土地投入产出的变化分析；基于 DEA 模型，对退耕还林还草政策实施前后农户的耕地利用效率进行计算及比较研究。

5. 政策建议

在前文研究的基础上，针对退耕还林还草政策中出现的生计及土地利用相关问题进行分析，提出政策建议，引导农户生计方式的合理变化，促进退耕还林还草政策地区农户土地资源的有效利用。

二、数据来源与处理

农户相关数据是本课题组于2014年8月深入张北县农村进行入户调查获得的。

农户调查主要采用参与式农户评估(participatory rural appraisal,PRA)法。参与式农户评估是指科研人员与政策制定者通过与农民就有关的农业生产问题进行对话,共同就农村与农业生产中所遇到的问题进行评估,以研究、发现和解决问题的方法。参与式农户评估是获取农户生计策略以及态度意识认知等信息的重要手段,其中农户态度意识认知的调查可以在了解农户人口统计学特征、生计策略等信息的基础上,进一步深入剖析其根源背景以及未来的发展趋势,因此被许多学者作为在农户水平上探讨生态环境改善策略的重要方法(徐建英,2010)。它摆脱了过去自上而下的工作思路,而是从下而上进行调查研究(温仲明等,2003)。同时,该方法可以增加科研人员和政策制定者对农民的技术需求和农民对现代技术采用程度的了解,从而建立更有效、更快速、更稳定和更具可持续性的农业生产系统(吴莹莹,2009)。已有研究成果充分证明采用农户调查方法对揭示社会经济现象及区域发展态势的内在规律与特点具有独特优势(张佰林,2012)。

根据张北县实际情况,本次调研以问卷调查为主,并结合半结构访谈和观察等形式进行,让农户自身对退耕还林还草政策的状况进行评价、分析、实施、监督和评估,通过与当地农户进行沟通与对话,也使得调查人员对张北县的退耕还林还草政策状况及农户的生活生产环境有了更加深入的认识。

本次调查采取分层随机抽样法。共发放398份问卷,整理过程中剔除无效问卷6份,最终共获取有效问卷392份,涉及人口1 173人,问卷有效率为98.5%。调查农户中有退耕户273户,占总有效样本农户的69.6%;非退耕户119户,占总有效样本农户的30.4%(表2-1)。

表2-1 调查农户样本详情

调研区	样本村	有效问卷	退耕户	非退耕户	涉及人口	占最终有效问卷比例/%
张北县	张北镇	37	28	9	140	9.44
公会镇	大特拉、公会、郭虎梁、汽车桥、新义	54	48	6	133	13.78
小二台乡	小二台村	11	2	9	35	2.81
油篓沟乡	义合美沟	29	9	20	80	7.40
馒头营乡	王簸箕沟、豆腐窑、胡家坊	48	30	18	144	12.24
郝家营乡	脑包洼、盘常营、万顺堂	64	60	4	194	16.33
白庙滩乡	白庙滩、连珍沟、三合庄、盘常营	57	30	27	167	14.54
二台镇	波罗素村、东瓦窑村、壕堑村、蒋万库	92	66	26	280	23.47
总计		392	273	119	1 173	100

基于英国国际发展署(DFID)可持续生计分析框架及张北县当地特点，本次调查围绕退耕还林还草政策对农户生计及土地利用的影响进行。调查内容主要包括：①农户基本信息：包括人口信息、就业与收入结构等；②土地基本信息：包括退耕前后农户的土地总体状况、农户家庭土地作物种植情况、退耕还林还草政策情况及土地投入状况等；③其他生计资产状况：包括社会资产、物质资产、金融资产等；④生计策略：包括农户家庭收入、消费及家庭的风险应对策略调查；⑤农户对退耕还林还草政策的响应调查：包括对退耕还林还草政策的认知与判断、意愿、行为选择及预期打算等。平均每份问卷调查时间为 0.5～1 h，在调查时，尽量选择男性农民。辅助数据为相关的社会经济统计数据《张家口经济年鉴 2010》等。

三、研究方法

1. 文献分析法

在研究过程中，通过对现有相关文献进行搜集、整理和分析总结，借鉴了国内外相关研究的思想、理论和方法，在此基础上找到本研究切入点和突破口。

2. 问卷调查法

为了获得张北县农户的信息，本研究设计了有关农户生计及土地利用的调查问卷并进行实地调研，从农户手上获得了第一手资料，为研究提供了基础数据。

3. 统计分析法

结合本研究的特点，对统计数据进行描述性统计分析，建立指标体系，对生计资产存量进行度量。

4. 比较分析法

将退耕农户和非退耕农户的生计资产存量进行对比分析，以度量退耕还林还草政策对农户生计的影响；将退耕农户退耕前后的耕地利用进行对比分析，以度量退耕还林还草政策对农户耕地利用的影响。

5. 计量分析法

运用熵值法对农户生计资产的权重进行计算，运用数据包络分析法(DEA)对农户耕地利用效率进行测定。

四、研究思路与技术路线

退耕还林还草政策的实施必然引起农户的生计和土地利用行为均发生显著变化。本研究以“退耕还林还草政策→农户认知与响应→生计资产变化→土地利用决策→土地利用变化→政策建议”为主线，在借鉴前人相关研究成果的基础上，通过实地农户问卷调查获取相关基础数据，系统分析农户对退耕还林还草政策的态度与响应；基于调整后的可持续生计框架，从人力资产、自然资产、物质资产、社会资产、金融资产五个方面，构建农户生计资产指标体系，定量评估退耕农户生计资产现状及其变化；建立 DEA 模型定量评估农户耕地利用效率，对比分析退耕还林还草政策对农户生计和土地利用状况的影响，并提出相关政策建议，为政府制定相关政策提供科学依据，为其他地区退耕还林还草政策实施提供经验借鉴。

具体技术路线见图2-1。

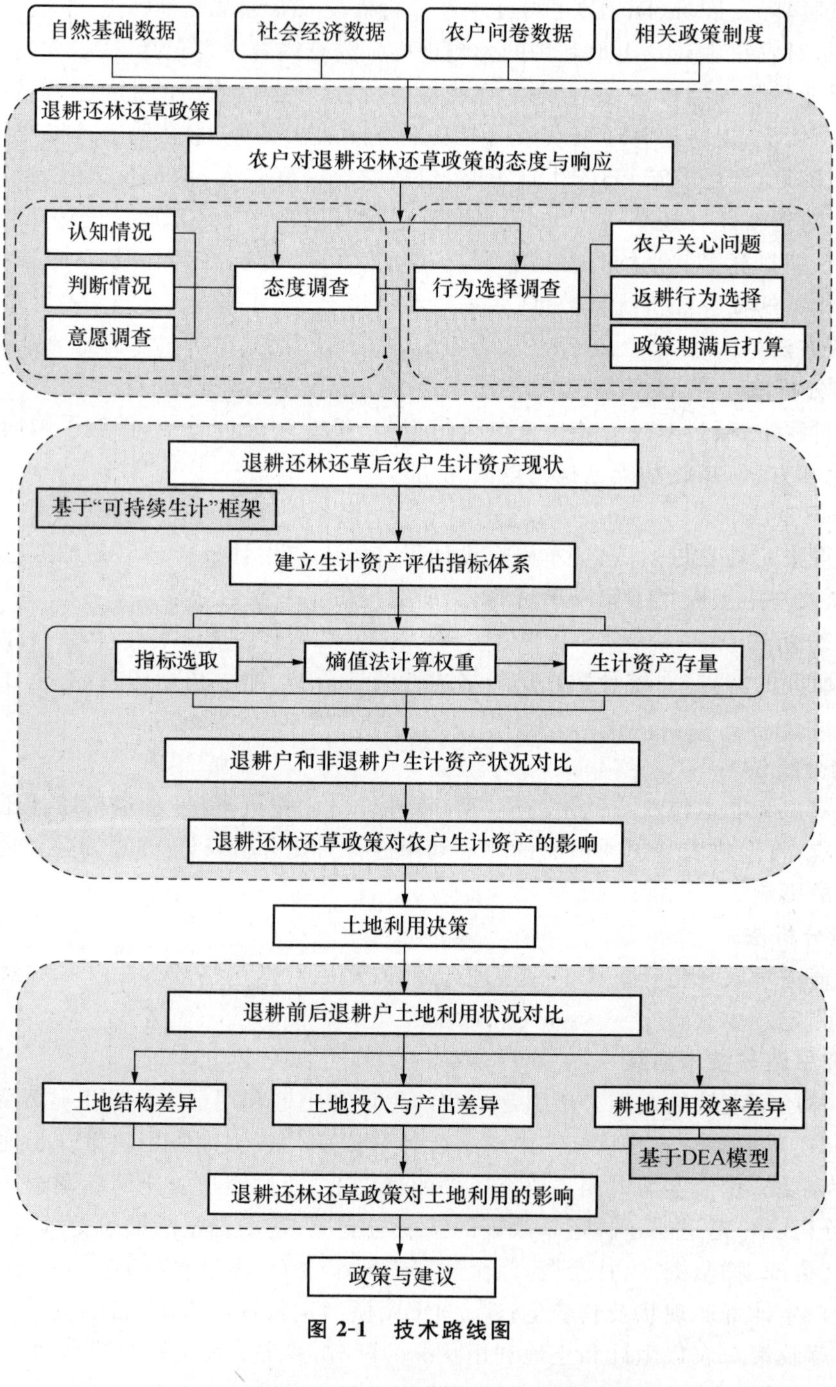

图 2-1 技术路线图

第二节 农户对退耕还林还草政策的态度与响应

一、农户参与退耕还林还草政策态度调查分析

农户是退耕还林还草政策参与的主体，因此，只有通过广大农户的具体参与，才能保障退

耕还林还草政策的顺利完成。本章基于大样本农户调查的数据，分析张北县农户对退耕还林还草政策的态度及响应情况，主要包括农户对退耕还林还草政策的认知、判断、意愿、行为选择及预期打算。

1. 农户对退耕还林还草政策的认知情况调查分析

农户对退耕还林还草政策的认知是其响应政策的基础，将直接影响其参与的积极性和主动性，从而影响退耕还林还草政策实施的质量。了解农户对退耕还林还草政策的认知状况，是分析农户行为、制定政策及进行政策分析的重要基础。

根据是否参与退耕还林还草政策，把被调查的农户分为退耕户和非退耕户。调查发现(表2-2)，61.99%的农户在不同程度上了解退耕还林还草政策，其中，退耕农户对退耕还林还草政策的认知情况明显好于未退耕农户。在退耕户中，“非常了解”或是“了解”政策的农户或为村干部，或为文化程度相对高、理解能力较好的农户，或是年龄相对较大、家庭收入较少、退耕还林还草政策补贴对家中有很大的作用的农户；选择“一般”的农户只对与自己利益相关的退耕补偿金、期限等补贴问题较为关注，而对其他相关的政策了解不多；“不了解”的农户占到了31.50%，这部分农户表示只是知道退耕还林还草政策，对其具体内容并不了解，主要原因在于对国家政策本身不关心；“完全不了解”的农户占退耕户的0.37%，这部分农户，以非农经营为主，家庭收入较高，参与退耕还林还草政策仅因响应政策或存在从众心理，对退耕还林还草政策的具体情况并不关心。在非退耕户中，选择“不了解”和“完全不了解”的农户超过了50%，主要是因为退耕还林还草政策本身与自己不相关，因此并不关心。

总之，张北县退耕还林还草政策的宣传比较广泛，落实面较宽，更加多样的宣传方式将更加有利于农户对退耕还林还草政策的理解，而不应仅侧重于宣传补助相关问题。

表2-2　农户对退耕还林还草政策的认知

项目	非常了解		了解		一般		不了解		完全不了解	
	户数	%	户数	%	户数	%	户数	%	户数	%
退耕户	7	2.56	122	44.69	57	20.88	86	31.50	1	0.37
非退耕户	1	0.84	37	31.09	19	15.97	56	47.06	6	5.04
合计	8	2.04	159	40.56	76	19.39	142	36.22	7	1.79

2. 农户对退耕还林还草政策的判断情况调查分析

在认知的基础上，农户会形成自己的判断，不同的判断会影响农户的意愿和行为，调查农户的判断情况，便于我们从不同的侧面了解农户的意愿及行为选择，更好地解释退耕还林还草政策对农户的影响。

(1)农户对退耕还林还草政策实施过程中存在问题的判断

农户会对退耕还林还草政策实施过程中出现的问题作出自己的判断，了解农户关注的问题，有利于此项政策在以后的推行过程中不断改进，以便取得更好的效果。因此，了解农户关注的问题具有重要意义。

根据调查结果(表2-3)，补贴、农村后续产业发展问题以及其他问题是农户目前关注的主要方面，且退耕户和未退耕户关注的问题基本一致。在392户被调查农户中，68.79%的农户认为，补贴是影响退耕还林还草政策可持续性的关键，农户的参与与国家实行的补偿机制有直接的关系，国家给予的粮食和资金补助，是农户积极参与退耕的一个重要原因(连纲等，2005)。由于退耕补贴能够在短期内实现，且直接关系到每个退耕农户的切身利益，所以对其关注度明显高于其他方面，同时，农户认为补助金发放过程存在滞留现象，这引发了部分农户的不满。14.81%的农户较为关注农村后续产业发展问题，退耕还林还草政策实施后，由于国家的粮食补助和现金补贴，农村的土地利用结构发生了变化，用于生产粮食的耕地在减少，而用于种草种树的面积在增加，农户失地以后引发的就业问题以及粮食安全问题成了一个较为突出的隐患，部分地区农户认为政府缺乏后续林地草地的管理，这对当地环境及工程的可持续性产生了不利的影响。仅有1.37%的农户认为目前的技术支撑不够充分，这主要是因为张北县部分乡镇的耕地进行退耕还林还草政策后，土地由政府部门进行统一的管理，农户不再有自己土地的支配权，因此农户对技术支撑问题关注较少。15.03%的农户认为退耕还林还草政策存在其他问题，主要表现为由"禁牧"政策引起的牲畜养殖问题。

表 2-3 农户对退耕还林还草政策实施过程中存在问题的判断

项目	补贴		后续产业发展		技术支持		其他	
	户	%	户	%	户	%	户	%
退耕户	218	70.55	47	15.21	5	1.62	39	12.62
非退耕户	84	64.62	18	13.85	1	0.77	27	20.77
总计	302	68.79	65	14.81	6	1.37	66	15.03

注：表中有复选情况，即一个农户同时选择多种存在问题。

(2)农户对退耕还林还草政策实施前景的判断

对于退耕还林还草政策实施前景的判断(表 2-4)，退耕户和非退耕户基本保持一致，认为该政策"好"、"较好"、"一般"的农户达到了93.11%，表明绝大多数农户对退耕还林还草政策的前景比较有信心，说明此项工程的实施与推广在张北县取得了较好的效果。但值得注意的是，仍有6.89%的农户认为该政策"较差"或"差"，对退耕还林还草政策的前景信心不足，这部分农户认为土地是其赖以生存的根本，对于退耕在感情上较难接受，对这一政策存在一定顾虑(连纲等，2005)，同时，担心退耕还林还草政策补助到期后自身的生存和发展问题，因此要注意退耕还林还草政策后续政策的开展与保持。

表 2-4 农户对退耕还林还草政策实施前景的判断

项目	好		较好		一般		较差		差	
	户	%	户	%	户	%	户	%	户	%
退耕户	106	38.83	85	31.14	60	21.98	18	6.59	4	1.47
非退耕户	47	39.50	38	31.93	29	24.37	3	2.52	2	1.68
总计	153	39.03	123	31.38	89	22.70	21	5.36	6	1.53

(3)农户对退耕还林还草政策实施后家庭收入变化的判断

通过对比退耕还林还草政策实施前后农户家庭收入变化，可以发现，26.79%的农户认为退耕后家庭收入增加，61.99%的农户认为家庭收入不变，还有11.22%的农户认为家庭收入减少(表 2-5)。在退耕户中，30.77%的农户认为退耕还林还草政策后家庭收入增加，这类农户大多年龄比较大，劳动能力相对弱，因此退耕还林还草政策实施后，减轻了劳动强度，同时国家发放补贴；53.48%的农户认为退耕还林还草政策后家庭收入不变，这类农户年龄相对上类农户小，且家庭就业性质较为多样，相对于其他的兼业收入，退耕补助作用不大；15.75%的农户认为退耕后家庭收入减少，这类农户生活以农业为主，自身没有其他的谋生技能，土地是其主要的生产资料，占用耕地会对其收入造成较大的影响，特别是政策期满后，没有了退耕补贴金，其生活会变得更加拮据。

表 2-5　农户对退耕还林还草政策实施后家庭收入变化的判断

项目	增加		不变		减少	
	户	%	户	%	户	%
退耕户	84	30.77	146	53.48	43	15.75
非退耕户	21	17.65	97	81.51	1	0.84
总计	105	26.79	243	61.99	44	11.22

(4)农户对未来退耕还林还草政策实施的期望

在政策未来实施期望方面，通过数据结果(表 2-6)可以发现，退耕户和非退耕户的关注趋势基本保持一致。就整体而言，农户最关注的是退耕还林还草政策补偿金，提高补助金额和延长补助期限，分别相当于从纵向和横向上提高了补助的金额。农户多以农业种植为主，在失去基本生产资料后，都希望获得一定的补偿，以弥补其土地缺失带来的损失。退耕还林还草政策后，农户从土地上解放出来，出现农村劳动力剩余，但是由于自身受教育水平等方面的影响，就业相对较难，因此希望政府增加新的就业途径。另外，有部分农户存在从众心理，他们受周围农户的影响参与退耕还林还草政策，因此对政策的实施思考较少，表示听从政府安排，暂无期望。

表 2-6　农户对未来退耕还林还草政策实施的期望　户

项目	延长补助期限	提高补助金额	提供技术指导	引进优良木种	增加新的就业途径	其他
退耕户	173	260	17	20	32	12
非退耕户	48	95	2	2	9	15
总计	221	355	19	22	41	27

注：表中有复选情况，即一个农户同时选择多种期望。

3. 农户参与退耕还林还草政策的意愿调查分析

(1)农户参与退耕还林还草政策的意愿分析

退耕还林还草政策是目前我国群众参与程度最高的一项工程，农户参与意愿关系到退耕还林还草政策的工程质量，因此对农户意愿的调查对工程的实施有重要的意义。

由调查结果可见(表 2-7)，退耕户和非退耕户的意愿趋势保持一致。就总体农户而言，选择“非常愿意”和“一般”的农户共 341 户，占到了总调查农户的 86.99%，其中“非常愿意”参与退耕还林还草政策的农户为 271 户，占总调查农户的 69.13%，可见退耕还林还草政策实施效果较好，取得了农户支持和积极参与。

表 2-7 农户参与退耕还林还草政策的意愿

项目	非常愿意		一般		不太愿意		很不愿意		无所谓		总计/户
	户	%	户	%	户	%	户	%	户	%	
退耕户	203	74.36	38	13.92	23	8.42	9	3.30		0.00	273
非退耕户	68	57.14	32	26.89	11	9.24	6	5.04	2	1.68	119
总计	271	69.13	70	17.86	34	8.67	15	3.83	2	0.51	392

(2)农户参与退耕还林还草政策的意愿动因分析

从农户参与退耕还林还草政策的意愿来看(表 2-8 和表 2-9),不同的农户参与退耕还林还草政策的原因有所不同。农户参与退耕还林还草政策的主要原因是为了响应政策,改善生活环境,张北县所处的冀西北地区,地处京津的上风向和上水源地,是京津冀的生态屏障、供水水源地、风沙重点治理区,直接关系着京津冀地区的生态安全,因此当地农户的生态保护意识比较强。同时,由于发放补贴和收入增加原因而愿意参加退耕还林还草政策的农户也较多,分别为 15.20%和 12.33%;14.76%的农户认为退耕后劳动力出现剩余,可以从事其他生产活动;还有 9.91%的农户愿意参加退耕还林还草政策是由于土地质量较差,这部分农户的土地多为坡耕地,不适宜耕作,劳动强度大,但生产效益较差。

表 2-8 农户愿意参与退耕还林还草政策的原因分析

项目	补贴高	劳动力剩余	收入增加	不适宜耕作	响应政策	其他
户数/户	69	67	56	45	192	25
比重/%	15.20	14.76	12.33	9.91	42.29	5.51

注:表中有复选情况,即一个农户同时选择多种原因。

表 2-9 农户不愿意参与退耕还林还草政策的原因分析

项目	补贴低或期满后生活无保障	收入降低	缺乏技术指导	其他
户数/户	23	32	0	7
比重/%	37.10	51.61	0.00	11.29

注:表中有复选情况,即一个农户同时选择多种原因。

另外,认为退耕还林还草政策会使收入降低是农户不愿意参加的主要原因,共 32 户,占不愿意退耕农户的 51.61%。这类农户的耕地面积一般较大且耕地质量较好,土地是其主要的生产资料,农户主要以农业和畜牧业为生,退耕还林还草政策将使其耕地减少,直接影响其农业收入。同时,由于退耕还林还草政策的实施,政府实行了严格的禁牧政策,农户选择种植青玉米作为牲畜的饲料,以此降低畜牧业成本,间接的占用了口粮田和经济田,使得耕地收入进一步减少。此外,还有 37.10%的农户认为退耕还林还草政策补贴低或期满后生活无保障,一方面农户对土地有情感上的依赖,认为“有地斯有财”,这种长期形成的传统行为路径方式,短期之内难以改变。另一方面,受户籍制度等政策因素限制,目前农村务工人员很难享受到与城市人口同等的医疗、教育、失业的保障,同时农村社保体系不完善,因此耕地对农民具有重要的社会保障功能(温铁军,2001)。由上可见,土地对农户而言,有心理慰藉和社会保障功能(郗静,2012)。

二、农户参与退耕还林还草政策的行为选择调查分析

以认知和判断为依据,农户会做出相应的行为倾向,这种行为倾向正是农户行为意愿的具体表现,进而演化为具体的行为(郗静,2012)。

1. 农户最关心的问题研究

从数据看(表 2-10),农户最关心的是补贴问题,其次是后续产业,三是其他问题(主要是环境保护问题),四是技术问题。

表 2-10 农户对退耕还林还草政策问题的判断

项目	补贴	后续产业发展	技术支撑	其他问题
户数/户	366	49	8	9
比重/%	93.37	12.50	2.04	2.30

注:表中有复选情况,即一个农户同时选择多种原因。

补贴方面。一方面,一些农户认为退耕补贴在下发过程中存在滞留现象,农户获得的补贴与政策规定不符,这使农户产生极大的负面情绪;另一方面,95.41%被调查农户认为退耕还林还草政策补贴标准较低(表 2-11),其中,85.35%的退耕户认为退耕还林还草政策补助并未对家庭收益进行改善(表 2-12,C、D、E 加和)。后续产业方面。部分农户认为当地政府对退耕林地后续管理缺失,导致部分树木因气候干旱而死亡,有部分农户退耕后对草地返耕。另外,由于张北县退耕还林还草政策种植的大部分是生态林,经济效益较低,林业产业市场动力不足,这将影响农户的替换生计的可持续发展能力。农户对环境及技术支撑问题的关注度较低。

表 2-11 农户对退耕还林还草政策补贴标准调整的态度

项目	增加		现在比较适中		减少		总计/户
	户	%	户	%	户	%	
退耕户	260	95.24	13	4.76	0	0	273
非退耕户	114	95.80	5	4.20	0	0	119
总计	374	95.41	18	4.59	0	0	392

表 2-12 退耕还林还草政策对退耕户收入的影响

项目	A 很大	B 大	C 一般	D 小	E 无影响	总计
户数/户	4	36	111	79	43	273
比重/%	1.47	13.19	40.66	28.94	15.75	

国家给予的粮食和资金补助,是农户积极参与退耕的一个重要原因(郗静,2012),国际项目管理经验表明,忽视主体利益的项目往往以失败而告终,或者不具备可持续性(杨军等,2005),因此农户对补贴问题的态度极易影响退耕还林还草政策的参与度以及实施的可持续性。针对这种情况,政府应重视农户对退耕还林还草政策中存在问题的态度和看法,建立对各级政府的补贴监督机制,各村进行补贴明细公开,确保补贴到户。同时,建立劳动

力输出机制，进行集中就业培训，做好剩余劳动力的安置工作，增加农户非农收入。此外，政府对退耕后的后续产业应进行长期维护和监督，扶持并拓展当地林业产业，确保政策效果的可持续性。

2. 农户的返耕行为选择

退耕还林还草政策在实施后，还要进行后续林地的管理及维护。在部分地区由于政府后续监管不到位，出现返耕现象，尤其随着退耕还林还草政策期满，国家减少甚至停止对退耕户的补贴发放，农户为了增加家庭经济收入，这种现象将更加普遍。返耕行为是非常值得关注的问题，返耕行为是目前影响区域土地利用变化最显著、对环境影响最大的行为(王磊，2011)，因此，分析农户的林地返耕生产决策意愿具有重要的意义。

张北地区处于农牧交错带，生态环境脆弱，草场退化、土地沙化，土地质量低下，当退耕还林还草政策实施至后期，退耕补助变少甚至停止，农户只能通过增加耕地面积的方式增加收入，因此很容易出现林地返耕的现象。退耕的土地质量低下，农户将其转变为耕地后，不但农业产量低而且会造成该地块的水土流失，再次破坏生态环境(王磊，2011)。因此，对农户现在的返耕意向以及未来失去补助后的预期行为研究具有重要的意义。

由于返耕行为发生的前提是已退耕，所以此部分仅针对退耕户进行调查和结果分析。从调查结果来看，在退耕的273户农户中，有230户农户(约84.25%)当前没有毁林复耕想法。在调查过程中，部分农户态度坚决表示不再返耕。但是仍有43户农户(约15.75%)存在毁林复耕的想法，主要是退耕补贴停发造成的(表2-13)。

在调查农户当前返耕想法的基础上，对工程期满后农户的返耕想法进行了调查(表2-13)。有5户农户，虽有毁林返耕想法，却表示在停止发放退耕补贴金后不会返耕；但是当前无返耕想法的农户中，却有28户农户(约12.17%)表示国家停止发放退耕补贴后，会毁林返耕，其中11户甚至表示会全部返耕。可见，国家退耕补助是促使农户进行退耕还林还草政策的主要因素之一。在政府进行宣传和工程实施时，应转变农户被动退耕的想法，使其充分认识到退耕还林还草政策对当地经济和生态带来的益处，化被动为主动，这样才能取得更好的效果。

表 2-13 国家停止退耕补贴后农户的返耕选择 户

项目	不会	部分返耕	全部返耕	总计
有返耕想法农户	5	15	23	43
无返耕想法农户	202	17	11	230
总计	207	32	34	273

3. 退耕还林还草政策期满后农户的预期打算

退耕还林还草政策期满后，农户的预期行为直接关系到退耕还林还草政策成果的巩固(郗静，2009)。从调查结果可以看出(表2-14)，大部分农户将选择种植经济作物(约20.16%)，发展畜牧业(约21.77%)及返耕(约15.05%)。此外，外出打工(约21.51%)也是农户主要考虑的生产生活方式，这样的家庭一般有青壮年劳动力。对于家庭劳动力缺失的农户，多选择寻求政府或子女的救济(约9.95%)。

表 2-14　退耕还林还草政策期满后农户的生活预期打算

项目	种植经济作物	返耕	发展畜牧业	外出打工	非农经营	寻求救济	其他
户数/户	75	56	81	80	20	37	23
比重/%	20.16	15.05	21.77	21.51	5.38	9.95	6.18

三、小结

本章利用实地问卷调查数据，采用对比分析法，对退耕户与非退耕户参与退耕还林还草政策的态度和行为状况进行调查分析。态度研究主要包括农户对退耕还林还草政策的认知、判断、参与意愿的调查，行为选择研究主要包括对农户最关心的问题、返耕行为选择及退耕还林还草政策期满后的预期打算等相关调查分析。结果如下：

(1)农户参与退耕还林还草政策的态度方面。大部分农户认为退耕还林还草政策前景较好，愿意参与退耕还林还草政策，但农户对退耕还林还草政策的了解情况并不理想，农户参与退耕还林还草政策的主要原因是为了响应政策，部分农户是由于退耕还林还草政策发放的退耕补贴对其有一定的吸引力。农户不愿意参与退耕还林还草政策，主要是因为参与退耕还林还草政策后，家庭收入不变甚至减少。

(2)农户参与退耕还林还草政策的行为状况方面。在退耕还林还草政策实施过程中，农户最关心的是退耕补贴的发放问题。随着工程的期满，补贴减发或停发，部分农户产生了返耕的想法，甚至有些农户已进行了林地返耕，未来农户在退耕期满后的主要生活打算是发展畜牧业和养殖业，并外出打工。

(3)国家可加强对各级政府补贴方法机制的监督，进行补贴明细公开，确保补贴到户。应对政策进行多样化宣传，对农村劳动力进行就业培训，处理好剩余劳动力的安置转移问题。此外，张北县位于坝头区域，是联系坝上地区和坝下地区的纽带，不应通过加大处罚力度制止农户放牧，应“以管代罚”进行合理引导，进一步优化农牧业生产结构，同时加强生态环境保育。

第三节　退耕还林还草政策对农户生计的影响

退耕还林还草政策会引起农户生计资产及生计策略的变化。因此，基于前面农户对退耕还林还草政策的认知与响应分析，本节利用 392 户农户调研数据，对农户的生计资产存量现状进行调查和定量评估，并进行退耕户与非退耕户资产存量的横向对比，揭示退耕还林还草政策对农户生计资产的影响。

一、生计资产的评估

1. 生计资产评估指标选择

目前生计的相关研究中，可持续生计通常配合可持续生计框架进行研究。在众多的可持续生计分析框架中，英国国际发展署(the United Kingdom Department for International Development，DFID)的可持续生计框架应用最为广泛、最具影响力。该框架将代表农户能力和权力的资源禀赋归纳为五种生计资产：人力资产、自然资产、物质资产、社会资产、金融资产。

人力资产(Human Capital)是指个人拥有的用于谋生的知识、技能以及劳动能力和健康状况(李斌等,2004)。劳动力在生产中发挥着重要的作用,是生产三要素之一,而人们利用掌握的知识和技能能够更好地进行劳动,获得工作收益,提高生活水平,所以人力资产对家庭生计水平产生了重要的影响。

自然资产(Natural Capital)是指人们能够用以维持生计的土地、水、生物资源等资源流及相关服务的自然资源存量(唐轲,2013)。土地是生产的三要素之一,也是农户最重要的生产资料,因此了解农户的土地资源有着重要的意义。

物质资产(Physical Capital)是指长期存在的生产物资形式,由支持生计所需要的基础设施和物质所组成(吴莹莹,2009)。

社会资产(Social Capital)是指人们为了追求生计目标所利用的社会资源,它的作用在于它可以增强人们的相互信任和相互合作,降低交易成本,通过协调行动来提高效率(黎洁等,2009)。

金融资产(Financial Capital)是指农户所拥有并能够利用的金钱储备,主要指存款和以各种形式获得的借贷。

借鉴指标的量化的相关评估方法(李小云等,2009),并结合张北县实际情况进行相应调整,从人力资产、自然资产、物质资产、社会资产、金融资产五方面建立了相应的生计资产评价体系(表 2-15)。

表 2-15 生计资产评估指标体系

资产类型	准则层	指标	指标性质	符号
人力资产	数量	家庭规模	+	H1
	质量	户主受教育程度	+	H2
		家庭成员受教育程度	+	H3
		家庭劳动能力	+	H4
自然资产	耕地	实际拥有耕地面积	+	N1
		实际耕作耕地面积	+	N2
		水浇地面积	+	N3
	林地	退耕面积	−	N4
物质资产	住宅资产	住宅指数	+	P1
	生产资产	大型生产工具数量	+	P2
	生活资产	耐用消费品数量	+	P3
社会资产	家庭网络	亲属中公职人员人数	+	S1
	务工网络	外出务工渠道数	+	S2
		外出务工地点等级	+	S3
	朋友网络	户主手机中联系人个数	+	S4
金融资产	牲畜资产	牲畜总价	+	F1
	现金	家庭年收入	+	F2
		家庭年支出	−	F3

(1)人力资产

人力资产的数量和质量直接决定了农户驾驭其他资产的能力和范围(杨云彦等,2009)。分别从数量和质量两方面选取指标来进行人力资产的评估。

数量方面,选择"家庭规模"表示,通常状况下,家庭规模越大,劳动力越多,因此为正向指标。质量方面,从受教育程度和家庭劳动能力两个方面反映。受教育程度越高,接受新知识、掌握新技能的速度越快,因为户主在家庭中往往起着决定性作用,进行家庭活动的决策与安排,而家庭成员受教育程度反映了家庭的综合水平,因此选择"户主受教育程度"和"家庭成员受教育程度"两个正向指标。"家庭劳动能力"反映了家庭成员的劳动水平,通常根据不同的年龄层次和健康状况进行赋值(表 2-16),属正向指标。

表 2-16　指标量化方法

资产类型	指标	符号	指标赋值及计算公式
人力资产	家庭规模	H1	家庭总人口
	户主受教育程度	H2	未受正式教育(识字很少)=0;小学=1;初中=2;高中、中专=3;大专、高职=4;大学本科及以上=5
	家庭成员受教育程度	H3	同上
	家庭劳动能力	H4	按照农户家庭成员的年龄进行分别赋值,其中 6 岁及以下=0,7～18 岁=1,19～25 岁=2,26～45 岁=5,46～60 岁=4,61 岁及以上=3(年龄在 19～60 之间的参军/学生=3;住牢=0)H4=∑家庭成员劳动能力(黎洁,2009)
自然资产	实际拥有耕地面积	N1	家庭拥有耕地面积
	实际耕作耕地面积	N2	家庭耕作耕地面积
	水浇地面积	N3	家庭水浇地面积
	退耕面积	N4	家庭退耕土地面积
物质资产	住宅指数	P1	利用熵值法计算房屋数量、结构及住宅年限权重,加权求和得到其住宅指数(结果见表 2-17)。其中,房屋结构:土木结构=1,砖木结构=2,砖混结构=4,其他:如砖瓦=3,救济=0。若房屋由不同结构构成,则按房间数比例进行加权求和计算结构
	大型生产工具数量	P2	调查农户所拥有资产种类数量
	耐用消费品数量	P3	调查农户所拥有资产种类数量
社会资产	亲属中公职人员人数	S1	公职人员数量
	外出务工渠道数	S2	渠道种类数
	外出务工地点等级	S3	根据务工地点等级进行赋值,村=1,乡镇=2,县(区)城=3,市区=4,外省=5,未打工=0
	户主手机中联系人个数	S4	根据手机中联系人个数进行赋值,没有手机=0,0～20 人=1,21～50 人=2,51～100 人=3,101 人及以上=4

续表2-16

资产类型	指标	符号	指标赋值及计算公式
金融资产	牲畜总价	F1	牲畜总价＝牲畜数量×牲畜单价(区分幼崽和成年牲畜,单价根据调研数据得到)
	家庭年收入	F2	包括:农业收入、工资收入、财政性收入(粮食直补、老保、低保、社保)、退耕补贴以及其他收入(采药等)
	家庭年支出	F3	包括:子女学费、食品消费、礼金支出、健康支出、耐用品消费及日常用品消费

(2)自然资产

自然资产主要从耕地和林地两个角度进行衡量。主要选取"实际拥有耕地面积"、"实际耕作耕地面积"、"水浇地面积"和"退耕面积",其中,前三个为正向指标,最后一个为负向指标。

耕地方面,选择"实际拥有耕地面积、实际耕作耕地面积、水浇地面积"。在张北县,由于实施退耕还林还草政策,农户根据家庭实际情况,对于剩余土地进行了不同的处置,一些农户由于土地质量及劳动力年龄问题将土地撂荒或承包出去,部分农户为了扩大土地面积进行承包,以上原因造成农户实际耕作的土地面积和其拥有的土地面积不一致。因此,选取"实际拥有耕地面积"和"实际耕作耕地面积"反映农户耕地数量。张北县多旱地,水浇地可以大大提高产出水平,因此选择"水浇地面积"反映农户耕地禀赋差异。林地方面,选择"退耕面积"。张北县实施退耕还林还草政策,退耕面积越大,家庭剩余耕地面积越小,因此为负向指标。

(3)物质资产

物质资产选取"住宅指数"、"大型生产工具数量"和"耐用消费品数量"三个正向指标分别反映农户住宅资产、生产资产和生活资产状况。

住宅资产,用"住宅指数"表示,主要表现为住房数量和质量,由房间数、房屋结构和住宅年限组成,使用熵值法进行各指标权重的设定(表2-17)。

根据上述结果,得到住宅指数的计算公式为:

$$住宅指数=0.3949\times房间数量+0.4023\times房屋结构+0.2028\times住宅年限 \quad (2-1)$$

表2-17 住宅指数权重

住宅指数	指标性质	单位	权重
房间数量	+	间	0.394 9
房屋结构	+	—	0.402 3
住宅年限	—	年	0.202 8

(4)社会资产

社会资产从家庭网络、务工网络、朋友网络三个角度选择"亲属中公职人员人数"、"外出务工渠道数"、"外出务工地点等级"、"户主手机中联系人个数"四个正向指标。

在农村,主要表现为家庭内部和家庭外部的社会资源,因此选取"亲属中公职人员人数"来反映家庭内部资源的丰富程度,同时选择用"外出务工渠道数、外出务工地点等级"表示家庭对外交往的范围,选择"户主手机中联系人个数"表示社会关系网的复杂程度。

(5)金融资产

金融资产按流动性强弱选择“牲畜资产”、“家庭年收入”和“家庭年支出”来表示，其中前两个指标为正向指标，后一个为逆向指标。

“牲畜资产”，由于张北县处于农牧交错带，畜牧业是当地的主要生计方式之一，家畜养殖在储备财富方面发挥着重要的作用，牛、羊等家畜作为一种储蓄形式，可以通过变卖转化成其他形式的资产(唐轲，2013)。“家庭年收入”和“家庭年支出”直接反映家庭的现金储备状况。

2. 指标标准化与权重确定

根据选定指标属性及赋值情况，对指标进行性质划分。其中，正向指标是代表向上或向前发展、增长的指标，这些指标值越大评价就越好，反之则为逆向指标。

根据以上描述，由于农户退耕面积越大会导致其拥有的生计资产越少，所以确定“户均退耕面积(N4)”为逆向指标；住宅随着居住时间的增长而出现折旧，时间越长，房屋的价值越低，因此住宅指数(P1)中“住宅年限”为逆向指标；家庭消费支出越大，家庭拥有的可支配收入越少，因此“家庭年消费(F3)”为逆向指标。而其余指标则是越多，生计资产越多，因此为正向指标。

(1)标准化处理

为了使指标趋势相同、方便计算，首先需将逆向指标进行正向化(叶宗裕，2003)，公式如下：

$$x'_{ij}=\max_{1\leqslant i\leqslant n}\{x_{ij}\}-x_{ij} \tag{2-2}$$

式中：x_{ij} 和 x'_{ij} 分别表示第 i 个统计单元第 j 项指标的原始值和正向化值。

由于各个指标性质不同，具有不同的量纲，如果直接运用原始数据进行计算，会相对突出数值较高的指标作用，削弱数值水平低指标的作用，为了使得计算结果更加科学，需要对指标进行标准化处理，把指标的绝对值转化为相对值。以单个农户为统计单元，采用均值标准化进行无量纲化处理，公式如下：

$$y_{ij}=\frac{x'_{ij}}{\overline{x}_j} \tag{2-3}$$

式中：$\overline{x}_j$ 表示第 j 项指标的平均值；y_{ij} 为经过无量纲化处理的第 i 个统计单元的第 j 项指标值。

(2)指标权重

采用熵值法进行指标权重确定。熵最初是由德国物理学家鲁道夫·克劳修斯(Rudolf Julius Emanuel Clausius)于1850年提出的，用来表示任何一种能量在空间中分布的混乱程度，能量分布得越混乱，熵就越大。1948年，克劳德·艾尔伍德·香农(Claude Elwood Shannon)在 *Bell System Technical Journal* 上发表了《通信的数学原理》(*A Mathematical Theory of Communication*)一文，第一次将熵的概念引入信息论中。在信息论中，熵是对不确定性的一种度量。熵值法是一种客观赋权法，该方法不仅能够很好地避免主观赋权法中人为因素带来的偏差，而且能够根据指标的离散程度确定权重，理论上具有较好的应用效果(杨元玲，2013)，因此，选用熵值法进行生计资产的定量分析。

①定义标准化

$$Y_{ij}=\frac{y_{ij}}{\sum_{i=1}^{m}y_{ij}} \tag{2-4}$$

②指标标准化

第 j 项指标的信息熵值 e_{ij} 计算公式为：

$$e_{ij}=-\frac{1}{\ln m}\sum_{i=1}^{m}Y_{ij}\ln Y_{ij} \tag{2-5}$$

第 j 项指标的信息效用价值 d_j 直接影响权重的大小，信息效用值越大，对评价的重要性就越大，权重也就越大，其计算公式为：

$$d_j=1-e_j \tag{2-6}$$

③评价指标权重：对 d_j 做归一化处理，计算权重 W_j

$$W_j=\frac{d_j}{\sum_{j=1}^{n}d_j} \tag{2-7}$$

④综合评价

$$F=\sum W_jY_{ij} \tag{2-8}$$

根据式(2-2)至式(2-8)计算各个指标的权重，结果见表 2-18。

表 2-18 评价指标权重

目标层	资产类型	符号	评价指标	单位	权重 W_j
生计资产	人力资产(0.0984)	H1	家庭规模	人	0.008 9
		H2	户主受教育程度	—	0.037 8
		H3	家庭成员受教育水平	—	0.037 4
		H4	家庭劳动能力	—	0.014 3
	自然资产(0.3629)	N1	实际拥有土地面积	亩	0.028 1
		N2	实际耕作土地面积	亩	0.039 9
		N3	水浇地面积	亩	0.293 6
		N4	退耕面积	亩	0.001 3
	物质资产(0.0262)	P1	住宅指数	—	0.004 4
		P2	大型生产工具数量	件	0.012 0
		P3	耐用品数量	件	0.009 8
	社会资产(0.3629)	S1	亲戚中公职人员人数	人	0.259 9
		S2	外出务工途径数	种	0.021 1
		S3	务工地点等级	—	0.029 6
		S4	电话联系人	人	0.020 9
	金融资产(0.1811)	F1	家畜总价	元	0.123 7
		F2	家庭年收入	元	0.056 7
		F3	家庭年支出	元	0.000 7

由表 2-18 可以看出，农户生计资产权重排在前三位的分别是：水浇地面积(N3)、亲戚中干部/公职人员人数(S1)、家畜总价(F1)，这说明这些指标在农户的资产评价中都起着重要作用。

二、生计资产评估结果

根据每类生计资产中各个指标的权重，采用综合指数法按式(2-8)分别计算退耕户与非退耕户农户的家庭生计资产量，计算得到各农户家庭各类生计资产的数值，取样本农户的平均值作为最终结果并进行分析。

1. 生计资产总况

表 2-19 为被调查农户户均生计资产存量。张北县农户户均生计总资产为 0.999 7，生计资产匮乏。这是因为张北县生态环境脆弱，自然灾害频发，地处坝上高原区，地貌大致可分坝头山区、丘陵区和波状高原区(张志东等，2003)，特殊的地形地貌和气候条件导致农户生计资产水平低，生活贫困。

表 2-19　张北县农户户均生计资产存量

项目	人力资产	自然资产	物质资产	社会资产	金融资产	总资产
存量	0.098 4	0.362 9	0.026 2	0.331 4	0.180 8	0.999 7
贡献度/%	9.84	36.30	2.62	33.15	18.08	

张北县农户户均生计资产存量为：自然资产＞社会资产＞金融资产＞人力资产＞物质资产，其中自然资产(0.362 9)存量最高，对总资产存量的贡献度为 36.30%。张北县处于农牧交错带，农户以农牧业为主要生计方式，耕地是其主要资产。物质资产存量最低，仅为 0.026 2，对总资产的贡献度仅为 2.62%。这是因为张北县对外输出大量青壮年劳动力，而农村妇女老人进行填补，“空心村”现象普遍，农村劳动力水平较低，对其他资产发展产生限制。

图 2-2 为被调查农户生计资产存量分布图。随着农户资产存量的增加，农户数量呈递减趋势。农户资产存量多集中于 0～1，农户资产存量最多为 28.663 7，最少为 0.075 1，内部差异较大。

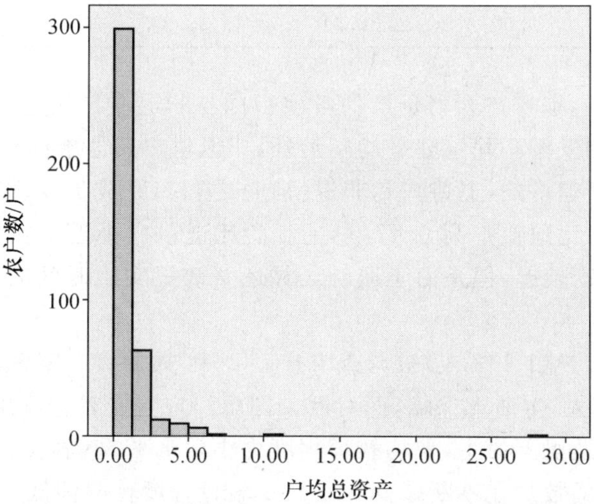

图 2-2　张北县农户户均生计资产存量分布

从退耕户和非退耕户的比较来看(表 2-20),退耕户户均总资产存量明显低于非退耕户。其中,退耕户仅金融资产高于非退耕户,其余资产均低于非退耕户。可见,退耕还林还草政策并未改善农户的生计资产状况,农户应对外界压力和抵御意外风险冲击的能力下降,但持有的资金增多,生活水平上升。

表 2-20　退耕户与非退耕户各类生计资产存量

项目	人力资产	自然资产	物质资产	社会资产	金融资产	总资产
退耕户	0.096 0	0.320 9	0.025 6	0.324 1	0.184 1	0.950 8
非退耕户	0.103 9	0.459 2	0.027 5	0.348 2	0.173 0	1.111 8

2. 人力资产

由表 2-21 可以看出,张北县所有农户的人均人力资产为 0.098 4,对总资产的贡献度为 9.84%。从各指标对人力资产的贡献度可以看出,户主受教育程度所占比重最大,为 38.41%;家庭规模的贡献度最小,仅为 9.09%。

对比退耕户与非退耕户发现,非退耕户的人力资产存量大于退耕户,据调查,一般老年人劳动能力较差,比较倾向于退耕。从各指标因子对其人力资产的贡献度来看,教育水平发挥着重要作用。

表 2-21　张北县农户人力资产存量

项目		家庭规模	户主受教育程度	家庭成员受教育水平	家庭劳动能力	合计
退耕户	存量	0.008 9	0.036 4	0.036 6	0.014 1	0.096 0
	贡献度/%	9.29	37.97	38.11	14.64	
非退耕户	存量	0.009 0	0.040 9	0.039 2	0.014 8	0.103 9
	贡献度/%	8.67	39.35	37.76	14.21	
总农户	存量	0.008 9	0.037 8	0.037 4	0.014 3	0.098 4
	贡献度/%	9.09	38.41	38.00	14.50	

整体来看(表 2-22),退耕户人力资产的各项指标与非退耕户相近,处于较低水平,这将限制农户其他生计资产的发展。除家庭平均年龄外,非退耕户其他指标都优于退耕户,非退耕户四世同堂家庭占比高于退耕户,退耕户和非退耕户户主、家庭成员受教育程度均为小学水平,非退耕户家庭劳动能力比退耕户高 0.47,户主年龄比退耕户小近 1 岁,这都说明相对于非退耕户,退耕户的人力资产较差,但是由于退耕还林还草政策实施时间较短,对人力资产的影响并不明显。

由图 2-3 可知,392 户(1 173 人)被调查农户以 2～4 人的核心家庭为主。家庭规模为 1～2 人的农户年龄一般较大,生活无保障,面对巨大困难。户主受教育程度与家庭人均受教育程度趋势相近,均以初中及以下为主,平均教育程度为小学水平,小学水平人数最多,随着教育程度的提高,受教育家庭的数量在不断减少。农户受教育程度普遍偏低,且未受正式教育的农户数量较大,这与张北县的贫困有直接关系。根据农户年龄进行劳动能力赋值:单个劳动者劳动能力最高赋值为5,家庭劳动能力为单个劳动者劳动能力与劳动力数量的乘积。但是农户家庭总劳动能力以低于15为主,说明家庭劳动能力处于较低水平,农户家庭负担较大。户主年龄均值为58.14岁,家庭平均年龄均值为50.06岁,农村老龄化问题及空心村现象严重,发展动力不足。

表 2-22　张北县人力资产基础情况

项目	家庭规模/人	户主受教育程度	家庭成员受教育水平	家庭劳动能力	户主年龄/岁	家庭平均年龄/岁
退耕户	2.99	小学(1.32)	小学(1.04)	9.28	58.43	50.02
非退耕户	3.02	小学(1.48)	小学(1.16)	9.75	57.47	50.14
总农户	2.99	小学(1.37)	小学(1.07)	9.42	58.14	50.06

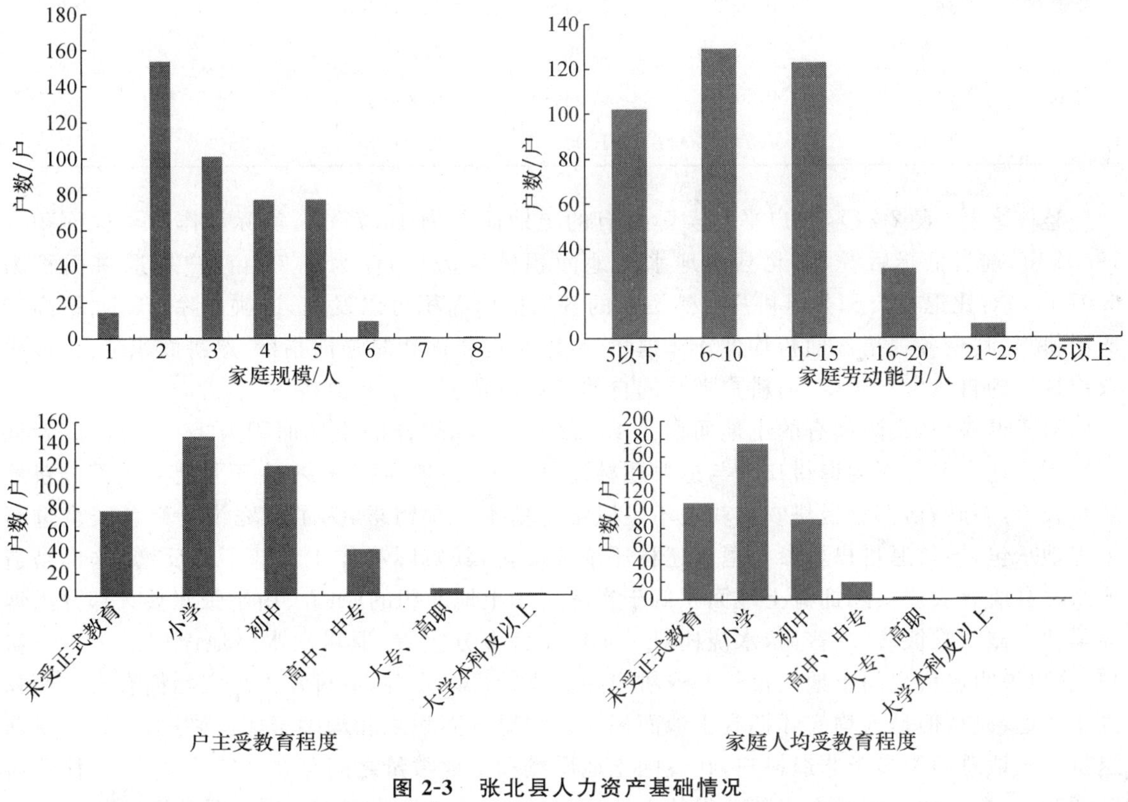

图 2-3　张北县人力资产基础情况

3. 自然资产

张北县自然资产存量为0.362 9,对总资产存量的贡献度为36.30%,对总资产的贡献度最大。就各指标对自然资产的贡献度而言,水浇地贡献度最大,贡献度为80.90%,远远大于其余三个指标。张北县水资源短缺,耕地多砂石,耕地种植多"靠天吃饭",因此水资源是耕地生产的主要限制因素,水浇地对当地农业种植有很大影响。退耕面积的贡献度最小,仅为0.35%。这是因为计算时将农户统一计算,并未区分退耕户与非退耕户,而非退耕户的退耕面积都为0,且非退耕户数量占总农户的近1/3,由此使得总农户的退耕面积对自然资产的贡献度偏小。

对比退耕户与非退耕户发现(表 2-23),非退耕户的自然资产存量大于退耕户,这主要是退耕户参与退耕还林还草政策,耕地面积减少导致的。此外,参与退耕的土地质量一般较差,说明退耕户的耕地质量普遍劣于非退耕户。就各指标因子对其自然资产的贡献度趋势而言,退耕户和非退耕户均与所有农户一致:水浇地面积贡献度最大,其次是实际耕作土地面积和实际拥有土地面积,退耕面积最小。

表 2-23 张北县农户自然资产存量

项目		实际拥有土地面积	实际耕作土地面积	水浇地面积	退耕面积	总计
退耕户	存量	0.025 7	0.039 5	0.254 5	0.001 2	0.320 9
	贡献度/%	8.00	12.31	79.31	0.38	
非退耕户	存量	0.033 7	0.040 9	0.383 3	0.001 4	0.459 2
	贡献度/%	7.33	8.90	83.46	0.31	
总农户	存量	0.028 1	0.039 9	0.293 6	0.001 3	0.362 9
	贡献度/%	7.74	11.00	80.90	0.35	

整体来看(表 2-24),农户平均实际拥有的土地面积为 16.77 亩,实际耕作的土地面积为 19.01 亩,前者低于后者,张北县土地水浇地面积较少,户均仅为 1.77 亩,户均退耕面积为 6.57 亩。对比退耕户和非退耕户自然资产的各项指标面积可以发现,退耕户除退耕面积高于非退耕户,其余各项指标面积均低于非退耕户,但是退耕面积是逆向指标,退耕面积越大,说明农户拥有的自然资产越少,退耕户拥有的自然资产总量要少于非退耕户。

对于退耕户,实际拥有的土地面积为 15.32 亩,实际耕作的土地面积为 18.82 亩,前者低于后者。这主要是因为退耕户参与退耕还林还草政策,耕地面积减少,由于张北县大部分耕地质量较差,多砂石,部分退耕农户耕地不足以维持基本口粮需求,为了家庭维持粮食安全进行了土地承包,导致退耕户虽参与退耕还林还草政策,但其实际耕作土地却不减反增,这也是造成张北县所有农户实际拥有土地面积低于实际耕作土地面积的原因。由于张北县大部分土地为旱地,"靠天吃饭"现象普遍,水浇地对于农户而言十分宝贵,退耕户水浇地面积低于非退耕户,这也说明退耕户的土地质量较非退耕户差。比较可以发现,退耕户人均实际拥有土地面积少于非退耕户,但是人均实际拥有土地面积与人均退耕面积之和却多于非退耕户,可见退耕前退耕户土地总面积多于非退耕户,在我国土地质量和土地数量之间存在一定的替代性(徐晋涛等,2005),在土地分配时农户若分得的土地质量较差,土地面积往往较大,而退耕还林还草政策的对象是地力相对较差的坡耕地,因此退耕前退耕户的自然资产高于非退耕户也是合理的。

表 2-24 张北县自然资产基础情况

亩

项目	实际拥有土地面积	实际耕作土地面积	水浇地面积	退耕面积
退耕户	15.32	18.82	1.53	9.44
非退耕户	20.09	19.47	2.31	0
总农户	16.77	19.01	1.77	6.57

4. 物质资产

张北县物质资产存量为0.026 2，对总资产存量的贡献率为2.62%，所占比重最低。对比各项因子对物质资产的贡献度，由大到小依次是大型生产工具数量(45.64%)、耐用品数量(37.44%)和住宅指数(16.91%)。

由表2-25可以看出，退耕户的物质资产略低于非退耕户，各指标的贡献度与总农户的趋势一致。可见，退耕还林还草政策对农户物质资产影响较小。

表2-25　张北县农户物质资产存量

项目		住房指数	大型生产工具数量	耐用品数量	总计
退耕户	存量	0.004 3	0.011 8	0.009 5	0.025 6
	贡献度/%	16.67	46.15	37.17	
非退耕户	存量	0.004 8	0.012 2	0.010 5	0.027 5
	贡献度/%	17.42	44.56	38.02	
总农户	存量	0.004 4	0.011 9	0.009 8	0.026 2
	贡献度/%	16.91	45.64	37.44	

由表2-26可以看出，张北县所有农户的住宅指数为0.50，达到中等水平，户均大型生产工具数量为1.28件，耐用品数量为2.88件，整体水平偏低。可见，农户的生产资料较少，且在家庭出现危机时，可用于抵押的资产较少。

表2-26　张北县农户基础物质资产户均拥有量

项目	住宅指数	大型生产工具数量/件	耐用品数量/件
退耕户	0.48	1.27	2.80
非退耕户	0.54	1.31	3.08
总农户	0.50	1.28	2.88

调查显示(表2-27，表2-28)，张北县大部分农户拥有3间以上房屋，3～6间最多。但是值得注意的是，拥有房屋数少于2间的农户为22户，还有2户农户住在救济房内。农户的房屋以砖木结构为主，砖混结构次之，还存在少数砖瓦房，其中一些房屋已超过建筑使用年限却仍在使用，这给农村的居住安全带来了一定的隐患。大型生产工具方面(图2-4)，非退耕户拥有量略高于退耕户，以拖拉机、机动三轮车、水泵为主；总体来看，超过40%的农户无大型生产工具。耐用品方面(图2-5)，以拥有3～4件居多，户均拥有量不足三件，非退耕户高于退耕户，其中电视、冰箱、洗衣机的普及率较高，且非退耕户家都拥有电视，但是对于电脑这种较为先进的耐用品，农户使用率还很低。

表2-27　张北县农户房屋数量情况　户

项目	救济房	1～2间	3～6间	7～10间	10间以上	平均值
退耕户	2	14	240	15	2	4.24
非退耕户	0	8	95	13	3	4.96
总农户	2	22	335	28	5	4.46

表 2-28 张北县农户房屋结构及住房使用年限 户

房屋结构	土木结构			砖木结构			砖混结构			其他结构			总计
住房使用年限	≤30	>30	总计	≤40	>40	总计	≤50	>50	总计	≤40	>40	总计	
退耕户	16	25	41	152	21	173	51	6	57	1	1	2	273
非退耕户	5	6	11	58	7	65	34	8	42	1		1	119
总农户	21	31	52	210	28	238	85	14	99	2	1	3	392

注:住房年限分界均以该结构的建筑使用寿命进行划分,其他结构住房年限分界线以各结构中值表示。

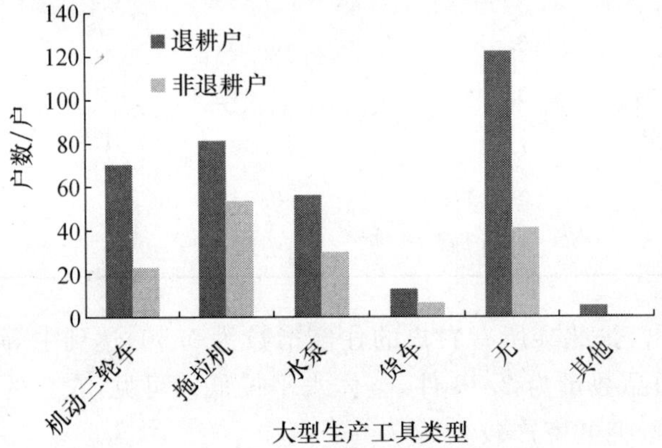

图 2-4 张北县农户大型生产工具拥有量情况

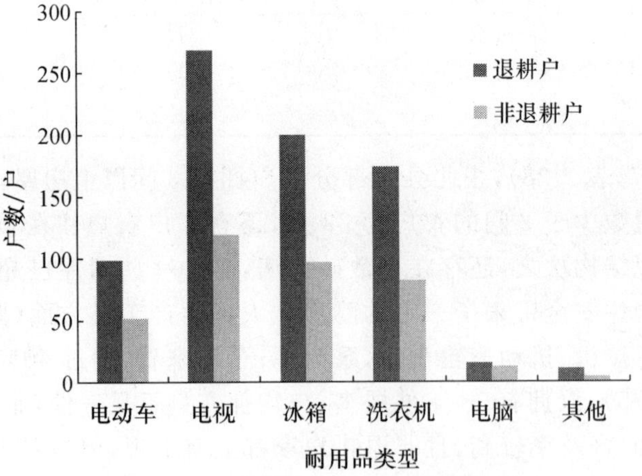

图 2-5 张北县农户耐用品拥有量情况

5. 社会资产

张北县社会资产存量为 0.331 4,对总资产存量的贡献度为 33.15%,排序为第二。对于农户来说,亲戚中公职人员人数对社会资产的贡献度最大,为 78.41%,明显高于其他三项指标,这是因为在我国农村,农民以从事农业活动为主要生计方式,人口相对分散,家庭血缘关系浓厚,血缘关系是联结乡土社会关系的纽带(付金柱,2007),因此农户亲戚中公职人员数在农户社会关系网络中发挥着重要作用(表 2-29)。

对比发现,退耕户的社会资产存量(0.324 1)低于非退耕户的社会资产存量(0.348 2)。就各项因子对社会资产的贡献度而言,退耕户与非退耕户趋势相似:除亲戚中公职人员人数贡献度较大外,其余因子贡献度差异不大。

表 2-29　张北县农户社会资产存量

项目		亲戚中公职人员数	外出务工途径数	务工地点级别	电话联系人	总计
退耕户	存量	0.250 5	0.022 0	0.030 5	0.021 2	0.324 1
	贡献度/%	77.27	6.77	9.42	6.54	
非退耕户	存量	0.281 4	0.019 2	0.027 4	0.020 1	0.348 2
	贡献度/%	80.83	5.52	7.87	5.78	
总农户	存量	0.259 9	0.021 1	0.029 6	0.020 9	0.331 4
	贡献度/%	78.41	6.37	8.92	6.30	

由表 2-30 可知,亲戚中干部、公职人员人数仅为 0.19 个,外出务工途径数为 0.95 个,户主手机联系人为 1.40 人,张北县农户社会资产匮乏。由退耕户与非退耕户对比可以发现,退耕户除了亲戚中公职人员少于非退耕户,其余指标均高于非退耕户。

表 2-30　农户社会资产基本情况户均值

项目	亲戚中公职人员数/人	外出务工途径数/个	户主联系人/人
退耕户	0.18	0.99	1.42
非退耕户	0.20	0.87	1.35
总农户	0.19	0.95	1.40

就农户打工情况而言(表 2-31),打工户比重为 85.97%,且打工地点以外省为主,多为临近的北京、天津及内蒙古各地,由此可见,张北县是重要的人力资源输出地。对比可见,退耕户打工的比重高于非退耕户,且在省外打工的比重也略高于非退耕户。这说明退耕还林还草政策实施后,农户耕地面积减少,农户生计方式从农业向非农兼业转变。

表 2-31　张北县农户打工情况

项目	是否打工		打工地点				
	是	否	村	乡镇	县(区)城	市区	外省
退耕户	241(88.23%)	32(11.72%)	36	41	63	36	105
非退耕户	96(80.67%)	23(19.33%)	19	19	24	19	46
总农户	337(85.97%)	55(14.03%)	55	60	87	55	153

注:括号内表示比重。

6. 金融资产

由表 2-32 可知,张北县农户户均金融资产存量为 0.180 8,对总资产存量的贡献度为

18.08%。就各指标对金融资产的贡献度而言,家畜总价贡献度最大,贡献度为68.26%,超过总物质资产的2/3,其次分别是家庭年收入(31.34%)和家庭年支出(0.39%)。张北县属于农牧交错带,且在农村养殖家畜的准入门槛相对较低,因此畜牧业是农户主要生计方式,家畜不仅满足农户饮食需求,还是其财富储备的主要方式,是农户重要的生计资产,因此对其金融资产贡献度很大。

表 2-32 张北县农户金融资产存量

项目		家畜总价	家庭年收入	家庭年支出	总计
退耕户	存量	0.127 6	0.055 8	0.000 7	0.184 1
	贡献度/%	69.31	30.30	0.39	
非退耕户	存量	0.113 7	0.058 7	0.000 7	0.173 0
	贡献度/%	65.69	33.90	0.41	
总农户	存量	0.123 4	0.056 7	0.000 7	0.180 8
	贡献度/%	68.26	31.34	0.39	

从金融资产存量来看,退耕户的大于非退耕户,可见退耕后,农户的可支配资金增多。就各指标因子对其金融资产的贡献度趋势而言,退耕户和非退耕户均与所有农户一致。

按照式(2-9)计算农户可支配收入:

$$\text{农户可支配收入} = \text{家畜总价} + \text{家庭年收入} - \text{家庭年支出} \tag{2-9}$$

就整体而言(表2-33),农户户均家畜总价为15 608.40元,户均家庭年收入为29 883.73元,户均家庭年支出为27 248.24元,农户户均可支配收入为18 243.89元,除去流动性较差的家畜资产,收支几乎相抵,说明农户拥有的流动性资金较少。调研过程中发现,礼金支出和健康支出在农户家庭支出比重较大。根据张北县风俗,礼金支出一般在5 000~10 000元,在农户的家庭年支出占有较大比重,在一定程度上加深了农户生活的贫困程度。针对这种情况,地方政府需对当地风俗文化进行合理引导,建立正常的交往模式。进一步完善农村医疗保障体系,改善农村医疗条件,进行农村医疗保障宣传,使农户趁早治疗,减轻家庭经济负担。

表 2-33 张北县金融基础情况 元/户

项目	家畜总价	家庭年收入	家庭年支出	可支配收入
退耕户	16 162.25	29 423.46	26 664.18	18 921.53
非退耕户	14 342.47	30 939.65	28 588.15	16 693.97
总农户	15 608.40	29 883.73	27 248.24	18 243.89

对比退耕户和非退耕户的各项因子(表2-32),退耕户的家畜总价高于非退耕户,但家庭年收入和家庭年支出均低于非退耕户。退耕农户可支配收入高于非退耕户,说明退耕还林还草政策提高了农户拥有的资金量。

牲畜养殖方面(表2-34),户均饲养量不足一只,且以养羊、牛这类草食性家畜为主,农户饲养的猪以家中自用为主,实际调查中发现还有近四成的农户并未进行牲畜养殖,"禁牧"政策造成的饲养成本上升以及家畜价格波动是造成农户放弃牲畜养殖的原因。

表 2-34　张北县农户家畜养殖情况

只

项目	牛	羊	猪	兔	鸡	其他	总计	平均值
退耕户	60	91	34	1	21	19	226	0.83
非退耕户	15	51	19	3	11	9	108	0.91
总农户	75	142	53	4	32	28	334	0.85

三、小结

本章根据张北县实际情况，建立农户可持续生计框架，从人力资产、自然资产、物质资产、社会资产、金融资产五个方面选取了20个指标，运用熵值法确定权重，对张北县退耕户和非退耕户的农户生计资产进行了测算和比较分析，以研究退耕还林还草政策对农户生计资产状况的影响。结果如下：

(1)整体上，张北县农户户均总资产存量较低，仅为0.999 7，农户应对外界压力和抵御意外风险冲击的能力较低；户均各资产存量为：自然资产＞社会资产＞金融资产＞物质资产＞人力资产。各资产中贡献度最大的因子依次是水浇地面积、亲戚中公职人员人数、家畜总价、大型生产工具数量、户主受教育程度。

(2)就农户分布而言，随着农户资产存量的增加，农户呈递减趋势。农户资产存量多集中于0～1，农户户均资产存量存在异质性。

(3)退耕户与非退耕户生计资产存量对比发现，退耕户总生计资产存量低于非退耕户，且除金融资产高于非退耕户外，其余资产均低于非退耕户。退耕后，农户可支配收入增多。退耕还林还草政策并未改善农户的生计资产状况，农户应对外界压力和抵御意外风险冲击的能力下降，但是持有的资金增多，农村礼金支出和健康支出加剧了农户的贫困程度。

(4)退耕还林还草政策促进了农户非农就业，退耕户较非退耕户兼业程度高，退耕户务工比重及务工地点级别都比非退耕户高。退耕还林还草政策推行同时实施的“禁牧”政策提高了农户家畜养殖成本，改变了农村的养殖结构。

(5)针对退耕还林还草政策给农户带来的影响，劳动力方面，政府应提高农村教育水平，增强劳动者素质，同时，进行产业结构升级，促进农村剩余劳动力向非农产业转移；农村建设方面，改善农村基础设施建设和灌溉条件，提高水浇地比例，同时进行土地开发与整治，提高低产农田质量，缓解退耕还林还草政策对粮食安全造成的影响。

第四节　农户生计资产对土地利用决策的影响机理

农户生计与土地利用具有密切关系，退耕还林还草政策引起农户生计资产变化，进而对农户土地利用决策产生影响。本章对退耕还林还草政策背景下农户生计资产对土地利用决策的影响机理进行探讨。

生计是人类谋生的方式，它建立在人们的能力、资产和活动基础之上，决定着个体与地理环境之间的作用方式(王成超等，2011)。在退耕还林还草政策背景下，农村大量劳动力从耕地上解放出来，向城市进行转移进行非农兼业。“禁牧”政策的实行，会引起家庭畜牧业变化，从而引起人力资产、自然资产、物质资产、社会资产和金融资产五种生计资产的变动,形成一种新的资产组合方式。生计资产是农户生计结构的基础(梁流涛等,2013),农户根据家庭生计资产特征和结构,制定不同的生计策略,主要包括以农业为主的农业集约化和农业扩大化,以兼业为主的生计多样化和生计非农化,以非农为主的人口迁移。不同的生计策略,最终导致其土地利用方式和行为选择也会有很大的差异(欧阳进良等,2004),主要包括提高耕地集约度的精耕细作、扩大耕地面积进行规模经营、减少耕地投入的粗放经营,甚至直接耕地撂荒。土地利用决策必然会引起土地利用的变化,主要包括耕地种植结构、投入产出水平以及耕地利用效率的变化。土地利用变化反过来又影响农户的生计资产存量。农户生计与土地利用的关系见图2-6(吴莹莹,2009;李树苗等,2010;卓仁贵,2010;李聪,2010;李翠珍等,2012;王成超等,2012;梁流涛等,2013)。

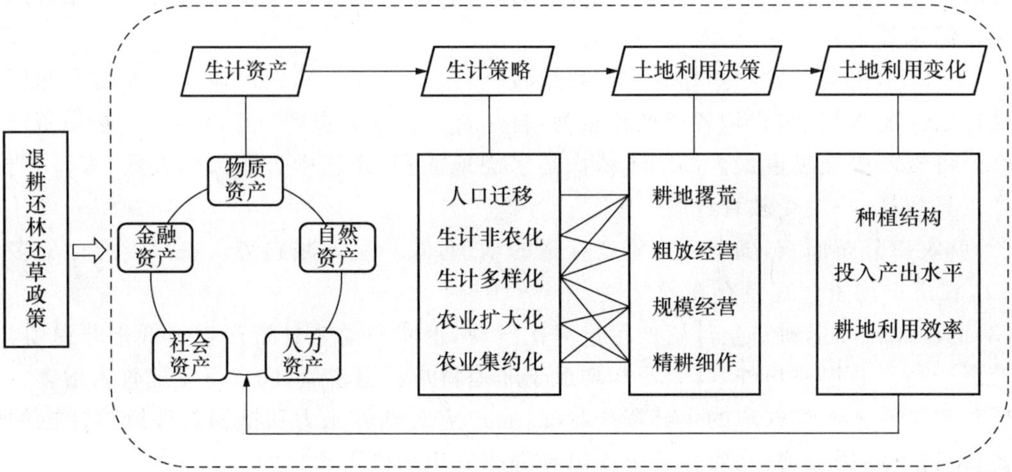

图 2-6 农户生计与土地利用的关系

一、农户人力资产与土地利用

生产者是生产过程中的重要组成部分,是进行生产活动的关键因素。主要从人力资产的数量和质量两个方面分析人力资产对土地利用的作用机理。

人力资产数量。一般来说,家庭劳动力人数越多,其家庭生产能力越强,农户可以用于种植业的劳动时间越多,可以耕作的土地面积越多,有利于耕地利用的集中规模经营。但是由于边际报酬递减规律的存在,当单位耕地面积农业劳动力投入超过某一特定值时,土地边际产出开始递减,反而会造成耕地利用效率的下降,随着劳动力投入的进一步增加,土地边际产出继续减少直至为零甚至负值时,土地产出效率不增反减,这时应考虑将多余劳动力转移至其他非农产业。因此,随着劳动力投入的增加,农户土地利用效率呈现倒 U 形变化趋势,也就是说农户适当地从事非农兼业可能会提高土地利用效率,但非农兼业程度增加到一定程度,会造成土地利用效率的下降(梁流涛等,2013)。

人力资产质量。农村劳动力的质量表现为劳动力的年龄、健康状况、文化程度等。一般情况下,劳动力的年龄、健康状况对其土地利用效率有直接的影响。农户的文化程度直接影响其对新技术、新方法的接受和应用能力,一般来说,文化程度较高的农户会尝试种植一些价值较高的作物,种植过程中灵活性较高,综合运用新技术的能力也较强,农户劳动技术含量较高,可以有效提高耕地的产出水平。

综上所述，退耕后，农户的耕地面积减少，对于部分农户而言，耕作收入已不能满足其日常收支，因此农户会进行劳动力的转移，在资源配置决策中倾向于非农产业，农地仅作为生活的保障，对土地的投入减少甚至撂荒；但部分农户受文化程度、手艺、年龄等影响，农户的生计选择受到限制，因此只能加大对耕地的投入来提高土地的产出。因此，农户家庭人力资产的情况不同，对耕地的利用情况也不同。

二、农户自然资产与土地利用

农户的自然资产是其生产资料，直接关系着土地利用情况。土地的质量、规模、基础设施状况（水浇地面积）等都直接影响着耕地生产和利用。

土地质量。在其他条件不变的情况下，耕地资源禀赋的高低影响着农田可实现生产能力的发挥程度，农田肥力越高，对作物种植的限制性越小，农田生产能力越强。

农业基础设施。发展农业基础设施对于促进传统农业转向现代农业和市场农业具有重要的现实意义和长远的战略意义（陈文科等，2000）。农业基础实施形成可使用的资产存量后，可以被该县广大农户无成本或低成本共同使用，可以减少农业生产要素的投入成本，改善农业耕作结构，减少农业活动对劳动力的需求，提高非农活动对劳动力需求，改变农业生产结构，从而推动农村的经济增长（刘文，2007）。

耕地经营规模。对于耕地经营规模与农户土地利用效率的关系主要有两种观点：一种是耕地经营规模与土地生产效率成反比，认为耕地经营规模的增大会增大农户的经营风险。另一部分学者提倡农地适度规模经营，认为耕地经营规模与农用地生产效率成正比（范红忠等，2014），认为农村劳动力转移和城市化后形成的适度土地规模经营，不但不会降低，反而会提高我国土地生产率和农业总产量（梁流涛等，2008；于金娜等，2009；梁流涛等，2013）。

退耕还林还草政策引起自然资产变动，一般是将农户质量较差的耕地进行退耕，但是退耕必定会降低耕地的经营规模，因此退耕对农户的耕地经营效率有何影响还有待考证。

三、农户物质资产与土地利用

农户的物质资产包括其住宅、大型生产工具和耐用品。

大型生产工具的使用，如水泵、拖拉机等可以提高农户的耕地利用效率，同时还可以为农户提供其他非农兼业的机会，提高家庭收入，但是大型生产工具一般购买成本较高，若通过租赁进行农业生产，在一定程度上也会提高耕地生产成本，因此各农户家庭大型生产工具的使用情况存在着异质性。

住宅和耐用品。住宅和耐用品主要为农户提供了心理保障。若农户家庭住宅和耐用品缺失，生活贫困，在生计方式上一般比较单一，则为了保障基本生活，农户会投入大量的精力进行农业生产，选择经济价值较高的作物种植。此外，耐用品，如电视、电脑等为农户提供了获取外界信息的机会，将会影响到农户的决策。

退耕还林还草政策的实施使农户耕地面积减少，农户根据家庭物质资产存量，对生计方式和土地利用进行决策，物质资产对耕地利用的影响取决于农户的决策。

四、农户社会资产与土地利用

社会资产代表着农户社会网络，影响其兼业活动。农户的社会资产越丰富，越有利于其兼业活动。农户兼业会对农户的资产投入、劳动投入、施肥数量、土地利用程度产生影响，适当进行兼业经营有利于土地利用效率的提高，但是当兼业程度达到一定程度时，青壮年知识分子析出，农村妇女老人进行填补，农户仅将土地作为家庭粮食安全保障，会选择种植一些省时省力的作物，减少土地投入，一些农户甚至会进行人口迁移，将土地抛荒撂荒，这都会影响土地利用效率，形成负向效应。此外，对于部分以大规模蔬菜种植为主的家庭，社会资产可以为其蔬菜的销售提供更加有利的途径，有利于农业的扩大化，形成规模经营，带动蔬菜和粮食产业的发展。

退耕还林还草政策实施，会促进农户兼业活动的不断分化，农户分化对农户的耕地利用行为将产生一定影响，从而影响到农户土地利用过程中的技术效率和耕地投入与要素配置，进而影响耕地利用效率。

五、农户金融资产与土地利用

农户的金融资产包括家畜、家庭收入、家庭支出。

家畜养殖。家畜养殖的数量和品种影响着农户的生计活动，也影响着农户的土地利用情况。如果农户家庭以养殖业为主，需进行放牧活动，农户需对土地利用结构进行调整，合理配置家庭耕地和草地的面积。退耕还林还草政策推行的同时，还配合推行了“禁牧”的政策。为了提供家畜饲料，农户根据家畜养殖情况进行了家庭作物种植结构的调整，以青玉米种植替代原有的粮食和经济作物种植，部分农户由于养殖成本的增加，直接放弃了家畜养殖，转向其他产业的发展。

家庭年收入和家庭年支出。家庭年收入的增加说明农民可支配流动资金越多，可用于改善农业生产建设的资金越充足；家庭其他支出越多，可用于农业的支出越少。

可支配收入。家畜养殖、家庭年收入和家庭年支出决定了农户家庭可支配收入。资金状况决定了农户的生活状况，农户可支配收入越多，说明其可用于改善生活的资金越多，受农业的束缚越小。调研发现，很多农户在资金充裕的情况下，生计方式从单一农业生产向多样化转变。部分农户将家庭收入的一部分用于改善农业基础设施，进行水浇地承包，发展蔬菜产业，耕地规模逐渐扩大，从小农经营向规模生产发展，土地利用趋向集约；另有部分农户转而发展畜牧业或旅游业，耕地仅用于提供家庭口粮或家畜饲料，土地利用趋向粗放；还有农户追求更好的生活条件，举家迁移至城镇生活，将耕地撂荒或承包给他人。

退耕还林还草政策实施后，农户资产变动，获得经济补贴，若农户资金充足，生计方式将会趋向多样化，相反，则农户生计趋向农业精耕细作；此外，“禁牧”政策影响了农户的畜牧养殖，对耕地利用造成影响。但金融资产作用的发挥要依靠于各类资产的组合特点，对土地利用的影响需根据农户家庭实际情况进行判断。

六、小结

退耕后生计资产对农户土地利用决策产生影响，本章构建了“生计变化—土地利用变化”分析框架，剖析了退耕还林还草政策背景下生计资产对农户土地利用的影响机理。结论如下：

(1)不同的资产对耕地利用决策的影响程度和方向不同。退耕还林还草背景下，农户资产发生变动，形成不同的资产特点，农户会根据资产的特点相应调整生计方式，进而制定土地利用决策。但农户内部生计方式选择存在异质性，对土地利用的影响也不同。生计资产对土地利用的影响是一个复杂的过程，农户根据各资产进行综合考虑，进行相关决策。

(2)人力资产主要通过质量和数量对土地利用产生影响。退耕后，农村出现大量剩余劳动力，趋向兼业农户的土地利用粗放，而趋向发展农业的农户土地利用较集约。随着劳动力数量的增加，耕地产出效率呈倒U形。

(3)自然资产是农户土地利用的基础，土地质量越高、农村基础设施建设越完善，农户土地利用效率越高，但在张北县坡耕地和沙地较多，耕地质量较差，提高土地利用能力是关键；土地经营规模与土地利用之间的关系，需根据实际情况确定。

(4)物质资产中住宅和耐用品主要为农户提供心理保障及信息来源，而大型生产工具直接提高农户土地利用效率，但是由于使用成本较高，农户会根据家庭情况进行决策。

(5)社会资产是农户社会网络，影响其兼业活动，农户的社会资产越丰富，越有利于其兼业活动。退耕后，社会资产为农户非农就业提供支持，对于发展蔬菜产业有一定帮助。

(6)金融资产中，“禁牧”政策引起的饲养成本提升对家畜养殖造成影响，进而影响作物种植结构；农户可支配收入为农户提供了农业生产支持，但也为农户非农兼业提供了资金，农户的生计决策影响着其土地利用状况。

第五节 退耕还林还草政策对农户土地利用的影响

退耕还林还草政策影响农户生计，进而影响到农户土地利用决策及其土地利用行为。因此，本章基于农户实地调查数据，重点分析退耕还林还草政策对农户土地利用的影响。

退耕还林还草政策实施后，农户的退耕土地归公共所有，农户自身拥有的林地、草地面积很少，因此本部分仅对农户的耕地利用情况进行分析。由于调研时间和经费的限制，此部分仅对调研的293户退耕户(本章以下简称“农户”)进行分析，主要分析退耕还林还草政策实施前后，退耕户耕地利用的现状及变化情况，涉及耕地种植结构、耕地投入与产出以及耕地利用效率等方面的内容。

一、退耕还林还草政策对农户种植结构的影响

本节利用农户实地调查数据，运用统计分析及对比分析的方法，从耕地构成、种植结构及作物结构角度，分析退耕还林还草政策对农户种植结构的影响。

1. 退耕还林还草政策对农户耕地构成的影响

据表2-35，退耕前，293户退耕户共有耕地面积6 710.3亩，其中旱地6 571.8亩，水浇地138.5亩，其面积比例为47.45：1。退耕后，退耕户共有耕地面积5 076.6亩，其中旱地4 658.4亩，水浇地418.2亩，面积比例为11.14：1。

表2-35 农户土地面积

项目		水浇地	旱地	耕地总面积	退耕面积
退耕前	面积/亩	138.5	6 571.8	6 710.3	—
	比重/%	2.06	97.94		
退耕后	面积/亩	418.2	4 658.4	5 076.6	2 637.9
	比重/%	8.24	91.76		

退耕后，农户的耕地总面积共减少1 633.7亩。一方面是由退耕还林还草政策导致的，另一方面是由于退耕农户生计兼业化，劳动力转移，家庭耕地向外承包或撂荒导致的。对比可知，农户耕地减少总面积(1 633.7亩)少于总退耕面积(2 637.9亩)，这是因为以农业为主要生计方式的部分农户在退耕后，通过土地承包和买入等方式补充耕地面积1 004.2亩。

农户旱地总面积在减少，水浇地总面积却从退耕前的138.5亩增长至退耕后的418.2亩，增加279.3亩。水浇地在耕地总面积中的比重从退耕前的2.07％增至退耕后的8.20％，增加了6.13％。这主要是因为部分旱地实行退耕，此外，灌溉条件改善也是水浇地面积增多的原因之一。虽然水浇地有所增加，但是其在耕地中的比重仍然很低，说明张北县的水资源条件较欠缺，农户的灌溉设施需进一步建设和改进。

2. 退耕还林还草政策对农户种植结构的影响

(1)种植结构分析

退耕还林还草政策前后农户的种植结构发生显著变化(表2-36)。张北县共293户退耕户，退耕前种植粮食作物、经济作物、蔬菜作物的农户分别有265户、229户、9户；退耕后，分别变为253户、188户、26户。种植粮食作物、经济作物的农户分别减少4.53％和17.90％，种植蔬菜作物的农户却增加1.89倍。

退耕前，293户退耕户总耕地面积6 710.3亩，其中粮食作物5 122.1亩，经济作物1 522.2亩，蔬菜作物仅为66亩，面积比例为77.61∶23.06∶1；退耕后，农户耕地面积5 076.6亩，其中粮食作物3 692.25亩，经济作物1 016.05亩，蔬菜作物为368.3亩，其面积比例为10.08∶2.76∶1。受到降水量限制，没有种植瓜果作物的农户。可见，退耕前后农户都以种植粮食作物为主，占总面积的3/4左右；经济作物次之，其面积比重均占耕地总面积的1/5以上；蔬菜作物面积最少，退耕前其占比仅为0.97％。退耕后蔬菜作物面积增多，占比增至7.26％，增加6.28％。造成蔬菜种植农户和种植面积增多的主要原因是退耕还林还草政策后，农户为弥补因耕地减少的经济效益，积极改善灌溉条件，水浇地增多，农户在政府的支持下利用地区环境优势，发展蔬菜产业。

表2-36 农户种植结构

项目		粮食作物	经济作物	蔬菜作物	耕地总面积
退耕前	农户数/户	265	229	9	
	面积/亩	5 122.1	1 522.2	66	6 710.3
	面积比重/％	76.33	22.69	0.98	
退耕后	农户数/户	253	188	26	
	面积/亩	3 692.25	1 016.05	368.3	5 076.6
	面积比重/％	72.73	20.01	7.26	

(2)作物结构分析

张北县的主要粮食作物为小麦、莜麦、青玉米和马铃薯等。退耕前，粮食作物的种植规模为：莜麦＞青玉米＞马铃薯＞小麦＞黍子＞谷子＞豆类(表2-37和图2-7)，退耕后种植规模大小顺序与退耕前保持一致，但比重发生变化。就各作物的种植农户而言，仅种植青玉米的农户增加，其余作物的种植农户均减少。

对比各粮食作物面积相对比例可见，青玉米、谷子、豆类、黍子等粮食作物种植比重增加，青玉米比重增长最多，共增长13.76个百分点，且在耕地总面积减少的情况下，青玉米的种植农户和种植面积均有所增加。这是由于退耕还林还草政策实施以后，张北县实施了严格的“禁牧”政策，对私自放养家畜者进行严罚，农户不能外出放牧，饲养家畜的成本因饲料成本的增加剧增，为了维持家庭畜牧业的发展，农户需增加青玉米的种植规模为家畜提供饲料。小麦、莜麦、马铃薯种植比重减少，莜麦占比减少最多，共减少 8.87 个百分点。退耕户耕地总面积减少，农户须合理规划剩余耕地，莜麦作为张北县最主要的粮食作物，产量较多，价格较低，农户的生活方式从自给自足向购买口粮转变。

表 2-37　农户粮食作物种植情况

项目		小麦	莜麦	青玉米	马铃薯	谷子	豆类	黍子	总计
退耕前	户数/户	65	256	128	229	1	11	5	—
	面积/亩	509.5	2 957.8	819.1	747.3	25	16.4	47	5 122.1
退耕后	户数/户	35	224	133	190	1	8	4	—
	面积/亩	204.5	1 804.7	1 098.4	508.75	20	15.9	40	3 692.25

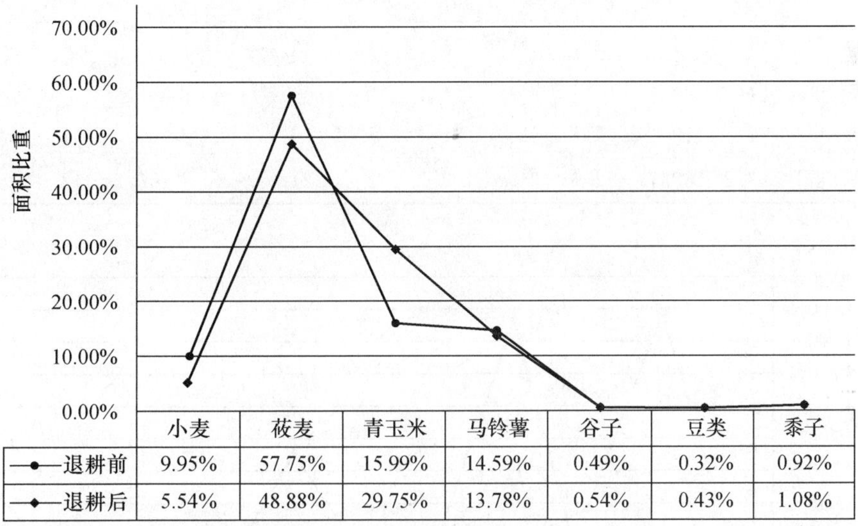

图 2-7　各粮食作物面积比重

张北县的主要经济作物为胡麻、甜菜等，油菜、烟叶等，其所占比重不足 1%（表 2-38）。退耕前，粮食作物的种植规模为：胡麻＞甜菜＞油菜＞烟叶，退耕后种植规模大小顺序与退耕前保持一致，但比重有所变化。退耕后，经济作物多样性降低，种植各种作物的农户都有所减少。

表 2-38　农户经济作物种植情况

项目		胡麻	油菜	甜菜	烟叶	总计
退耕前	户数/户	228	1	83	1	313
	面积/亩	1215.1	5	301.9	0.2	1 522.2
	面积比重/%	79.83	0.33	19.83	0.01	
退耕后	户数/户	181		64		244
	面积/亩	770.25		245.8		1 016.05
	面积比重/%	75.81		24.19		

退耕后胡麻种植规模占比降低 4.02 个百分点,而甜菜增加 4.36 个百分点。甜菜是制糖的原材料,张北县非常适宜甜菜种植,是华北地区最大的甜菜种植地,政府针对甜菜种植出台了一系列的扶助政策,甜菜种植给农民带来了实惠,促进了当地的产业发展。

蔬菜作物(表 2-39 和图 2-8)。根据退耕前后种植规模进行判断,主要蔬菜作物为甘蓝、长白菜、生菜、白菜花、芹菜、西兰花等。退耕还林还草政策后,蔬菜的种类明显增加。张北县位于河北省西北部,海拔高,属于坝上地区,光照充足,气候冷凉,空气干燥,昼夜温差大,十分有利于喜冷蔬菜的生长及其后期养分积累,具有发展错季无公害蔬菜的较强优势。又因为环境污染较少,也使得蔬菜作物品质较高。退耕后,农户社会资产的增加拓宽了其对外渠道,张北县利用地区环境优势积极推动蔬菜产业发展。因此,退耕后种植蔬菜作物的农户显著增长,种植规模也显著增加。

表 2-39 农户蔬菜作物种植情况

项目		甘蓝	长白菜	生菜	白菜花	萝卜	蚕豆	芹菜	豌豆	大葱	辣椒	西兰花	总计
退耕前	户数/户	1	4		5	1	1	4	1				17
	面积/亩	3	6.5		28.5	7	4	15	2				66
退耕后	户数/户	10	19	3	9	1	1	6		1	1	8	59
	面积/亩	23.2	162.7	52.6	31.6	2	2	21		0.2	13	60	368.3

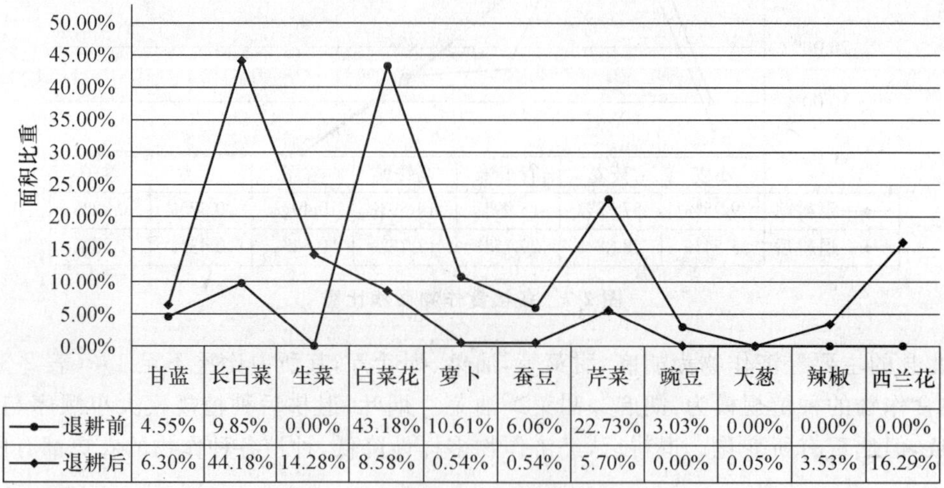

图 2-8 各蔬菜作物面积比重

二、退耕还林还草政策对农户土地投入与产出的影响

本节通过对比分析农户退耕前后耕地投入与产出的变化来分析退耕还林还草政策对农户耕地投入与产出的影响,并为下面研究退耕还林还草政策对农户土地利用效率提供基础。

1. 指标选择

从资产、劳动力方面,分别选择单位耕地面积资产投入和单位耕地面积劳动力投入来反映投入情况;采用单位耕地面积产值和产量来反映产出情况。

其计算公式为:

单位耕地面积资产投入＝(种子＋化肥＋农药＋机械＋地膜＋灌溉＋雇佣劳动力)费用／农户耕地土地面积　(2-10)

单位耕地面积劳动力投入＝家庭耕作人数／农户耕作土地面积　(2-11)

单位耕地面积产量＝各种作物产量和／农户耕作土地面积　(2-12)

单位面积产值＝各种作物产值和／农户耕作土地面积　(2-13)

根据“居民消费指数”去除通货膨胀造成的影响，将退耕前后的“资产投入”和“单位面积产值”指标统一折算到基准年2009年。

2. 退耕还林还草政策对农户土地投入与产出的影响分析

从资产投入水平来看(表2-40)，退耕前后农户单位面积耕地资产投入均低于200元/亩，单位耕地面积资产投入从退耕前的100.50元/亩增至退耕后的166.79元/亩，增加66.29元/亩，增加了65.96%。这是因为退耕后，农户的种子来源从退耕前的家中自留变为购买，化肥和农药由退耕前少施加甚至不施加变为全部施加，同时，耕作方式由退耕前采用人工或牲畜耕作变为退耕后现代机械耕作，这大大提高了退耕后资产投入水平。从农户分布来看(图2-9)，退耕前后农户分布趋势一致：农户资产投入集中于500元/亩以下，且低投入农户多，高投入农户少。退耕后，低投入农户减少，高投入农户增多。

表2-40　退耕前后农户耕地投入水平

时间	单位耕地面积资产投入/(元/亩)	单位耕地面积劳动力投入/(人/亩)
退耕前	100.50	0.11
退耕后	166.79	0.18

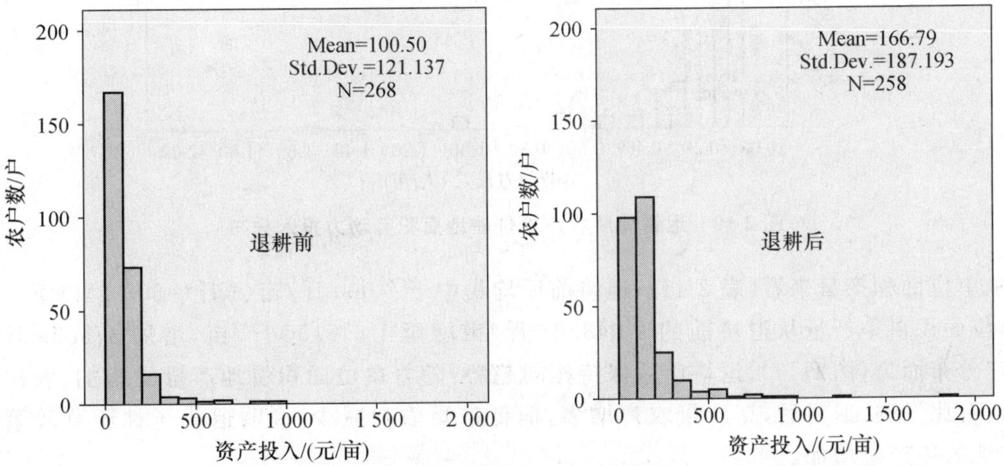

图2-9　退耕前后农户单位耕地面积资产投入分布

从劳动力投入来看(表2-40)，退耕前后单位耕地面积劳动力投入都低于0.2人/亩。退耕前，单位耕地面积劳动力投入为0.11人/亩，退耕后增至0.18人/亩，增加了63.64%。这是因为退耕后，农户耕地面积减少，农村剩余劳动力增多。从农户分布来看(图2-10)，退耕前后农户分布趋势一致：低劳动力投入农户多，高投入农户少。退耕后，低投入农户减少，高投入农户增多，这是因为退耕后，农户生计活动分化，具有农耕经验和精力的纯农户就会越专注于农地耕作，在生计来源上也越依赖于土地，劳动力集约化水平越高，而兼业户和非农户在生计来源上更加依赖于非农活动，劳动力投入弱质化：青壮年知识分子流出，妇女老人填补。

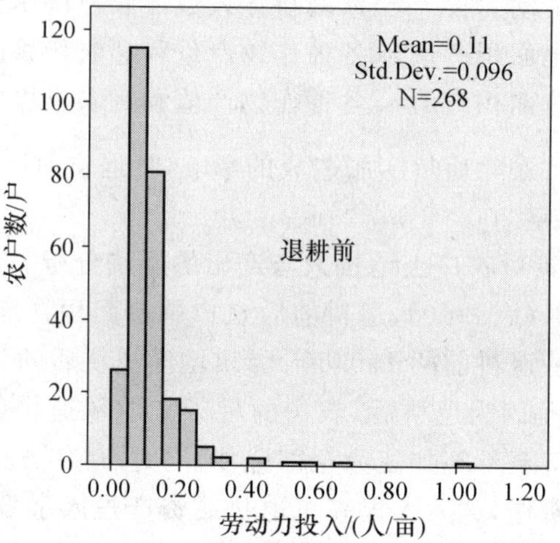

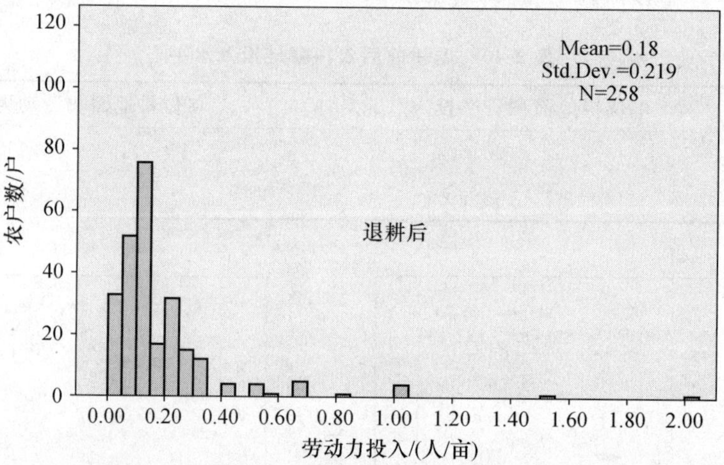

图 2-10　退耕前后农户单位耕地面积劳动力投入分布

从单位面积产量来看(表 2-41)，退耕前后均集中于 2 000 斤/亩(1 斤＝500 g)以下。退耕后，单位面积耕地产量从退耕前的 1 043.28 斤/亩增至 1 618.56 斤/亩，增加 575.28 斤/亩。就农户分布而言(图 2-11)，退耕前后保持相同趋势：随着单位面积耕地产量的增加，农户数量递减。对比发现，退耕后，高产量农户增多，而低产量农户减少，说明退耕还林还草政策实施后，耕地的年产量增加。

从单位面积产值来看(表 2-41)，退耕前后均集中于 2 000 元/亩以下。退耕后，单位面积耕地产量从退耕前的 1 148.81 元/亩增至 1 623.38 元/亩，增加 474.57 元/亩。就农户分布而言(图 2-12)，退耕前后保持相同趋势：随着单位面积耕地产值的增加，农户数量递减。对比发现，退耕后，高产量农户增多，而低产量农户减少，说明退耕还林还草政策实施后，耕地的年产值提高。

表 2-41　退耕前后农户耕地产出水平

项目	单位面积产量/(斤/亩)	单位面积产值/(元/亩)
退耕前	1 043.28	1 148.81
退耕后	1 618.56	1 623.38

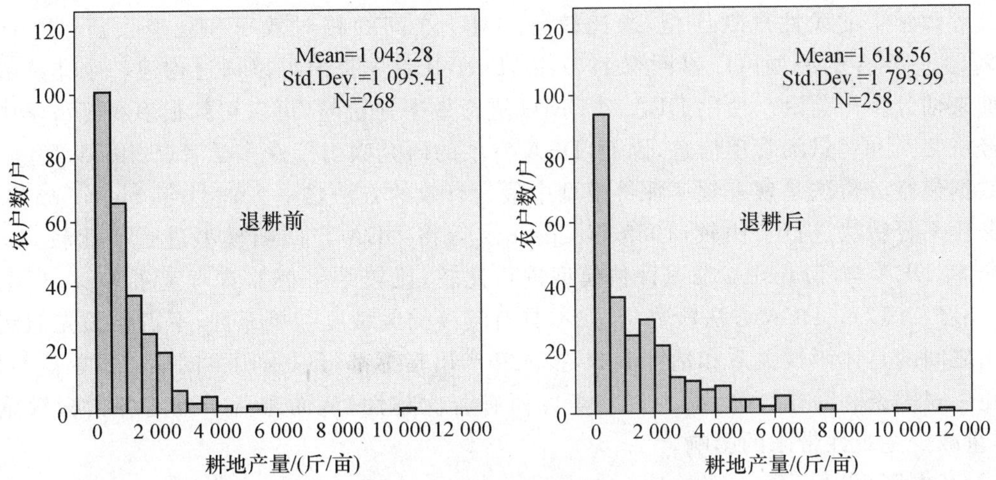

图 2-11　退耕前后农户单位面积耕地产量分布

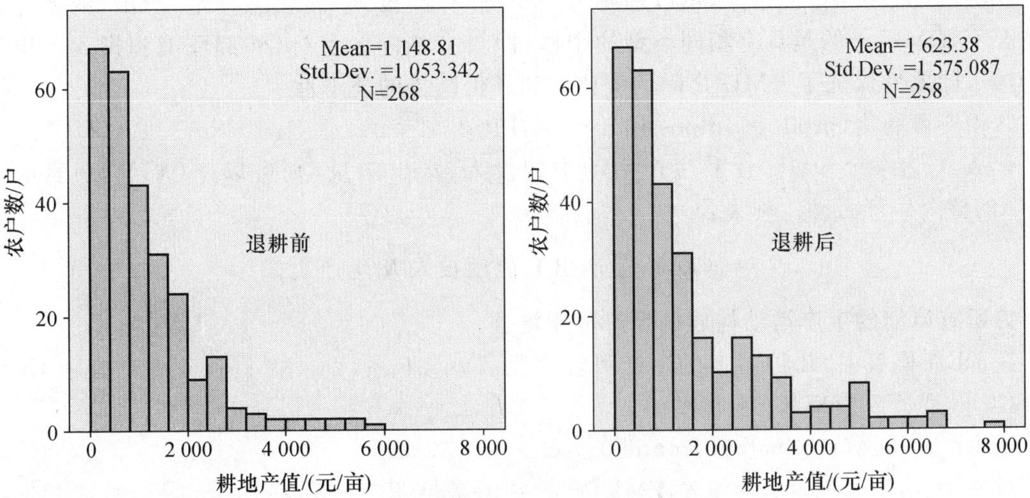

图 2-12　退耕前后农户单位面积耕地产值分布

三、退耕还林还草政策对农户耕地利用效率的影响

耕地利用效率反映了农户的耕地利用水平和各要素配置情况，耕地利用效率越高，农户耕地利用水平越高，各要素配置越合理。退耕还林还草政策影响到农户耕地利用效率。本节利用调查的农户投入产出基础数据，采用以投入为导向的数据包络分析方法(VRS 模型)计算退耕前后农户耕地利用技术效率、纯技术效率及规模效率，通过退耕前后各效率的比较来分析退耕还林还草政策对农户耕地利用效率的影响。

1. DEA 模型

(1)数据包络分析方法的理论研究

数据包络分析方法(data envelopment analysis,DEA)是由美国运筹学家 Charnes,Cooper 和 Rhodes(1978)创建并发展而来的,是一种可以用来衡量若干同类型的具有多投入、多产出的决策单元是否有效的无参数统计估计方法,其目的是构造出一条非参数的数据包络线,判断 DMU 是否位于生产可能集的“前沿面”上(魏权龄,2000),它借鉴了计量经济学的边际效益理论和高等数学中的线性规划模型,来比较各 DMU 之间的相对效率和规模收益(Charnes *et al.*,1978)。DEA 的原型可以追溯至 1957 年,Farrell 首先提出可以通过构建一个非参数的线性凸面来估计生产前沿。使用 DEA 对 DMU 进行效率评价时,可以得到很多在经济学中具有深刻经济含义和背景的管理信息,因而,DEA 领域的研究吸引了众多学者(Seiford,1996)。

数据包络分析法是现有效率评价模型中最为有效的方法之一。1984 年 Sherman 将 DEA 与财务比率分析法进行了比较,1989 年 Charnes 等将 DEA 与回归模型进行了比较,1990 年 Cooper 将 DEA 与 Translog 二重评估模型进行比较,比较结果都非常肯定了 DEA 模型的优越性(王馨,2012)。DEA 方法所需指标少,具有较高的灵敏度和可靠性,不需要预先假定投入与产出之间的具体函数关系和估计参数,投入和产出指标都可以采用不同的计量单位与量级,在避免主观因素和简化计算、减少误差等方面有着优越性,从而避免了确定各指标权重的问题,尽量减少主观性带来的影响。

(2)基本概念

①决策单元(decision making unit,DMU)

DMU 是效率评价的对象,可以理解为一个将一定“投入”转化为一定“产出”的实体。一般情况下,DMU 指的是具有相同类型的个体,即具有相同的目标、外部环境和投入产出指标的个体。同质性保证了 DMU 之间的可比性和评价结果的公平性。

②生产可能集(production possibility set,PPS)

记 $\boldsymbol{X}$、$\boldsymbol{Y}$ 为某个 DMU 在其生产活动中的投入、产出向量,则可以用$(\boldsymbol{X},\boldsymbol{Y})$来表示这个 DMU 的整个生产活动。称集合

$$T=\{(\boldsymbol{X},\boldsymbol{Y})\mid \text{产出}\,\boldsymbol{Y}\,\text{能用投入}\,\boldsymbol{X}\,\text{生产出来}\}$$

为所有可能的生产活动构成的生产可能集合。

在 DEA 模型中,几种基本的生产可能集是 T_{CCR},T_{BCC},T_{FG} 和 T_{ST},分别对应于 CCR 模型、BCC 模型、FG 模型和 ST 模型。

③生产前沿面(production frontier)

设 $\omega\geqslant 0$,$\mu\geqslant 0$,以及 $L=\{(\boldsymbol{X},\boldsymbol{Y})\mid \omega^{\mathrm{T}}-\mu^{\mathrm{T}}=0\}$满足 $T\subset\{(\boldsymbol{X},\boldsymbol{Y})\mid \omega^{\mathrm{T}}-\mu^{\mathrm{T}}\geqslant 0\}$,$L\cap T\neq\phi$,则称 L 为生产可能集 T 的弱有效面,称 $L\cap T$ 为生产可能集 T 的弱生产前沿面(魏权龄,2004)。

在 DEA 理论中,根据对各 DMU 观察的数据判断 DMU 是否为 DEA 有效,本质上是判断 DMU 是否位于生产可能集的“前沿面”上(魏权龄,2000)。

④效率(efficiency)

效率最早出现在拉丁文中,指的是有效的因素。在经济学中,效率指的是经济活动过程中将各种投入要素在多大程度上转化为产出的能力(杨朔,2011)。从这种意义上引申,耕地利用效率反映了农户耕地利用水平,耕地利用效率越高,说明农户耕地配置越合理,使用越充分,土地价值得到了较好地实现,因此耕地利用的水平也就越高。

在 DEA 理论中,效率通常包括:技术效率(或综合效率)(technical efficiency,TE)和配置效率(allocation efficiency,AE)。

技术效率(又称综合效率)是指在保持 DMU 产出不变的前提下,最小成本与实际成本的比值(投入导向)或在保持 DMU 投入不变的前提下,实际产出与理想产出的比值(产出导向),取值介于[0,1]。技术效率反映了 DMU 在给定投入情况下获取最大产出的潜力。当规模报酬可变时,规模报酬不变的技术效率可以分解为纯技术效率和规模效率,即综合效率=纯技术效率×规模效率。

纯技术效率(pure technical efficiency,PTE)反映的是在规模报酬可变的条件下,除了产出规模效率和产出可处置度以外,所有投入要素是否充分发挥了其生产潜能,是否存在浪费现象,是对所有其他生产和管理技术水平差距所造成的产出效率损失的度量。

规模效率(scale efficiency,SE)是全局纯技术效率与局部纯技术效率的比值,即 DMU 在规模报酬不变下的纯技术效率和规模报酬可变下的纯技术效率的比值,取值范围为[0,1]。若规模效率为 1,说明 DMU 是规模有效;若规模效率小于 1,说明 DMU 规模无效。

配置效率是要求在一定的要素价格条件下实现投入或产出的最优组合的能力。由于受价格因素的限制,本章所研究的效率不包括配置效率。

DEA 模型所计算的效率均为相对指标,某一 DMU 的相对效率为 1 并不意味着该 DMU 的耕地产出没有提高的空间,而只是相对于其他的 DMU 的耕地生产状况占据优势。

⑤投入与产出导向

投入导向的 DEA 模型是假设保持产出水平不变的情况下,以投入量最少的决策单元作为标准构建生产前沿面,从而测度其他决策单元的相对效率。

产出导向的 DEA 模型是假设保持投入水平不变的情况下,以产出量最大的决策单元作为标准构建生产前沿面,从而测度其他决策单元的相对效率。

⑥有效

DMU 的有效分为三大类:DEA 有效、弱 DEA 有效和非 DEA 有效三大类。从绩效的角度分析:DEA 有效>弱 DEA 有效>非 DEA 有效。

当 PTE=1 且 SE=1 时,即同时达到纯技术有效和规模有效,称该单元为 DEA 有效;

当 PTE=1 或 SE=1 时,即纯技术有效和规模有效有且只有一种达到,称该单元为弱 DEA 有效;

当 PTE<1 且 SE<1 时,即纯技术有效和规模有效同时没有达到,称该单元为非 DEA 有效。

(3)基于 DEA 评价方法的效率评价模型

第一个 DEA 模型是由 Charnes,Cooper 和 Rhodes 创建的,这个模型被命名为 CCR 模型。该模型是以规模报酬不变(Constant Returns to Scale,CRS)为前提对 DMU 的综合效率(TE)进行评价的,并未考虑规模报酬的变化。为了解决 CCR 模型仅能计算综合效率,而不能计算规模效率的问题，1984 年 Banker、Charnes 和 Cooper 对 CCR 模型进行了改进，提出了 BCC 模型，将其应用于规模收益可变(Variable Returns to Scale，VRS)情况下的效率评价问题。此模型中将技术效率分解为纯技术效率(PTE)与规模效率(SE)。本研究采用的是投入导向下的 VRS 模型，模型如下：

假设有 n 个决策单元，简称 DMU_j，每个 DMU 都有 m 项投入 $\boldsymbol{x}_j=(x_{1j},x_{2j},\cdots,x_{mj})$，$s$ 项产出 $\boldsymbol{y}_j=(y_{1j},y_{2j},\cdots,y_{sj})$，其中，$\boldsymbol{x}_j>0$，$\boldsymbol{y}_j>0$，$j=1,2,\cdots,n$，设 $\boldsymbol{v}=(v_1,v_2,\cdots,v_m)^{\mathrm{T}}$ 和 $\boldsymbol{u}=(u_1,u_2,\cdots,u_s)^{\mathrm{T}}$ 分别为输入和输出的权向量，其中 $\boldsymbol{v}\geqslant\boldsymbol{0}$，$\boldsymbol{u}\geqslant\boldsymbol{0}$，令 $t=\dfrac{1}{\boldsymbol{v}^{\mathrm{T}}\boldsymbol{x}_0}$，$\omega=t\cdot\boldsymbol{v}$，$\mu=t\cdot\boldsymbol{u}$，则 BCC 模型为：

$$(P_{\mathrm{BCC}})\begin{cases}\max h_{j0}=\mu^{\mathrm{T}}y_0+\mu_0\\ \text{s. t. }\omega^{\mathrm{T}}x_j-\mu^{\mathrm{T}}y_j-\mu_0\geqslant 0,j=1,2,\cdots,n\\ \boldsymbol{\omega}^{\mathrm{T}}x_0=1\\ \boldsymbol{\omega}\geqslant 0,\boldsymbol{\mu}\geqslant 0\end{cases}$$

式中：h_j 为 DMU_j 的效率评价指数。

为了使用对偶性规划(D_{BCC})来判别决策单元 DMU_{j0} 的 DEA 有效性，引入松弛变量 s^- 和剩余变量 s^+，其中，$s^-=(s_1^-,s_2^-,\cdots,s_m^-)^{\mathrm{T}}\in E_s$，$s^+=(s_1^+,s_2^+,\cdots,s_m^+)^{\mathrm{T}}\in E_m$，线性规划($P_{\mathrm{BCC}}$)的对偶规划为：

$$(D_{\mathrm{BCC}})\begin{cases}\min\theta\\ \text{s. t. }\sum_{j=1}^{n}x_j\lambda_j+s^-=\theta x_0\\ \sum_{j=1}^{n}y_j\lambda_j-s^+=y_0,j=1,2,\cdots,n\\ \sum_{j=1}^{n}\lambda_j=1\\ s^+\geqslant 0,s^-\geqslant 0,\lambda_j\geqslant 0\end{cases}$$

式中：θ 为决策单元的效率值，λ_j 为第 n 个 DMU 的某种组合权重。

当引进非阿基米德无穷小量 ε 后，能够得到实际评价中常用的线性规划，如下：

$$(D_{\varepsilon})\begin{cases}\min\theta-\varepsilon(\hat{e}^{\mathrm{T}}s^-+e^{\mathrm{T}}s^+)\\ \text{s. t. }\sum_{j=1}^{n}x_j\lambda_j+s^-=\theta x_0\\ \sum_{j=1}^{n}y_j\lambda_j-s^+=y_0,j=1,2,\cdots,n\\ \sum_{j=1}^{n}\lambda_j=1\\ s^+\geqslant 0,s^-\geqslant 0,\lambda_j\geqslant 0\end{cases}$$

式中：$\hat{e}^{\mathrm{T}}=(1,1,\cdots,1)\in E_m$，$e^{\mathrm{T}}(1,1,\cdots,1)\in E_s$，$\varepsilon$ 为非阿基米德无穷小量，线性规划 D_{ε} 的最优解为 λ^0，s^{-0}，s^{+0}，θ^0，则有：

(1)若 $\theta^0<1$,则决策单元 DMU_{j0} 为非 DEA 有效;

(2)若 $\theta^0=1$,则决策单元 DMU_{j0} 为弱 DEA 有效;

(3)若 $\theta^0=1$,并且 $s^{-0}=0, s^{+0}=0$,则决策单元 DMU_{j0} 为 DEA 有效。

2. 耕地利用效率指标体系构建

(1)指标说明

根据数据包络分析法(DEA)对数据进行分析时,需将指标分为两大类:投入指标与产出指标。对于农业生产来说,其投入指标可以用土地、资产和劳动力投入的数量来表征(赵芝俊等,2006;孙婷,2007;梁流涛等,2008;潘倩红,2011;杨朔,2011;许恒周等,2012;梁流涛等,2013)。借鉴以往相关研究成果以及张北县数据的可获取性,按照可比性、系统性、整体性、经济性等原则,选取反映耕地利用效率指标(表 2-42)。

①投入指标包括土地投入、劳动力投入和资产投入。

土地投入:实际耕作的土地面积。张北县纬度较高,耕作制度为一年一熟制,且干旱少雨、土地质量较差,多采用间作或轮作的种植方式,农户实际耕作的土地面积与播种面积相等。退耕后,部分农户的土地发生流转,农户耕作面积与实际拥有土地面积出现不相等情况,因此,采用农户实际耕作的土地面积能反映农户土地投入情况。

劳动力投入:家庭耕作人数。由于耕作的实际用工时间误差较大,难以获得准确统计。为了提高数据的准确性,选取农户家庭耕作人数作为劳动力投入指标。

资产投入:耕作费用支出,主要包括购置化肥、农药、机械、种子、地膜、雇佣劳动力、灌溉等各项农业必须投入的费用。由于雇佣劳动力时农户要支付一定的工资,因此将"雇佣劳动力"指标所用费用计入资产投入。农户进行耕作生产投入,一般采用实物形态和价值形态两种方式表示。为了便于统计和计算,均按使用量折算为价值形态,求和得到农业支出作为资产投入指标。

②产出指标主要包括农作物年产量和农作物年产值。

农作物年产量:农作物是耕地的直接产物,其产量可以直接反映耕地这种生产资料的产出情况,产量越高则代表耕地产出越高,因此选择农作物年产量作为产出的实物形态表示。

农作物年产值:由于年产量并未对作物类型进行区分,在一定程度上过于笼统。此外,年产值可以反映张北县在农业生产活动中的规模和总量。因此将各作物年产量与基准年相应农产品价格相乘并求和得到农作物年产值,以此作为产出的价值形态表示。

表 2-42　耕地生产的 DEA 模型投入-产出指标

指标类型	投入指标			产出指标	
	I_1	I_2	I_3	O_1	O_2
指标	实际耕作的土地面积	家庭耕作人数	耕作费用支出	农作物年产量	农作物年产值
单位	亩	人	元	斤	元

(2)数据处理

选取的指标中"资产投入"和"农作物年产值"均以价值形态表示,考虑到退耕前后数据之间的可比性,统一将价值形态指标折算到基准年,去除通货膨胀造成的影响。以 2009 年为基准年进行折算。根据《中国统计年鉴》中的"居民消费价格指数"、《张家口经济年鉴(2010

年)》中的“农产品价格”将退耕前后的数据折算至基准年。

所用基础数据均来自本次对张北县273户退耕户的调研问卷。

3. 退耕还林还草政策对农户耕地利用效率的影响分析

利用DEAP 2.1软件，以农户调查数据为基础，根据DEA中的VRS模型计算出各农户的耕地利用综合效率、纯技术效率和规模效率，综合效率由纯技术效率和规模效率构成。

(1)退耕前后农户耕地利用效率总体分析

将各个农户的耕地利用效率进行汇总得到全体退耕户的耕地利用效率平均值(表2-43)。

表2-43 退耕前后农户的耕地利用平均效率

项目	纯技术效率	规模效率	综合效率
退耕前	0.598	0.474	0.293
退耕后	0.625	0.449	0.290
变化幅度	0.027	−0.025	−0.003

纯技术效率是对决策主体在既定产出水平下实现最小投入能力的衡量，与决策主体的技术投入和管理水平直接相关(潘倩红等，2010)。

就纯技术效率水平而言，退耕前农户的纯技术效率仅为0.598，退耕后纯技术效率为0.625，退耕前后水平均较低，这说明张北县在管理理念和生产技术上都相对落后，科技的推广力度不够，技术更新速度较慢。

从变化程度来看，退耕后农户的耕地利用效率提高了0.027。纯技术效率的提高，一方面是因为政府大规模地推行减免税费、发放粮食补贴等“惠农新政”，农户生产积极性提高，加大了对耕地的资产和科技投入；另一方面是因为退耕后剩余耕地的资源禀赋较高，剩余劳动力的出现也使得单位耕地面积上的劳动投入增加，化肥和机械代替了退耕前的“靠天吃饭”，家畜家庭养殖取代退耕前的家畜放养。但是由于退耕农户人力资产水平较低，对技术的把握和利用能力都较低，使得技术推广的有效程度未达到理想的效果，因此纯技术效率虽然有所提高，但是提高幅度有限。

根据农户耕地利用纯技术效率制作退耕前后农户纯技术效率分布直方图(图2-13)，退耕后与退耕前农户的纯技术效率波动较小，分布趋势保持一致：纯技术效率在0.4～0.6范围内以及纯技术效率有效(纯技术效率＝1)的农户所占比例最大，但是对比可以看出，除纯技术效率有效和纯技术效率在[0.48,0.52]范围的农户增多外，其他农户数量均减少。

针对以上情况，政府应进一步加大农业科技投入和推广力度，并通过送技术下乡活动以及电视、广播、报纸、网络等媒体进行农业科技宣传(王成超，2012)，同时加强对农户的培训及技术帮助，增强农户对新技术的把握能力。

规模效率用于衡量决策主体现有生产规模结构与最优生产规模结构之间的差距(潘倩红，2010)。

就规模效率水平而言，退耕前农户的平均规模效率为0.474，退耕后规模效率降至0.449，退耕前后平均规模效率均处于较低水平，说明张北县的要素投入结构与其经营规模适应程度较低。

退耕后，农户规模效率下降0.025，这表明张北县综合效率的下降主要是由规模效率引起

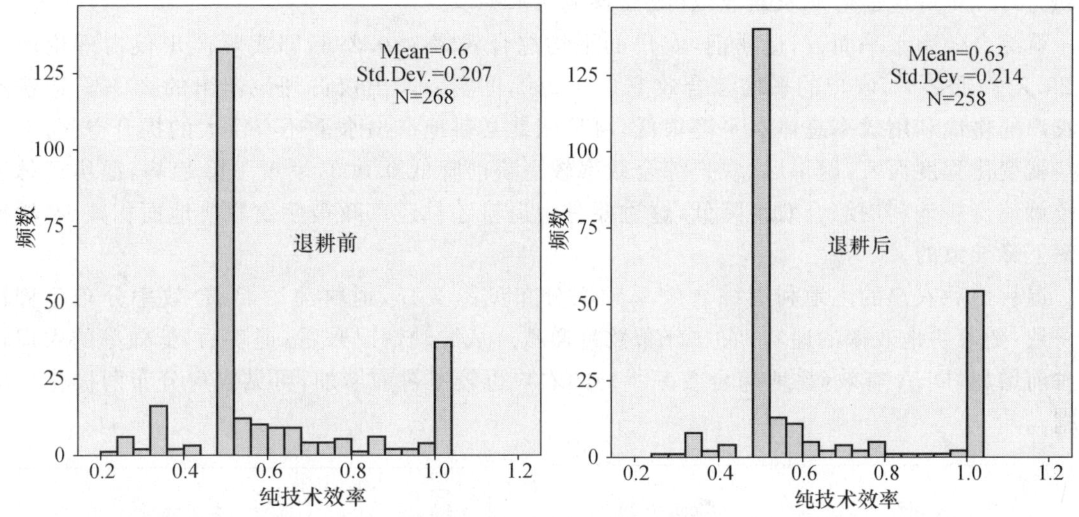

图 2-13 退耕前后农户纯技术效率分布直方图

的,提高规模效率是提高综合效率的关键。规模效率下降主要是耕地面积减少导致的。退耕后,农户的种植面积减少,小规模经营现象较多,难以发挥规模效益;此外,部分农户生计非农化,耕地仅提供家庭口粮,采取粗放式经营。

由退耕前后农户规模效率分布直方图(图 2-14)发现:农户分布波动较为明显。退耕前,各阶段规模效率的农户分布较为均匀,低效率的农户略多;但是退耕后,农户规模效率基本呈现“中间小,两头大”的倒 U 形格局。这与退耕后农村耕地流转有关,退耕后以农业为主要生计方式的农户通过扩大耕作面积来提高收入水平,土地利用呈规模经营,而以兼业甚至非农为主要生计方式的农户将耕地卖出甚至撂荒,土地经营呈粗放式发展。

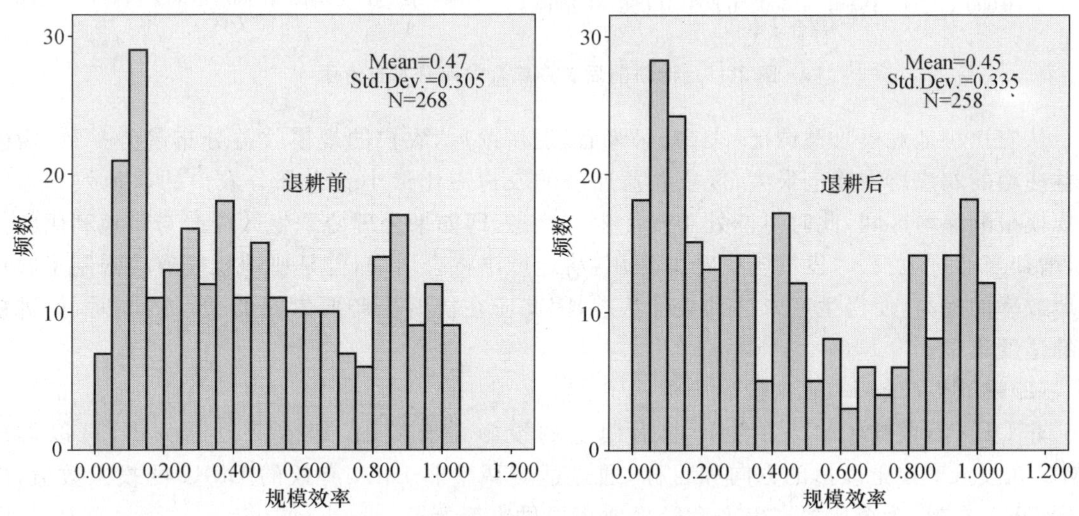

图 2-14 退耕前后农户规模效率分布直方图

针对以上现象,应完善当前农村土地使用权流转机制,通过耕地承包等流转方式促进耕地的适度集中,提高耕地利用的规模效应,同时做好农地转出户的培训和引导,使这些农村剩余劳动力可以更好地适应非农兼业,有效提高生活水平。

就综合效率水平而言,退耕前,农户的平均综合效率为 0.293,即实际产出仅占理论产出的 29.3%;退耕后,农户的平均综合效率为 0.290,即实际产出仅占理论产出的 29%。退耕前后农户的耕地利用效率总体水平都很低,可见张北县耕地产出水平还有巨大的提升空间。

就变化程度而言,退耕后,农户综合效率较退耕前降低 0.003,呈现下降趋势,退耕还林还草政策使得耕地利用综合效率降低,这主要是由退耕还林还草政策使农户耕地面积减少,规模效率下降导致的。

退耕前后农户的土地利用综合效率频率分布见图 2-15,退耕前后,综合效率分布趋势较为一致:随着耕地效率的递增,农户分布数量递减。从波动情况来看,退耕后,低效率的农户较退耕前增加,DEA 有效(耕地综合效率=1)的农户也较退耕前增加,可见农户分布两极化趋势加剧。

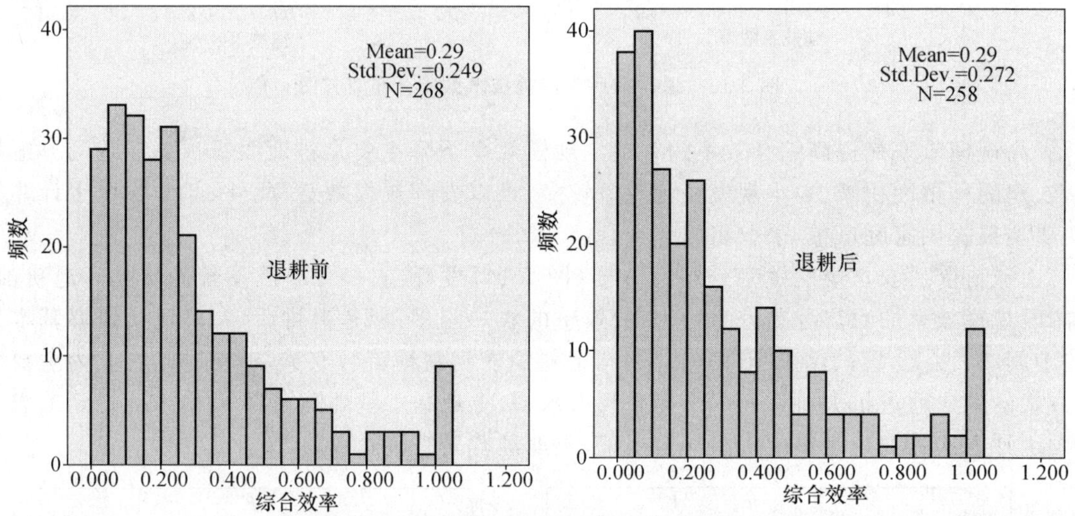

图 2-15 退耕前后农户综合效率分布直方图

从农户耕地规模收益情况(表 2-44)来看,退耕前后,农户的规模收益分布趋势一致:规模收益递增的农户所占比例最大,规模收益递减的农户占比最小。大部分农户的耕地效率停留在规模报酬递增区间,此时生产处于较优生产状态,即如果合理协调生计资产与耕地利用的关系,增加当前耕地投入,发挥各资产的作用,耕地产出将会增加,但是耕地规模直接限制了农户耕地效率的提高,使得生产未达到最佳状态,因此应在协调生产要素间的关系的同时,促进耕地的适度集中。

(2)耕地生产效率 DEA 投影分析

非 DEA 有效的 DMU 在生产前沿面上的投影是有效的,即借助投影分析,可以得出 DMU 在投入产出上改进的方向和目标,通过适当调整非 DEA 有效的 DMU 的投入数值,以达到 DEA 有效,为今后提高生产和管理效率提供决策参考。

本节利用 DEAP 2.1 软件,根据退耕前后农户的耕地投入产出数据进行耕地生产效率 DEA 投影分析(表 2-45),来确定农户投入产出上的松弛变量,使农户了解当前生产中存在的问题,为今后要素合理投入与生产管理提供参考。

表 2-44　退耕前后农户耕地规模收益情况

规模收益	退耕前		退耕后	
	频次/户	频率/%	频次/户	频率/%
不变	9	3.3	12	4.4
递减	3	1.1	2	0.7
递增	256	93.8	244	89.4
无耕地农户	5	1.8	15	5.5
总计	273	100.0	273	100.0

注：从经济理论上分析，当农户的生产处于"规模报酬递增"区间时，随着要素投入水平的增加，耕地产出将会增长，应继续扩大规模；如果处于"规模报酬不变"区间时，耕地产出在当前的投入水平下达到最优，规模也达到最优，应当保持现有规模不变；如果处于"规模报酬递减"区间，随着要素投入水平的增加，耕地产出将会降低，应控制规模的扩张甚至缩小规模。

表 2-45　耕地生产效率 DEA 投影分析结果

时间	投入冗余			产出不足	
	家庭耕作人数/人(s_1^{-0})	实际耕作土地面积/亩(s_2^{-0})	总资产投入/元(s_3^{-0})	年产量/斤(s_1^{+0})	产值/元(s_2^{+0})
退耕前	0.95	14.50	1 840.00	1 978.29	3 128.88
退耕后	0.84	11.61	2 180.71	17 158.03	214.74

从投入来看，退耕前后农户各投入指标均有冗余情况，这说明农户农村劳动力投入过量，耕地资源利用粗放，耕地浪费情况非常严重。由于人力资产水平过低，农户的技能和掌握的知识有限，限制了农户的发展和选择，其在物质投入方面，不能根据自己的实际状况进行资源的合理配置，导致收益低下。

退耕前家庭耕作人数、实际耕作土地面积、总资产投入的冗余量分别为 0.95 人、14.5 亩、1 840 元，退耕后，投入要素的冗余量变为 0.84 人、11.61 亩和 2 180.71 元。退耕后，劳动力的冗余量减少了 0.11 人，农户从耕地上解放出来，出现农业劳动力的转移及非农兼业化现象；农户实际耕作土地面积的冗余量减少了 2.89 亩，退耕还林还草政策、农户耕地撂荒等使农户的耕地面积减少；总资产投入冗余量增加了 340.71 元，农户提高对耕地的物质投入来弥补耕地减少造成的产出下降。退耕后，农户在劳动力和实际耕作土地面积两方面的冗余下降，而资产投入冗余增加，也反映了现代农业生产从依靠土地、劳动力向依靠资产投入的发展过程。

从产出来看，退耕前年产量和产值均产出不足，且提升空间较大，这与农户各生产要素投入和耕地需求配置不合理有关。退耕后，农户户均的年产量产出不足变大，是因为退耕后农户利用了现代技术提高耕地的技术效率，使得耕地生产有了更大的提升空间；而产值的产出不足情况削弱，则与种植作物的品种选择有关。

由于本研究测度的耕地利用效率是以投入为导向的，也就是说投入因素是可以决定的，产出是不可控的因素，因此要提高耕地的利用效率应考虑合理配置生产要素，降低投入冗余量。针对以上现象，政府应对农村剩余劳动力进行合理的引导，使其更好地适应非农生活，更快更好地转入第二、第三产业，同时，联系专业人员对农户进行农业知识教授和技术指导，在耕地种植、品种选择和施肥技术方面给予及时有效的指导和建议。

四、小结

本章通过将退耕农户退耕前与退耕后的土地利用情况进行对比，从退耕还林还草政策对农户种植结构、土地投入与产出、耕地利用效率三个方面分析了退耕还林还草政策对农户土地利用情况的影响。

(1)耕地结构。退耕后，农户的水浇地面积比重较之前增加。种植结构方面，农户以粮食作物和经济作物种植为主，但是退耕之后，这两种作物的面积和比重均下降，而蔬菜作物的面积和比重上升。张北县粮食作物以种植莜麦、青玉米、马铃薯为主，但是退耕还林还草政策中“禁牧”的实施，为了饲养牲畜，粮食作物中青玉米的面积增加，其余各粮食作物面积均下降；张北县经济作物以胡麻、甜菜为主。退耕后，张北县的错季蔬菜产业得以不断发展，给农户带来了较大经济收益。

(2)投入和产出方面。退耕后，虽然耕地面积减少了，但是农户单位耕地面积上的资产投入和劳动力投入都增加，这与现代机械化生产和农村剩余劳动力的出现有关；农村实施退耕后，单位耕地面积的作物产量和产值均有所增加，可见退耕还林还草政策提高了耕地的产出水平。

(3)耕地利用效率。通过数据包络模型，对退耕前后农户的耕地利用效率进行了测算，结果表明，退耕前和退耕后，农户耕地利用效率水平均较低。退耕后，农户的耕地利用效率较退耕之前下降，将综合效率分解为纯技术效率和规模效率，对比发现，耕地利用效率的下降主要是由于规模效率的下降导致的，退耕后，农户的纯技术效率较之前有所提高。

第六节　政策建议

一、提高生计资产存量，改善农户生活条件

对于人力资产，要注重对农村劳动力的指导和培训，关注农村基础教育，提高农村劳动力素质，拓宽就业渠道，降低农户对环境和资源的过分依赖。对于自然资产，要发展农村基础设施建设，完善农田水利设施，同时，进行土地开发与整治，提高农田抵抗自然灾害风险的能力。对于物质资产，推进家电下乡政策，优化农户贷款渠道，解决农户购置农业设备的资金问题。对于社会资产，政府积极联系企业，搭建信息交流与推广平台，并进行农村宣传，确保就业渠道畅通，针对农户季节性务工现象，合理有序的引导农户非农生计就业，解决企业“招工难”和农民“就业难”双重问题。对于金融资产，改良牲畜品质，根据市场需求进行合理养殖；对农村风俗文化进行合理引导，减轻礼金支出造成的经济负担。

二、贯彻落实退耕还林还草政策，做好后续管理

对待返耕问题，不应以罚代管，应通过多种形式进行退耕还林还草政策的宣传，使农户形成政策认同感，防止农户出现政策抵触情绪，力保“退得下，稳得住，不反弹”。政府应根据各地区实际情况，针对“退耕禁牧”后农牧民出现的缺圈棚、缺饲草等问题，投资引进优良肉羊品种，同时派遣专业科技人员下村入户指导农户科学种草养羊。根据地区情况，划分禁牧层次：对于环境破坏严重地区，永久禁牧；根据草原生长时期和情况，在各地区进行科学轮牧休牧。建立草场，承包到户，做到谁放羊，谁负责。积极鼓励农户承包荒山荒滩，建立种草养羊生态庄园。

三、合理利用土地资源，实施可持续发展

加大耕地的技术投入，实施耕地集约化经营，促进耕地适度集中和规模经营，避免资源的浪费。扶植蔬菜产业。政府与外界企业进行联系，建立稳定的供销渠道，解决农户蔬菜滞留、价低亏损的问题。制定灾害援助政策，推出农作物保险计划。对于由于自然灾害原因导致农作物受损超过一定比重的农户，政府进行部分补偿，保障农户根本利益。引进作物良种，调整种植结构，保障农户基本口粮安全。

四、建立林业产业链，实现良性循环

发展林业相关产业，以森林资源为依托，市场为导向，建立林业生产经营体制，创造林业经济价值，实现林业的自我调节和良性循环，增加农户生计资产的途径来引导其生计策略及其他行为策略。引入优良树种，兼种生态、经济林，分期提高经济林比重，在政府组织下进行林地承包，发挥林地经济效益，使林业发展可持续。

五、加强社会保障，改善“空心村”现象

由于贫困，年长者外出打工现象普遍，退耕后农村“空心村”现象更为严重，部分农户年老无力耕作，同时疾病缠身，仅依靠外界救济生存，政府应扩大社会保障范围，推进多层次、全方位的农村社会保障制度的实施，使农民享受养老、医疗等各项保障，解决农民老无所依的忧虑。

第七节　结论与讨论

一、结论

基于农户实地调查数据，系统分析了河北省张北县农户对退耕还林还草政策的态度及响应，结合调整后的可持续生计框架(DFID)和数据包络分析模型(DEA)分别测算农户的生计资产存量和耕地利用效率，并分别通过退耕户与非退耕户生计资产的横向对比及退耕户退耕前后的纵向对比分别分析了退耕还林还草政策对农户生计及土地利用的影响，得到以下几个方面的主要结论：

(1)态度与响应。农户对退耕还林还草政策的实施多表示支持，但存在极大部分农户的退耕动机是响应政策和获得退耕补贴，对退耕还林还草政策具体内容并不了解，随着退耕还林还草政策期满，补贴减发甚至停发，出现返耕现象。

(2)生计。总体上，农户资产存量水平较低，且随着生计资产存量的增加，农户分布呈递减趋势。张北县农户户均生计资产存量为：自然资产＞社会资产＞金融资产＞物质资产＞人力资产。退耕户与非退耕户对比来看，非退耕户生计资产总量大于退耕户。其中，非退耕户仅金融资产低于退耕户，其余资产均高于退耕户。即退耕还林还草政策实施后，农户应对外界压力和抵御意外风险冲击的能力下降，但经济状况提升。

(3)农户生计资产禀赋影响着其生计策略，并直接作用于其土地利用决策。退耕后，农户耕地面积减少，水浇地面积增加；就作物类型而言，粮食作物和经济作物种植面积和比重减少，而蔬菜作物种植面积和比重增加。“退耕还林还草”政策和“禁牧”政策共同引起了耕地利用结构的变化。从投入来看，退耕后单位耕地面积资产投入增加，单位劳动力耕作面积减少，农户的土地投入呈现两极化。就产出来看，单位面积耕地产量和产值均增加。

(4)耕地利用效率。根据数据包络分析(DEA)中的 VRS 模型计算出张北县 293 户农户的耕地利用综合效率、纯技术效率和规模效率，其中综合效率由纯技术效率和规模效率构成。退耕前农户的耕地综合效率、纯技术效率、规模效率分别为 0.293，0.598，0.474，退耕后分别为 0.29，0.625，0.449，变化量分别为－0.003；0.027，－0.025。农户退耕后综合效率的下降主要是由规模效率引起的，提高规模效率是提高综合效率的关键。

二、讨论

1. 可能创新点

（1）在宏观政策背景下，研究农户生计及土地利用变化，揭示局地尺度“宏观政策—生计变化—土地利用变化”的动态响应过程，把农村生计的变化和由此引发的土地利用变化衔接起来，实现了自然和人文的综合研究，具有一定的探索意义。

（2）从农户层面进行耕地利用效率评价，有利于揭示土地宏观变化的微观机理，为土地资源管理提供参考，具有一定的理论和现实意义。

2. 不足之处与研究展望

（1）由于受数据可得性、研究期限及作者研究水平限制，本研究尚存在诸多不足之处，有待进一步深入研究。

（2）生计具有复杂的内涵，本研究基于农户调研数据，由于农户对问题的认识有差异，在一定程度上会对结果造成影响。

（3）受资料完整度限制，本研究未能将微观农户数据进行空间定位，在以后的研究中可以利用 3S 技术进行尝试。

（4）建立固定的观测点对特定农户进行连续的观测调查可以更精确地分析退耕还林还草政策的影响。

参考文献

Aerts J C J H, Eisinger E, Heuvelink G, et al. Using linear integer programming for multi-site land-use allocation[J]. Geographical Analysis, 2003, 35(2): 148-169.

Aldrich P R, Hamrick J L. Reproductive dominance of pasture trees in a fragmented tropical forest mosaic[J]. Science, 1998, 281(5373): 103-105.

Bagstad K J, Villa F, Johnson G, et al. ARIES-Artificial Intelligence for Ecosystem Services: A guide to models and data, version 1. 0. USA: The ARIES Consortium, 2011.

Bailey R G. Ecoregions of the United States. Map (scale 1:7500000) [M]. Ogden, Utah: U. S, Dept. of Agriculture, Forest Service. Intermountain Region press, 1976.

Bailey R G. Ecosystem Geography[M]. NewYork: Berlin Heidebery, 1996.

Bandara R, Tisdell C. The net benefit of saving the Asian elephant: a policy and contingent valuation study[J]. Ecological Economics, 2004, 48(1): 93-107.

Barber G M. Land-use plan design via interactive multiple-objective programming[J]. Environment and Planning A, 1976, 8(6): 625-636.

Benli B, Kodal S. A non-linear model for farm optimization with adequate and limited water supplies: Application to the South-east Anatolian Project (GAP) Region[J]. Agricultural water management, 2003, 62(3): 187-203.

Bhadra D, Brandão A S P. Urbanization; Agricultural Development; and Land Allocation [R]. World Bank, 1993.

Boers P C M. Nutrient emissions from agriculture in the Netherlands, causes and remedies [J]. Water Science and Technology, 1996, 33(4): 183-189.

Brander L, Brouwer R, Wagtendonk A. Economic valuation of regulating services provided by wetlands in agricultural landscapes: A meta-analysis[J]. Ecological engineering, 2013, 56: 89-96.

Bronstert A, Niehoff D, Bürger G. Effects of climate and land-use change on storm runoff generation: present knowledge and modelling capabilities[J]. Hydrological Processes, 2002, 16(2): 509-529.

Brown G, Brabyn L. The extrapolation of social landscape values to a national level in New Zealand using landscape character classification[J]. Applied geography, 2012, 35(1): 84-94.

Campbell J C, Radke J, Gless J T, et al. An application of linear programming and geographic information systems: cropland allocation in Antigua [J]. Environment and planning A, 1992, 24(4): 535-549.

Carsjens G J, Van Der Knaap W. Strategic land-use allocation: dealing with spatial relationships and fragmentation of agriculture[J]. Landscape and urban planning, 2002, 58(2):

171-179.

Castella J C, Kam S P, Quang D D, et al. Combining top-down and bottom-up modelling approaches of land use/cover change to support public policies: Application to sustainable management of natural resources in northern Vietnam[J]. Land use policy, 2007, 24(3): 531-545.

Castella J C, Verburg P H. Combination of process-oriented and pattern-oriented models of land-use change in a mountain area of Vietnam[J]. Ecological modelling, 2007, 202(3): 410-420.

Chambers R, Conway G. Sustainable rural livelihoods: practical concepts for the 21st century[M]. Institute of Development Studies (UK), 1992.

Charnes A, Cooper W W, Rhodes E. Measuring the efficiency of decision making units[J]. European journal of operational research, 1978, 2(6): 429-444.

Chuvieco E. Integration of linear programming and GIS for land-use modelling[J]. International Journal of Geographical Information Science, 1993, 7(1): 71-83.

Costanza R, d'Arge R, De Groot R, et al. The value of the world's ecosystem services and natural capital[J]. Ecological economics, 1997, 1(25): 3-15.

Daily G. Nature's services: societal dependence on natural ecosystems [M]. Island Press, 1997.

Davis W S, Simon T P. Biological Assessment and Criteria: Tool of Water Resourse Planning and Decision Making. US: CRC Press, 1995.

de Mendonça M J C, Sachsida A, Loureiro P R A. A study on the valuing of biodiversity: the case of three endangered species in Brazil[J]. Ecological Economics, 2003, 46(1): 9-18.

DeFries R, Eshleman K N. Land-use change and hydrologic processes: a major focus for the future[J]. Hydrological processes, 2004, 18(11): 2183-2186.

Diamond J T, Wright J R. Efficient land allocation[J]. Journal of Urban Planning and Development, 1989, 151(2): 81-96.

Dixon J. Analysis and management of watersheds[J]. The environment and emerging development issues, 1997 (2): 371-398.

Dokmeci V F. A multiobjective model for regional planning of health facilities[J]. Environment and Planning A, 1974, 11(5): 517-525.

Eastman J R, Jin W, Kyem P A K, et al. Raster procedures for multi-criteria/multi-objective decisions[J]. Photogrammetric Engineering and Remote Sensing, 1995, 61(5): 539-547.

Ehrlich P R, Ehrlich A H, Holdren J P. Ecoscience: population, resources, environment [M]. San Francisco: W.H.Freeman, 1977.

Ehrlich P R, Ehrlich A H. The population explosion. Why isn't everyone as scared as we are? [J]. The Amicus Journal, 1990, 12(1): 22-29.

Fahrig L. Effect of habitat fragmention on the extinction threshold: asynthesis [J].

Ecological applications, 2002, 12(2): 346-353.

Fischer. Modeling Land-use/cover Change in Europe and Northern Asia[R]. IIASA Project: 1995-1997. 1995.

Foley J A, DeFries R, Asner G P, et al. Global consequences of land use[J]. science, 2005, 309(5734): 570-574.

Ge Q, Zhang X, Zheng J. Simulated effects of vegetation increase/decrease on temperature changes from 1982 to 2000 across the Eastern China[J]. International Journal of Climatology, 2014, 34(1): 187-196.

Gezelius S S, Refsgaard K. Barriers to rational decision-making in environmental planning [J]. Land use policy, 2007, 24(2): 338-348.

Gilbert K C, Holmes D D, Rosenthal R E. A multiobjective discrete optimization model for land allocation[J]. Management Science, 1985, 31(12): 1509-1522.

Gren I M, Groth K H, Sylvén M. Economic values of Danube floodplains[J]. Journal of Environmental Management, 1995, 45(4): 333-345.

Hamana R, Konishi M, Imai J. Simultaneous optimization of production and transportation planning by using logic cut algorithm [J]. Memoirs of the Faculty of Engineering, Okayama University, 2007, 41(1): 31-43.

Hansen A J, Rotella J J. Biophysical factors, land use, and species viability in and around nature reserves[J]. Conservation Biology, 2002, 16(4): 1112-1122.

Healy R G. Forests or fields: a land allocation perspective[J]. Land Use Policy, 1993, 10 (2): 122-126.

Helliwell D R. Valuation of wildlife resources[J]. Regional studies, 1969, 3(1): 41-47.

Holdren J P, Ehrlich P R. Human Population and the Global Environment: Population growth, rising per capita material consumption, and disruptive technologies have made civilization a global ecological force[J]. American Scientist, 1974, 62(3): 282-292.

Houghton R A, Hackler J L. ORNL/CDIAC-131, NDP-050/R1[R]. Oak Ridge, TN: Oak Ridge National Laboratory, 2001.

Houghton R A. Releases of carbon to the atmosphere from degradation of forests in tropical Asia[J]. Canadian Journal of Forest Research, 1991, 21(1): 132-142.

Imhoff M L, Lawrence W T, Elvidge C D, et al. Using nighttime DMSP/OLS images of city lights to estimate the impact of urban land use on soil resources in the United States[J]. Remote Sensing of Environment, 1997, 59(1): 105-117.

Jakobsson K M, Dragun A K. Contingent valuation and endangered species: methodological issues and applications[M]. Cheltenham: Edward Elgar Publishing, 1996.

Jiang Y L, Zhou G S. Estimation of ecosystem services of major forest in China[J]. Acta Phytoecologica Sinica, 1999, 23(5): 426-432.

Kasperson J X, Kasperson R E, Turner B L II (Eds.). Regions at Risk: Comparisons of Threatened Environments[J]. United Nations, New York, 1995.

King R T. Wildlife and Man. NY Conservationist, 1966 (20): 8-11.

Kotze D C, Breen C M. Development of a Wetland management decision support system for Natal, South Africa[J]. International Journal of Ecology and Environmental Sciences, 1994, 20(1/2): 85-195.

Kralisch S, Fink M, Flügel W A, et al. A neural network approach for the optimisation of watershed management[J]. Environmental Modelling & Software, 2003, 18(8): 815-823.

Lambin E F, Geist H J. Global land-use and land-cover change: what have we learned so far [J]. Global Change Newsletter, 2001, 46(6): 27-30.

Le Maitre D C, Milton S J, Jarmain C, et al. Linking ecosystem services and water resources: landscape-scale hydrology of the Little Karoo[J]. Frontiers in Ecology and the Environment, 2007, 5(5): 261-270.

Leh M D K, Matlock M D, Cummings E C, et al. Quantifying and mapping multiple ecosystem services change in West Africa[J]. Agriculture, ecosystems & environment, 2013, 165: 6-18.

Li G, Yan P. Optimization and competition promotion of industrial structure in Blue Shandong Peninsula Economic Zone[J]. Ecological Economy, 2010 (6): 310-317.

Lindenmayer D B, Cunningham R B, Donnelly C F, et al. Effects of forest fragmentation on bird assemblages in a novel landscape context[J]. Ecological Monographs, 2002, 72(1): 1-18.

Long H, Wu X, Wang W, et al. Analysis of urban-rural land-use change during 1995-2006 and its policy dimensional driving forces in Chongqing, China[J]. Sensors, 2008, 8(2): 681-699.

J. K.Lorup, J.C. Refsgaard, D. Mazvimavi. Assessing the effect of land use change on the catchment runoff by combined use of statistical tests and hydrological modeling: case studies from Zimbabwe[J]. Journal of Hydrology, 1998, 205:147-163.

Ludeke A K, Maggio R C, Reid L M. An analysis of anthropogenic deforestation using logistic regression and GIS[J]. Journal of Environmental Management, 1990, 31(3): 247-259.

Makowski D, Hendrix E M T, van Ittersum M K, et al. A framework to study nearly optimal solutions of linear programming models developed for agricultural land use exploration [J]. Ecological Modelling, 2000, 131(1): 65-77.

Mertens B, Lambin E F. Land-cover-change trajectories in southern Cameroon[J]. Annals of the association of American Geographers, 2000, 90(3): 467-494.

Metzger M J, Rounsevell M D A, Acosta-Michlik L, et al. The vulnerability of ecosystem services to land use change[J]. Agriculture, Ecosystems & Environment, 2006, 114(1): 69-85.

Millennium Ecosystem Assessment: Frameworks. Washington D C: World Resources Institute, 2005.

Milne E, Al Adamat R, Batjes N H, et al. National and sub-national assessments of soil organic carbon stocks and changes: The GEFSOC modelling system[J]. Agriculture, Ecosystems & Environment, 2007, 122(1): 3-12.

Minor S D, Jacobs T L. Optimal land allocation for solid-and hazardous-waste landfill siting [J]. Journal of Environmental Engineering, 1994, 120(5): 1095-1108.

Mooney H A, Duraiappah A, Larigauderie A. Evolution of natural and social science interactions in global change research programs[J]. Proceedings of the National Academy of Sciences, 2013, 110(Supplement 1): 3665-3672.

Moran E F. News on the land project[J]. Global Change Newslett, 2003, 54(6): 19-21.

Mottet A, Ladet S, Coqué N, et al. Agricultural land-use change and its drivers in mountain landscapes: a case study in the Pyrenees[J]. Agriculture, Ecosystems & Environment, 2006, 114(2): 296-310.

Murray K S, Rogers D T. Groundwater vulnerability, brownfield redevelopment and land use planning[J]. Journal of Environmental Planning and Management, 1999, 42(6): 801-810.

Nikkami D, Shabani M, Ahmadi H. Land use scenarios and optimization in a watershed[J]. Journal of Applied Sciences, 2009, 9(2): 287-295.

Odum H T. Systems Ecology: An Introduction[M]. New York: John Wileypress, 1983.

Ohlmacher G C, Davis J C. Using multiple logistic regression and GIS technology to predict landslide hazard in northeast Kansas, USA[J]. Engineering Geology, 2003, 69(3): 331-343.

Ojima D S, Moran E F, McConnell W, et al. Global land project: Science plan and implementation strategy [R]. Paris: ICSU,2005.

Ojima D, Lavorel S, Graumlich L, et al. Terrestrial human-environment systems: The future of land research in IGBP II[J]. IGBP Global Change Newsletter, 2002, 50: 31-34.

Ojima D., Moran E., et al. Global land project: science plan and implementation strategy [M]. IGBP Report No.53/IHDP Report No.19. Stockholm, 2005.

Oke T R. The energetic basis of the urban heat island[J]. Quarterly Journal of the Royal Meteorological Society, 1982, 108(455): 1-24.

Overmars K P, de Groot W T, Huigen M G A. Comparing inductive and deductive modeling of land use decisions: Principles, a model and an illustration from the Philippines[J]. Human Ecology, 2007, 35(4): 439-452.

Overmars K P, Verburg P H. Comparison of a deductive and an inductive approach to specify land suitability in a spatially explicit land use model[J]. Land use policy, 2007, 24(3): 584-599.

Pielke R A, Avissar R. Influence of landscape structure on local and regional climate[J]. Landscape Ecology, 1990, 4(2-3): 133-155.

Pimentel D, Wilson C, McCullum C, et al. Economic and environmental benefits of biodiversity[J]. BioScience, 1997, 47(11): 747-757.

Polasky S, Nelson E, Pennington D, et al. The impact of land-use change on ecosystem services, biodiversity and returns to landowners: A case study in the State of Minnesota [J]. Environmental and Resource Economics, 2011, 48(2): 219-242.

Pontius R G, Schneider L C. Land-cover change model validation by an ROC method for the Ipswich watershed, Massachusetts, USA[J]. Agriculture, Ecosystems & Environment, 2001, 85(1): 239-248.

Rabbinge R, Van Latesteijn H C. Long-term options for land use in the European Community[J]. Agricultural Systems, 1992, 40(1): 195-210.

Rall E L, Haase D. Creative intervention in a dynamic city: A sustainability assessment of an interim use strategy for brownfields in Leipzig, Germany[J]. Landscape and Urban Planning, 2011, 100(3): 189-201.

Rezayan H, Najian A H. Land Use Allocation Optimization Using Advanced Geographic Information Analyzes[J]. World Applied Sciences Journal, 2008, 3(1): 136-142.

Richards E W, Gunn E A. Tabu search design for difficult forest management optimization problems[J]. Canadian Journal of Forest Research, 2003, 33(6): 1126-1133.

Rindfuss R R, Walsh S J, Turner B L, et al. Developing a science of land change: challenges and methodological issues[J]. Proceedings of the National Academy of Sciences of the United States of America, 2004, 101(39): 13976-13981.

Rycroft M J. Our Changing planet: The FY global change research program[J]. Journal of Atmospheric and Solar-Terrestrial Physics, 1997, 59(17): 2247-2248.

Sadeghi S H R, Jalili K, Nikkami D. Land use optimization in watershed scale[J]. Land Use Policy, 2009, 26(2): 186-193.

Sánchez-Canales M, Benito A L, Passuello A, et al. Sensitivity analysis of ecosystem service valuation in a Mediterranean watershed[J]. Science of the Total Environment, 2012, 440: 140-153.

Schlottmann A. Systems and methods for multivariate influence analysis of heterogenous mixtures of categorical and continuous data[P]. U.S.Patent: 8065247, 2011-11-22.

Roland E. Schulze. Modeling hydrological responses to land use and climate change: a southern African perspective[J]. AMBIO, 2000, 29(1): 12-22.

Seiford L M. Data envelopment analysis: the evolution of the state of the art (1978-1995) [J]. Journal of Productivity Analysis, 1996, 7(2-3): 99-137.

Seppelt R, Voinov A. Optimization methodology for land use patterns using spatially explicit landscape models[J]. Ecological Modelling, 2002, 151(2): 125-142.

Shakya K M, Leuschner W A. A multiple objective land use planning model for Nepalese hills farms[J]. Agricultural Systems, 1990, 34(2): 133-149.

Sherrouse B C, Clement J M, Semmens D J. A GIS application for assessing, mapping, and quantifying the social values of ecosystem services[J]. Applied Geography, 2011, 31(2): 748-760.

Sherrouse B C, Semmens D J. Social Values for Ecosystem Services, version 3.0 (SolVES 3.0): documentation and user manual[R]. US Geological Survey, 2015.

Skole D L. Terrestrial carbon budget, in: IGBP. Natural and anthropogenic change: impacts on Global Biogeo chemical Cycle (C). Beijing, 1995.

Sterling S M, Ducharne A, Polcher J. The impact of global land-cover change on the terrestrial water cycle[J]. Nature Climate Change, 2013, 3(4): 385-390.

Strange N, Meilby H, Thorsen B J. Optimization of land use in afforestation areas using evolutionary self-organization[J]. Forest Science, 2002, 48(3): 543-555.

Strengers B, Leemans R, Eickhout B, et al. The land-use projections and resulting emissions in the IPCC SRES scenarios scenarios as simulated by the IMAGE 2. 2 model[J]. GeoJournal, 2004, 61(4): 381-393.

Stuiver M, Houghton R A, Skole D L, et al. Atmospheric carbon dioxide and carbon reservoir change[J]. Science, 1978, 199(4326): 253-258.

Sutton P C, Costanza R. Global estimates of market and non-market values derived from nighttime satellite imagery, land cover, and ecosystem service valuation[J]. Ecological Economics, 2002, 41(3): 509-527.

Tellería J L, Baquero R, Santos T. Effects of forest fragmentation on European birds: implications of regional differences in species richness[J]. Journal of Biogeography, 2003, 30(4): 621-628.

Tian H Q, Chen G, Zhang C, et al. Century-scale response of ecosystem carbon storage to multifactorial global change in the Southern United States[J]. Ecosystems, 2012, 15: 674-694.

Tillman D. Biodiversity and ecosystem functioning [A]. Nature's Service: Societal Dependence on Natural Ecosystems[C]. Washington DC: Island Press, 1997.

Turner B L, Meyer W B, Skole D L. Global land-use/land-cover change: towards an integrated study[J]. Allen Press on behalf of Royal Swedish Academy of Sciences, 1994, 23(1): 91-95.

Turner II B L, Skole D, Sanderson S, et al. Land-use and land-cover change: science/research plan[J]. IGBP Report No.35 and HDP Report No.7. Stockholm and Geneva. 1995.

Turner R K, Van Den Bergh J C J M, Söderqvist T, et al. Ecological-economic analysis of wetlands: scientific integration for management and policy[J]. Ecological Economics, 2000, 35(1): 7-23.

Vejre H, Jensen F S, Thorsen B J. Demonstrating the importance of intangible ecosystem services from peri-urban landscapes[J]. Ecological complexity, 2010, 7(3): 338-348.

Velázquez A, Durán E, Ramírez I, et al. Land use-cover change processes in highly biodiverse areas: the case of Oaxaca, Mexico[J]. Global Environmental Change, 2003, 13(3): 175-184.

Verburg P H, Eickhout B, van Meijl H. A multi-scale, multi-model approach for analyzing the future dynamics of European land use[J]. The Annals of Regional Science, 2008, 42(1): 57-77.

Verburg P H, Soepboer W, Veldkamp A, et al. Modeling the spatial dynamics of regional land use: the CLUE-S model[J]. Environmental management, 2002, 30(3): 391-405.

Verburg P H, Van Eck J R R, *d*e Nijs T C M, et al. Determinants of land-use change patterns in the Netherlands[J]. Environment and Planning B, 2004, 31(1): 125-150.

Vigerstol K L, Aukema J E. A comparison of tools for modeling freshwater ecosystem services[J]. Journal of environmental management, 2011, 92(10): 2403-2409.

Villa F, Ceroni M, Bagstad K, et al. ARIES (Artificial Intelligence for Ecosystem Services): A new tool for ecosystem services assessment, planning, and valuation[C]. 11Th annual BIOECON conference on economic instruments to enhance the conservation and sustainable use of biodiversity, conference proceedings. Venice, Italy, 2009.

Vitousek P M. Beyond global warming: ecology and global change[J]. Ecology, 1994, 75(7): 1861-1876.

Vögel C. Regions at risk: comparisons of threatened environments[J]. Global Environmental Change, 1997, 7(2): 192-193.

Vose R S, Karl T R, Easterling D R, et al. Climate (communication arising): Impact of land-use change on climate[J]. Nature, 2004, 427(6971): 213-214.

Wang X, Yu S, Huang G H. Land allocation based on integrated GIS-optimization modeling at a watershed level[J]. Landscape and Urban Planning, 2004, 66(2): 61-74.

Westman W E. How much are nature's services worth? [J]. Science, 1977, 197(4307): 960-964.

Wright R G, Murray M P, Merrill T. Ecoregions as a level of ecological analysis[J]. Biological Conservation, 1998, 86(2): 207-213.

Xu Y, McNamara P, Wu Y, et al. An econometric analysis of changes in arable land utilization using multinomial logit model in Pinggu district, Beijing, China[J]. Journal of environmental management, 2013, 128: 324-334.

Zhang H H, Zeng Y N, Bian L. Simulating multi-objective spatial optimization allocation of land use based on the integration of multi-agent system and genetic algorithm[J]. International Journal of Environmental Research, 2010, 4(4): 765-776.

Zhang X Z, Wang W C, Fang X, et al. Agriculture development-induced surface albedo changes and climatic implications across northeastern China[J]. Chinese geographical science, 2012, 22(3): 264-277.

Zhang X, Armstrong M P. Genetic algorithms and the corridor location problem: multiple objectives and alternative solutions [J]. Environment and Planning B: Planning and Design, 2008, 35(1): 148-168.

白杨，郑华，庄长伟，等. 白洋淀流域生态系统服务评估及其调控. 生态学报，2013，33(3)：711-717.

白永飞，黄建辉，郑淑霞，等. 草地和荒漠生态系统服务功能的形成与调控机制[J]. 植物生态学报，2014，38(2)：93-102.

摆万奇，赵士洞. 土地利用变化驱动力系统分析[J]. 资源科学，2001，23(3)：39-41.

蔡玉梅，刘彦随，宇振荣. 土地利用变化空间模拟的进展——CLUE-S 模型及其应用[J]. 地理科学进展，2004，23(4)：63-71.

蔡运龙，Smit B. 全球气候变化下中国农业的脆弱性与适应对策[J]. 地理学报，1996，51(3)：

202-212.
蔡运龙，陆大道，周一星，等. 中国地理科学的国家需求与发展战略[J]. 地理学报，2004，59(6)：811-819.
蔡运龙. 土地利用/土地覆被变化研究：寻求新的综合途径[J]. 地理研究，2001，20(6)：645-652.
曹小娟，曾光明，张硕辅，等. 基于 RS 和 GIS 的长沙市生态功能分区[J]. 应用生态学报，2006，17(7)：1269-1273.
陈高，范竹华. 森林生态系统健康及其评估监测[J]. 应用生态学报，2002，13(5)：605-610.
陈功勋. 基于 CLUE-S 模型和 GIS 的土地利用变化模拟研究[D]. 南京：南京大学，2012.
陈海，郗静，梁小英，等. 农户土地利用行为对退耕还林政策的响应模拟[J]. 地理科学进展，2013，32(8)：1246-1256.
陈婧，史培军. 土地利用功能分类探讨. 北京师范大学学报(自然科学版)，2005，41(5)：536-540.
陈美球，赵宝苹，罗志军，等. 基于 RS 与 GIS 的赣江上游流域生态系统服务价值变化[J]. 生态学报，2013，33(9)：2761-2767.
陈姗姗，陈海，梁小英，等. 农户有限理性土地利用行为决策影响因素——以陕西省米脂县高西沟村为例[J]. 自然资源学报，2012，27(8)：1286-1295.
陈松林. 福建山地生态系统的脆弱性及其生态重建探讨[J]. 福建地理，2001，16(2)：9-12.
陈文科，林后春. 农业基础设施与可持续发展[J]. 中国农村观察，2000(1)：9-21.
程琳，李锋，邓华锋. 中国超大城市土地利用状况及其生态系统服务动态演变[J]. 生态学报，2011，31(20)：6194-6203 .
程旭，张建华，于泊，等. 冀北山地生态旅游模式初探[J]. 河北林业科技，2007 (5)：50-51.
崔峰，欧名豪. 江苏省土地利用变化及其旅游驱动力研究[J]. 资源科学，2010，32(10)：1971-1979.
代士良，马礼，刘云亮. 冀北高原农牧交错带土地利用对土壤养分的影响研究——以康保县为例[J]. 安徽农业科学，2009 (17)：8119-8121.
但承龙，厉伟. 土地资源可持续利用规划耦合模型研究[J]. 农业系统科学与综合研究，2001，17(4)：244-246.
邓红兵，陈春娣，刘昕，等. 区域生态用地的概念及分类[J]. 2009，29(3)：1519-1524.
邓祥征，刘纪远，战金艳，等. 区域土地利用变化的多情景分析——以内蒙古自治区太仆寺旗为例[J]. 地球信息科学学报，2004，6(1)：81-88.
董品杰，赖红松. 基于多目标遗传算法的土地利用空间结构优化配置[J]. 地理与地理信息科学，2003，19(6)：52-55.
杜忠潮，韩申山. 基于主成分分析的土地生态安全评价实证研究——以陕西省 10 个省辖市为例[J]. 水土保持通报，2009,29 (6)：198-202.
段增强，张凤荣，宇振荣. 土地利用动态模拟模型的构建及其应用——以北京市海淀区为例[J]. 地理学报，2004，59(6)：1037-1047.
范红忠，周启良. 农户土地种植面积与土地生产率的关系——基于中西部七县（市）农户的调查数据[J]. 中国人口资源与环境，2014，24(12)：38-45.

方丽婷，张俊平，胡月明. 基于模糊综合评判法的封开县土地生态安全评价[J]. 广东农业科学，2009 (10)：179-183.

冯仕超. 基于 CLUE-S 模型的湟水流域土地利用/土地覆被变化模拟研究[D]. 青海：青海师范大学，2012.

付金柱. 族亲与姻亲的变奏：北方农村主要社会关系类型研究——对大庆市三个村庄社区的田野调查[J]. 大庆社会科学，2007 (6)：110-114.

傅伯杰，陈利顶，刘国华. 中国生态区划的目的，任务及特点[J]. 生态学报，1999，19(5)：591-595.

傅伯杰，陈利顶，马克明. 黄土丘陵区小流域土地利用变化对生态环境的影响:以延安市羊圈沟流域为例. 地理学报，1999，54(3)：241-246.

傅伯杰，陈利顶，于秀波. 中国生态环境的新特点及其对策[J]. 环境科学，2000，21(5)：104-106.

高海东. 退耕还林政策影响下农户土地利用行为的博弈分析[J]. 陕西师范大学学报：自然科学版，2008，36(2)：60-61.

高啸峰，王树德，宫阿都，等. 基于主成分分析法的土地利用/覆被变化驱动力研究[J]. 地理与地理信息科学，2009，25(1)：36-39.

高永年. 区域土地利用结构变化及其动态仿真研究[D]. 南京：南京农业大学，2004.

高志强，易维. 基于 CLUE-S 和 Dinamica EGO 模型的土地利用变化及驱动力分析[J]. 农业工程学报，2012，28(16)：208-216.

高中贵，彭补拙，喻建华，等. 经济发达区土地利用变化对土壤性质的影响——以江苏省昆山市为例[J]. 自然资源学报，2005，20(1)：44-51.

葛智超，张贵军，杨皓，等. 环首都退耕区土地利用与农户生计耦合关系研究——以涞水县为例[J]. 林业经济问题，2014，34(1)：62-67.

耿红，王泽民. 基于灰色线性规划的土地利用结构优化研究[J]. 武汉测绘科技大学学报，2000，25(2)：167-171.

龚健，刘耀林，朱国华，等. 基于系统动力学和多目标规划整合模型的土地利用总体规划方案研究[J]. 地域研究与开发，2006，25(1)：93-96.

龚健，刘耀林. 基于 SD—MOP 整合模型的土地利用总体规划研究[J]. 武汉大学学报：信息科学版，2005，30(4)：322-325.

龚文峰，孔达，范文义，等. 松花江流域哈尔滨段土地利用时空格局演变特征分析[J]. 农业工程学报，2009，25(8)：249-255.

龚文峰，袁力，范文义. 基于地形梯度的哈尔滨市土地利用格局变化分析[J]. 农业工程学报，2013，29(2)：250-259.

顾朝林. 中国大城市边缘区研究[M]. 北京：科学出版社，1995.

郭凤芝. 土地资源安全评价的几个理论问题[J]. 山西财经大学学报，2004，26(3)：61-65.

郭洪峰，许月卿，吴艳芳. 基于地形梯度的土地利用格局与时空变化分析：以北京市平谷区为例[J]. 经济地理，2013，33(1)：160-166.

郭欢欢，李波，郝利霞，等. 不同类型农户对退耕政策响应差异研究——以准格尔旗为例[J]. 生态经济，2011 (11)：38-41.

郭荣中，杨敏华. 长株潭地区生态系统服务价值分析及趋势预测[J]. 农业工程学报，2014，30(5)：238-246.

郭祥，岳德鹏，刘永兵，等. 基于 RS 与 GIS 技术的县级生态状况评价与比较[J]. 林业调查规划，2009，34(1)：50-53.

郭旭东，傅伯杰，陈利顶，等. 低山丘陵区土地利用方式对土壤质量的影响：以河北省遵化市为例.地理学报，2001，56(4)：447-455.

国家环保局，中科院生态环境研究中心. 生态功能区划暂行技术规程[S]. 北京：中国科学院生态环境研究中心，2002：32-39.

韩书成，濮励杰，陈凤，等. 长江三角洲典型地区土壤性质对土地利用变化的响应：以江苏省锡山市为例[J]. 土壤学报，2007，44(4)：612-619.

何书金，李秀彬，朱会义，等. 环渤海地区耕地变化及动因分析[J]. 自然资源学报，2002，17(3)：345-352.

洪鸿加，彭晓春，陈志良，等. 长沙市耕地时空动态变化及驱动力研究[J]. 水土保持通报，2010，30(3)：224-229.

洪建国. 农户土地资本投入行为研究[D]. 湖北：华中农业大学，2010.

黄方，刘湘南，刘权，等. 辽河中下游流域土地利用变化及其生态环境效应[J]. 水土保持通报，2004，24(6)：18-21.

黄凌翔，郝玉娜，白璐. 利用系统动力学模型研究土地政策宏观调控机制[J]. 湖南农业科学，2011(9)：61-64.

黄明，张学霞，张建军，等. 基于 CLUE-S 模型的罗玉沟流域多尺度土地利用变化模拟[J]. 资源科学，2012，34(4)：769-776.

黄秋昊，蔡运龙. 国内几种土地利用变化模型述评[J]. 中国土地科学，2005，19(5)：25-30.

黄秀兰. 基于多智能体与元胞自动机的城市生态用地演变研究[D]. 湖南：中南大学，2008.

姬祥. 基于 CLUE-S 模型和 GIS 的微山县土地利用变化动态模拟与情景分析[D]. 山东：山东农业大学，2011.

贾科利. 基于遥感，GIS 的陕北农牧交错带土地利用与生态环境效应研究[D]. 陕西：西北农林科技大学，2007.

焦超卫. 基于 DEM 的 1：50000 区域尺度水土流失地形因子研究[D]. 陕西：西北大学，2006.

焦立新. 评价指标标准化处理方法的探讨[J]. 安徽农业技术师范学院学报，1999，13(3)：7-10.

靳治国，施婉君，高扬，等. 不同土地利用方式下土壤重金属分布规律及其生物活性变化[J]. 水土保持学报，2009，23(3)：74-77.

景林，赵俊兰，张波，等. 系统动力学在土地生态评价领域应用的研究[J]. 科技信息，2013(6)：31-33.

康慕谊，姚华荣，刘硕. 陕西关中地区土地资源的优化配置[J]. 自然资源学报，1999，14(4)：363-367.

柯水发. 农户参与退耕还林行为理论与实证研究：[D]. 北京：北京林业大学，2007.

黎洁，李亚莉，邰秀军，等. 可持续生计分析框架下西部贫困退耕山区农户生计状况分析[J]. 中国农村观察，2009 (5)：29-38.

李斌，李小云，左停．农村发展中的生计途径研究与实践[J]．农业技术经济，2004（4）：10-16.
李冰．京津冀都市圈县域经济功能定位研究[D]．河北：河北工业大学，2008.
李昌峰，高俊峰，曹慧．土地利用变化对水资源影响研究的现状和趋势[J]．土壤，2002，（4）：191-205.
李聪．劳动力外流背景下西部贫困山区农户生计状况分析——基于陕西秦岭的调查[J]．经济问题探索，2010（9）：50-58.
李翠珍，徐建春，孔祥斌．大都市郊区农户生计多样化及对土地利用的影响[J]．地理研究，2012，31(6)：1039-1049.
李苗裔．川西牧民定居工程约束下的土地可持续利用研究[D]．四川：四川师范大学，2012.
李敏，马礼．张家口市坝上地区相对资源承载力分析[J]．干旱地区农业研究，2010，28(2)：226-230.
李培，邓慧慧．京津冀地区人口迁移特征及其影响因素分析[J]．人口与经济，2007（6）：59-63.
李升发，董玉祥．广州市土地利用垂直分层模式及其演变过程[J]．自然资源学报，2013，28（6）：1019-1029.
李世东．中国退耕还林研究[M]．北京：科学出版社，2004.
李树苗，梁义成．退耕还林政策对农户生计的影响研究——基于家庭结构视角的可持续生计分析[J]．公共管理学报，2010，7(2)：1-10.
李卫国．长春市生态功能分区与调控对策研究[D]．吉林：东北师范大学，2008.
李闻．基于 CLUE-S 模型的土地利用模拟研究[D]．南京：南京师范大学，2011.
李小云，董强，饶小龙，等．农户脆弱性分析方法及其本土化应用[J]．中国农村经济，2007（4）：32-39.
李晓兵．国际土地利用—土地覆盖变化的环境影响研究[J]．地球科学进展，1999，14(4)：395-400.
李秀彬．全球环境变化研究的核心领域，土地利用/土地覆被变化的国际研究动向[J]．地理学报，1996,51(6)：553-558.
李艳华．京津冀一体化下张北县土地利用变化及其情景模拟研究[D]．北京：中国农业大学，2014.
李屹峰，罗跃初，刘纲，等．土地利用变化对生态系统服务功能的影响——以密云水库流域为例[J]．生态学报，2013，33(3)：726-736.
李亦秋，邓欧，张冬有，等．丹江口库区土地利用及其生态系统服务价值情景模拟[J]．农业工程学报，2011，27(5)：329-335.
李彧挥，孙娟．从政府与农户的动态博弈分析退耕还林工程的可持续性[J]．中国人口资源与环境，2006，16(6)：62-65.
李愈哲，樊江文，张良侠，等．不同土地利用方式对典型温性草原群落物种组成和多样性以及生产力的影响[J]．草业学报，2013，22(1)：1-9.
李月臣，何春阳．中国北方土地利用/覆盖变化的情景模拟与预测[J]．科学通报，2008，53（6）：713-723.
李正，王军，白中科，等．贵州省土地利用及其生态系统服务价值与灰色预测[J]．地理科学进展，2012，31(5)：577-583.

连纲，郭旭东，傅伯杰，等. 基于参与性调查的农户对退耕政策及生态环境的认知与响应[J]. 生态学报，2005，25(7)：1741-1747.

梁流涛，曲福田，王春华. 基于 DEA 方法的耕地利用效率分析[J]. 长江流域资源与环境，2008，17(2)：242-246.

梁流涛，曲福田，诸培新，等. 不同兼业类型农户的土地利用行为和效率分析——基于经济发达地区的实证研究[J]. 资源科学，2008，30(10)：1525-1532.

梁流涛，许立民. 生计资本与农户的土地利用效率[J]. 中国人口资源与环境，2013，23(3)：63-69.

廖姣. 基于系统动力学的眉山市东坡区土地利用结构优化研究[D]. 四川：四川农业大学，2010.

廖玉静，宋长春，郭跃东，等. 基于 PRA 方法的社区居民对湿地生态系统稳定性及退耕政策的认知分析[J]. 自然资源学报，2009，24(6)：1041-1048.

林德荣，支玲. 退耕还林成果巩固问题研究——基于退耕农户机会成本视角的动态博弈模型[J]. 北京林业大学学报：社会科学版，2010，9(1)：101-105.

刘爱梅，李景宇，杨晓武. 张家口市气候变化及其对种植业的影响[J]. 气象科技，2007，35(2)：236-239.

刘璨，张巍. 退耕还林政策选择对农户收入的影响——以我国京津风沙源治理工程为例[J]. 经济学(季刊)，2006，6(1)：273-290.

刘桂环，张惠远，万军，等. 京津冀北流域生态补偿机制初探[J]. 中国人口资源与环境，2006，16(4)：120-124.

刘浩，刘璨. 退耕还林工程对农民持久收入与消费影响的研究[J]. 制度经济学研究，2012(1)：16-47.

刘纪远，匡文慧，张增祥，等. 20 世纪 80 年代末以来中国土地利用变化的基本特征与空间格局[J]. 地理学报，2014，69(1)：3-14.

刘淼，胡远满，常禹，等. 土地利用模型时间尺度预测能力分析——以 CLUE-S 模型为例[J]. 生态学报，2009，29(11)：6110-6119.

刘明华，董贵华. RS 和 GIS 支持下的秦皇岛地区生态系统健康评价[J]. 地理研究，2006，25(5)：930-938.

刘排九，甘永萍，闫贺平. 桂西土地生态安全评价研究[J]. 经济研究导刊，2008 (9)：154-157.

刘瑞民，杨志峰，丁晓雯，等. 土地利用/覆盖变化对长江上游非点源污染影响研究[J]. 环境科学，2006，27(12)：2407-2414.

刘文. 我国农业基础设施建设与管理研究[D]. 湖北：华中农业大学，2007.

刘小平，黎夏，艾彬，等. 基于多智能体的土地利用模拟与规划模型[J]. 地理学报，2006，61(10)：1101-1112.

刘新华，张晓萍，杨勤科，等. 不同尺度下影响水土流失地形因子指标的分析与选取[J]. 西北农林科技大学学报（自然科学版），2004，32(6)：107-111.

刘新华. 区域水土流失地形因子分析与提取研究[D]. 陕西：中国科学院水利部水土保持研究

所，2001.
刘兴昌，张友顺. 水土保持原理与规划[M]. 西安：西北大学出版社，1988.
刘雅爱，葛京凤，梁彦庆，等. 基于 PSR 模型的张家口地区生态安全综合评价[J]. 水土保持通报，2013，33(3)：270-274.
刘彦随，甘红，张富刚. 中国东北地区农业水土资源匹配格局[J]. 地理学报，2006，61(8)：847-854.
刘彦随，彭留英，王大伟. 东南沿海地区土地利用转换态势与机制分析[J]. 自然资源学报，2005，20(3)：333-339.
刘彦随. 区域土地利用系统优化调控的机理与模式[J]. 资源科学，1999，21(4)：60-65.
刘彦随. 区域土地利与优化配置[M]. 北京：学苑出版社，1999.
刘彦随. 土地利用优化配置中系列模型的应用[J]. 地理科学进展，1999，18(1)：26-31.
刘彦随，郑伟元. 中国土地可持续利用论[M]. 北京：科学出版社，2008.
刘焱序，徐光，姜洪源，等. 东北林区生态系统服务与健康协同分析[J]. 地理科学进展，2015，34(6)：761-771.
刘燕，董耀. 后退耕时代农户退耕还林意愿影响因素[J]. 经济地理，2014，34(2)：131-138.
刘耀林，刘艳芳，张玉梅. 基于灰色-马尔柯夫链预测模型的耕地需求量预测研究[J]. 武汉大学学报. 信息科学版，2004，29(7)：575-579.
刘玉，刘彦随，陈玉福，等. 京津冀都市圈城乡复合型农业发展战略[J]. 中国农业资源与区划，2010，31(4)：1-6.
刘庄，沈渭寿. 提高区域生态环境质量综合评价水平的新思路——GIS 与层次分析法的结合[J]. 长江流域资源与环境，2003，12(2)：163-168.
路云阁，蔡运龙，许月卿. 走向土地变化科学——土地利用/覆被变化研究的新进展[J]. 中国土地科学，2006，20(1)：55-61.
罗鼎，许月卿，邵晓梅，等. 土地利用空间优化配置研究进展与展望[J]. 地理科学进展，2009，28(5)：791-797.
罗谦，田理，莫妮娜. 四川丘陵地区新农村建设生态环境保护策略探讨[J]. 软科学，2006，20(2)：101-104.
马兵林，潘竟虎，赵伟山，等. 基于 PRA 的风沙过渡区退耕还林草效果评价与农户响应——以甘肃省景泰县新墩湾村为例[J]. 现代农业，2008 (7)：78-79.
马同斌，王有年，李华，等. 京津冀都市圈农业合作战略研究[J]. 中国农学通报，2008，24(1)：539-544.
马岩，陈利顶，虎陈霞. 黄土高原地区退耕还林工程的农户响应与影响因素——以甘肃定西大牛流域为例[J]. 2008，28(1)：34-39.
马宗文，许学工. 土地变化的生态效应研究方法[J]. 地理与地理信息科学，2011，27(2)：80-86.
门可佩，朱鸿婷. 我国区域生态安全的评价研究[J]. 安徽农业科学，2009，37(4)：1715-1717.
蒙吉军，李正国. 河西走廊土地利用格局及影响因子研究——以张掖绿洲为例[J]. 北京大学学报（自然科学版），2003，39(2)：236-243.
孟祥林. 京津冀城市圈发展布局：差异化城市扩展进程的问题与对策探索[J]. 城市发展研究，

2009，16(3)：6-15.
倪绍祥. 土地利用/覆被变化研究的几个问题[J]. 自然资源学报，2005，20(6)：932-937.
牛东宇. 北方农牧交错带中部地区的县域经济研究[D]. 北京：首都师范大学，2008.
欧阳进良，宋春梅，宇振荣，等. 黄淮海平原农区不同类型农户的土地利用方式选择及其环境影响——以河北省曲周县为例[J]. 自然资源学报，2004，19(1)：1-11.
潘佩佩，杨桂山，苏伟忠. 土地利用变化对土地生产力的影响研究进展[J]. 地理科学进展，2012，31(5)：539-550.
潘倩红，任大廷. 四川省耕地生产效率及影响因素分析——基于 DEA 方法和 Tobit 模型的运用[J]. 国土资源科技管理，2010，27(4)：95-101.
潘倩红. 兰州市农户耕地利用效率及其影响因素分析[D]. 四川：四川农业大学，2011.
潘卓. 基于生态位适宜度的两江新区低丘缓坡土地利用情景模拟研究[D]. 重庆：西南大学，2013.
裴彬，潘韬. 土地利用系统动态变化模拟研究进展[J]. 地理科学进展，2010，29(9)：1060-1066.
彭文甫，周介铭，罗怀良，等. 利用 RS 和 GIS 进行成都市扩张及驱动力分析[J]. 测绘科学，2011，36(5)：79-81.
邱炳文，陈崇成. 基于多目标决策和 CA 模型的土地利用变化预测模型及其应用[J]. 地理学报，2008，63(2)：165-174.
曲衍波，齐伟，束宏，等. 小城镇土地生态安全评价方法及应用——以山东省汶南镇为例[J]. 安徽农业科学，2006，34(5)：998-1000.
任奎，周生路，张红富，等. 基于精明增长理念的区域土地利用结构优化配置[J]. 资源科学，2008，30(6)：912-918.
任林静，黎洁. 陕西安康山区退耕户的复耕意愿及影响因素分析[J]. 资源科学，2013，35(12)：2426-2433.
陕西省土壤普查办公室. 陕西土壤[M]. 北京：科学出版社，1992.
商升亮. 基于系统动力学的杭州市主城区住宅需求仿真研究[D]. 浙江：浙江工业大学，2005.
邵传林，何磊. 退耕还林：农户，地方政府与中央政府的博弈关系[J]. 中国人口资源与环境，2010 (2)：116-121.
邵绘春，厉伟，诸培新. 可持续发展观下的土地资源配置理论分析[J]. 生态经济，2009 (2)：112-115.
邵霞珍. 土地利用变化的社会经济驱动因子研究：以贵阳市和大连市为案例比较[D]. 浙江：浙江大学，2006.
盛学斌，刘云霞，孙建中. 近 50 年冀北高原土地利用变化的土壤生境效应[J]. 应用生态学报，2004，15(4)：589-592.
史培军，宫鹏，李晓兵等. 土地利用/覆盖变化研究的方法与实践[M]. 北京：科学出版社，2000.
史培军. 人地系统动力学研究的现状与展望[J]. 地学前缘，1997，4(1-2)：201-211.
宋玉华，尹继生. 冀北山地发展生态旅游业的探讨[J]. 河北林业，2009 (2)：12-14.
苏娟. 贵州省退耕还林地区农户生计研究[D]. 北京：北京林业大学，2007.

孙芳，冯开文. 农牧交错带农户退耕还草意愿分析[J]. 中国农业资源与区划，2008，29(2)：54-57.

孙景亮. 京津冀北地区建立常规型生态补偿机制的探讨[J]. 南水北调与水利科技，2010，8(2)：150-152.

孙静聪，张青，赵筱青. 澜沧江流域退耕还林农户土地利用变化及其原因分析——以云县晓街乡为例[J]. 云南地理环境研究，2008，20(3)：70-75.

孙久文，邓慧慧，叶振宇. 京津冀区域经济一体化及其合作途径探讨[J]. 首都经济贸易大学学报，2008(2)：55-60.

孙丕苓，许月卿，王数. 环京津贫困带土地利用变化的地形梯度效应分析[J]. 农业工程学报，2014，30(14)：277-288.

孙善磊，周锁铨，魏国栓，等. 环杭州湾地区城市扩张的遥感动态监测[J]. 自然资源学报，2008，23(2)：327-335.

孙婷. 基于数据包络分析的城市土地利用效率评价研究[D]. 重庆：西南大学，2007.

索俊锋，赵军. 基于 CLUE-S 模型的千岛湖镇土地利用动态模拟分析[J]. 长江流域资源与环境，2010，19(5)：522-528.

覃琳，邱凌，朱玉碧，等. 基于主成分分析法的重庆市九龙坡区土地利用变化驱动机理研究[J]. 中国农学通报，2012，28(5)：240-246.

谭少华，倪绍祥. 区域土地利用变化驱动力的成因分析[J]. 地理与地理信息科学，2005，21(3)：47-50.

谭永忠，吴次芳，牟永铭，等. 经济快速发展地区县级尺度土地利用空间格局变化模拟[J]. 农业工程学报，2006，22(12)：72-77.

谭永忠，吴次芳，王庆日. 杭嘉湖平原地区土地利用变化驱动机制分析[J]. 经济地理，2006，26(4)：639-642.

谭永忠. 县级尺度土地利用变化驱动机制及空间格局变化模拟研究[D]. 浙江：浙江大学，2004.

汤洁，李海毅，斯蔼. 县域农业可持续发展的生态安全评价——以吉林省通榆县为例[J]. 干旱地区农业研究，2007，25(2)：175-179.

汤青，徐勇，李扬. 黄土高原农户可持续生计评估及未来生计策略——基于陕西延安市和宁夏固原市 1076 户农户调查[J]. 地理科学进展，2013，32(2)：161-169.

唐轲. 可持续生计框架下退耕还林对农户生计影响研究[D]. 陕西：西北农林科技大学，2013.

田义超，任志远. 基于 CLUE-S 模型的黄土台塬区土地利用变化模拟——以陕西省咸阳台塬区为例[J]. 地理科学进展，2012，31(9)：1224-1234.

田媛. 基于 Logistic 回归模型的张家口市土地利用变化及其空间模拟研究[D]. 北京：中国农业大学，2014.

田媛，许月卿，吴艳芳. 环京津冀北贫困带土地利用/覆被变化研究[J]. 水土保持研究，2012，19(1)：82-86.

汪海. 构建京津冀区域的三大经济增长极[J]. 北京社会科学，2007 (6)：40-46.

王兵，任晓旭，胡文. 中国森林生态系统服务功能及其价值评估[J]. 林业科学，2011，47(2)：145-153.

王超，甄霖，杜秉贞，等. 黄土高原典型区退耕还林还草工程实施效果实证分析[J]. 中国生态农业学报，2014，22(7)：850-858.
王成超，杨玉盛. 基于农户生计策略的土地利用/覆被变化效应综述[J]. 地理科学进展，2012，31(6)：792-798.
王成超，杨玉盛. 基于农户生计演化的山地生态恢复研究综述[J]. 自然资源学报，2011，26(2)：344-352.
王罡. 基于系统动力学的土地可持续利用能力评价[D]. 浙江：浙江大学，2006.
王汉花，刘艳芳. 基于生态位与约束 CA 的土地资源优化配置模型研究——以武汉市黄陂区为例[J]. 中国人口资源与环境，2008，18(2)：97-102.
王虹力. 基于 GIS 的县级土地适宜性评价系统研究[D]. 吉林：吉林农业大学，2008.
王济川，郭志刚. Logistic 回归模型：方法与应用[M]. 北京：高等教育出版社，2001.
王姣. 退耕还林还草政策对农户生计及土地利用的影响研究——以河北省张北县为例[D]. 北京：中国农业大学，2015.
王磊. 土地利用变化的多尺度模拟研究——以贵州猫跳河流域为例[D]. 北京：北京大学，2011.
王丽艳，张学儒，张华，等. CLUE-S 模型原理与结构及其应用进展[J]. 地理与地理信息科学，2010，26(3)：73-77.
王楠君，吴群，陈成. 城市化进程中土地资源安全评价指标体系研究[J]. 国土资源科技管理，2006，23(2)：28-31.
王暖. 基于系统动力学的区域规划环境影响评价——以上海市宝山区为例[D]. 上海：上海交通大学，2011.
王茜，王卫，吕昌河. 基于 GIS 和 RS 的土地利用与土壤侵蚀关系研究[J]. 中国水土保持科学，2006，4(6)：37-41.
王卫，刘劲松，袁金国. 基于 RS/GIS 的冀北地区土地利用/覆盖变化研究[J]. 河北遥感，2006，(3)：2-5.
王晓东，蒙吉军. 土地利用变化的环境生态效应研究进展[J]. 北京大学学报（自然科学版），2014,50 (6)：1133-1140.
王新生，姜友华. 模拟退火算法用于产生城市土地空间布局方案[J]. 地理研究，2004，23(6)：727-735.
王馨. 基于数据包络分析的扬州市土地利用效率评价[D]. 南京：南京农业大学，2012.
王秀兰，包玉海. 土地利用动态变化研究方法探讨[J]. 地理科学进展，1999，18(1)：81-87.
王玉婷，丁圣彦，梁国付. 农田背景下景观结构对半自然生境生物多样性的多尺度影响[J]. 地理科学进展，2014，33(12)：1704-1716.
王治江，李培军，王延松，等. 辽宁省生态功能分区研究[J]. 生态学杂志，2005，24(11)：1339-1342.
王宗明，张柏，张树清. 吉林省生态系统服务价值变化研究[J]. 自然资源学报，2004，19(1)：55-61.
位欣，刘耀林，姚鹏. 基于模拟退火遗传算法的土地利用变化驱动力研究[J]. 中国土地科学，2008，22(7)：34-37.

魏强. 基于 CLUE-S 模型的托克逊县土地利用动态变化预测模拟研究[D]. 新疆：新疆大学，2010.

魏权龄. 数据包络分析（DEA)[J]. 科学通报，2000，45(17)：1793-1808.

魏然，李国梁. 京津冀区域经济一体化可行性分析[J]. 经济问题探索，2006(12)：26-30.

魏伟，周婕，许峰. 大城市边缘区土地利用时空格局模拟——以武汉市洪山区为例[J]. 长江流域资源与环境，2006，15(2)：174-179.

温铁军. 形成稳固的受惠群体——关于农地制度创新的思考[J]. 中国土地，2001（7)：12-14.

温晓金，杨海娟，刘焱序. 基于地形因子的千米尺度景观生态廊道布局研究[J]. 地理科学进展，2013，32(2)：298-307.

温远光，元昌安，李信贤等. 大明山中山植被恢复过程植物物种多样性的变化[J]. 植物生态学报，1998，22(1)：33-40.

温仲明，王飞，李锐. 黄土丘陵区退耕还林（草）农户认知调查——以安塞县为例[J]. 水土保持通报，2003，23(3)：32-35.

邬建国. 景观生态学格局、过程、尺度与等级[M]. 北京：高等教育出版社，2007.

吴桂平，曾永年，邹滨，等. AutoLogistic 方法在土地利用格局模拟中的应用——以张家界市永定区为例[J]. 地理学报，2008，63(2)：156-164.

吴建国，吕佳佳. 土地利用变化对生物多样性的影响[J]. 生态环境，2008，17(3)：1276-1281.

吴健生，冯喆，高阳，等. CLUE-S 模型应用进展与改进研究[J]. 地理科学进展，2012，31(1)：3-10.

吴克宁，史原轲，冯新伟，等. 基于农用地分等的城区扩展用地空间布局优化研究[J]. 中国土地科学，2007，21(6)：17-22.

吴群. 绿色张北 强势崛起[J]. 中国中小企业，2012（8)：51.

吴未，谢嗣频. 中国土地生态安全评价研究进展与展望[J]. 河北农业科学，2010，14(5)：99-102.

吴信才，等. 地理信息系统与方法[M]. 北京：电子工业出版社，2002.

吴莹莹. 农户生计多样化和土地利用变化[D]. 重庆：西南大学，2009.

武剑，杨爱婷. 基于 ESDA 和 CSDA 的京津冀区域经济空间结构实证分析[J]. 中国软科学，2010（3)：111-119.

武启祥，杨永芳，朱连奇. 县域土地利用结构与效益的权衡[J]. 经济地理，2013，33(8)：147-152.

郗静，曹明明，陈海. 退耕还林政策对农户土地利用行为的影响[J]. 水土保持通报，2009，29(3)：5-9.

郗静. 退耕还林政策影响下区域土地利用/覆被变化微观行为机制研究[D]. 陕西：西北大学，2009.

席一凡，杨茂盛. 遗传算法在城市土地功能配置规划中的应用[J]. 西北建筑工程学院学报（自然科学版)，2001，18(4)：190-194.

肖强，肖洋，欧阳志云，等. 重庆市森林生态系统服务功能价值评估[J]. 生态学报，2014，34(1)：216-223.

肖荣波，欧阳志云，韩艺师，等. 海南岛生态安全评价[J]. 自然资源学报，2004，19(6)：

769-775.

肖玉，谢高地，安凯. 青藏高原生态系统土壤保持功能及其价值[J] .生态学报，2003，23(11)：2367-2378.

谢高地，鲁春霞，冷允法，等. 青藏高原生态资产的价值评估[J]. 自然资源学报，2003，18(2)：189-196.

谢高地，肖玉，甄霖，等. 我国粮食生产的生态服务价值研究[J].中国生态农业学报，2005，13(3)：10-13.

谢高地，张钇锂，鲁春霞，等. 中国自然草地生态系统服务价值[J]. 自然资源学报，2001，16(1)：47-53.

谢高地，甄霖，鲁春霞，等. 一个基于专家知识的生态系统服务价值化方法[J]. 自然资源学报，2008，23(5)：911-919.

谢花林，李波. 基于 logistic 回归模型的农牧交错区土地利用变化驱动力分析——以内蒙古翁牛特旗为例[J]. 地理研究，2008，27(2)：294-304.

谢花林. 农牧交错区土地利用安全格局与农业产业结构优化[M]. 北京：中国环境科学出版社，2008.

谢旭轩，马训舟，张世秋. 应用匹配倍差法评估退耕还林政策对农户收入的影响[J]. 北京大学学报：自然科学版，2011，47(4)：759-767.

谢旭轩，张世秋，朱山涛. 退耕还林对农户可持续生计的影响[J]. 北京大学学报：自然科学版，2010，46 (3)：457-464.

徐建英，柳文华，常静，等. 基于农户响应的北方农牧交错带生态改善策略[J]. 生态学报，2010，30(22)：6126-6134.

徐晋涛，陶然，徐志刚. 退耕还林：成本有效性，结构调整效应与经济可持续性——基于西部三省农户调查的实证分析[J]. 经济学，2005，4(1)：139-162.

徐勇，马定国，郭腾云. 黄土高原生态退耕政策实施效果及对农民生计的影响[J]. 水土保持研究，2006，13(5)：255-258.

徐勇，马国霞，沈洪泉. 北京丰台区土地利用变化及其经济驱动力分析[J]. 地理研究，2005，24(6)：860-868

许恒周，郭玉燕，吴冠岑. 农民分化对耕地利用效率的影响——基于农户调查数据的实证分析[J]. 中国农村经济，2012 (6)：31-39.

许月卿，蔡运龙，彭建. 土地利用变化的土壤侵蚀效应评价：西南喀斯特山区的一个研究案例[M]. 北京：科学出版社，2008.

许月卿，罗鼎，冯艳，等. 西南喀斯特山区土地利用/覆被变化研究——以贵州省猫跳河流域为例[J]. 资源科学，2010，32 (9)：1752-1760.

许月卿，罗鼎，郭洪峰，等. 基于 CLUE-S 模型的土地利用空间布局多情景模拟研究——以甘肃省榆中县为例[J]. 北京大学学报（自然科学版），2013，49(3)：523-529.

薛建春，蔡松. 灰色预测模型在矿区土地利用变化研究中的应用[J]. 金属矿山，2011 (10)：148-150.

闫艳. 1988-2008 年郑州市土地利用变化及其驱动力分析[D]. 河南：河南大学，2006.

严金明. 简论土地利用结构优化与模型设计[J]. 中国土地科学，2002，16(4)：20-25.

燕乃玲，虞孝感. 我国生态功能区划的目标，原则与体系[J]. 长江流域资源与环境，2003，12(6)：579-585.
杨杰. 廊坊市城乡结合部土地利用变化及其驱动机制研究[D]. 河北：河北农业大学，2008.
杨军，毛学峰. 对退耕还林中农民选择权认识的经济学分析[J]. 中国人口. 资源与环境，2005，15(2)：99-102.
杨立强，钱金平，胡引翠. 基于三维模型框架的承德市域生态功能区划研究[J]. 地理空间信息，2014，12(3)：46-48.
杨莉. 基于系统动力学和元胞自动机的土地利用结构优化研究[D]. 贵州：贵州大学，2009.
杨勤业，郑度，吴绍洪. 中国的生态地域系统研究[J]. 自然科学进展，2002，12(3)：287-291.
杨朔. 陕西省耕地生产效率研究[D]. 陕西：西北农林科技大学，2011.
杨维鸽，陈海，高海东，等. 农户对退耕政策的认知及其影响因素研究——以米脂县杨家沟镇为例[J]. 水土保持通报，2010，30(1)：214-218.
杨晓鹏，张志良. 青海省工地资源人口承载量系统动力学研究[J]. 地理科学，1993，13(1)：69-77.
杨永生，田宝珍. 跛山库区土地生态评价定量系统模型研究[J]. 山东国土资源，2006，22(3)：57-60.
杨元玲. 寿险公司信用评级的财务状况研究[D]. 四川：西南财经大学，2013.
杨云彦，赵锋. 可持续生计分析框架下农户生计资本的调查与分析——以南水北调（中线）工程库区为例[J]. 农业经济问题，2009 (3)：58-65.
杨志峰，李巍，徐琳渝，等. 生态城区环境规划理论与实践[M]. 北京：化学工业出版社，2004.
杨志新，郑大玮，冯圣东. 北京市农田生产的负外部效应价值评价[J]. 中国环境科学，2007，27(1)：29-33.
叶延琼，章家恩. 广州市土地利用变化对生态系统服务价值的影响研究[J]. 生态科学，2008，27(2)：119-123.
叶宗裕. 关于多指标综合评价中指标正向化和无量纲化方法的选择[J]. 浙江统计，2003 (4)：24-25.
易小梅. 退耕还林农民权益保障问题研究[D]. 湖北：华中师范大学，2014.
于金娜，姚顺波. 退耕还林对农户生产效率的影响——以吴起县为例[J]. 林业经济问题，2009，29(5)：434-437.
于庆华，徐浩. 沙漠化治理政策实施中的监督博弈分析——以乌审旗退耕还林和禁牧政策为例[J]. 改革与开放，2010 (10)：77-78.
于书媛，奚砚涛，牛坤，等. 徐州市土地利用 CLUE-S 模型变化模拟[J]. 地理空间信息，2010，8(6)：103-107.
余劲，折小龙. 退耕还林政策对农户土地利用的影响探析[J]. 中国水土保持，2011 (8)：55-57.
余新晓，周彬，吕锡芝，等. 基于 InVEST 模型的北京山区森林水源涵养功能评估[J]. 林业科学，2012，48(10)：1-5.
俞孔坚. 生物保护的景观生态安全格局[J]. 生态学报，1999，19(1)：8-15.

郁亚娟，郭怀成，刘永，等. 城市生态系统的动力学演化模型研究进展[J]. 生态学报，2007，27(6)：2603-2614.

喻永红. 退耕还林可持续性研究——以重庆万州为例[D]. 浙江：浙江大学，2014.

元媛，刘金铜，靳占忠. 栾城县农田生态系统服务功能正负效应综合评价[J]. 生态学杂志，2011，30(12)：2809-2814.

袁蕾. 北京城市空间的多中心重组与对策[J]. 科技信息，2010 (4)：373.

岳辉杰，王静爱. 中国沙区土地利用结构优化[M]. 北京：科学出版社，2010.

岳健，张雪梅. 关于我国土地利用分类问题的讨论 ①[J]. 干旱区地理，2003，26(1):78-88.

曾凌云，王钧，王红亚. 基于 GIS 和 Logistic 回归模型的北京山区耕地变化分析与模拟[J]. 北京大学学报（自然科学版），2009 (1)：165-170.

曾铁瑛. 小城镇土地利用变化及驱动力研究[D]. 重庆：重庆大学，2011

曾珍香，段丹华，张培，等. 基于复杂系统理论的区域协调发展机制研究[J]. 改革与战略，2008，24(1)：89-91.

张佰林，杨庆媛，苏康传，等. 基于生计视角的异质性农户转户退耕决策研究[J]. 地理科学进展，2013，32(2)：170-180.

张佰林. 基于生计视角的农户转户退耕决策[D]. 重庆：西南大学，2012.

张丁轩，付梅臣，陶金，等. 基于 CLUE-S 模型的矿业城市土地利用变化情景模拟[J]. 农业工程学报，2013，29(12)：246-256.

张贵军，张蓬涛，周智. 环京津贫困地区退耕调查分析及农户生计出路研究[J]. 林业经济问题，2013，33(1)：45-50.

张国坤，邓伟，张洪岩，等. 新开河流域土地利用格局变化图谱分析[J]. 地理学报，2010，65(9)：1111-1120.

张红涛，王二平. 态度与行为关系研究现状及发展趋势[J]. 心理科学进展，2007，15(1)：163-168.

张洪军. 生态规划—尺度、空间布局与可持续发展[M]. 北京:化学工业出版社，2007.

张鸿辉，曾永年，金晓斌，等. 多智能体城市土地扩张模型及其应用[J]. 地理学报，2008，63(8)：869-881.

张晶，王景平，刘书忠. 基于典型相关分析法的县域土地利用结构研究[J]. 安徽农业科学，2008，36(1)：257-259.

张明，朱会义，何书金. 典型相关分析在土地利用结构研究中的应用——以环渤海地区为例[J]. 地理研究，2001，20(6)：761-767.

张明. 区域土地利用结构及其驱动因子的统计分析[J]. 自然资源学报，1999，14(4)：381-384.

张荣群，宋乃平，王秀妮，等. 盐渍土时空变化信息的图谱可视化分析[J]. 农业工程学报，2012，28(9)：230-235.

张卫萍. 退耕还林补偿政策与农户响应的关联分析——以冀西北地区为例[J]. 中国人口资源与环境，2006，16(6)：66-68.

张晓蕾. 退耕还林农户经济行为实证研究[D]. 陕西：西北农林科技大学，2009.

张晓玲，关欣，吴宇哲，等. 基于系统动力学的县域土地利用变化模型——以浙江省缙云县为例[J]. 安徽农业科学，2008，35(34)：11154-11156.
张亚明，王帅. 京津冀区域经济差异分析及其协调发展研究[J]. 中国科技论坛，2008 (2)：67-70.
张永民，赵士洞. CLUE-S 模型及其在奈曼旗土地利用时空动态变化模拟中的应用[J]. 自然资源学报，2003，18(3)：310-318.
张永民，周成虎，郑纯辉，等. 沽源县土地利用格局的多尺度模拟与分析[J]. 资源科学，2006，28(2)：88-96.
张永帅，哈尼帕. 基于 LINGO 11.0 的土地资源优化配置方法研究[J]. 环境科学与管理，2009，34(4)：157-159.
张志东，关楠，乔忠民，等. 张北县可持续发展能力评价[J]. 河北农业大学学报，2003 (z1)：314-318.
章茹，蒋元勇，万金保，等. 城镇化过程对鄱阳湖流域生态系统的影响[J]. 长江流域资源与环境，2014，23(03)：400-406.
章泽宾，陈银蓉. 比较优势理论与武汉城市圈土地资源优化配置研究[J]. 乡镇经济，2008，24(11)：46-49.
赵爱桃，刘天明. 退耕退牧还草农牧户的社会认知与政策响应[J]. 中国草地学报，2008，30(1)：112-116.
赵东娟，齐伟，赵胜亭，等. 基于 GIS 的山区县域土地利用格局优化研究[J]. 农业工程学报，2008，24(2)：101-106.
赵菲菲. 张家口市土地生态安全评价与土地利用优化调控研究[D]. 北京：中国农业大学，2014.
赵敏娟，姚顺波. 基于农户生产技术效率的退耕还林政策评价——黄土高原区 3 县的实证研究[J]. 中国人口资源与环境，2012，22(9)：135-141.
赵娜. 基于系统动力学的土地可持续利用研究[D]. 南京：南京农业大学，2008.
赵同谦，欧阳志云，郑华，等. 中国森林生态系统服务功能及其价值评价[J]. 自然资源学报，2004，19(4)：480-491.
赵振斌，包浩生. 国外城市自然保护与生态重建及其对我国的启示[J]. 自然资源学报，2001，16(4)：390-396.
赵芝俊，张社梅. 近 20 年中国农业技术进步贡献率的变动趋势[J]. 中国农村经济，2006 (3)：4-12.
折小龙. 退耕还林政策下农户土地利用行为转变实证研究——以陕西省米脂县为例[D]. 陕西：西北农林科技大学，2012.
郑国强，江南，于兴修. 长江下游沿线土地利用区域结构演化分析[J]. 自然资源学报，2003，18(5)：568-574.
郑新奇，王爱萍. 基于 RS 与 GIS 的区域生态环境质量综合评价研究——以山东省为例[J]. 环境科学学报，2000，20(4)：489-493.
郑新奇. 城市土地优化配置与集约利用评价[M]. 北京：科学出版社，2004.
钟德燕，常庆瑞. 黄土丘陵沟壑区不同地貌类型土地利用景观格局[J]. 水土保持通报，2012，32(3)：192-197.

钟茂初，潘丽青. 京津冀生态-经济合作机制与环京津贫困带问题研究[J]. 林业经济，2007，83(10)：44-47.

钟太洋，黄贤金，翟文侠，等. 政策性地权安排对土地利用变化的影响研究——基于江西省丰城市退耕还林农户问卷调查的一个分析[J]. 南京大学学报：自然科学版，2005，41(4)：435-444.

钟太洋，黄贤金，翟文侠. “退耕还林”政策驱动下的农户土地转用决策及其土地利用变化影响研究——基于江西省丰城市农户问卷调查的一个分析[J]. 亚热带水土保持，2006，18(3)：8-11.

周飞，陈士银，吴明发. 土地利用结构变化及其生态服务功能响应——以广东省湛江市为例[J]. 安全与环境学报，2007，7(5)：76-79.

周伏建. 福建省土壤侵蚀与综合治理[J]. 水土保持通报，2000，20(4)：56-59.

周平，蒙吉军. 鄂尔多斯市 1988—2000 年土壤水力侵蚀与土地利用时空变化关系[J]. 自然资源学报，2009，24(10)：1706-1717.

朱洪兴，陈浩. 京津冀地区梯度发展战略研究[J]. 中国集体经济，2009 (8)：45-46.

朱利凯，蒙吉军. 国际 LUCC 模型研究进展及趋势[J]. 地理科学进展，2009，28(5)：782-790.

卓仁贵. 农户生计多样化与土地利用：以三峡库区典型村为例 [D]. 重庆：西南大学，2010.

邹秀萍，陈劭锋，苏利阳，等. 京津冀经济增长与水环境污染的实证分析[J]. 生态经济，2009(8)：40-42.

邹亚荣，张增祥，周全斌，等. 中国农牧交错区土地利用变化空间格局与驱动力分析[J]. 自然资源学报，2003，18(2)：222-227.

附录

《张北县退耕还林还草政策地区农户生计及土地利用研究》调查问卷

尊敬的村民朋友：

您好！我们是中国农业大学的研究生，本调查是中国农业大学《张北县退耕还林还草政策地区农户生计及土地利用研究》的调研内容，非常感谢您对我们调查的支持与帮助。您的回答对本研究起着至关重要的作用。本问卷全部为匿名填写，信息完全保密。所有信息只用于科学研究。衷心感谢您的协助与配合！

编号：________　　填表人：________　　填表时间：____年____月____日

调研地点：张家口市张北县________镇________村；

调研位置：___°___′___″E；___°___′___″N；

一、农户基本信息

是否参与退耕还林还草政策	1	2	3	4	5	6	7	8
	家庭成员编号	性别	与户主关系	年龄	文化程度	就业性质	工作时间	工资收入
是√ 否×	请在被访问者后画“△”	A男；B女	A户主 B配偶 C子女 D孙辈 E父母 F兄妹 G女婿，儿媳 H亲戚 I其他	A 6岁以下；B 7～18岁；C 19～25岁；D 26～45岁；E 46～60岁；F 61岁及以上	A未受正式教育（识字很少）；B小学；C初中；D高中、中专；E大专、高职；F大学本科及以上	A务农；B畜牧业；C林业；D打工；E个体经营；F固定工作；G学生或参军；H自由职业者；I其他（请注明）	月/年	元/月

二、土地基本信息

土地总体状况	耕地		林地		牧草地	其他(请注明)
	面积	质量	类型	面积	面积	
退耕前						
退耕后						

注:质量:A 好;B 较好 C 一般;D 较差;E 差。

农户家庭土地情况		作物类型选项	作物类型	种植面积	耕地类型	产量	熟制(茬数自己注明)	种植方式
			请从左边一项选择	亩/年	A 旱地;B 水浇地	斤/亩	A 一年一熟;B 两年三熟;C 其他	A 间作;B 套种;C 单作;D 连作;E 轮作;F 其他
粮食作物	退耕前	A 小麦;B 莜麦;C 青玉米;D 马铃薯;E 燕麦;F 荞麦;G 高粱;H 谷子;I 豆类;J 稻谷;K 其他(请注明)						
	退耕后							
经济作物	退耕前	A 胡麻;B 油菜;C 向日葵;D 甜菜;E 亚麻;F 烟叶;G 其他(请注明)						
	退耕后							
蔬菜作物	退耕前	A 甘蓝;B 长白菜;C 生菜;D 菜花;E 萝卜;F 其他(请注明)						
	退耕后							
瓜果作物	退耕前	A 葡萄;B 苹果;C 其他(请注明)						
	退耕后							
其他								

退耕还林还草情况		总面积	数量	成活率	补贴	退耕形式(√)		备注
树种		亩	棵	%	元/亩	退耕还林	退耕还草	
A 沙棘;B 柠条;C 山杏;D 杨树;E 落叶松;F 云杉;G 不知道;H 其他								

土地投入状况 1	年投入总量		价格(元/年)	
	退耕前	退耕后	退耕前	退耕后
化肥				
农药				
机械				
种子				

土地投入状况 2			退耕前	退耕后
地膜	面积(亩)			
	价格(元/年)			
雇佣劳动力	数量(人/年)			
	价格(元/年)			
灌溉量	次数			
	水费(元/年)			
	机井参数	每亩地灌溉时间(h)		
		流量(m^3/h)		
		其他		

三、其他生计资产

1. 社会资产

(1) 您家亲戚中干部、公职人数:________人。

(2) 外出务工渠道有哪些?

A. 亲朋介绍 B. 自己寻找 C. 招工 D. 政府组织

E. 项目组织 F. 其他

(3) 如果外出务工,务工地点?

A. 村 B. 乡镇 C. 县(区)城 D. 市区

E. 外省 F. 其他

(4) 户主手机或电话本里大约存有多少人的电话?

A. 0~20 B. 21~50 C. 51~100 D. 101 及以上

2. 物质资产

(1)您家房子的面积是________平方米;已住________年。

(2)您家的房屋结构是?

A. 土木 B. 砖木 C. 砖混 D. 其他

(3)您家中的大型生产工具有?

A. 机动三轮车 B. 拖拉机 C. 水泵 D. 货车

E. 没有 F. 其他

(4)您家的耐用消费品有?

A. 电动车 B. 电视机 C. 电冰箱 D. 洗衣机

E. 电脑　　F. 其他

(5)您家饲养哪种家畜？平均每单位数量的价格是多少？

A 牛：______头，______元；B 羊：______只，______元；C 猪：______头，______元；

D 兔：______只，______元；E 鸡：______只，______元；F 蜜蜂：______箱，______元；

G 其他：______：______只，______元

3. 环境资产

(1)您觉得这里的风沙和以前比有什么变化？

A. 减弱　　B. 不变　　C. 加强

(2)您觉得这里的水土流失和以前比有什么变化？

A. 改善　　B. 不变　　C. 严重

(3)您觉得这里的土壤污染严重吗？

A. 严重　　B. 不严重

(4)您觉得这里的水污染和以前比有什么变化？

A. 减弱　　B. 不变　　C. 加强

(5)您觉得这里的空气和以前比有什么变化？

A. 变好了　　B. 不变　　C. 变差了

(6)这里的自然灾害主要有哪些？(多选)

A. 旱灾　　B. 沙尘暴　　C. 地震　　D. 山体滑坡、泥石流

E. 森林草原火灾　　F. 雪灾　　G. 其他(说明)

(7)您觉得退耕后这些自然灾害有所改善吗？

A. 有　　B. 没有

四、生计策略

1. 收入状况

您家去年全年家庭总收入约为________元。

(1)您家去年的其他收入(采药、低保、财政性收入等)大约为________元。

A. 1 000 元以下　　B. 1 000～3 000 元　　C. 3 000～5 000 元　　D. 5 000 元以上

E. 其他

(2)您家每年的粮食直补大约为________元/亩？

2. 消费状况

您家去年全年支出大约为________元。

(1)您家子女去年的学费大约为________元。

A. 无　　B. 1 000 元以下　　C. 1 000～3 000 元　　D. 3 000～5 000 元

E. 5 000 元以上

(2)您家每天的食品消费大约为________元。

A. 20 元以下　　B. 20～40 元　　C. 40～60 元　　D. 60～80 元

E. 80 元以上　　F. 其他

(3)您家去年的礼金支出大约为________元。您家去年的健康支出大约为________元。

(4)您家去年的耐用品消费大约为________元。您家每月的日常用品消费大约为________元。

A. 500元以下　B. 500～1 000元　C. 1 000～1 500元　D. 1 500元以上
E. 其他

3. 家庭的风险应对策略

(1)去年收入变化情况？
A. 增加　B. 不变　C. 减少

(2)上年农作物是否受灾？
A. 是　B. 否

(3)上年是否发生大额(超过5 000元)支出？
A. 是　B. 否

(4)家庭应对风险的策略？
A. 外出打工　B. 减少消费　C. 动用储蓄　D. 出售资产
E. 借钱　F. 其他

(5)生活存在哪些困难？
A. 无收入　B. 健康问题　C. 子女学费高　D. 无
E. 其他

(6)影响您务工的限制因素有哪些？
A. 文化程度　B. 手艺　C. 年龄　D. 社会关系网
E. 资金　F. 其他

五、农户响应

1. 认知与判断

(1)您对退耕政策是否了解？
A. 非常了解　B. 了解　C. 一般　D. 不了解
E. 完全不了解

(2)您认为退耕还林目前存在哪些问题？(多选)
A. 补贴　B. 后续产业发展　C. 技术支持　D. 其他

(3)您认为退耕还林的前景如何？
A. 好　B. 较好　C. 一般　D. 较差
E. 差

(4)您对未来退耕还林政策的实施有哪些期望？(多选)
A. 延长补助期限　B. 提高补助金额　C. 提供技术指导　D. 引进优良木种
E. 增加新的就业途径　F. 其他

(5)退耕还林工程实施后您家的收入有何变化？
A. 增加　B. 不变　C. 减少

2. 意愿

(1)您是否愿意参与退耕还林？
A. 非常愿意　B. 一般　C. 不太愿意　D. 很不愿意
E. 无所谓

(2)如果愿意，原因________。
A. 补贴高　B. 劳动力剩余　C. 收入增加　D. 不适宜耕作

E. 响应政策　F. 其他

(3)如果不愿意,原因________。

A. 补贴低或期满后生活无保障　B. 收入降低

C. 缺乏技术指导　D. 其他

(4)您认为退耕补偿金对家庭日常生活的影响大吗?

A. 很大　B. 大　C. 一般　D. 小

E. 无影响

(5)您认为退耕还林补偿标准应如何调整?

A. 增加　B. 现在比较适中　C. 减少

(6)退耕后转换土地利用方式时会考虑哪些因素?

A. 种植方式　B. 种植效益　C. 劳动投入　D. 其他

3. 行为选择(可多选)

(1)在退耕过程中,您最关注哪些方面?

A. 补贴　B. 后续产业发展　C. 技术支撑　D. 其他

(2)现在,您是否有毁林复耕的想法?

A. 有　B. 没有

(3)如果国家停止退耕补贴金,您是否会选择返耕?

A. 不会　B. 部分返耕　C. 全部返耕

(4)退耕还林工程期满后,您对未来生活的打算?

A. 种植经济作物　B. 复耕　C. 发展养殖业、畜牧业

D. 外出打工　E. 非农经营　F. 寻求救济　H. 其他

问卷到此结束。衷心感谢您的协助,祝您身体健康,家庭幸福!

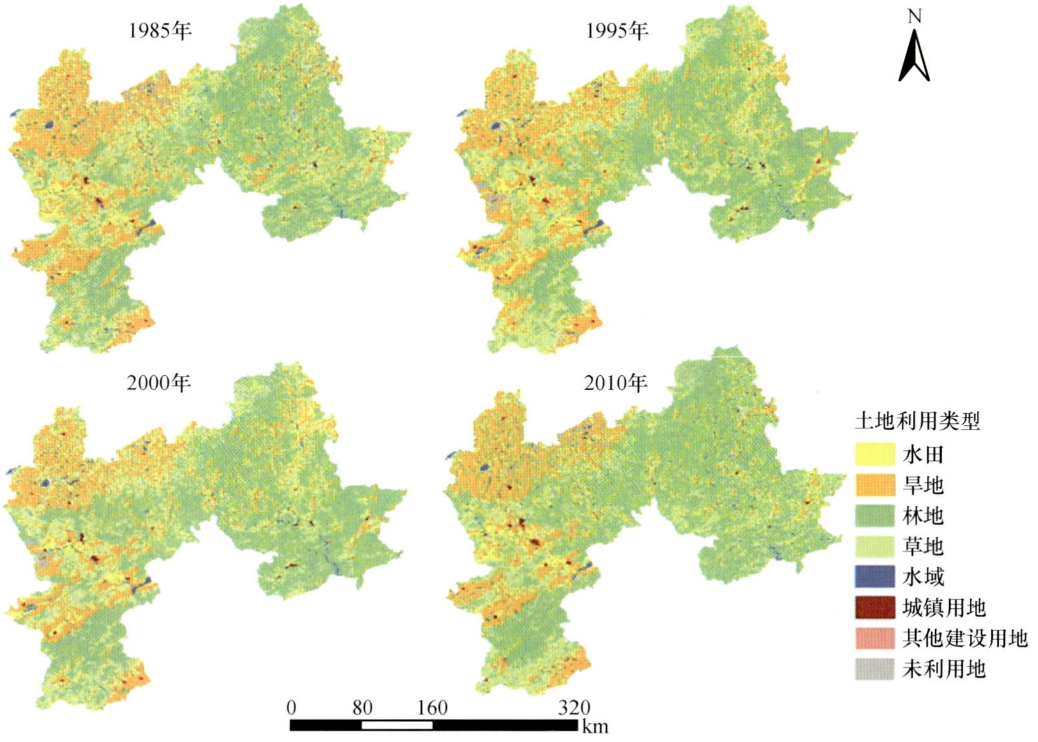

彩图 1　不同时期土地利用类型空间分布图

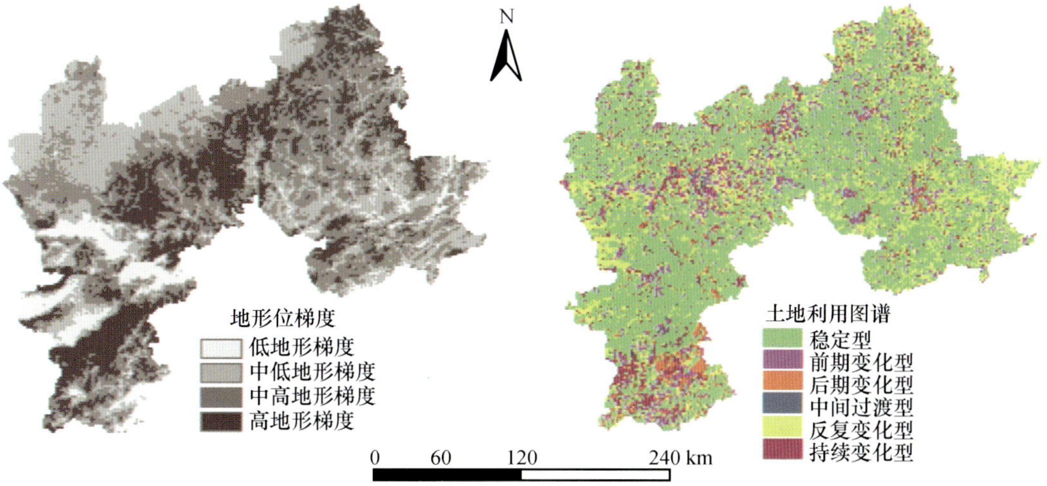

a.不同地形位梯度分布　　　　b.不同土地利用变化图谱

彩图 2　1985—2010 年土地利用变化图谱信息

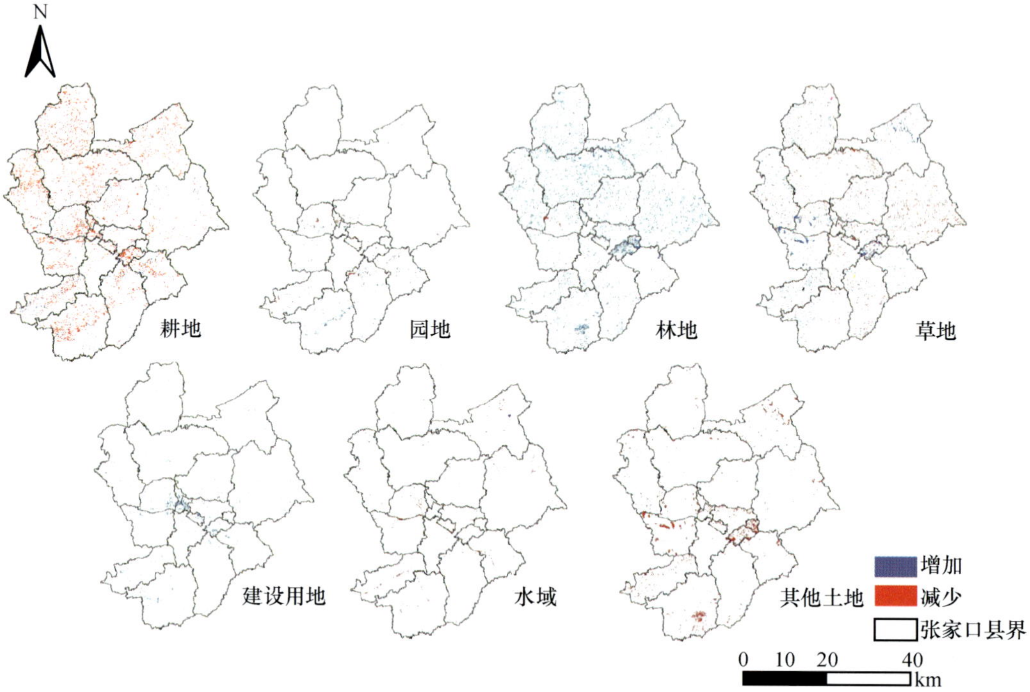

彩图 3　1989—2010 年张家口市各土地利用类型空间变化分布图

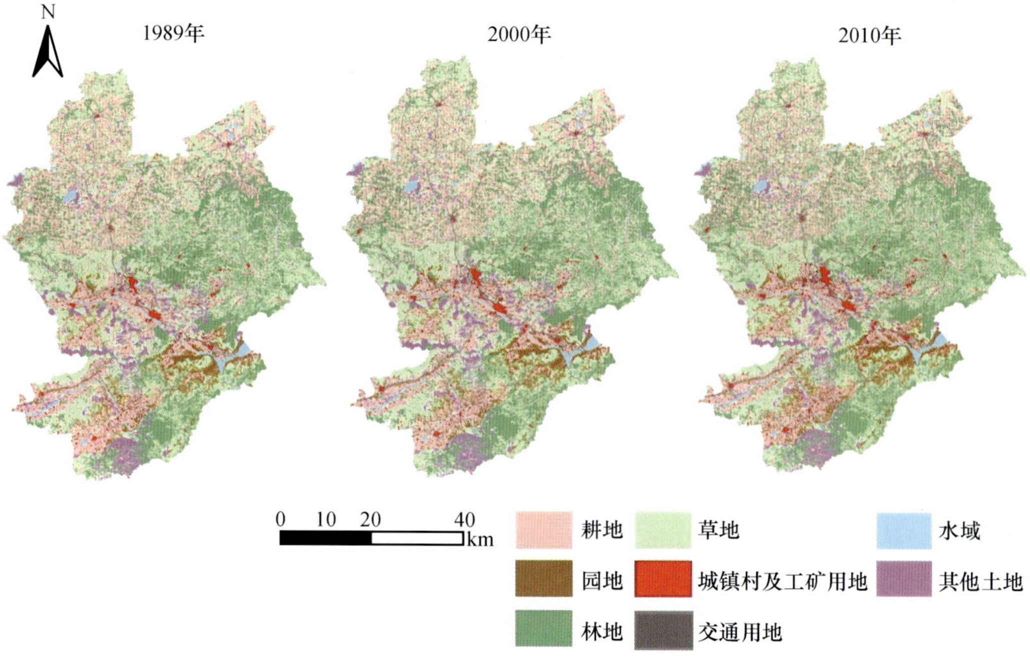

彩图 4　张家口市 1989 年、2000 年、2010 年土地利用现状图

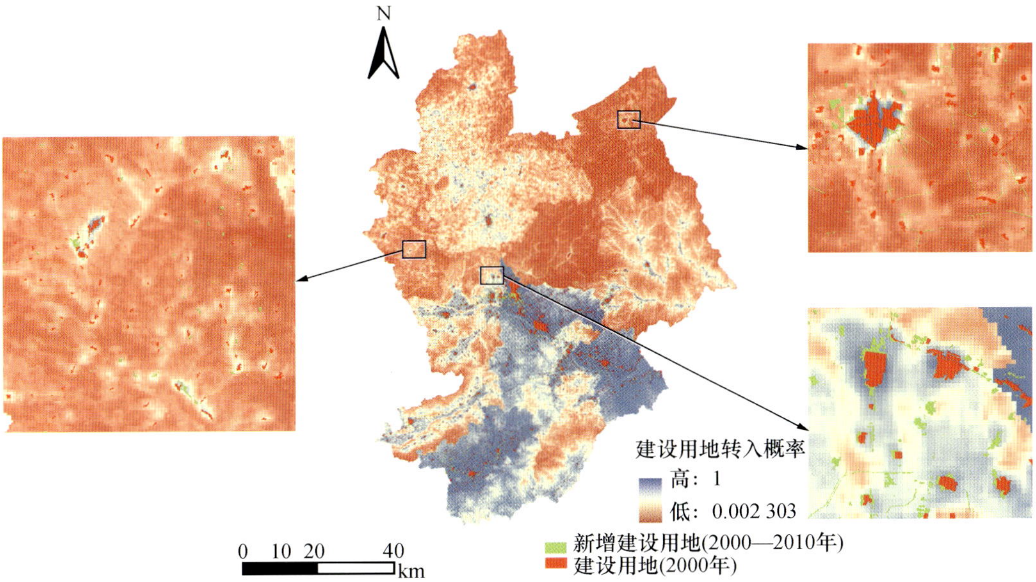

彩图 5　2000 年后建设用地转入概率分布图

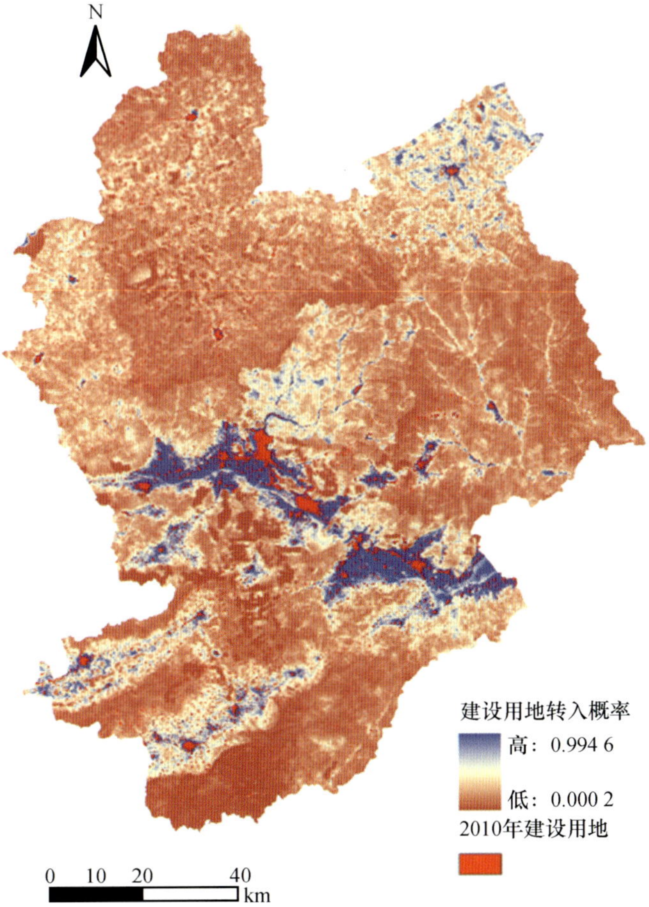

彩图 6　未来建设用地转入概率分布图

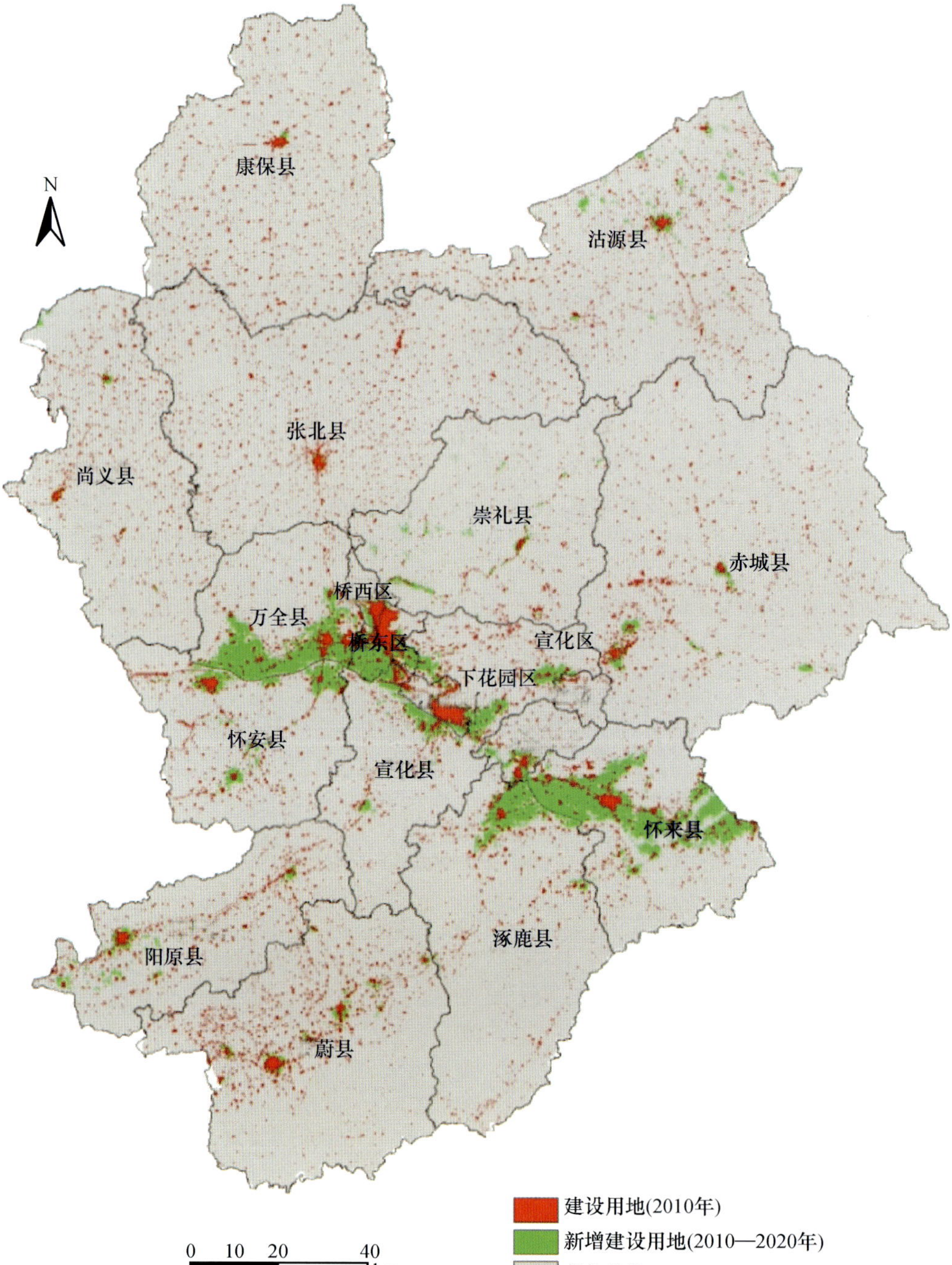

彩图 7　2020 年建设用地预测空间分布情景

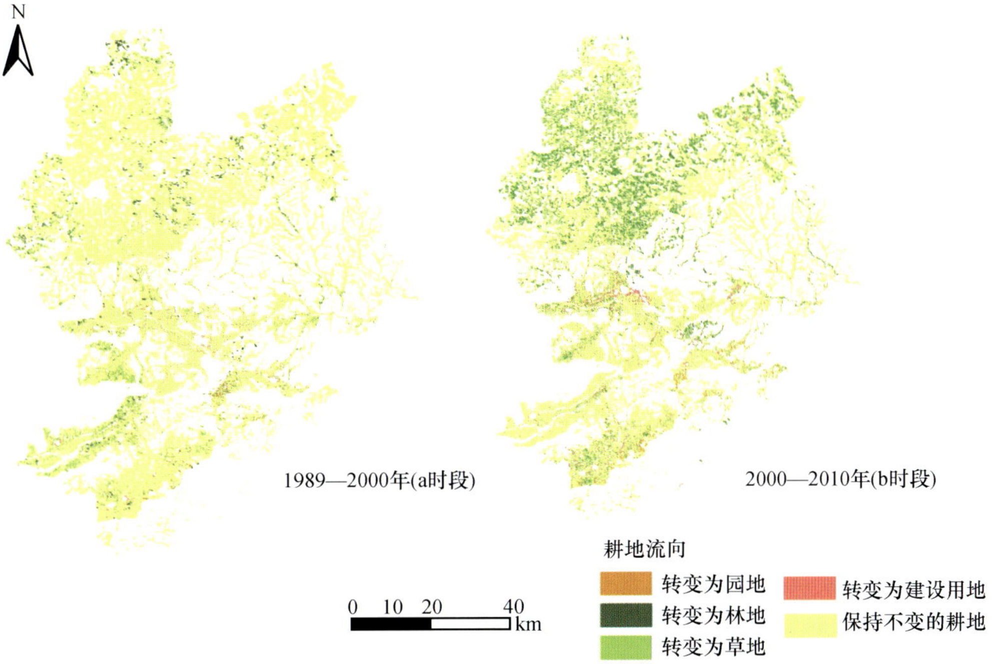

彩图 8　a、b 两时段张家口市耕地流向图

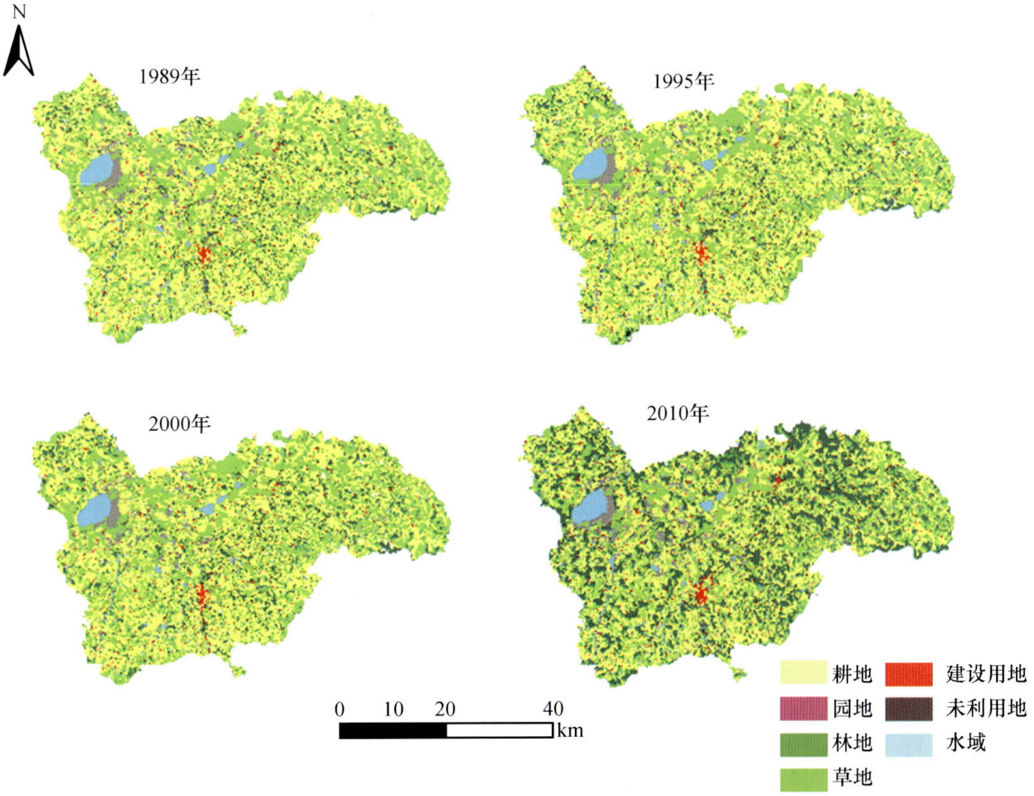

彩图 9　张北县不同时期的土地利用空间格局对比图

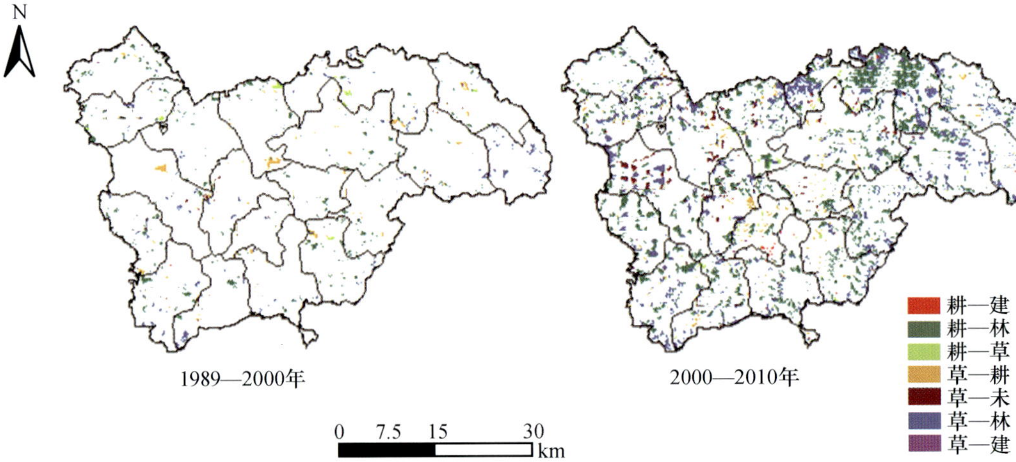

彩图 10 1989—2000 年和 2000—2010 年主要土地利用类型空间转换图

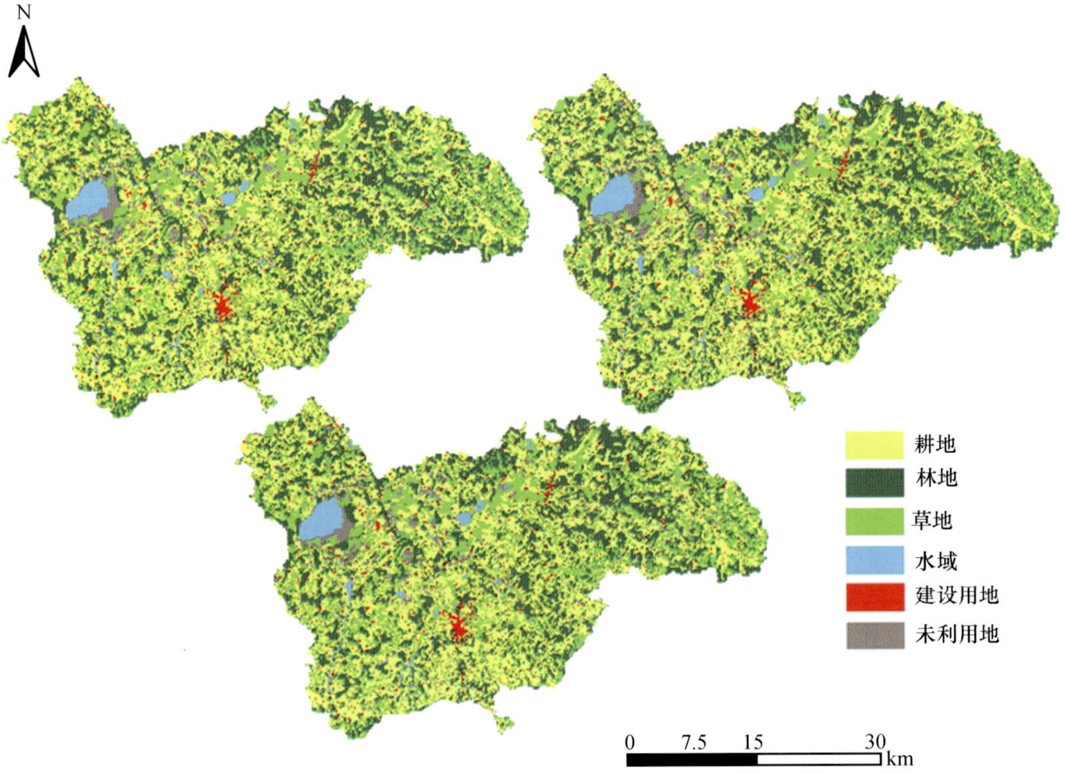

彩图 11 张北县 2020 年土地空间格局模拟

(左上:经济加速发展模式 A;右上:生态保护模式 B;下:耕地保护模式 C)

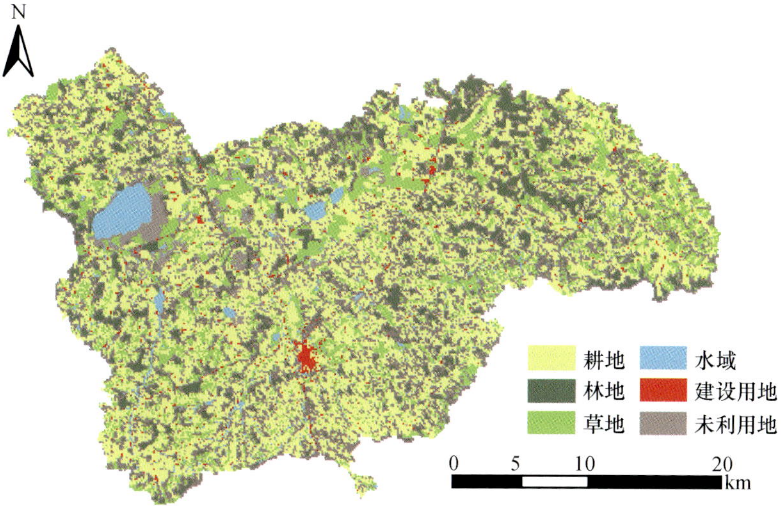

彩图 12　张北县 2010 年土地利用现状图

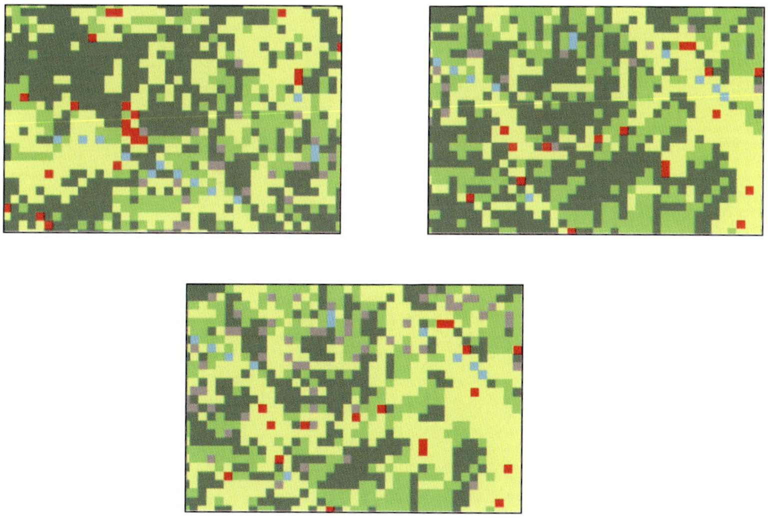

彩图 13　张北县 2020 年土地空间格局模拟局部放大图

（左上：经济加速发展模式 A；右上：生态保护模式 B；下：耕地保护模式 C）

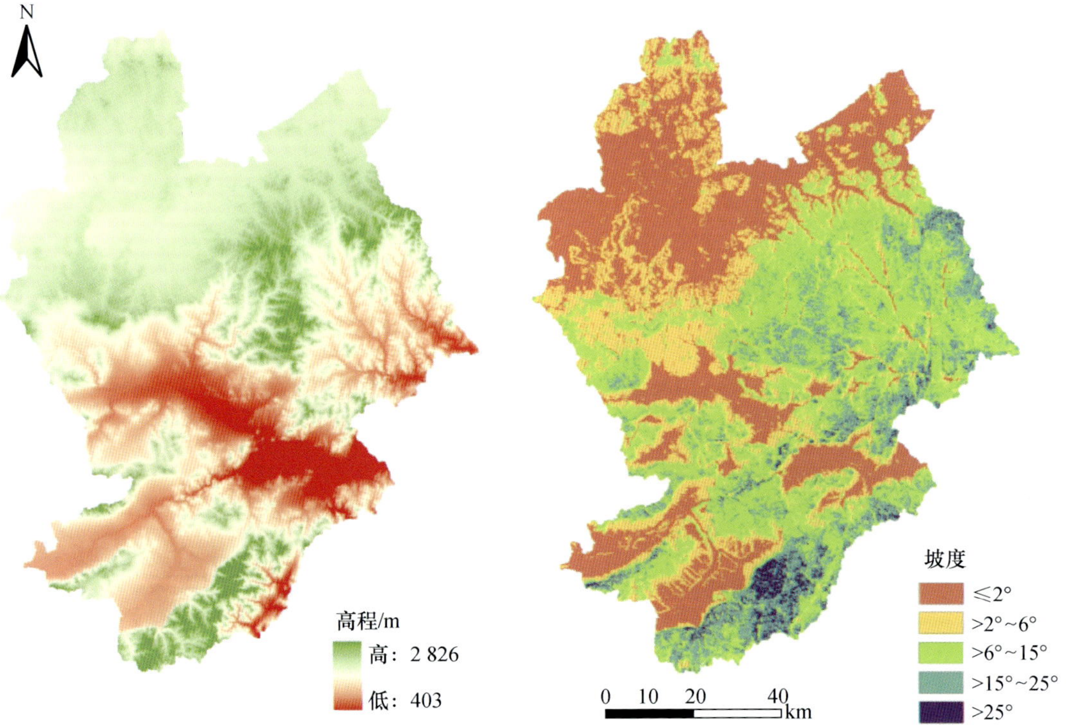

彩图 14　张家口市的高程图和坡度图

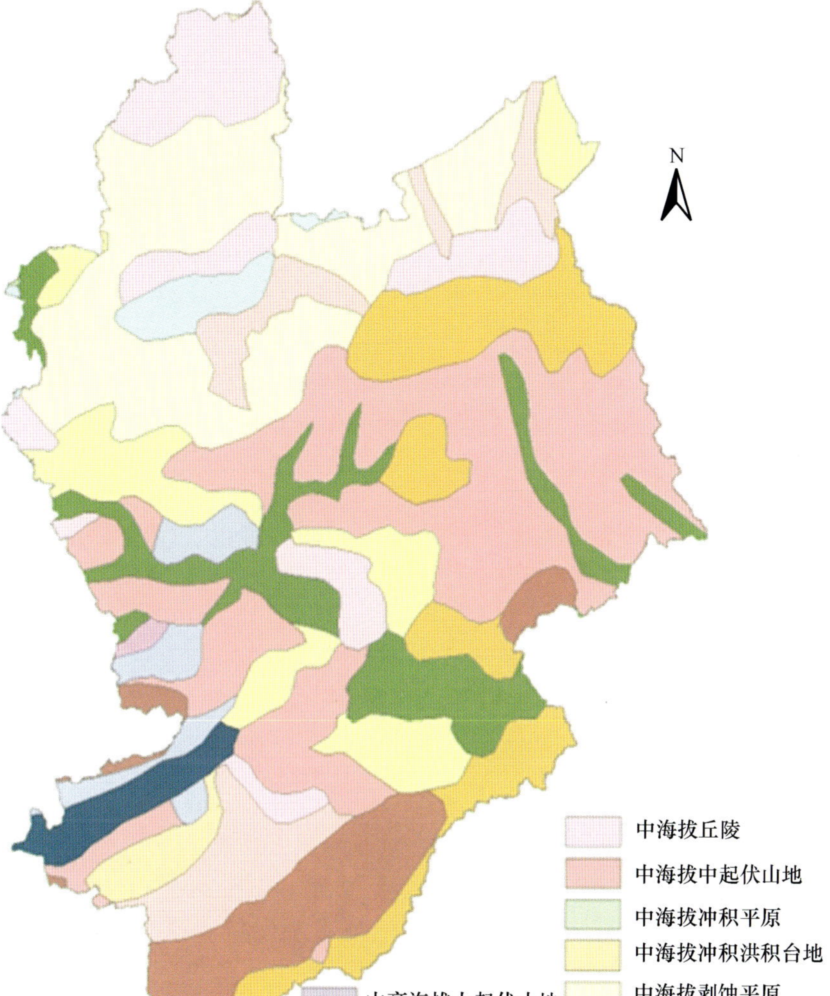

彩图 15　张家口市地貌分类图

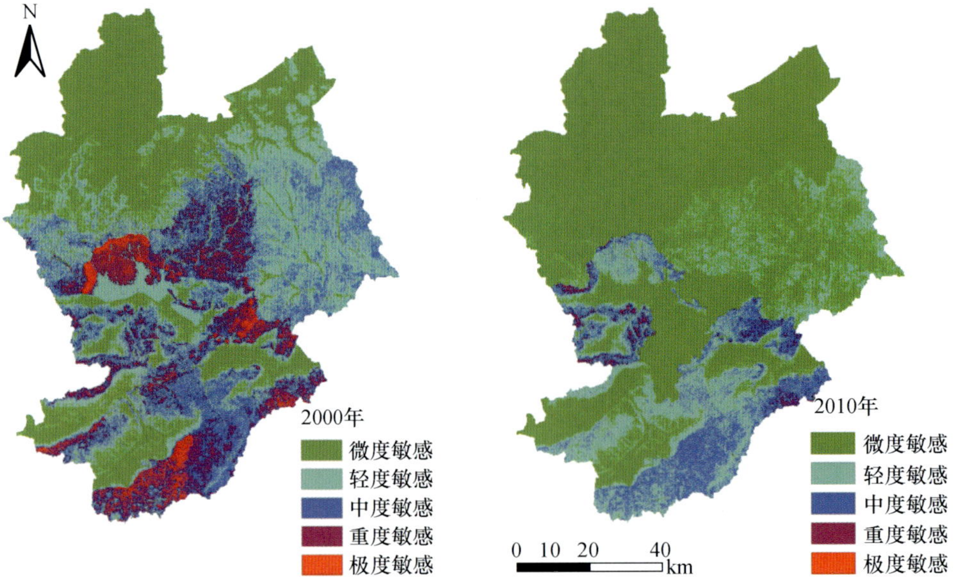

彩图 16 张家口市水土流失敏感性空间分布图

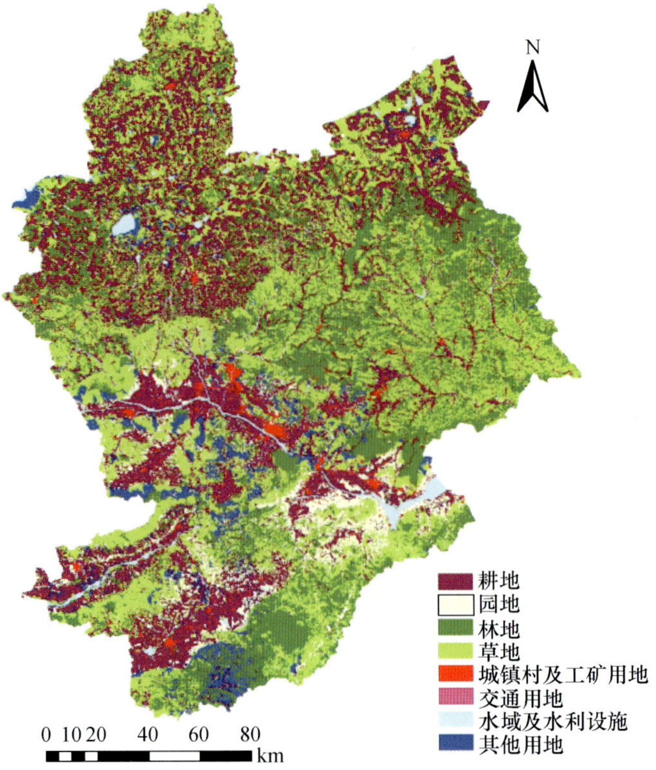

彩图 17 张家口市 2000 年土地利用景观分类图

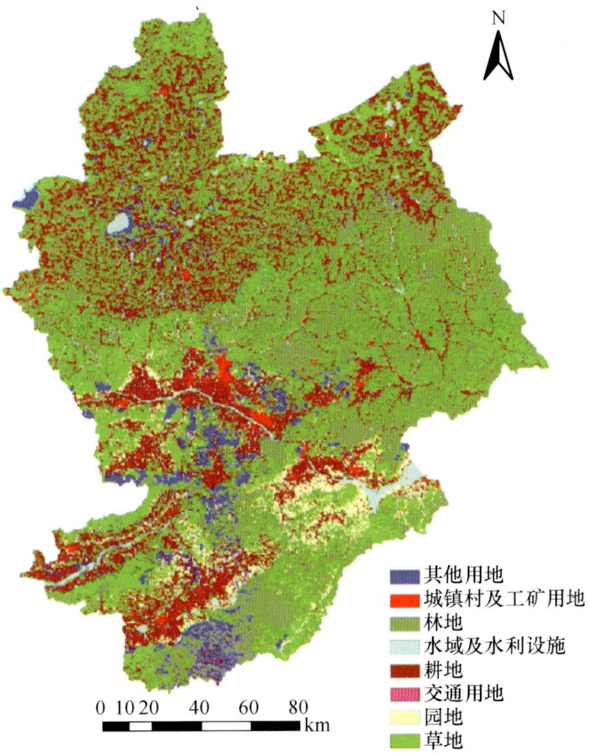

彩图 18　张家口市 2010 年土地利用景观分类图